화살 맞은 새 인조대왕

• 김인숙

국립대만대학교 역사학과 대학원에서 석사학위를, 단국대학교 사학과 대학원에서 박사학위를 받았다. 수도침례신학교 · 동아대 · 아주대 · 단국대 · 대전대 · 목원대 · 충남대 · 충북대 · 한국교원대 · 전주교대에 출강했고, 대만 중앙연구원 동북아지역연구 공동연구의 연구조사원과 한남대학교 인문과학연구소 전임연구원을 역임했다. 현재 동아시아의 여성사 · 사회문화사 · 의학사 등에 관심을 갖고 역사연구를 하고 있다.

저서 : 『중국의 역사와 문화』(공저), 도서출판 보성.
　　　『중국 중세 사대부와 술 · 약 그리고 여자』, 서경문화사.

각 장 그림 : 창덕궁 인정전 석조계단 연꽃문

화살 맞은 새
인조대왕

초판인쇄일　2018년 12월 1일
초판발행일　2018년 12월 3일
지 은 이　김인숙
발 행 인　김선경
책 임 편 집　김소라
발 행 처　도서출판 서경문화사
　　　　　주소 : 서울시 종로구 이화장길 70-14 204호
　　　　　전화 : 743-8203, 8205 / 팩스 : 743-8210
　　　　　메일 : sk8203@chol.com
신 고 번 호　제1994-000041호
ISBN　　　978-89-6062-210-4　93900
ⓒ 김인숙. 2018

정가 24,000

화살 맞은 새 인조대왕

김인숙 지음

서경문화사

_ 덕수궁 돌담길을 걸으며

학창 시절 덕수궁 돌담길을 수없이 지나쳤지만 정작 궁궐 안을 들여다 볼 생각을 하지 않았다. 역사를 전공하는 대학생이 된 후에도 궁궐이나 궁 안에 살았던 사람들에 대해 별로 관심이 없었다. 리포트 수준의 학부 졸업논문은 중국사를 썼고 대학원에서도 중국사를 전공했다. 중국사의 바다에 빠져 허우적이며 가방끈을 늘리는데 내 청춘을 다 쏟아 부었다. 청춘을 바쳐 가방 안에 넣었던 지식의 보따리를 들고 이 대학 저 대학에서 보따리 장사를 했지만 돌아보면 적자 인생이다. 끊임없이 소용돌이치는 내적 갈등에도 학문의 바다를 떠나지 않은 것은 자유롭게 관조할 수 있는 연구주제들이 있었기 때문이다.

어느 해 우연히 조선사의 바다에 발을 담게 되었다. 한 연구 프로젝트에 박사급연구원으로 머릿수를 채우기 위해 동원되었다. 3년간 연구비를 고정적으로 지원받을 수 있다는 유혹에 덥석 낚시 바늘을 물었지만 돌이켜보면 무모한 선택이었다. 조선 왕실의 전례문제로 벌어진 논쟁 자료를 수집하고 주석을 다는 이 작업은 정말 힘겹고 지루했다. 힘든 작업 속에서 틈틈이 나는 지적 호기심과 유희를 찾으며 괴로움을 덜어내고자 했다. 이때 처음 만난 인물이 조선의 제16대 왕 인조이다. 그런 인연으로 나의 조선사 입문은 인조의 인물탐구에서 시작되었다. 인조의 인물탐구는 두 방향에서 이루어졌다. 하나는 인조가 어떻게 왕이 되었으며 어떤 왕이었을까? 또 하나는 여성탐구이다. 내가 관심을 가진 주요 연구주제 중에 하나가 여성이었던 만큼 국왕 인조와 불가분의 관계로 역사의 무대에 함께 섰던 왕실 여성들의 역할과 그들의 운명 탐구이다.

먼저 책의 제목 속에 들어간 '인조대왕'이란 명칭을 보고 화를 낼 독자도 있을지 모르겠다. 대왕은 무슨 대왕이란 말인가! 오늘날 우리의 잣대로 평가해서 26명의 조선 역대 왕 중에 대왕이란 칭호를 받을 만한 인물은 누구일까? 세종대왕? 정조대왕? 실제 조선의 26명의 왕 중에 폐위된 연산군과 광해군 그리고 조선의 마지막 왕 고종 외에 모든 왕의 시호에 대왕이란 존호가 들어간다. 고종은 대한제국의 초대 황제였으므로 그의 시호의 존호는 대왕이 아닌 황제이다. 그러므로 나는 조선의 16대 왕 인조가 대왕이라 불릴 만큼 위대한 왕이라서 칭한 것이 아닌 관행적으로 올린 존호를 따랐을 뿐임을 밝힌다.

인조는 병자호란 이후 전쟁의 굴욕적 패배와 청나라로부터 지속적 압박을 받으며 왕권에 심각한 도전을 받았다. 인조는 자신을 상궁지조傷弓之鳥 즉 활에 상처를 입은 새라고 비유했다. 한번 화살을 맞고 다친 새는 활만 보아도 놀라고 두려워한다는 의미이다. 조그만 일에도 겁을 먹고 또 다시 변을 당할까 두려워하는 새가슴 같은 국왕 인조의 두려움을 읽을 수 있다. 병자호란 이후에 청나라로부터 지속적인 위협을 받으며 인조는 절망적인 심정을 다음과 같이 토로하기도 했다.

"나라의 일이 형편없기 그지없으니 죽느니만 못하다.
아무 것도 모르고 죽은 사람이 부러울 뿐이다."

나는 이런 비참한 심경을 토로한 국왕 인조와 동시대 왕실 여성들에 대해 연민의 정을 느끼며 이 책을 다음과 같이 전개하고자 한다.

1장은 인조의 즉위식이 이루어진 장소에 대한 정치적 의미 고찰이다. 왕으로서 인조의 출발점은 경운궁이다. 인조는 이곳에서 왕의 날개를 달고 비상하였다. 경운궁의 오늘날 명칭은 덕수궁이다. 덕수궁 안 즉조당은 인조가 즉위한 당 바로 건물이란 의미이다. 즉조당은 즉위한 곳이란 당호가 붙여진 유일한 건물이다. 왜 인조가 즉위한 곳에 특별히 당호를 붙였을까? 이에 대한 답을 찾기 위해 인조반정이 일어나던 당일 창덕궁을 장악한 인조의 반정군과 경운궁에 있던 인목대비 간에 정국의 주도권을 놓고 벌인 긴박한 순간으로 돌아가 보고자 한다.

2장은 인조의 친할머니 인빈 김씨의 인물탐구이다. 김씨는 궁녀 출신으로 선조의 후궁이 되었다. 먼저 김씨를 궁으로 불러들이고 선조의 후궁이 될 수 있도록 후원한 인물들의 면면과 그들의 연결고리를 찾고자 한다. 다음은 선조의 가장 총애 받는 후궁으로 부상한 인빈 김씨의 역량과 후손에게 남겨진 그녀의 높은 위상에 관한 이야기이다.

3장은 인조가 왕위에 오른 적이 없는 돌아가신 아버지 정원군을 왕으로 추숭(원종 추숭)하는 과정과 그 의미에 대한 고찰이다. 정원군을 추숭하려는 인조와 추숭을 반대하는 신하들 사이에 10년간 벌어진 긴 논쟁의 과정은 답답하고 지루하다. 인조는 왜 그토록 고군분투하며 정원군을 추숭하려고 했을까? 고대부터 국가의 제사는 국가의 대사大事이자 근간이 되는 제도로써 정치를 이루는 핵심이므로 국가의 전법典法이 되었다.[1] 왕실의 사당인 종묘宗廟가 국가를 의미하는 연유이다. 광해군을 폐위하고 군사정변이란 비상수단으로 즉위한 인조는 정통성을 확립하기 위한 목적이 우선했지만 나는 이 장에서 원종 추숭 과정에 보이는 인조의 끈기 있고 노련한 추진력에 초점을 맞추고자 한다. 또 이 과정에서 왕권을 공고히 하고 신권을 견제하고자 했던 인조의 의도를 살피고자 한다. 중국에서는 이 보다 1세기 앞서 명나라 세종(가정제)이 아버지 흥원왕을 황제로 추숭하는데 신하들과 18년간의 논쟁을 벌였다. 이 논쟁을 '가정대례의'라고 하는데 조선 왕실의 전례문제에 중요한 전거를 제시한 사건이다. '가정대례의'와 그 이전 중국 황실의 몇 가지 추숭사례를 요약해서 부록으로 첨부하여 원종 추숭의 이해를 돕고자 한다.

4장은 인조의 첫 번째 왕비 인열왕후 한씨의 위상과 역할에 대한 고찰이다. 인조가 즉위하기 전에 능양군의 현부인縣夫人으로서 13년, 인조 즉위 후 왕비로서 13년 도합 26년간 한씨의 내조가 갖는 의미를 조명해 보고자 한다. 다음은 인열왕후의 출산과 육아에 대한 고찰이다. 청성현부인 시절 한씨는 소현세자·봉림대군(후일 효종)·인평대군 3명의 아들을 출산했다. 왕비가 된 후에는 임신과 출산을 여러 차례 반복했지만 대부분 영유아기에 사망했다. 인조 13년(1635) 12월 5일에 출산한 대군은 바로 사망했고, 나흘 뒤인 12월 9일 인열왕후도 목숨을 잃고 말았다. 최고의 의료 혜택을 받을 수 있던 왕실에서 왜 출산한 대군과 공주가 모두 요절했을까? 왕비로서의 막중한 임무와 역할이 어떻게 왕비의 임신과 출산에 악영향을 미쳤는지 확인하는 작업이 될 것이다.

5장에서는 인조 10년(1632)과 인조 17년(1639)에 발생한 두 번의 궁중저주사건의 정치적 의미와 인조의 질병관에 관한 고찰이다. 저주사건의 배후라고 의심받은 인물은 인목대비, 인목대비의 딸 정명공주와 사위 홍주원이다. 인조는 반정의 명분을 극대화하고 자신의 왕권을 공고히 하고자 즉위 초부터 인목대비에게 최선을 다해 효를 행했고, 인목대비의 딸 정명공주에게도 지나친 예우를 했다. 표면적으로 인목대비의 뜻을 받들면서 명분을 다했지만 내심으로는 어떤 생각을 했을까? 또 대비의 국정 관여와 영향력 행사를 어떻게 받아들였을까? 두 번의 궁중저주사건에 지목된 인물들과 인조의 질병관은 어떤 연관성이 있는지 분석하고자 한다.

6장은 시아버지인 인조에게 사약을 받고 생을 마감한 소현세자빈 강씨의 비극적 삶을 다루었다. 왜 인조는 잔인하게 소현세자빈 강씨와 그의 일족을 제거했을까? 그 이유에 대한 실마리를 인조가 당초에 소현세자빈감으로 원했던 인물과 그 집안 배경에서부터 풀어내고자 한다.

7장은 인조의 두 번째 왕비(계비) 장렬왕후의 영욕의 세월에 관한 고찰이다. 장렬왕후는 병자호란으로 피폐된 왕실의 중흥이라는 나름 막중한 중책을 띠고 인조 16년(1638)에 왕과 가례를 치렀다. 그런데 인조 23년(1645) 돌연 장렬왕후는 별궁인 경덕궁으로 쫓겨나 인조가 죽을 때까지 창덕궁 내전內殿으로 돌아가지 못하는 수모와 냉대를 겪었다. 이 장에서는 먼저 계비로서 장렬왕후의 정치적 역할과 돌연 별궁으로 쫓겨 가게 된 정치적 배경에 대해 논할 것이다. 다음은 장렬왕후가 왕대비가 된 후에 어떻게 정적을 제거하고 굴욕적인 왕비시절을 보상받았는지 분석하고자 한다.

8장은 인조의 질병과 치료에 대해 고찰이다. 인조는 특별한 침술인 번침燔鍼을 애용했다. 나는 인조의 번침 애용과 궁중 저주사건이 밀접한 관련이 있다는 점을 일찍이 주목했다. 인조 질병의 또 하나의 특징은 병자호란의 굴욕적인 패배 이후 청나라로부터 받은 지속적인 압박과의 연관성이다. 번침의 애용, 궁중 저주사건, 청의 압박이 왕의 질병과 치료와 어떤 연관성을 갖는지 검토하고자 한다. 끝으로 인조의 마지막 일주일 간의 질병치료에 대한 분석이다. 여기서 생명을 연장하기 위해 동원되는 왕실의 적나라한 의료행위와 죽음 앞에 선 인간의 헛된 욕망에 대해 생각해 보고자 한다.

중국사 전공자인 나는 어느 날 용감무쌍하게 내 전공과는 무관한 생면부지 학회의 문을 두드렸다. ㄱ 하나는 조선시대사학회이다. 2004년 조선시대사학회는 내게 월례 발표의 기회를 주었고, 이때 발표한 논문을 수정보완해서 투고한 「인조대의 궁중저주사건과 그 정치적 의미」(『조선시대사학보』 31집)를 엄격하게 심사해서 게재해주었다. 또 하나는 대한의사학회大韓醫史學會에 투고한 논문 「인조의 질병과 번침술」(『의사학醫史學』 13권 2호)이다. 이 두 분야의 전공자들에게 나는 아주 낯선 외부인이었음에도 불구하고 편견 없이 문호를 개방하고 객관적으로 평가해 준 것에 대해 감사한다. 아쉽게도 지금은 폐간되었지만 학술지 『한국인물사연구』에 글을 게재하라고 격려해주신 고려대학교 송양섭 교수님과 유승주 명예교수님 두 분께 진심으로 감사드린다. 이 분들의 격려가 있어 나는 조선사 연구에서 발을 빼지 않고 인물탐구를 계속할 수 있었다. 『한국인물사연구』에 인조의 두 왕비 인열왕후[2]와 장렬왕후[3] 그리고 인조의 즉위식이 이루어진 장소(즉조당)의 정치적 의미에 대해 발표했다.[4] 2004년 대동철학회 주최로 열린 학술대회 '여성시대와 철학'과 2011년 충남대학교 인문과학연구소 주최로 열린 학술대회 '인문학에서 본 여성성'에 초청해주신 충남대학교 이종성 교수님께도 감사드린다. 이 두 학술대회에서 나는 동아시아 역사상 여주女主의 정치 참여와 그 이미지에 대해 천착[5] 할 수 있었고, 조선시대 궁중저주와 무녀의 관계성[6]에 대해 고찰할 수 있는 기회를 가졌다. 조선사 연구의 계기가 된 프로젝트에 나를 동원해 준 한남대학교 한기범 · 류칠노 두 분 명예교수님께도 감사드린다.

이 책은 기존에 발표한 위의 논문들을 저본으로 해서 완성되었다. 그 중에 1장은 기존에 발표한 논문을 크게 수정하지 않았고, 3장 · 4장 · 5장 · 7장은 기존의 논문을 대폭 수정하거나 상당 부분 보충을 했으며, 2장 · 6장 · 8장은 새롭게 썼음을 밝힌다. 책을 완성하는 과정에 나는 개개의 인물을 탐구할 때는 보지 못했던 왕실 여성과 정치에 대해 숙고하게 되었다. 전통시대 여성을 틀에 가두어 정치참여를 강력하게 제약했다. 그럼에도 불구하고 왕실에 태어났거나 혼맥으로 왕실의 여성이 되었을 때 자의든 타의든 정치화 될 수밖에 없는 숙명에 놓았다. 정치적 인물이 되면 본인의 의지와 상관없이 직간접적으로 정치운영에 참여하거나 정치적 희생물로 전락하게 되었다. 그러므로 나는 조선 왕실 여성과 당쟁의 상관관계에 대해 초보적이지만 나름의 견해를 피력하고자 하였다. 남성 중심의 역사기록에서 상대적으로 미미한 여성에 관한 기록이 연구의 어려움을 가중시켰다. 이러한 문제를 타개하기 위해 새로운 자료에 주목하였다. 왕실 여성을 치료했던 의료와 관련된 자료이다. 이러한 자료를 근거로 정치적 사건과 질병의 상호관계성에도 주목하였다.

이 책의 모티브가 되는 여성과 정치 · 샤머니즘 · 생명과 의료 등의 주제에 천착할 수 있었던 것은 이 분야 연구의 선봉에서 괄목할만한 성과를 내고 있는 국립대만대학교 역사학과 대학원 동문들의 영향이 컸다. 대만臺灣 성공대成功大 겸임교수 유정정劉靜貞과 중앙연구원中央研究院·역사어언연구소歷史語言硏究所 이정덕李貞德·임부사林富士·이건민李建民 3명의 연구원, 그리고 유숙분劉淑芬 겸임연구원은 내 글쓰기에 큰 영감과 자극은 물론 변함없는 우정을 보여주었기에 고맙다.

이 책이 완성되기까지 참 오랜 시간이 걸렸다. 그동안 글쓰기를 포기하고 싶을 때도 많았다. 글쓰기를 포기하고 싶을 때마다 필요한 자료들을 열심히 구해주며 글쓰기를 독려해주고 조언을 아끼지 않은 인생과 학문의 동무인 남편 충남대학교 장인성 교수에게 고마운 마음을 표한다.

2018년 11월
원당재에서 김인숙

_ 목차

1장

인조는 왜 경운궁에서 즉위했을까?

1장
인조는 왜 경운궁에서 즉위했을까?

경운궁(현 덕수궁)의
탄생

조선의 제16대 왕 인조는 군사정변(인조반정)을 통해 광해군을 폐위하고 경운궁에서 즉위하였다. 왜 경운궁에서 즉위하였을까? 이에 대한 답을 하기 전에 먼저 경운궁이 어떻게 조성되었는지 알아보자. 경운궁은 임진왜란으로 조선이 고통과 시련을 겪던 시대에 조성된 임시 궁궐이었다. 파죽지세로 북진하는 왜군을 피해 피난길에 올랐던 선조는 이순신 장군의 선전으로 왜군이 남쪽으로 퇴각하자 선조 26년(1593) 10월 서울로 돌아왔지만 전란으로 주요 궁전인 경복궁 · 창덕궁 · 창경궁이 모두 불에 타 버려 거처할 왕궁이 없었다. 그래서 왕실의 개인 저택 중에 가장 규모가 컸던 옛 월산대군(성종의 형)의 사저를 임시 왕궁으로 사용하기 시작했다. 월산대군의 사저가 위치했던 곳이 정릉동

(현 정동)이었기 때문에 이곳을 정릉동 행궁이라고도 하고 임금이 임시로 거처했던 곳이라는 의미로 시어소時御所라고도 했다. 선조는 임진왜란이 끝난 후 조선의 정궁正宮인 경복궁의 재건을 포기하고 별궁別宮인 창덕궁을 먼저 재건하기 시작했지만 완성을 못보고 정릉동 행궁에서 운명했다.

광해군은 이곳에서 즉위하고 거처하다가 광해군 3년(1611) 10월에 이르러 창덕궁이 완공되자 비로소 거처를 옮겼다. 이때 광해군은 정릉동 행궁을 경운궁이라고 이름을 고쳤다.[1] 서자인 광해군의 왕권에 가장 위협이 되었던 것은 선조와 인목왕후 사이에 태어난 유일한 적자嫡子인 영창대군이었다. 광해군은 보위에 오른 후 적자인 어린 영창대군을 조작된 역모사건에 연루시켜 제거하였다. 그리고 광해군에게 적모嫡母이자 왕대비인 인목대비를 경운궁에 유폐시키고 존호를 깎아내려 서궁西宮이라고 폄칭했다.[2]

군사정변을 일으켜 창덕궁에 입성한 인조는 급박한 상황에서 경운궁에 유폐되었던 인목대비의 명을 받기 위해 사람을 보냈지만 인목대비의 명은 쉽게 떨어지지 않았다. 창덕궁에서 즉위하고자 했던 인조가 인목대비의 명을 받기 위해 경운궁으로 가야만 했던 까닭은 무엇일까? 이에 대한 답을 찾기 위해서 인조가 창덕궁에 진입하여 궁궐을 장악한 1623년 3월 12일 자정 무렵부터 경운궁에서 즉위한 3월 13일 자정까지 대략 24시간 동안에 벌어진 역사적 사건들의 퍼즐을 맞추어 보고자 한다. 퍼즐을 맞추어 보면 창덕궁을 장악하고 그곳에서 즉위하고자 했던 인조정권의 명분과 이상이란 밑그림을 확인할 수 있다.

창덕궁에서의
즉위 시도

즉위의례는 새 국왕으로서의 권위와 정치권력의 정통성을 인정받는 중요한 의식이다. 『인조실록』의 첫 기사는 "상上(임금)이 의병을 일으켜 왕대비를 복위시킨 다음 대비의 명命으로 경운궁에서 즉위하였다."[3]로 시작한다. 이 기사로 볼 때 군사정변이란 비상수단을 통해 권력을 장악한 인조(당시 능양군)에게 왕대비의 명과 경운궁에서의 즉위는 새 국왕으로서의 권위와 정치권력의 정통성을 인정받는 중요한 열쇠였음을 알 수 있다. 인조는 당초 창덕궁에서 즉위하고자 했다. 그렇다면 왜 창덕궁에서 즉위하고자 했던 인조가 왜 경운궁에서 즉위하게 되었을까? 이에 대한 답을 제시하기 전에 먼저 군사정변을 일으켰던 광해군 15년(1623) 3월 12일과 다음날인 3월 13일 이틀간의 『광해군일기』·『인조실록』·『승정원일기』 기사를 면밀히 검토해 보겠다.[4] 인조는 조선의 제16대 왕 이종李倧의 묘호廟號이다. 그는 선조의 손자로서 능양군에 봉해졌다. 그러므로 즉위하기 전까지 그의 칭호를 '능양군'으로 서술하겠다.

능양군이 군사를 일으켜 궐문(창덕궁 창의문) 빗장을 부수고 궐내로 진입한 것은 광해군 15년(1623) 3월 12일 자정 무렵이었다. 궁궐 안에서 이미 정변에 내응한 인물들이 있었으므로 군사들이 궁궐을 장악하는데 시간이 그렇게 오래 걸리지 않았다. 이 군사들을 관찬의 기록에서는 의로운 군사라는 의미로 '의사'義師[5] 또는 '의병'義兵[6]이라고 칭했지만 이 군사정변을 일반적으로 '인조반정'이라고 칭하므로 정변에 동원된 무력집단을 반정군反正軍이라고 칭하고자 한다. 궁궐에 진입한 후 반정군이 거사 성공의 의미로 가장 먼저 향한 곳은 창덕궁 정전正殿 곧 인정전仁政殿이다.[7] 조선 왕조의 궁궐은 법궁法宮(또는 正宮)과 이궁離宮(또는 別宮)으로 구분되어 운영되었다. 법궁은 왕이 거처하는 공식적인 궁궐 가운데 으뜸이 되는 궁궐을 가리키고, 이궁은 부득이한 상황이나 자의적인 판단에 따라 거처를 옮길 목적으로 지어진 궁궐을 말한다. 조선의 법궁은 경복궁이었고, 창덕궁은 원래 이궁으로 지어졌지만 임진왜란으로 궁궐이 대부분 불타 버리자 선조는 창덕궁을 먼저 중건하기 시작했고 광해군 2년(1610)에 중건이 완료되었다. 이후 창덕궁이 현실적인 법궁 역할을 하였다. 인조반정 당시 궐내에 진입한 반정군의 횃불에 불이 붙어 창덕궁은 다시 소실되는 불운을 겪었지만 다행히 인정전은 무사했다. 능양군은 궁궐을 장악하고 반정군 대장 김류의 인도에 따라 창덕궁 인정전 시쪽게던 위 의자에 동향을 하고 앉았다.[8] 능양군이 왕으로서 남면을 하지 못하고 동향을 한 것은 아직 인목대비의 명을 받지 못했기 때문이라고 한다.[9]

　인목대비의 명이 왜 필요했는지를 알기 위해서는 조선시대 왕의 즉위 과정을 살펴보아야 한다. 여기서 반정을 제외하면 선왕先王으로부터 왕위계승권자로 지명 받는 것이 결정적 근거가 된다. 일반적으로는 선왕이 죽으면 초상을 치르는 절차의 하나로 상복을 입는 예인 성복례成服禮를 하고 왕위계승권자가 정형화된 즉위의례를 행한 후에 비로소 새 왕으로서의 권위와 정통성을 확보하게 된다. 주요 즉위 절차를 보면 다음과 같다.[10]

　　1. 유교遺敎 또는 유명遺命이나 전위전서傳位敎書를 받는 수교受敎와 국보國寶를 전달 받는 수보受寶 의식

2. 백관의 하례受賀

3. 즉위교서의 반포頒敎

　조선 역대 왕 중에 선왕이 남긴 유서인 유교 또는 유명이나 왕위를 후
계자에게 전한다는 전위교서 없이 즉위한 경우도 있지만 이미 선왕 생존
시에 왕세자나 왕세제 혹은 왕세손으로 책봉되었던 까닭에 별문제가 없
었다. 드물지만 후사가 정해져 있지 않은 경우 왕대비나 대왕대비가 지
명한 경우가 있었다. 예를 들어 예종이 죽자 예종의 어머니인 정희왕후
(세조의 왕비)가 왕대비로서 예종의 아들인 어린 제안대군(4세) 대신에 의경
세자(세조와 정희왕후의 장남, 덕종으로 추존)의 둘째 아들을 후사로 지명하였으
니 그가 바로 성종이다. 철종과 고종의 경우 대왕대비의 명으로 즉위하
였다. 반정을 통해 왕이 된 인조에게 유교나 전위교서는 물론 없었다. 그
러므로 능양군은 왕실의 최고 어른인 인목대비의 명을 받고 즉위하여 정
통성을 확보하고자 하였다.

　거사가 이루어지던 날의 기록들을 검토해 보면 능양군은 창덕궁에 진
입하자마자 즉시 김자점과 이시방을 경운궁으로 보냈다. 반정군은 신속
하게 인목대비의 명을 받기 위해 이미 경운궁에도 조치를 해 놓았고, 궁
안으로부터 내응도 있었기 때문에 김자점과 이시방은 경운궁의 궁문을
쉽게 열고 들어갔다. 왕의 명을 전달하는 승전내관을 통해 인목대비에게
반정의 뜻을 글로 아뢰었다. 처음에 인목대비는 한밤중에 누구인지도 모
르는 사람들이 승지와 사관史官도 없이 하는 보고라며 받아들이지 않았
다. 반정군의 보고를 받아본 후 인목대비는 혹 자신의 딸 정명공주를 영
창대군처럼 잡아다가 죽이려하는 것이 아닐까 의심했다. 그래서 정명공
주는 이미 죽어 담장 밑에 묻었다고 했다. 이러한 사실을 창덕궁으로 돌

아와 능양군에게 아뢰자 (호위)대장 이귀와 광해군의 신료인 도승지 이덕형, 동부승지 민성징 등에게 명하여 의장을 갖추고 경운궁에 가서 인목대비를 모셔오게 하였다. 당시 반정군의 횃불로 인해 궁궐의 여러 건물에 불길이 치솟았고 도피한 광해군 세력이 언제 반격해 올지 모르는 상황이었다. 능양군이 빨리 즉위하여 정통성을 확보하는 것이 촌각을 다투는 시급한 일이었다. 앞서 언급한대로 대장 이귀가 도승지 이덕형과 동부승지 민성징으로 하여금 보고하게 했으나 인목대비는 답을 하지 않았다. 인목대비에게 창덕궁으로 납시기를 수차례 청했지만 허락하지 않았다. 이귀가 경운궁으로 가서 인목대비에게 창덕궁으로 행차하기를 청할 때 동행한 도승지 이덕형과 동부승지 민성징은 전술한 바와 같이 광해군의 신료이다. 그런데 이때 이덕형과 민성징 외에 다른 승지가 등장한 기록이 보인다. 이귀가 경운궁에 가서 승전내관을 통해 사정을 아뢰고 창덕궁으로 모셔 가겠다는 청을 올리자 인목대비가 노해서 "누가 이 일을 일으켰기에 나를 데려가겠다고 하느냐?"고 하였다. 이때 승지 홍서봉이 문안드리러 왔다고 아뢰니, 대비가 크게 노하며 "승지는 누구의 명으로 내게 왔느냐? 그렇다면 이미 **자립**自立했는데 나를 부르는 것은 무슨 이유이냐?"고 하였다. 이귀가 임기응변으로 답하기를, "대장大將이라 칭한 것이지 어찌 자립自立할 이치가 있겠습니까? 소위 승지는 전前 승지이옵니다." 하니 대비의 화가 풀리는 듯했다[11]고 한다.

홍서봉은 인조반정에 참가해 정사공신 3등급에 책록된 인물이다. 그는 광해군 조정에서 광해 2년(1610) 강원도관찰사를 거쳐, 광해 3년(1611) 동부승지가 되었는데 역모사건에 장인인 황혁이 연루되어 삭직 당했다. 그런데 홍서봉이 승지라 함은 무엇을 의미하는가? 인목대비는 이 점을 간과하지 않았다. 인목대비는 홍서봉이 광해군 조정의 승지가 아님을 알고 있었다. 그래서 능양군이 이미 자립自立 즉 스스로 왕이 되어서 홍서봉을 승지에 제수한 것인데 자신을 불러 무엇을 하겠냐고 힐난했다. 이귀가 임기응변으로 둘러대기를 능양군은 다만 '대장'이라 칭했을 뿐이고, 홍서봉은 광해군 조정에서 일찍이 승지를 역임한 전력이 있기에 전前승지라는 뜻이라고 했다.

그런데 인목대비는 능양군이 자신의 하명도 없이 이미 즉위한 것이 아닌지 엄하게 추궁하면서도 모순된 요구를 계속했다. 광해군 부자父子와 그 일당의 목을 베고, 친정어머니인 연흥부인延興夫人에게 승지를 보내 문안하라고 했다. 이귀는 이러한 인목대비의 요구를 받들기가 불가함을 아뢰도록 했다. 그러자 인목대비는 노여움에 차서 무리한 요구를 계속하였다. 이에 이귀는 아들 이시백을 창덕궁으로 보내 능양군이 친히 와서 대비에게 아뢰도록 했다. 그런데 능양군은 경운궁으로 가지 않고 명패命牌(왕이 신하를 부를 때 사용한 패)를 보내 이정구李廷龜를 불러 그를 경운궁으로 보냈다. 이정구의 설득에도 불구하고 인목대비는 "좋은 대궐에 앉아 제 마음대로 하는데, 무엇이 불가하여 반드시 나에게 청하느냐?"는 글을 분판粉板에 써서 내주었다.12)

이처럼 인목대비는 능양군이 창덕궁 인정전에 앉자 스스로 왕이 되었다고 힐난하였다. 능양군이 이정구를 보내 인목대비를 설득하고자 한 것은 대비가 그를 깊이 신뢰하고 있기 때문이었다. 이정구는 선조와 광해군 때에 대제학을 거쳐 예조판서와 호조판서 등을 역임하였다. 광해군 치하에서 대비전(서궁) 알현이 폐지된 상황에서도 대비전에 나아가 문안을 하였으며, 폐모론에 참여하지 않아 집권세력인 대북의 배척을 받았던 인물이다. 그러므로 능양군은 이정구를 보내 대비를 설득하고자 했다. 이정구는 인조반정에 직접 참여하지는 않았지만 거사 당일 밤에 반정을 주도한 이귀가 그의 아들을 보내 거사를 알렸다. 이정구는 상황이 어떻게 돌아갈지 몰라 바로 궁궐로 가지 않고 작은 종이에 "먼저 (인목)대비를 모시고 대비의 명命으로 백관을 소집해야 체體를 얻을 수 있다."라는 글을 써서 이귀에게 보냈다.[13] 능양군이 즉위하는데 인목대비의 명命은 체體 곧 정당성을 얻는데 매우 중요했다. 그렇다면 인목대비의 하명이란 명분이 필요하면서도 능양군은 왜 경운궁에 직접 가지 않고 계속 사람들을 보내 인목대비에게 창덕궁으로 거동하기를 요청했을까?

능양군이 창의문을 부수고 창덕궁에 진입한 시간이 2경[14] 혹은 3경이었다고[15] 하여 약간의 차이가 있다. 『광해군일기』와 『승정원일기』를 보면 이귀가 인목대비에게 문안한 것이 모두 3월 12일이다.[16] 이귀와 도승지 이덕형이 경운궁에서 입직하도록 한 것이 3경이었고,[17] 명패를 내어 이광정, 이정구 등 여러 사람을 불러들일 때 파루罷漏를 칠 시각이 되었다고 한다.[18] 파루는 새벽 4시경인 오경삼점五更三點에 통행금지를 해제하는 북을 치던 제도이다. 이런 기록으로 당시 상황을 유추해 보면 인목대비에게 반정의 뜻을 전달하고 대비의 명을 받기 위해 창덕궁과 경운궁을 오간 시간대를 보면 3월 12일 자정 무렵부터 시작해서 다음날인 3월 13일 새벽 4~5시가 지나가고 있었다.

인목대비를 창덕궁으로 모셔오는 문제에 대해서 반정군 사이에서 의견이 분분했다. 능양군이 경운궁으로 가서 친히 모셔 와야 한다는 주장과 경운궁으로 가는 것이 문제의 소지가 있다는 다른 주장이 제기되었다. 능양군이 경운궁으로 행차하는 것에 반대한 측에서는 경운궁이 건물이 낮고 좁아서 많은 사람을 수용하기 어렵고, 무슨 일이 발생할지도 모른다는 이유를 내세웠다. 그러므로 인목대비를 창덕궁으로 모시고 와서 왕의 위호位號를 정하게 하는 것이 낫다고 주장했다. 이귀는 일이 광명정대한데 별다른 염려가 있겠느냐며 능양군이 몸소 가서 인목대비에게 창덕궁으로 납시도록 청하지 않고 사람을 시켜 모시고 오는 것은 도리에 어긋난다고 했다. 이귀는 군사는 창덕궁에다 두고 능양군이 친히 경운궁에 가서 문안을 드려야 한다고 주장했다.[19)]

능양군이 직접 경운궁으로 거동해서는 안 된다고 주장한 사람들은 경운궁으로 행차하는 동안 무슨 변고가 발생할지 모른다는 우려를 내세웠다. 하지만 창덕궁에서 즉위하려던 인조의 의도를 나는 다른 관점에서 해석하고 싶다. 능양군이 창덕궁 인정전에서 즉위하려고 했던 것은 인조반정의 정체성과 관련이 있는 중요한 정치적 의미가 있다고 생각한다. 그렇다면 인조는 왜 창덕궁에서 즉위하고자 했을까? 이 문제에 대해서는 후술하기로 하고 경운궁에서 즉위하게 된 전후 사정을 좀 더 면밀히 검토하기 위해 군사정변이 있던 날의 창덕궁으로 다시 돌아가 보자.

능양군이 대비의 명을 받지 못한 상태로 창덕궁에 있을 때 이명한을 대궐로 불렀다. 이명한은 이정구의 아들로 인조반정 바로 이틀 전인 광해군 15년(1623) 3월 10일에 광해군의 조정에서 부수찬에 제수되었던 인물이다.[20)] 조선시대 부수찬은 홍문관 소속 종6품 관원으로 지제교知製教를 겸임하였다. 지제교는 외교문서나 왕의 교서教書를 짓는 일을 맡아보던 관원이다. 이명한이 부름을 받고 대궐에 들어와 창덕궁 인정전에 앉아있던 능양군에게 절을 하자 "너를 교리校理로 삼을 것이니 장유와 함께 교서를 지어 팔도에 포고하라."고 하였다. 교리는 홍문관 소속 정5품의 관원이다. 이명한은 관품이 나흘 만에 3단계나 올랐다. 능양군의 명을 받은 이명한이 곧바로 옥당(홍문관)으로 나아가니 장유가 놀라서 말하기를, "위호位號가 아직 정해지지 않았는데, 이런 임명이 있어서야 되겠는가." 하고 앞으로 나아가 능양군에게 시정하기를 청했다고 한다. 아직 인목대비의 명을 받지 못하여 정식으로 보위에 오른 것이 아니라는 의미이다. 장유는 "종묘사직이 망하는 것을 그냥 앉아서 볼 수가 없어 이 의거를 하지 않을 수 없었으나, 하늘과 땅이 부끄러워 낯을 들 수 없구나." 하며 눈물을 흘렸다[21]고 한다. 논자 중에 이 기사를 근거로 장유가 인조 반정의 정당성에 회의를 느꼈다고 해석하기도 했다.[22] 나는 장유가 인조 반정 자체에 회의를 했다기보다는 명분과 절차상의 정당성을 제기한 것으로 보인다. 인목대비의 명을 받지도 않은 채 능양군이 왕명의 교서를 짓게 하고 반포하도록 한 것은 참람된 행위라고 본 것이다.

호락호락 거동을 하지 않는 경운궁의 인목대비와 창덕궁의 능양군 사이에 팽팽한 신경전이 새벽부터 밤까지 계속되었다. 그 와중에 김류가 군령軍令으로 조정의 모든 신료들을 불러 인목대비에게 문안드리도록 하였다. 김류의 이 조치는 완고하게 창덕궁으로 거동하지 않는 대비를 설득하는 한편 압박하기 위한 것으로 보인다. 흥미로운 점은 반정이 일어난 사실을 알고 신료들 중에 어떤 사람은 창덕궁에 있는 능양군 앞에 와서 배알하고, 어떤 사람은 경운궁에 가서 기다리고 있었다고 한다.[23] 이는 새로운 왕의 탄생에 왕대비의 정치적 역할이 얼마나 중요한지를 시사하는 대목이다.

마침내 경운궁에서 즉위하다

거사 다음날 새벽부터 사람을 시켜 대비를 모셔오고자 했지만 뜻을 이루지 못한 채 저녁이 되자 능양군은 초조해졌다. 대비가 끝내 마음 돌릴 뜻이 없음을 알고 해가 저물 즈음 능양군이 결국 경운궁으로 거동하였다. 이때 의관 안국신의 집에 숨어있다 잡혀온 광해군도 뒤따르게 하였다. 경운궁에 다다르자 능양군은 타고 갔던 말에서 내려 걸어서 서청문西廳門 밖에 이르자 절을 하고 혼란 중에 일이 많고 겨를이 없어 지금에야 비로소 왔다고 하며 땅에 엎드려 대죄하였다. 이에 대비가 먼저 '전국보'傳國寶와 '계자인'啓字印을 자신에게 바치도록 재촉하였다.

　　대비의 재촉에 이귀가 대답하기를 "대비께서는 전국보를 받아서 장차 무엇에 쓰시렵니까? 신의 머리가 부스러져도 국보는 들이지 못하겠나이다." 하니, 대비가 "오늘 한 일을 내가 상세하게 알지 못하니 글을 써서 들이라."고 했다.

이귀가 내관 김대덕을 시켜 자초지종을 모두 쓰게 하였다.

　　대비가 친히 안뜰에 서서 시녀를 시켜 말을 전하기를 "대장이 어찌 나를 의심하느냐. 나에게 친자식이 있느냐? 국보國寶를 재촉하여 거두는 것은 국체國體를 존중하기 위함이다."라고 하였다.

　　이귀가 "진실로 그리시다면 창덕궁 정전正殿에 납시어 임금을 책립하고 대신을 불러 국보國寶를 전하는 것이 옳겠사온데, 하필 국보를 빨리 들이라 하시나이까?"라고 하였다.

이와 같이 인목대비와 반정군 사이의 팽팽한 신경전 속에 시간은 계속 흐르고 있었다. 마침내 능양군이 좌의정 박홍구에게 명하여 전국보와 계자인를 대비에게 올리도록 하였다.24) 인목대비가 먼저 바치도록 종용한

'전국보'傳國寶와 '계자인'啓字印은 국왕이 사용하는 인장印章의 종류이다. 조선 국왕이 사용하는 인장은 용도에 따라서 명칭이 달랐는데 모든 인장을 통칭하여 어보御寶라고 하였다. 그중에 '전국보'는 중국 황제로부터 받아 사대문서事大文書에만 썼던 대보大寶이다.[25] 경우에 따라 전국보, 대보, 국보 등으로 칭해졌다. 왕이 공문서에 결재할 때 찍던 인장에 '계'啓가 새겨졌는데 인목대비가 올리라는 '계자인'은 바로 결재용 인장이다.

반정군이 궁궐을 장악하고 인목대비에게 문안을 드린 후에 승지로 하여금 의장을 갖추고 가서 창덕궁으로 납시기를 청한 시간이 3경[26] 곧 3월 12일 자정 무렵이었고 능양군이 경운궁으로 간 시간은 다음날인 3월 13일 저녁 7시 전후로 추정된다.[27] 신속하게 거사를 성공시킨 후에도 능양군의 즉위식이 이루어지지 못한 채 인목대비의 하명을 받기 위해 반정군은 창덕궁과 경운궁을 오가며 무려 18시간 이상을 기다려야만 했다. 결국 경운궁으로 가서 대죄를 한 능양군은 대비의 끈질긴 요구에 국보를 대비에게 올렸다. 능양군과 반정군이 국보를 대비에게 올리기를 꺼린 이유는 국보의 장악과 권력의 이동이 함수관계에 있기 때문이다. 능양군이 국보 전달을 꺼리자 대비는 자신에게 친아들이 없음을 상기시키고 국체를 존중한다는 명분을 내세우고 있다. 그런데 국보를 받고도 한참 동안 인목대비가 어떤 명도 내리지 않았다. 인목대비에게서 답이 없자 능양군은 그대로 땅에 엎드려 있다가 야심한 때에 이르러 군신들에게 "내가 집에 물러가 대죄하겠다."고 하였다. 그런 능양군을 군신들이 강력하게 말렸다. 얼마가 지나서야 비로소 대비가 '사군'嗣君을 인견하겠다고 명을 하였다.[28] 대비가 '사군'嗣君이라고 칭한 것은 능양군을 왕위계승자로 인정한다는 의미이다.

능양군과 대신 그리고 여러 장수들이 궁정 안뜰로 들어가 대비가 미리 설치해 놓은 선왕의 허좌虛座 즉 선조의 빈 어좌御座에 모두 재배하고 통곡하였다. 이때 여러 왕자들도 들어가려하자 김자점이 문을 닫으며 지금 때가 어느 때인데 왕자들이 함께 들어가려고 하느냐며 막아섰다.[29] 능양군이 왕위에 오르기 전에 혹여 왕위계승의 자격을 가진 여타의 왕자에게 국보가 전달될지도 모를 일을 미연에 방지하고자 한 것이다. 인목대비가 침전寢殿에 발을 드리우고, 어보를 상床에 놓은 후 능양군을 인도해 들어갔다. 대신과 여러 장수들 모두가 대비께 어보를 전달하여 왕위를 속히 결정할 것을 청했다. 어보를 빨리 전달하여 민심을 안정시켜야만 한다는 민성징의 재촉에 인목대비는 초라하게 어보를 전달할 수 없으니 내일 경운궁 서청에서 예를 갖추어 행할 것이라고 하며 능양군의 왕위계승자로서의 자격에 대해 중대한 문제 2가지를 제기하였다.

하나는 오늘 같은 일이 이루어질 수 있었던 것은 상제上帝의 영험이 있어서이니 사군嗣君은 상제께 감사의 뜻을 표하는 배사拜謝 의식을 먼저 해야 한다고 했다. 이는 능양군이 천명을 받은 군주인가 묻는 것이다. 또 하나는 중국 조정의 명이 없다는 점을 들었다. 아직 중국의 책봉을 받지 못했기 때문에 정통성이 없다고 한 것이다. 그러므로 대비가 국사를 임시로 **서리**署理하겠다는 놀라운 요구를 했다. 대비의 이런 주장에 도승지 이덕형이 민심이 이미 사군에게 돌아섰으니 천명은 이미 정해진 것이라고 하였다. 그리고 밤이 깊도록 어보를 전하지 않는 이유가 무엇인지 대비에게 묻고, 만약 속히 국보를 전하여 위호를 정하지 않는다면 지금의 난국을 진정시킬 수 없는 매우 급박한 상황임을 전했다. 그래도 대비는 어보를 받는 데는 절차가 있는 법인데 어떻게 늦은 밤에 급박히 전수하겠는가 하며 대신들과 상의하겠다고 했다.[30]

인목대비는 대신들의 말을 들은 후에야 비로소 내관 김천림 등에게 명하여 국보를 받들어 능양군에게 전하게 하였다. 즉위의례에서 국보를 받은 뒤에 능양군의 호칭이 **전하** 또는 **상**上으로 바뀌었다.[31] 이 시점이 능양군이 비로서 왕이 된 시점이라고 볼 수 있다. 국보 전수가 끝나자 대비에게 속히 창덕궁 정전으로 나아가 왕위王位를 바르게 하시기를 청했다. 바로 즉위식을 거행하자는 요구였다. 그러나 즉위식 또한 순조롭게 진행되지는 않았다. 인목대비는 이에 앞서 먼저 원수와 한시라도 같은 하늘 아래 있을 수 없다며 광해군 부자를 즉결로 처리하라고 강력하게 요구했다. 왕이 즉위식을 한 후에 바로 광해군 부자의 처형명령을 내리라는 압박이다. 인조가 백관들이 있는데 감히 마음대로 할 수 없다는 뜻을 전하자 대비는 "사군은 이미 장성하였소. 어찌 백관들의 지휘를 받으려 하오."라고 했다. 이 말은 왕의 전권으로 처형하면 될 것이지 어찌 신하들에 좌지우지 되느냐는 힐난조로 들린다. 이덕형이 긴급한 상황에 즉위식이 지체되어 모두 걱정하고 있으며, 중종반정 후에도 천수를 누린 연산군의 예를 들어 광해군 부자의 처형이 불가함을 간곡하게 아뢰었다. 그러나 인목대비는 광해군의 악행이 연산군보다 더 하다며 강력하게 처형을 주장하였다. 이덕형이 다시 "간사한 역적의 무리가 외방에 흩어져 있으니 뜻밖의 변란이 없지 않을 것입니다. 속히 즉위하여 교서를 반포하고 제때에 체포해야합니다."라고 하자 비로소 인목대비의 허락이 떨어졌다. 인목대비는 창덕궁 정전이 아닌 선왕先王 즉 선조가 일을 보던 곳이라며 경운궁 별당을 궁인을 시켜 청소하게 한 뒤에 그곳에서 즉위식을 거행하게 하였다. 경운궁 별당에서 즉위식을 거행한 인조는 그곳에서 신하들과 장수들이 칼을 차고 호위하며 지키는 가운데 밤을 새워 정무를 보았다.[32]

그렇다면 인목대비는 왜 집요하게 경운궁을 고집했을까? 우선 이 문

〈표 1〉 조선 역대 왕의 즉위장소

왕호	형태	즉위장소	임종장소
태조	개국	수창궁	창덕궁 광연루 별전
정종	선위禪位	경복궁 근정전	인덕궁
태종	선위	수창궁	연화방 신궁
세종	선위	근정전	영응대군 사저
문종	사위嗣位	영응대군 사저	경복궁 춘추전
단종	사위	근정전	강원도 영월
세조	선위	근정전	수강궁
예종	선위	수강궁 중문	경복궁 자미당
성종	사위	근정전	창덕궁 대조전
연산군	사위	인정전	강화도 교동
중종	반정反正	근정전	창경궁 환경전
인종	사위	창경궁 명정전	경복궁 청연루
명종	사위	근정문	경복궁 양심당
선조	사위	근정전	정릉동 행궁(경운궁)
광해군	사위	정릉동 행궁	제주(도)
인조	반정	경운궁	창덕궁 대조전
효종	사위	인정문	창덕궁 대조전
현종	사위	인정문	창덕궁 재려齋廬
숙종	사위	인정문	경덕궁 융복전
경종	사위	경덕궁 숭정문	창경궁 환취정
영조	사위	인정문	경희궁 집경당
정조	사위	경희궁 숭정문	창경궁 영춘헌
순조	사위	인정문	경희궁 회상전
헌종	사위	경희궁 숭정문	창덕궁 중희당
철종	사위	인정문	창덕궁 대조전
고종	사위	인정문	덕수궁

제를 풀기 위해 조선 역대 왕의 즉위장소를 살펴보자. 〈표 1〉[33]을 보면 조선의 역대 왕들은 주로 법궁의 정전이나 정전의 정문에서 즉위식을 거행했다. 제2대 왕 정종부터 제14대 선조까지는 주로 경복궁의 근정전이나 근정문에서 즉위하였다. 임진왜란으로 법궁인 경복궁이 소실되자 광해군 이후부터는 창덕궁을 중수하여 법궁으로 사용했다. 그러므로 제17대 효종부터는 대부분 창덕궁의 인정문에서 즉위하였다. 정전이나 정전의 정문에서 즉위한 왕들의 경우 선왕이 모두 법궁에서 임종했다. 물론 예외의 경우도 있다.[34] 문종은 영응대군 사저에서 즉위하였는데 이는 세종이 그곳에서 돌아가셨기 때문이다. 사저가 비좁고 의식을 치르기에 여러 어려움을 들어서 대신들이 빈전殯殿을 수강궁(후일 창경궁)이나 경복궁으로 옮길 것을 청하자 문종은 장소가 좁은 폐단은 작은 일이고 빈전을 옮기는 일은 큰일이라며 사저에 빈전을 설치하도록 명을 했다.[35] 예종의 경우는 세조가 죽기 하루 전에 수강궁 중문에서 즉위했는데 그 연유 역시 병이 위중해진 세조가 경복궁에서 수강궁으로 거처를 옮겨가서 세자(예종)에게 전위傳位를 하였기 때문이다.[36]

일반적으로 즉위의례는 선왕의 임종장소이자 바로 빈전이 설치된 곳에서 이루어졌다. 인목대비가 경운궁을 인조의 즉위 장소로 고집한 이유는 바로 경운궁이 선조宣祖가 임종한 곳이기 때문이다. 임진왜란으로 의주義州로 피난 갔다가 폐허가 된 도성으로 돌아온 선조는 정릉동 행궁에서 약 15년간(선조 26년~선조 41년) 정무를 보았고, 그곳에서 임종을 맞았다. 이 행궁을 광해군이 경운궁이라고 칭했다. 그러므로 인목대비는 선조가 임종했고 선조의 빈전이 설치되었던 경운궁에서 인조의 즉위의례를 거행하는 것이 옳다고 생각했다. 대비가 경운궁 침전에서 선조의 허좌虛座를 설치하여 절하도록 하고 경운궁 별당에서 즉위식을 거행하도록 한 것은 바로 선조로부터 왕위를 계승받는 것이고, 그 승인은 선조의 왕비인 자신으로부터 나온다는 것을 분명히 하고자 하는 정치적 의도로 보인다. 인목대비의 의도대로 인조는 경운궁에서 즉위한 다음 날인 인조 1년(1623) 3월 14일 백관의 하례를 받고 교서를 반포하였다.[37] 이처럼 인목대비는 비상사태로 왕권이 교체되는 시점에 대비로서의 정치적 역량을 최대한 발휘하여 새 국왕의 권위와 정통성을 인정하는 의식을 주도하였다.

즉조당의 의미

그렇다면 다른 왕들과는 달리 왜 인조가 즉위한 한 곳에 특별히 즉조당이란 당호堂號가 붙여졌을까?

인조가 즉위한 경운궁 건물에 특별한 의미를 되새기며 인조 즉위의 역사적 의의를 새겨 후대에 전한 것은 인조의 현손인 영조이다. 영조 45년 (1769)에 경운궁에 거동한 영조가 '계해즉조당'癸亥卽阼堂이란 다섯 글자를 친히 쓰고 현판을 걸도록 명하였다.[38] 즉조당이란 당호堂號는 오늘날까지 보존되어 전해온다. 즉조당이라는 특별한 당호가 전해져오는 것은 인조정권의 정체성과 깊은 관련이 있다. 인조는 당초 창덕궁 정전에서 즉위하고자 했다. 왜 창덕궁 정전에서 즉위하고자 했을까?

그 실마리를 찾기 위해 우선『인조실록』의 첫 기사를 분석해 보자.

상이 의병을 일으켜 왕대비를 받들어 복위시킨 다음 대비의 명으로 경운궁에서 즉위하였다.

그런데 『연려실기술』에서는 다음과 같이 기록했다.

서인이 서궁(인목대비)을 구호하여 복위시켰다(西人救護復位西宮).[39)]

인목대비를 복위시킨 주체에 대해 이처럼 관점의 차이가 있다. 『인조실록』 첫 기사로 보면 경운궁에 유폐되었던 인목대비를 복위시키는 주체는 인조가 된다. 인조는 창덕궁 정전에 앉은 그 순간 이미 스스로 왕이 되었다(自立)고 생각했다. 따라서 인목대비의 하명이란 단지 형식일 뿐이라고 생각했을지도 모른다. 다만 형식과 명분을 얻기 위해 창덕궁 정전에서 남면을 하지 않았을 뿐 인조반정을 일으킨 1623년 3월 13일 새벽에 명패命牌를 내어 이광정과 이정구 등 여러 사람을 불렀고, 이명한을 교리로 임명하고 교서를 반포하려고 했다. 명패는 왕명으로 당상관을 부를 때 사용한다. 교서반포는 즉위의례상 국보를 전달 받는 수보受寶 의식 후에 이루어진다. 무력을 동원하여 궁궐을 장악한 인조는 수보 의식 이전에 이미 왕으로서의 정치권력을 행사했다. 인조가 그렇게 할 수 있었던 것은 어보를 확보했기 때문일 수도 있다. 1623년 3월 13일 새벽에 반정군은 궁궐의 후원에서 어보를 수습하였다.[40)] 아마도 광해군이 황망하게 궁궐을 도망치면서 미처 챙겨 가지 못해 흘렸거나 보이지 않는 곳에 은폐하고자 했을 수 있다. 신속하게 궁궐을 장악하고 어보까지 확보한 인조는 그 국보를 인목대비를 통해 전달 받는 형식적인 즉위식만 남겨놓았다고 생각하며 새벽부터 창덕궁의 정전에 앉아 있었다.

이처럼 인조가 인목대비의 권위에 의존하기보다는 스스로 왕이 되었다는 자립의식은 군사정변을 일으키는 과정에 인조 자신과 그의 친인척이 했던 주도적인 역할과 상관이 있다고 보인다. 군사정변을 도모하는데 인조와 무신武臣 집안 평산 신씨와 능성 구씨의 역할이 결정적인 요소였다고 해도 과언이 아니다.[41] 또 인조는 인조반정의 1등공신인 김류를 거사 전에 3차례나 직접 방문하여 거사를 도모했고, 심기원에게 거사에 쓰일 군자금을 제공하였으며, 거사 당일 직접 군사를 지휘하였다. 인조는 광해군의 탄압과 감시 아래서도 주도적으로 거사를 도모할 만큼 주도면밀하였다.[42]

그러므로 인조나 인조정권 탄생에 특별한 의미를 부여하는 기록을 후대에 남겨서 그 정체성을 분명히 하고자 했다. 먼저 인조대왕행장仁祖大王行狀에 보이는 인조 출생에 관한 고사를 보자. 인조가 태어날 때 붉은 빛이 비치고 기이한 향기가 방 안에 가득했으며, 인헌왕후(인조의 어머니)의 어머니 평산 부부인 신씨(인조의 외조모)는 옆에서 졸며 꿈을 꾸었는데 붉은 용龍이 왕후 곁에 있었고, 어떤 사람이 병풍에 두 줄로 '귀자희득천년' 貴子喜得千年이라는 여섯 자를 썼다고 한다. 인조는 태어난 후에 모습이 범상하지 않았다고 한다. 오른쪽 넓적다리에 무수한 사마귀가 있었는데, 선조宣祖가 이를 보고 기이하게 여겨 이것은 중국 한나라 고조 유방劉邦과 같은 상相이니 누설하지 말라고 하였다고 한다.[43] 이러한 상서祥瑞 고사는 일반적으로 창업군주의 탄생을 신비화하는데 쓰인다. 이와 유사한 기록이 인조의 두 번째 왕비인 장렬왕후의 탄생고사에도 보인다.[44]

그렇다면 왜 창업군주도 아닌 인조와 계비 장렬왕후의 탄생에 그런 상서고사를 기록하였을까? 그 답의 실마리를 계비 장렬왕후를 간택하고 가례를 감행하면서 내세운 이유에서 찾을 수 있다. 병자호란 직후의 전란으로 피폐한 재정과 대내외적으로 어려운 여건에서 공석이었던 왕비를 다시 들이는 일이 중요한 국사國事의 하나로 부각되었다. 긴 논의 끝에 계비를 들이는 가례가 결정된 인조 16년 10월 주강晝講에서 이조참판 이경석이 가례를 행하는 것은 '중흥지본'中興之本이 될 것이라고 하였다. 상서의 고사는 바로 '중흥'中興이라는 상징성을 내포한 것이며,[45] 이러한 상징성의 부여는 당시 전후에 추락된 왕실의 권위 회복만이 아닌 인조정권의 정체성과도 관련이 있다. 즉 인조의 위치를 '중흥조'中興祖로 자리매김하고자 했다.

이러한 의식은 인조의 아들 효종이 부왕의 묘호廟號를 정하는 논란에서도 잘 드러난다. 인조仁祖의 묘호를 처음에 열조烈祖로 정했다. 묘호를 바꾸는 과정에 조祖·종宗 논란이 일어났다. 응교 심대부가 상소하여 창업한 군왕만이 조祖로 호칭되는 것으로 조祖로 정한 것이 의리에 맞지 않으며 정론에 부합하지 않는 것이라는 이의를 제기하였다. 심대부의 상소에 이어 부수찬 유계도 묘호를 재고 할 것을 청하지만 효종은 공의公議가 정해졌다며 단호하게 재론의 여지를 차단했다.[46] 하지만 계속해서 신하들이 묘호를 문제 삼자 효종은 그들의 의도가 무엇인지 모르지만 마음이 섬뜩해진다고까지 하며 단호한 입장을 견지했다.[47] 그리고 논란의 핵심인물이었던 심대부와 유계를 유배까지 보냈다. 묘호를 개정할 때, "공功이 있는 분을 조祖라 하고, 덕이 있는 분을 종宗이라 하는 것이 고례古禮인데 대행대왕(인조)께서는 공은 조종祖宗을 빛내시고 덕은 온 누리에 입혔으니 높여 조祖라 하는 것이 고례에 부합하다."[48]고 한 대신의 이 말은 바로 효종의 생각을 대변한 것이다.

전술한 바와 같이 인조가 즉위한 곳에 특별한 의미가 부여된 것은 영조英祖 때이다. 명확한 시기는 알 수 없지만 경운궁의 궁호가 명례궁明禮宮으로 바뀐다.[49] 영조 45년(1769) 영조가 실록을 상고해 보니 명례궁이 원래 경운궁이었다는 사실을 알았다. 영조 45년 11월 2일 영조는 경운궁 별당에 계해년(1623) 인조께서 즉위하신 당이란 의미인 '계해즉조당'이라는 글자를 친히 쓰고 현판을 하도록 명하였다. 그리고 이날 인조가 즉위했던 계해년을 생각하며 이 당에서 친정親政을 하였다. 문무관의 전형을 담당하는 관리를 불러 계해년 공신功臣의 자손들을 비의備擬(벼슬아치를 임명할 때 이조와 병조에서 3인을 추천하던 일)하도록 명하고 이들을 바로 관직에 제수하는 특혜를 베풀었다.[50] 인조의 현손玄孫인 영조는 경운궁 별당에 특별한 의미를 되새기며 인조 즉위의 역사적 의의를 새겨 후대에 남겼다.

명례궁이 경운궁이란 원래의 궁호로 불리며 다시 역사의 무대에 등장한 것은 고종 때이다. 아관파천 중이던 1896년 고종은 경운궁의 수리를 명하고 1897년 경운궁으로 환궁하여 즉조당에서 대한제국 수립을 선포하고 이곳을 정전正殿으로 사용하였다. 고종은 제국의 황제로서 조선의 자주독립이라는 이상의 날개를 펼치고자 했다. 날개를 제대로 펼쳐보지도 못한 채 1907년 일제에 의해 강제로 퇴위한 고종은 태황제가 되었다. 순종은 태황제가 된 고종이 머물고 있던 이 궁에 '덕수'德壽라는 궁호를 올렸으니 오늘날의 덕수궁이다.[51]

2장
왕의 초석이 된 친할머니 인빈 김씨

2장
왕의 초석이 된 친할머니 인빈 김씨

인빈 김씨는
누구인가?

인빈 김씨의 위상을 가장 잘 드러낸 역사
기록은 이긍익의 『연려실기술』이다. 『연려실기술』은 잘 알려진 대로 조선
태조부터 숙종 때까지 각 국왕별로 역사 사건의 고사본말을 서술한 사건
중심 역사서이다. 각 국왕의 고사본말은 대개가 각 국왕의 약력, 왕비와
자녀들에 대한 간략한 소개로 시작한다. 그러므로 사건에 연루된 왕실
여성이 아닌 경우 따로 목차를 세운 사람이 거의 없다. 그런데 『연려실
기술』 22권 「원종고사본말」을 보면 '**인빈**'仁嬪을 목차로 세웠다. 이긍익이
사건과 연루되거나 대리청정(수렴청정)을 한 왕대비도 아닌 선조의 후궁이
었던 인빈 김씨를 특별히 독립적인 목차로 입전했다는 것은 무엇을 의미
할까? 그것은 인빈 김씨가 원종으로부터 인조로 이어지는 조선 후기 종
통에 그만큼 중요한 의미가 있다는 점을 기록으로 남긴 것이다.

인조의 친할머니 인빈 김씨(1555~1613)는 선조宣祖에게 가장 총애 받았던 후궁이다. 김씨는 선조 1년(1568)에 종4품 숙원淑媛에서 봉해졌고, 정3품 소용昭容과 종1품 귀인貴人을 거쳐 선조 37년(1604)에 후궁 최고 품계인 정1품 인빈仁嬪에 봉해졌다. 이 글의 전개과정에서 김씨가 인빈에 봉해지기 이전의 상황을 서술할 때에도 편의상 인빈 또는 인빈 김씨로 칭하고자 한다. 선조는 두 번째 왕비(계비)인 인목왕후와 6명의 후궁 사이에서 25명의 자녀를 두었는데 그중에 9명이 인빈 김씨 소생이다. 인빈 김씨가 낳은 왕자들이 선조의 후계자로 거론될 만큼 총애를 받았다. 선조 사후 보위에 오른 광해군이 왕권을 위협하는 세력들을 제거하면서 인빈의 자녀들은 위기를 맞았지만 인빈은 영민한 판단과 뛰어난 처세술로 자녀들의 보호막이 되었다. 하지만 인빈 사후에 자녀들은 모진 고초를 겪어야만 했다. 광해군이 정원군의 집터에 왕기王氣가 서려있다는 소문을 듣고 그 집터를 빼앗아 궁궐까지 지었다. 정원군은 인빈에게는 셋째 아들이고 선조에게는 다섯 번째 서자이다. 인빈의 친손자이자 정원군의 장남인 능양군 이종李倧이 인조반정이란 군사정변을 통해 조선 제16대 국왕이 되었다. 광해군이 궁궐을 지으면서까지 누르고 싶었던 정원군의 집터에 서렸다는 왕기는 인빈 김씨가 다져놓았던 초석이었던 것 같다.

　인빈 김씨는 궁녀 출신으로 선조의 후궁이 되었다. 궁녀였던 김씨가 선조의 후궁이 되는 과정에는 2명의 중요한 후원자가 있었다. 한 명은 명종의 후궁 숙의淑儀 이씨이고 또 한 명은 명종의 왕비 인순왕후 심씨이다. 숙의 이씨와 인순왕후 두 사람은 어떤 인연으로 김씨를 후원했을까? 인빈 김씨와 숙의 이씨 그리고 인순왕후 심씨 세 사람의 연결고리를 찾는 여정부터 이야기를 풀어가고자 한다.

첫 번째 후원자
숙의 이씨

인빈 김씨가 궁에 들어갈 수 있었던 것은 명종의 후궁 숙의 이씨 때문이었다. 숙의 이씨는 어떤 인물인가?『연려실기술』의 기록을 보면 이씨가 궁에 들어가게 된 사연을 다음과 같이 적고 있다.

> 과거에 명종이 늦도록 대를 물릴 아들이 없으므로 문정대비文定大妃가 매우 걱정하였는데 어느 날 저녁 꿈에 이인異人이 고하기를, "상주尙州의 이 아무개가 딸이 있는데 궁중에 들여오면 좋을 것이다." 하였다. 이에 꿈을 깨어 사람을 시켜 물색했으나 그 사람을 찾지 못하였는데 문득 한 승려가 그 사람이 있는 곳을 가르쳐 주어, 드디어 찾아서 후궁에 들였으니 바로 이숙의李淑儀였다.[1]

위 내용을 액면 그대로 보면 문정대비(중종의 왕비 문정왕후)가 아들인 명종이 후사가 없는 것을 걱정할 때 꿈에서 어떤 사람이 이씨를 점지해주었고, 그 이씨를 한 승려의 도움으로 찾았다는 이야기다.『연려실기술』의 위 내용 중에는 사실과 부합되지 않는 부분이 있다. 신흠이 쓴 숙의 이씨 묘지명에 의하면 이씨는 1541년생으로 16살인 명종 11년(1556)에 문정왕후의 시녀가 되었고, 18세인 명종 13년에 명종의 후궁이 되었다가 명종 말년에 종4품 숙원에 봉해졌다.[2] 명종과 인순왕후 사이에서 첫째 아들 이부李暊가 태어난 것은 명종 6년(1551)이고, 명종 12년 왕세자(순회세자)에 책봉되었다. 문정왕후가 이씨를 궁으로 데려와 명종의 후궁으로 들인 것은 명종 13년이므로『연려실기술』의 기록 "대를 물릴 아들이 없으므로"

라는 것은 사실이 아니다. 독실한 불교신자로 적극적인 불교중흥책을 펼쳤던 문정대비에게 아마도 가까운 승려가 이씨를 천거했을 것으로 보인다. 묘지명에 숙의 이씨가 명종 사후에 머리를 자르고 30년간 육식을 하지 않았다고 한 점을 보면[3] 숙의 이씨 역시 독실한 불교신자였다. 숙의 이씨의 묘지명에는 그녀의 배경에 대해 비교적 상세한 기록이 있다.

> 숙의의 성은 이씨요 관향은 충청도 전의현인데, 대대로 고관을 지내온 대족이다. 휘 항沆은 중묘조中廟朝(중종) 때 찬성贊成 벼슬을 하였는데 이분이 증조이고, 조부 수홍守泓은 비안현감을 지냈으며, 아버지 휘 첨정添貞은 **종실 이씨의 딸**에게 장가들어 가정嘉靖 신축년(1541, 중종 36)에 숙의를 낳았다. … 중략 … 어려서 부모를 여의자 조모 나씨가 데려다가 키웠다.[4]

이 기록을 보면 마치 숙의 이씨는 충청도에서 번성한 전의 이씨처럼 보인다. 이씨의 본관은 전의가 아니고 성주星州(현 星山)[5]이다. 이씨의 고조부 이세인李世仁은 성종·연산군·중종 때 사헌부감찰, 황해도관찰사, 이조참의 등을 역임하였다.[6] 증조부 이항李沆은 연산군 때에 문과에 장원을 하고 연산군과 중종 때 요직에 올랐다. 이항은 대사헌이었던 시절 영의정 남곤과 손을 잡고 외척으로 권력 남용이 심했던 김안로를 탄핵하여 유배시켰다. 남곤이 죽은 후에 유배에서 풀려난 김안로는 다시 권력을 장악하고 신묘년(1531, 중종 26)에 이항李沆·심정沈貞·김극핍金克愊을 간신으로 몰아서 제거하였다. 이 3명이 신묘삼간辛卯三奸이다. 아마도 신묘년의 사건으로 이씨 집안의 가세는 기울었던 것 같다. 어려서 부모를 여의고 이씨를 키운 것은 할머니 나씨이다. 할머니 나씨의 친정 역시 정쟁의 소용돌이를 거쳤다. 김안로의 탄핵을 받고 유배되었던 나세찬이 나씨의 종조부從祖父이다.[7] 김안로는 중종의 두 번째 왕비 장경왕후의 오빠 윤임과 함께 장경왕후 소생인 왕세자(후일 인종)를 보호한다는 구실로 문정왕후 측근세력과 사림파 등 정적들을 축출하였다. 문정왕후는 온갖 정치적 풍파와 목숨의 위협을 겪고 마침내 아들을 보위에 올렸으니 바로 명종이다. 그러므로 문정왕후가 이씨를 시녀로 삼고 명종의 후궁으로 추천했을 때에는 다분히 정치적인 고려가 있었다.

그렇다면 이씨가 궁녀가 된 사연에 문정왕후의 꿈까지 가탁하며 하늘이 점지를 해준 인물처럼 윤색한 이유는 무엇일까? 그 답은 장유가 쓴 인빈 김씨의 묘지명에서 찾을 수 있다.

> 인빈이 그야말로 숙의를 통해 궁중으로 들어오게 되었고, 그 뒤로 계속 후손이 번창해져 오묘五廟의 통서統緒가 마침내 자리 잡게 되었으니, 문정대비가 당시에 얻은 꿈이야말로 하늘이 계시해 준 것이라고 여겨진다.8)

숙의 이씨가 필연적으로 궁에 들어갈 운명이었던 것처럼 문정왕후의 꿈을 가탁한 것은 바로 인빈 김씨를 드러내기 위한 장치라는 것을 알 수 있다. 인빈의 묘지명 기록에 의하면 숙의 이씨는 인빈 김씨의 **표자**表姊이다. 숙의 이씨가 김씨의 표자란 원문을 대부분의 번역문은 외(종)사촌 언니라고 했고 연구자들도 그대로 인용하고 있다. 이는 잘못된 해석이다. 조선시대 표친表親은 고모나 이모 또는 외삼촌의 혈친을 가리킨다. 그러므로 표자는 고모나 이모 또는 외삼촌의 딸로 자신보다 나이가 위인 언니이다. 인빈 김씨는 숙의 이씨와 이종사촌간이다. 이 두 사람의 관계는 인빈 김씨의 가계家系를 보면 확인할 수 있다.

인빈 김씨는 수원 김씨로 조부 김순은金順銀은 관직이 만호萬戶에 이르렀고, 부친 김한우金漢佑는 사헌부감찰을 지냈다. 만호는 조선시대 각 도道의 진鎭에 달린 종4품의 무관직武官職이고 사헌부감찰은 정6품의 문관직이다. 모친은 **종친 이효성의 딸**이다.[9] 종친 이효성이 인빈 김씨의 외조부이다. 이효성의 한자이름은 이긍익의 『연려실기술』과 각 문집에는 이효성李孝性이라고 했고[10] 왕실족보인 『선원록』에는 이효성李孝誠[11]이라고 적고 있다. 『선원록』에 근거하여 이효성의 한자명은 李孝誠으로 표기하겠다. 숙의 이씨의 친정어머니도 종실 이씨의 딸이었다는 것으로 볼 때 인빈 김씨의 친정어머니와 자매지간이었음을 알 수 있다.

숙의 이씨는 명종과의 사이에 자식이 없었지만 이종사촌동생인 인빈 김씨 덕분에 선조 때 적지 않은 예우와 혜택을 받았다. 명종 말기에 종4품 숙원이었던 이씨는 선조 때에 이르러 종2품 숙의에 올랐다. 이씨가 이처럼 품계가 오른 것은 특별한 예우였다. 선조 때 중종의 후궁 정3품 숙용 한씨가 공로를 인정받아 종1품 귀인으로 승격되었고, 선조의 친조모인 숙용 안씨가 정1품 창빈昌嬪으로 추증되었다. 하지만 명종의 후궁 중에 숙의 이씨를 제외하고 승격한 인물은 없다.[12]

숙의 이씨는 임진왜란이 발발하자 강화도를 거쳐 황해도 연안부로 피난을 갔다가 선조 28년(1595)에 그곳에서 병사했다. 병이 위독해지자 내전內殿에서 의원을 보내 치료하게 했다. 당시 연안부에서 멀지 않은 (황해도) 해주에 머물고 있던 중전(선조의 첫 번째 왕비 의인왕후 박씨)이 숙의 이씨의 소식을 듣고 의원을 보내준 것으로 보인다. 선조는 이씨의 부음을 듣고 매우 슬퍼하여 장례에 소요되는 모든 물품을 관청에서 마련해 주도록 하는 특별한 은전을 베풀었다. 그 외에 선조는 승정원에 죽은 숙의 이씨에게 매달 지급한 녹봉인 산료散料를 3년간 지급하도록 하교하였다.[13] 그런데 숙의 이씨에게는 자녀도 없었고 친형제도 없었는데 산료는 누구에게 지급된 것일까? 기록에 의하면 숙의 이씨에게 서모庶母가 낳은 남동생이 하나 있었는데 생전에 그 배다른 남동생을 정성껏 보살펴주었고 자기 소유의 노비들도 주어 조상의 제사를 받들게 했다고 한다. 숙의 이씨는 일찍부터 사후의 일을 사촌동생인 인빈 김씨에게 간절하게 부탁했고 사촌언니의 부탁을 잊지 않았던 인빈 김씨는 이씨 친가를 가엾게 여겨 제사 받드는 일을 직접 주선하며 특별하게 예우를 했다고 한다.[14]

숙의 이씨는 명종의 다른 후궁들에 비해 특별한 예우에 받았다. 임진왜란 당시 명종의 다른 후궁들의 말로는 매우 비참했다. 숙의 신씨는 굶주림과 비참한 생활고에 시달리다 죽었고,[15] 숙의 한씨는 피난 중인 강화도에서 갑자기 죽어 장례조차 변변히 치루지 못하고 머무르던 민가 집 뒤뜰에 묻혔다.[16] 숙의 이씨가 생전에는 물론 사후에 특별한 혜택을 받을 수 있었던 까닭은 사촌동생 인빈 김씨 때문이었다. 숙의 이씨는 사후 160년이 지난 영조 31년(1755) 정1품 경빈慶嬪으로 추숭되었으니 매우 파격적인 예우이다. 영조가 이처럼 숙의 이씨를 높인 이유는 바로 사촌동생 (인빈) 김씨가 어려서부터 의지했고, 김씨를 궁에 들어오게 하여 선조의 후궁으로 뽑히게 한 공로를 인정해서이다.[17]

두 번째 후원자
인순왕후 심씨

인빈 김씨를 궁으로 이끈 것은 이종사촌언니 숙의 이씨였지만 결정적으로 김씨가 선조의 후궁이 될 수 있도록 한 것은 명종의 왕비 인순왕후 심씨이다. 먼저 숙의 이씨가 인빈 김씨를 궁으로 데려온 것은 정확히 몇 살이었을까? 장유와 신흠이 쓴 인빈 김씨의 신도비명에 보면 표자表姉 숙의 이씨는 명종의 후궁이었는데 (인빈) 김씨를 데려다가 궁중에서 키웠는데, 나이 14세일 때 인순왕후가 보고 특별하게(異) 생각하고 선조대왕에게 맡겨(屬) 후궁에 두도록(備)했다고 한다.[18] 윤신지가 쓴 인빈 묘지명을 보면 조금 다른 내용이 있다.

> 14세 때 명종의 후궁이었던 표자 이씨가 (김씨를) 데려다가 궁중에서 키웠는데 인순왕후가 보고 특별하게 여겨서 선조의 후궁에 두도록 명命하였다.[19]

이 기록에는 김씨가 14살 일 때 숙의 이씨가 궁중에 데려다 키웠고, 인순왕후가 김씨를 특별하게(異) 보고 선조의 후궁으로 삼도록 '명'命했다고 한다. 윤신지의 글을 보면 김씨는 14세에 숙의 이씨에 의해 궁으로 들어갔고 바로 인순왕후의 눈에 띄어 선조의 후궁이 되었다. 윤신지는 선조와 인빈 김씨 사이에서 태어난 정혜옹주와 혼인한 선조의 부마이다. '이'異라는 의미는 김씨의 빼어난 외모나 몸가짐을 말하는 것 같다. 김씨를 선조에게 맡겼다(屬)는 장유나 신흠의 신도비명의 표현보다 윤신지의 묘지명의 '명'命은 훨씬 강제력을 띤 용어이다.

김씨를 선조에게 후궁으로 삼도록 한 인순왕후는 김씨와 어떻게 만났을까? 숙의 이씨에 의해 궁중에 들어온 김씨를 과연 인순왕후가 우연히 만나서 보자마자 마음에 들어 선조의 후궁으로 삼도록 명한 것일까? 아니면 김씨의 빼어난 외모나 몸가짐이 인순왕후의 눈에 띈 것일까? 나는 인순왕후와 김씨의 만남은 단순한 우연이 아니라고 생각한다. 김씨가 인순왕후의 눈에 띈 것이 우연이 아니었음을 밝히기 위해서는 먼저 인빈 김씨와 숙의 이씨 그리고 인순왕후 3사람의 연결고리를 살펴볼 필요가 있다. 앞부분에서 밝힌 대로 인빈 김씨와 숙의 이씨의 모친은 자매지간으로 종실 이효성李孝誠의 딸이다. 그런데 인순왕후의 모친 역시 종실 이대李薱의 딸이다. 숙의 이씨와 인빈 김씨의 외가 그리고 인순왕후의 외가의 가계家系를 살펴보면 〈표 2〉[20]와 같다.

〈표 2〉 인순왕후 · 숙의 이씨 · 인빈 김씨 외가 가계도

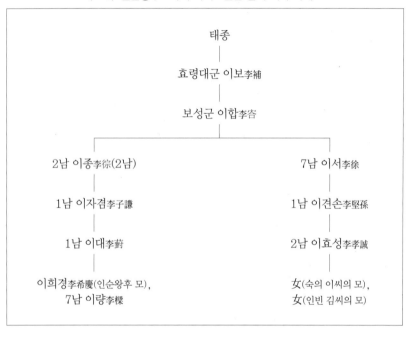

위 표를 보면 인순왕후의 외조부 이대와 인빈 김씨와 숙의 이씨의 외조부인 이효성은 모두 태종의 손자인 보성군 이합의 증손자이다. 이대는 보성군의 둘째 아들 이종의 손자이고, 인빈 김씨와 숙의 이씨의 외조부인 이효성은 보성군의 일곱째 아들 이서의 손자이다. 이처럼 인순왕후의 외조부와 숙의 이씨 그리고 인빈 김씨 3명은 외조부가 모두 종실의 같은

뿌리로 밀접하게 연결되어 있다.

인순왕후는 16세기 중엽 국정참여를 통해 정국운영에 중요한 역할을 한 인물이다. 인순왕후의 국정참여는 혈족과의 연계 아래 이루어졌고 혈족을 이용하여 정국을 주도하려 했다는 특징이 있다. 명종 대에 인순왕후의 친가인 청송 심씨가 정치적으로 성장하고 인순왕후의 외숙부 이량이 중용되어 세력을 확대할 수 있었던 것은 인순왕후의 입김이 크게 작용했다. 명종이 후사 없이 죽자 명종의 유지에 따라 중종과 후궁 창빈 안씨 사이에서 태어난 덕흥대원군의 셋째 아들인 하성군이 보위에 올랐으니 선조이다. 선조가 보위에 오를 수 있었던 데에는 인순왕후의 역할이 결정적이었다. 인순왕후는 선조 즉위 초 왕대비로서 8개월간 수렴청정을 하였다. 인순왕후는 이때 공사公事 처리를 했고, 왕과 같이 경연經筵에 나아가 함께 정국을 운영했다.[21] 수렴청정을 거둔 후에도 인순왕후가 경연관經筵官 및 실록청實錄廳 관원들이 누구인지 알고 싶다고 문서로 보고를 올리라고 한 것[22]을 보면 다양한 방식으로 국정에 영향력을 행사하고자 했던 것으로 보인다.

숙의 이씨나 인빈 김씨는 조선시대 왕실 여성 그중에서도 왕대비의 후원을 받아 후궁이 된 대표적인 사례이다.[23] 숙의 이씨와 인빈 김씨 그리고 인순왕후 3명은 외가가 같은 효령대군의 후손이란 연결고리가 있었기에 매우 긴밀한 관계를 유지했을 것이다. 그러므로 인순왕후가 선조에게 김씨를 후궁으로 맡긴 것(屬)이든 명命한 것이든 단순한 우연은 아니다. 인순왕후가 김씨를 보자마자 특별하게 여긴 것이 아니라 어쩌면 외가의 친척인 김씨를 선조의 후궁으로 삼도록 계획적으로 입궁시켰을지도 모른다.

선조의 총애

        인빈 김씨는 인순왕후의 추천으로 선조의 후궁이 되었지만 선조의 총애를 받고 정쟁의 소용돌이에 우뚝 서는 존재로 성장할 수 있었던 것은 김씨 자신의 기지와 역량이 있었기에 가능했다. 김씨가 처음부터 선조의 주목을 받은 것 같지 않다. 김씨가 14세 때 궁에 들어오자마자 선조의 후궁이 되었다면 바로 선조 1년(1568)이다. 그런데 김씨는 선조 6년에 숙원(종4품)의 품계를 받았지만 그때까지 자녀를 생산하지 못했다. 그 까닭은 선조 초기에 가장 총애를 받았던 임해군과 광해군의 생모인 공빈 김씨가 있었기 때문일 것이다. 공빈은 선조 4년에 간택된 후궁으로[24] 선조 5년에 서장자庶長子인 임해군을 낳았고, 선조 8년에 서차자인 광해군을 낳았으나 2년 뒤인 선조 10년에 산후병으로 죽고 말았다. 공빈이 죽은 해에 (인빈)김씨는 첫 번째 아들인 의안군을 출산했고 정3품 소용의 품계를 받았다. 그 후 (인빈)김씨는 왕의 총애를 지속적으로 받으며 선조 10년(1577)부터 선조 26년(1593)까지 17년간 모두 4남 5녀를 출산하였다. 『선원계보기략』의 선조대왕내외자손록을 근거로 선조와 인빈 김씨 사이에 태어난 자녀들의 출생년도를 보면 아래 〈표 3〉[25]과 같다.

〈표 3〉 인빈 김씨 자녀 출생년도

선조 10년(1577)	1남 의안군	선조 20년	3녀 정숙옹주
선조 11년	2남 신성군	선조 22년	4남 의창군
선조 13년	3남 정원군(후일 원종)	선조 23년	4녀 정안옹주
선조 16년	1녀 정신옹주	선조 26년(1593)	5녀 정휘옹주
선조 17년	2녀 정혜옹주		

선조 10년(1577) 공빈 김씨가 죽고 선조 12년 귀인貴人 정씨鄭氏도 해산을 하고 죽었다.[26] 그러므로 이때 인빈 김씨 말고 다른 후궁이 없었던 것으로 보인다.[27] 선조의 첫 번째 왕비인 의인왕후 박씨는 자녀를 출산하지 못했고, 후궁들이 연이어 죽자 선조 13년에 명문가의 처자 3명을 후궁으로 간택했다. 이때 숙의로 간택된 후궁이 정씨, 민씨, 홍씨 3명이다.[28] 인빈 김씨는 〈표 3〉에서 보면 선조 13년 이전에 2명의 왕자를 낳았고, 3명의 후궁이 들어온 선조 13년(1580)부터 선조 26년(1593)까지 14년 동안 무려 7명의 자녀를 더 출산했다. 그 사이 간택후궁이었던 민씨(후일 靜嬪)가 2명(1588년 인성군, 1590년 정인옹주)을 생산했고, 입궁시기가 불분명한 순빈順嬪 김씨가 1명의 왕자(1580년 순화군)를 생산했을 뿐이다. 인빈 김씨는 선조 26년 정휘옹주를 출산한 후에 더 이상 자녀를 생산하지 못했는데 아마도 갱년기에 들어섰던 것으로 보인다. 비록 자녀를 더 이상 출산하지는 못했지만 인빈 김씨에 대한 선조의 총애가 줄어든 것은 아니었다. 선조는 인빈 김씨가 낳은 왕자들에 대해 각별하였다.

인빈 김씨가 낳은 첫째 아들 의안군 이성이 7살일 때 선조는 남별궁南別宮을 하사하였다. 남별궁은 오늘날 서울 중구 소공동에 있던 궁궐이다. 이 궁은 원래 태종의 딸인 경정공주에게 하사한 것으로 소공주제小公主第, 소공주댁小公主宅 등으로 불렸기 때문에 오늘날 이 일대에 소공동이란 명칭이 남겨졌다. 소공주댁은 뒷날 국가소유로 환속되었다가 선조가 여기에 큰 궁실을 지어 의안군에게 하사하였다. 남별궁은 임진왜란이 발발하자 다른 용도로 쓰이게 된다. 전쟁의 화마로 도성의 궁궐이 대부분 불타버렸지만 온전하게 남아있던 남별궁에 왜군의 장수가 머물기도 했다. 전세가 호전되자 피난 갔다 도성으로 돌아온 선조는 이 궁을 임시 정전正殿으로 사용했고, 나중에는 명나라 장수와 사신을 접대하는 장소로 쓰였다.[29] 『선조실록』을 편찬한 사관은 남별궁의 규모와 사치스러움이 분수에 지나쳤고 백성의 고혈을 여기에 쏟아 부었으니 국운이 전복될 만했다고 비판하였다.[30] 남별궁의 큰 규모와 사치스러운 치장은 인빈 김씨와 의안군에 대한 선조의 각별한 마음의 표시였다.

안타깝게도 의안군은 선조 21년(1588) 어린나이에 전염병으로 죽었다.[31] 하지만 김씨가 낳은 2남 신성군 이후가 이어서 선조의 사랑을 받았다. 선조의 정비인 의인왕후 박씨는 자식을 낳지 못했으므로 후궁 소생의 왕자들 중에 총애를 받던 신성군은 왕세자의 물망에 오른다. 선조 24년(1591) 당시 우의정 유성룡과 좌의정 정철이 영의정 이산해 등과 상의하여 선조에게 세자 책봉을 주청하고자 하였다. 이때 왕세자 책봉을 두고 동인과 서인 간에 갈등이 격화되는 사건이 일어난다. 동인인 이산해는 선조가 인빈 김씨가 낳은 신성군을 사랑하고 있음을 알고 서인 정철이 장차 세자 책봉을 주청한 뒤에 신성군 모자를 죽이려 한다고 모함을 했다. 이산해는 인빈 김씨의 오빠인 김공량을 이용하여 인빈 김씨에게 이러한 상황을 전달하도록 하였다. 이 이야기를 듣고 인빈 김씨가 선조에게 "정(철) 정승이 우리 모자를 죽이려 한다고 합니다."라며 울면서 호소하였다. 이에 선조는 포도대장 신립으로 하여금 관군을 거느리고서 신성군의 집에 숙직하게 할 만큼 정철을 의심하였다. 마침내 정철이 조정에서 세자 책봉을 건의하자 선조는 분노하여 정철을 파직시킨 후에 유배를 보냈다.[32] 왕세자 책봉을 둘러싼 이 건저문제建儲問題 또는 건저의建儲議는 동서분당의 쟁점이자 분당을 심화시키는 중요한 정치적 사건으로 비화되었다.[33]

이듬해인 임진년(선조 25, 1592) 임진왜란이 발발하자 인빈 김씨와 신성군은 위기를 맞게 된다. 임진년 4월 13일 왜군의 침략 받아 부산진성과 동래성이 함락되고 10일 만에 경상도가 적의 손에 넘어갔다. 4월 28일 도순변사 신립이 충주의 탄금대에서 왜군에게 패하고 전사하였다는 소식을 전해 듣고 선조는 대신과 대간을 불러들여 피난을 발의하는 지경에 이르렀다. 이날 흉흉해지는 민심을 진정시키기 위해 황급히 광해군을 세자로 정했다. 4월 29일에 이르러서는 궁궐을 지키는 호위군사도 달아나버렸다. 다음날 새벽에 도성이 위급해지자 종묘와 사직의 위패를 모신 종묘 관원과 어가가 피난길에 올랐다. 인빈 김씨와 신성군도 이 대열에 서 있었다.

선조 25년(1592) 5월 1일 저녁 피난길에 오른 어가가 개성에 이르렀을 때 백성들이 모여들며 통곡했다. 백성들 중에 도성을 버리고 황급하게 피난길에 들어선 임금과 조정대신의 무능한 처사에 분노하며

> 상감이 백성은 생각하지 않고 오직 후궁들만 부유하게 해주고 김공량을 총애하여 오늘날 이 지경에 이르렀으니 어찌 김공량을 시켜 적을 토벌하지 않으십니까!

라며 큰소리를 치는 사람도 있었고, 임금을 향해 돌을 던지는 사람까지 있었지만 왕을 호위하는 인원이 적고 병력이 약해서 막지 못할 지경이었다. 5월 2일 선조는 민심을 수습하기 위해 남문에 나와서 부로들과 백성들을 불러 위로하고, 할 말이 있거든 하라고 하였다. 이에 선비 10여 명이 대답하기를

> 오늘 일은 모두 이산해와 김공량이 안팎으로 전횡하여, 온 백성이 다 같이 원한을 품어 왜적을 들어오게 만든 것입니다. 이것은 모두 전하께서 후궁 김씨에게 빠졌기 때문입니다.

라고 하였다. 심지어 김공량을 베어서 온 나라에 사죄하라고까지 하였다. 성난 민심의 분노가 임금이 총애한 인빈 김씨와 김씨의 오빠 김공량, 신성군과 영의정 이산해를 향했다. 5월 3일 선조는 기성부원군 유홍, 이조참판 이항복에게 인빈 김씨 소생의 신성군과 정원군을 모시고 먼저 평양으로 가서 어가를 기다리게 하였다. 나흘 뒤에 어가도 평양에서 합류하였다. 하지만 다음날인 5월 8일 홍문관에서 다시

> 지금의 변고가 생긴 이후로 많은 사람들이 한결같이 이를 갈며 분해하며 "어떻게 해서든지 이놈(김공량)을 반드시 죽여야만 인심도 안정되고 왜구(倭寇)도 평정할 수 있다."고들 합니다.

라며 김공량을 처벌하라고 강력하게 청했다. 선조가 "나라가 망할지언정 죄 없는 사람을 죽일 수 없다."고 하였지만 계속해서 사헌부와 사간원 양사(兩司)가 합계하여 죄를 주도록 청하였다. 민심을 빌어 김공량을 죽이라는 압박이었다. 선조는 할 수 없이 김공량과 이산해에게 죄줄 것을 윤허하였다. 김공량을 가두고 추고하라고 하였다. 하지만 김공량은 이때 강원도 산골짜기로 숨어 들어가 찾지 못하였고 난이 평정된 뒤에도 다시 죄를 묻지 않았다.[34]

김공량은 처음부터 어가와는 다른 곳으로 피난하였거나 여론이 악화되자 선조가 김공량을 다른 곳으로 피신하도록 안배했을 가능성도 있다. 개성에서 이산해는 양사의 탄핵을 받아 파직됐다. 이산해가 가장 먼저 도성을 떠나자고 주장했다는 것이 탄핵 사유였다. 어가와 조정의 피난 행렬이 개성에서 평양에 이르자 양사는 다시 이산해에게 엄벌을 내려야 한다고 탄핵하자 마침내 이산해는 강원도 평해군으로 보내져 3년간 유배생활을 하였다.[35]

피난길에 인빈 김씨와 김공량을 향한 분노는 마치 당나라 안사의 난 때 현종玄宗이 총애한 후궁 양귀비와 당시 권력을 장악하고 정치를 농단했던 양귀비의 사촌오빠 양국충을 향한 분노와 흡사하다. 755년 안사의 난이 발발하자 양국충은 싸워보지도 않고 현종에게 수도 장안을 버리고 사천으로 피난하도록 권유하여 피난길에 오르게 하였다. 피난행렬이 섬서성 마외역(현 陝西 興平)에 이르렀을 때 굶주림과 피로에 지친 성난 군사들이 동요하였다. 이에 진현례 장군은 양국충을 모반자로 몰아서 사지를 칼로 난도질하여 죽인 후에 그의 머리를 창에 꽂아 마외역 문밖에 내걸었다. 고력사 장군이 성난 군사들을 진정시키고 그들의 사기를 진작시키기 위해 양귀비도 사사해야만 한다고 간언하자, 현종은 어쩔 수 없이 양귀비로 하여금 배나무에 목을 매어 자결하도록 하였다.

왜군과 제대로 싸워보지도 못하고 북으로 피난하기에 급급했던 조선의 조정에서는 성난 민심을 수습하기 위해 인빈 김씨와 김공량을 제물로 삼고자 했다. 김공량을 죽이라는 성난 민심의 화살은 사실은 무능한 왕을 향한 것이었다. 그래서 선조는 김공량을 끝까지 옹호하려고 했는지도 모른다. 전쟁 발발 20일도 안 돼서 도성을 버리고 피난길에 오른 왕의 무능한 처사에 성난 민심을 눈으로 목도하면서 뒤늦게 평양에 도착한 이덕형은 피난길에 병조판서 이항복과 함께 자면서 은밀하게 '영무靈武의 옛일'을 행해야 한다고 하였다. 영무의 옛일이란 당나라 안사의 난 때 군대가 영무에서 태자 이형을 황제로 추대(당 숙종)하여 안사의 난을 수습했던 일을 말한다. 이에 이항복은 이덕형에게 죽음이 겁나지 않느냐며 꾸짖었으나 이덕형이 국가에 이로운 일이라면 비록 죽게 되더라도 말하지 않을 수 없다고 뜻을 굽히지 않자 좌의정 윤두수에게 말해보라고 하였다. 이덕형의 의견에 윤두수가 눈을 감고 답하지 않았다는 기록[36]과 지금의 나라일은 당나라 때와는 다르다며 주상께서 성명聖明하시고 세자(광해군)께서 나이가 어리시며 민심의 향배를 또한 알 수가 없으니 그런 말을 하지 말라며 극력 반대했다는 서로 다른 기록[37]이 있다. 그러나 평양이 함락위기에 이르자 선조는 결국 통치기구로서 분조分朝를 설치하여 세자 광해군에게 대왜항전對倭抗戰의 지휘권을 분양하는 조치를 내린다.[38]

평양에 머문 지 얼마 안 지났을 때 왜군이 임진강을 건넜다는 보고를 받고 선조는 구사맹·신잡·구성에게 명하여 신성군과 정원군을 모시고 다시 영변으로 가게 하였다. 왜적의 선봉이 대동강 근처에 이르자 왕의 피난행렬은 영변 → 정주 → 선천 → 용천을 거쳐 선조 25년(1592) 6월 22일 의주에 도착하였다. 의주 용만관龍灣館(중국 사신을 접대하던 곳)을 행궁으로 삼았다.[39]

전란 중에 성난 민심을 수습하기 위해 자칫 희생양이 될 뻔했던 인빈 김씨와 김공량은 위기에서 벗어났지만, 11월 5일 신성군이 의주에서 15세의 어린 나이로 사망하고 말았다. 신성군의 구체적인 사인을 알 수는 없다. 추측하건데 신성군은 자신의 어머니와 외삼촌 김공량을 향한 성난 민심을 잘 알았을 것이다. 선조는 신성군과 정원군을 보호하기 위해 피난길의 선발대로 보냈다. 신성군은 성난 민심이 언제 자신을 향해 날아올지 모르기에 불안한 나날을 보냈을 것이다. 더욱이 1592년 7월 1일 함경도가 왜군에 함락될 때 회령 사람들이 그곳으로 피난 갔던 왕자 임해군과 순화군을 인질로 적에게 넘기는 사건이 발생하였다.[40] 어린 나이에 피난의 선봉에서 급변하는 민심과 생명의 위협을 느끼며 불안한 나날을 보내다 병사한 것으로 보인다.

임진왜란이 발발하자 정철은 귀양지에서 풀려나 평양에서 선조를 맞이했고 의주까지 호종한다. 어가가 정주에 머물 때 인빈 김씨가 빈청賓廳

에 술과 안주를 보내오자 그 자리에 있던 구사맹과 구성 부자가 술을 정철에게 사양했다. 정철이 벌떡 일어나서 "이는 대신이 먹을 것이 아닙니다."라고 하며 나가버렸다. 이 일에 대해 김장생은 정철이 이처럼 맺고 끊기를 엄정하게 하여 동인조차 감복했다고 했다.[41] 하지만 이와는 상반되게 정철이 부임한 임지마다 술에 취해 놀며 맡은 임무는 두서가 없어 크게 인심을 잃었다는 평도 있다.[42] 술을 좋아했다는 정철이 인빈 김씨가 준비한 술과 안주를 거절하며 인빈으로 인해 유배를 가야만 했던 분노를 강하게 표출한 것이다.

건저문제로 유배되었던 윤두수도 임진왜란이 일어나자 다시 기용되어 피난 어가를 호종하고 어영대장에 임명이 되었으며 곧 이어 우의정을 거쳐 좌의정에 올랐다.[43] 임진왜란이 발발한 이듬해인 선조 26년(1593) 8월 강화회담이 시작되자 어가는 의주에서 해주로 이동하였다. 해주에 도착한 선조가 여러 신하들을 불러서 음식을 성대하게 마련하여 베풀자 윤두수와 정철은 경황이 없는 중에 어떻게 성대한 음식을 준비했는지 조심스럽게 물었다. 선조가 "지난밤이 바로 인빈 어머니의 제삿날이므로 대략 제수를 마련하였기에 경들로 하여금 조금 맛보게 했다."고 하였다. 윤두수는 "종묘에 올리는 제사도 오랫동안 폐하였는데, 인빈이 어찌 자신의 어머니 제사를 올린단 말입니까?" 하고는, 마침내 그 음식을 먹지 않았다.[44] 인빈이 전쟁 중에 술과 풍성한 제수를 마련하여 어머니 제사를 지낼 수 있었던 것은 모두 선조의 각별한 배려가 아니면 어려운 일이다. 윤두수가 전란 중에 인빈이 분수에 넘치게 사적인 제사를 지낸 것을 비판했지만 그 이면에는 건저문제로 인해 피해를 입었던 서인으로서 남겨진 앙금을 표출하면서 인빈 세력을 견제하고자 한 의도로 보인다. 건저문제로 선조의 미움을 받고 권력의 핵심에서 밀려나 유배를 떠났던 서인 정철과 서인집단에서는 김공량과 결탁하여 자신들을 궁지로 몰아넣은 동인의 우두머리 이산해를 민심을 이용해 제거할 절호의 기회였다. 임진왜란으로 다시 기용된 서인들은 김공량을 어떻게 해서든지 제거하고자 했다.

사헌부와 사간원이 합계하여 김공량을 죽이라고 계청하려고 하자 윤두수는 그렇게까지 할 필요 없이 김공량을 자신의 부하로 삼아 죄를 얽어 죽이겠다는 계책을 내놓았다. 이산해가 그런 뜻을 알고 김공량에게 이 사실을 말하니 김공량이 두려워하여 인빈에게 알렸고 인빈은 즉시 선조에게 호소하였다. 이에 선조는 윤두수의 손자인 윤신지를 부마로 간택하여 인빈과의 사이에서 낳은 정혜옹주와 혼인을 시켰다. 선조는 윤두수와 혼맥을 맺어 사돈이 된 김공량을 차마 죽이지 못하게 하였다.[45] 선조는 인빈 김씨 소생의 왕자와 옹주들을 대부분 서인으로 지목된 서성 · 구사맹 · 윤두수 · 신흠 · 박동량의 집안과 혼인을 시켰다.

선조는 이러한 혼맥을 통해 훗날 정철의 보복으로부터 인빈이 낳은 왕자와 옹주들의 보호막이 되도록 했다. 구사맹의 아들 구성도 신료 중에 김공량과 지나치게 가까운 인물을 겨냥하여 공공연하게 "내가 대각臺閣(사헌부와 사간원)에 들어가면 반드시 그 사람들을 탄핵할 것이다."라고 하였다. 선조는 구성이 혹시 훗날에 인빈 자손들에게 해를 끼칠 것을 염려하여 구성의 누이동생을 정원군의 배필로 삼도록 하였으니 바로 인조의 어머니이다.[46]

선조의 인빈에 대한 총애는 손자에게로 이어졌다. 선조는 능양군(후일 인조)을 각별하게 사랑하여 궁중에서 키우도록 했다.[47] 능양군은 인빈 소생 정원군의 장남이다. 그러므로 능양군의 배필도 신중하게 선택했다. 선조는 왕비나 세자빈의 경우에만 처녀들을 궁중에 입궐시켜 간택하던 전례를 무시하고 후궁이 낳은 왕자들의 배필도 같은 방식으로 후보자들을 궁중에 입궐시켜 친히 간택하였다.[48] 선조 39년(1606)에 왕은 능양군의 배필로 한준겸의 딸 한씨(후일 인열왕후)를 간택하여 혼인하도록 명했다.[49]

선조는 왜 자손들의 혼인에 깊이 개입한 것일까? 선조가 정혜옹주와 윤두수의 손자 윤신지의 혼인을 추진하면서 구사맹에게 보낸 편지의 내용에서 그 의도를 알 수 있다. 선조는 정혜옹주를 윤두수의 손자 윤신지와 혼인시키는 것은 "한漢 고조高祖 유방劉邦이 항우項羽의 숙부인 항백項伯과 혼인을 맺었던 것과 같다."[50]고 하였다. 초·한 전쟁에서 열세였던 한왕 유방이 홍문연에서 초왕 항우에게 죽임을 당할 뻔했던 위기의 순간에 그를 구해준 항백에게 감사의 표시로 혼인관계를 맺을 것을 맹세하였다. 유방이 초·한전에서 승리하고 황제의 자리에 오르자 항백의 공로를 인정하여 열후列侯에 봉했고 유씨劉氏 성姓까지 하사해 주었다.[51] 윤두수 집안과 혼인을 맺는 것을 한 고조 유방과 항백의 고사에 비유한 것으로 볼 때 선조는 윤두수 집안과 혼맥을 맺어 인빈 소생의 자녀를 보호하고자 하는 의도 외에도 윤두수를 통해 서인집단을 아우르고자 하는 고도의 정치적 계산이 있었다. 그러나 선조가 죽고 광해군이 즉위하면서 선조로부터 각별한 총애를 받았던 인빈 김씨와 인빈 소생의 자녀들은 위기에 봉착하게 된다.

폭풍전야－광해군 치하

광해군은 즉위(1608년) 초부터 자신의 왕권을 위협하는 요소를 하나씩 제거하기 시작했다. 인빈 김씨는 기민한 정치적 판단과 다양한 방법을 동원하여 자손들의 보호막이 되고자 했다.

먼저 인빈은 광해군이 동궁일 때 미색이 뛰어난 친정 조카(언니의 딸) 신씨를 궁으로 불러들여 동궁의 총애를 받게 하였다. 신씨는 광해군 1년(1609)에 숙원에 봉해졌다.[52] 친정 조카를 궁궐에 들여 광해군의 총애를 받게 하여 선조 사후에 자손들에게 닥쳐올지도 모를 폭풍에 대비하고자 했다. 결정적으로 인빈 김씨는 광해군이 보위에 오르는데 중요한 역할을 했다. 또 광해군이 즉위 초 동복형 임해군을 제거하는 옥사에 인빈은 자신의 아들들이 적극적으로 참여하도록 하였다. 선조의 장남이었던 임해군은 난폭한 성격으로 동생 광해군에게 세자의 자리를 빼앗겼다. 광해군이 즉위하고 명나라의 인준 문서인 고명誥命을 받는 과정에 임해군이 걸림돌이 되었다. 명나라에서 장자인 임해군이 있는데 차자인 광해군이 왕위에 오른 것을 문제 삼자 임해군을 역모로 몰아 유배 보냈다. 임해군은 광해군 1년 유배지에서 죽었다. 정치적 부담이 되었던 임해군을 제거하는 소위 '임해군 옥사'가 끝나고 익사공신翼社功臣 48명을 녹훈하였다.[53] 이 녹훈에 인빈의 두 아들 정원군과 의창군도 포함될 수 있었던 것은 모두 인빈이 궁중에서 힘을 썼기 때문이다.[54] 광해군은 집권 초반 정원군에게 세자의 혼례를 주관하게 하고,[55] 선조가 생전에 정원군의 장남 능양군(인조)을 어여삐 여긴 뜻이 있다며 관원들의 품계를 올려주던 가자加資를 직접 주관하는 영광을 베풀기도 했다.[56]

하지만 광해군 집권 후에 광해군을 지지했던 대북파는 선조의 유일한 적장자 영창대군을 지지했던 소북파에 대한 파상적 공세를 가했다. 따라서 영창대군을 보살펴달라는 선조의 유명遺命을 받은 유교칠신遺教七臣은 결국 숙청의 대상일 수밖에 없었다. 공교롭게도 유교칠신의 유영경·한응인·박동량·서성·신흠·허성·한준겸 7명 중에 한응인을 제외한 6명이 인빈 김씨 소생의 자녀와 혼맥을 맺고 있다. 인빈 소생의 왕자와 옹주의 혼맥을 보면 〈표 4〉와 같다. '+'는 혼인관계이다.

<표 4〉 인빈 자녀의 혼인관계

3남 정원군의 장남 능양군 + 한준겸의 딸
4남 의창군 + 허성의 딸
1녀 정신옹주 + 서성의 아들 서경주
3녀 정숙옹주 + 신흠의 아들 신익성
4녀 정안옹주 + 박동량의 아들 박미
5녀 정휘옹주 + 유영경의 손자 유정량

광해군 4년(1612)에 소북파를 제거하려는 '김직재의 옥사'가 벌어지자 인빈의 자녀들은 물론 이들과 혼맥을 맺은 유교칠신은 위기에 봉착하게 된다. 김직재 사건은 광해군 3년에 봉산 군수 신율의 첩보에 근거하여,[57] 광해군 4년 2월에 황해병마절도사 유공량이 조정에 김직재·김백함 부자父子가 역모를 도모했다는 장계를 올리면서 시작되었다. 먼저 '김직재의 옥사'를 담당한 심문관인 판의금부사 박동량은 이 사건이 무고誣告임을 알고 연루자들을 구하려는 계啓를 올렸다가 삭탈관직削奪官職(벼슬과 품계를 빼앗기고 벼슬아치 명부에서 지워지는 형벌) 당했다.[58] 옥사가 진행되는 중에 허성은 광해군이 생모인 공빈 김씨를 추숭하는데 반대했다는 이유로 삭탈관직과 문외송출을 당했다가 몇 달 후에 갑자기 죽었다.[59] 유교칠신 중에 소북파의 영수인 유영경은 광해군 즉위년(1608) 가장 먼저 유배되었다가 유배지에서 사사되었다. 유영경의 손자이자 정휘옹주와 혼인하여 선조의 부마였던 유정량은 옥사에 연루되어 전라도 고부에 유배되었다.[60]

옥사가 진행되는 와중에 권총이란 사람이 인빈 소생의 정원군과 의창군을 무고誣告하는 상소를 올렸다. 권총의 상소가 올라오자 위기감을 느낀 정원군은 상소를 올리고 대궐 밖에서 죄인으로 처벌을 기다리는 대죄待罪하였다. 정원군이 올린 상소의 내용은 다음과 같다.

신들이 삼가 도로에서 서로 전하는 말을 들으니, 권총이란 자가 상소하여 불측하고 부도한 말로 신의 모자를 무함하였다고 합니다. 상소 중의 허위 날조한 말을 상세히 다 알지 못하나 놀랍고 두려움에 떨려서 죽고 싶어도 죽을 곳이 없습니다. 이에 모자가 서로 머리를 맞대고 앉아 통곡할 뿐입니다. 신의 어미가 욕되이 선조先朝의 후궁 반열에 있으면서 지나친 은총을 입었기 때문에 복이 과하면 재앙이 일듯이 실정을 벗어나는 비방과 망극한 참소가 전부터 지금까지 너무도 많아 만 번 죽어도 달갑게 받을 처지였습니다. 그런데 다행히도 성명께서 위에 있음을 힘입어 오늘날까지 보전하면서 죄벌이 이르지 않고 도리어 특별한 성은을 입었습니다. … 중략 … 다만 권총이 무함誣陷한 말에 궁중 일에 간여된 것이 많다 하니 이는 성상께서 먼저 통촉하시는 것이요, 외인이 감히 참여하여 알 곳이 아닌지라 실로 감히 우러러 성상의 귀를 어지럽히며 일일이 변명할 수 없습니다. 그러나 이처럼 중대한 일은 그가 목격하고 몸소 들은 것이 아니면 반드시 그 출처가 있을 것입니다. 빨리 신의 모자母子를 형조에 내려 권총과 함께 일시에 면대하여 국문을 받게 하소서. 사건에 만약 근거가 있다면 쾌히 신들이 나라 배반한 죄를 바르게 하셔 이러한 죄명을 진 자들이 일각도 천지간에 숨을 쉬고 살지 못하게 하소서. 감히 신의 아우 이광(의창군)과 함께 궐하에 머리를 나란히 하고 형벌을 기다리겠습니다.[61]

광해군은 이 상소를 보고 안심하고 대죄하지 말라고 하여 일단락 지어졌다. 하지만 급한 불을 껐을 뿐 불씨는 여전히 남아 있었다. 권총이 이런 일을 꾸민 데에는 광해군의 내면에 남아있는 인빈 김씨를 향한 원망을 읽었기 때문이라고 한다.[62] 그렇다면 권총이 읽었다는 광해군의 원망이란 무엇일까?

선조의 총애를 받고 연년생으로 임해군과 광해군 형제를 낳은 공빈 김씨가 선조 10년(1577) 산후병으로 죽자 왕의 총애가 인빈 김씨에게로 옮겨갔다. 공빈 김씨와 인빈 김씨는 선조의 후궁으로 경쟁관계에 있었으니 서로 사이가 좋았을 리가 없다. 공빈 김씨 사후에 임해군과 광해군에 대한 선조의 총애도 줄어들었는데 두 형제는 그 원인이 인빈 김씨와 관계가 있다고 생각하고 인빈 김씨를 원망했다. 하지만 인빈 김씨는 광해군이 선조의 눈 밖에 나서 입지가 위태로웠던 동궁시절에 그를 후하게 대해주고, 그가 왕위에 오를 수 있게 힘써주었다.[63] 인빈은 광해군에게 병도 주고 약도 준 셈이다. 광해군은 온갖 고난 속에 왕위에 오른 초기 도움을 준 인빈을 예우했다. 하지만 자신의 왕위를 위협할 수 있는 인빈 소생 왕자와 그 자손 그리고 그들과 혼맥을 맺고 있던 유교칠신은 결국 제거 대상일 수밖에 없었다. 김직재의 옥사에서 다행히 정원군과 의창군은 무사했지만 앞날은 불안하기만 했다.

광해군 5년(계축년, 1613) '계축옥사'가 벌어지면서 인빈 김씨의 자녀와 혼맥을 맺은 인척에게 다시 거센 폭풍이 몰아치기 시작했다. 대북파가 영창대군과 반대파를 제거하기 위해 일으킨 이 옥사에서 유교칠신 중에 생존한 5명이 모두 잡혀와 국문을 당했는데 그 중 4명이 인빈 소생의 자녀와 인척이었다. 정신옹주의 시아버지 서성과 정안옹주의 시아버지 박동량이 유배되었다. 정숙옹주의 시아버지 신흠은 시골로 내쫓는 벌(放歸田里)을 받았다. 당시 함경도관찰사였던 한준겸도 함흥에서 잡혀와 광해군의 친국을 받았다. 한준겸은 인빈 김씨의 손자 능양군(후일 인조)의 장인이다. 한준겸은 자신이 왜 유교칠신에 이름이 들어갔는지 이유를 알 수 없고, 영창대군의 외할아버지 김제남과 관계가 별로 없음을 강변하였지만 광해군은 직접 범한 죄는 없다고 하더라도 모반사건에 이름이 거론되었다는 자체만으로 죄를 물어 시골로 내쫓는 벌을 내렸다.[64]

인빈 김씨는 광해군 5년 계축옥사의 휘몰아치는 폭풍에 자녀들의 가정이 흔들리고 부서지는 것을 지켜보아야만 했다. 인빈 김씨는 광해군 5년 10월 29일 59세를 일기로 생을 마감했다. 광해군은 인빈 김씨에 대해 최대한의 예우를 표시하고자 했다. 특명으로 3일간 정조시停朝市를 명했다. 정조시는 국가적인 흉사凶事에 조정의 행정 업무와 시장의 업무를 정지하여 애도를 표시하는 일이다. 사헌부에서는 한 궁인宮人을 위해 조회를 중지하는 예가 없다며 사적인 은혜로 예법을 어겨서는 안 된다고 반대하자 광해군은 그 명을 거두었다.[65]

풍전등화의 인빈 자녀들

광해군 5년 보호막이었던 인빈 김씨가 죽자 그 자손들은 풍전등화의 위기에 놓이게 된다. 정원군 이부李琈는 선조 13년(1580) 경복궁 별전에서 태어났다. 선조에게는 다섯 번째 아들이고 인빈 김씨 소생으로는 셋째 아들이다. 8세인 선조 20년(1587) 정원군에 봉해졌다. 선조 23년(1590) 11세에 좌찬성 구사맹의 딸과 가례를 올렸고, 부인 구씨는 연주군부인에 책봉되었다. 이 두 사람은 1남 능양군(인조), 2남 능원군, 3남 능창군 3명의 아들을 두었다.

광해군 7년(1615)에 '신경희의 옥사'가 발발하자 정원군 일가는 최대 위기를 맞는다. 한때 세자의 물망에 올랐던 정원군의 친형인 신성군은 무장武將 신립의 딸과 혼인을 했다. 신경희는 신립의 형 신급의 아들로 신성군의 부인 신씨와는 사촌남매지간이다. 신성군이 임진왜란 때 의주에서 후사 없이 사망하자 정원군의 3남 능창군이 큰아버지 신성군의 양자가 되었다. 신경희가 반역 모의를 하여 능창군을 추대하려했다는 상소를 받고 광해군은 한밤중에 옥사를 일으켰다. 광해군이 이처럼 화급하게 옥사를 일으킨 것은 능창군이 문무를 겸비하고 기상이 비범하다거나, 정원군의 집터와 인빈의 무덤에 왕기王氣가 서려있다는 말을 듣고 마음으로 항상 의심했기 때문이다.[66] 이 옥사는 다만 신경희 한 사람을 향한 화살이 아니라 장차 정원군 집안을 없애려는 것이었다. 이 사건에서 모반의 확증은 찾지 못했음에도 불구하고 신경희는 의금부에서 국문을 받던 중에 곤장에 맞아 죽었다.

능창군은 강화도 교동에 유배되어 가시나무 울타리 안에 가두는 위리안치 형을 받았다. 이때 능양군(인조)은 동생 능창군을 구명하기 위해 백방으로 손을 썼다. 할아버지 선조의 어필로 쓴 병풍과 여러 가지 좋은 물건을 가지고 직접 대북파의 영수인 이이첨의 심복 유희분 · 한찬남의 집에 가서 울면서 동생 능창군을 살려달라고 간청했다. 이때 한찬남은 물건만 받고 접대조차도 하지 않았다. 능양군이 동생을 구하려고 동분서주할 때 광해군의 총애를 받은 내외의 권신權臣들이 때를 놓칠세라 끝없이 뇌물을 요구했다. 백방으로 노력한 구명운동도 소용없이 온갖 고초와 생명의 위협을 견디지 못하고 능창군은 유배지에서 17세의 어린 나이에 자결하였다.[67]

광해군의 처남으로 당대의 세도가였던 유희분은 정원군과 혼맥으로 연결되었던 인물이다. 정원군의 차남 능원군이 유효립의 딸과 혼인을 했는데 유효립은 유희분의 조카(유희분의 형 유희견의 아들)이다. 이들에 대한 원한이 골수에 사무쳤던 인조는 즉위한 바로 당일 한찬남을 즉결로 주살誅殺해 버렸다. 유희분 역시 한찬남보다 20여 일 뒤 처형을 당했으며 유효립은 유배당했다. 유배 중이던 유효립도 인조 6년(1628)에 선조의 아들 인성군 이공을 왕으로 추대하려 했던 모반사건으로 결국 처형되고 말았다.[68]

신경희의 옥사가 휩쓸고 간 뒤 이어서 정원군 일가는 목숨을 보전하기조차 힘든 위기일발의 상황에 다시 놓이게 되었다. 광해군 8년(1616)에 대북파는 소북파를 제거하기 위해 또 다시 '해주옥사'를 일으킨다. 이 옥사에서 유교칠신의 죄가 재론되었다. 이미 죽은 사람의 관작도 소급해서 삭탈하였고, 서성·신흠·박동량 그리고 한준겸은 앞서보다 더 무거운 처벌을 받아 멀리 귀양 보내졌다.[69]

광해군 10년(1618)에는 허균의 역모사건에 정원군의 동생 의창군이 연루되었다. 의창군의 장인인 허성은 바로 허균의 이복형이다. 조정에서 백관들이 연일 역모에 연루된 의창군을 처벌하라고 청했고 절체절명의 위기에 처했던 의창군은 결국 유배형을 받았다. 이 사건이 진행되는 동안 의창군은 자신의 집을 포함한 모든 가산을 광해군에게 바쳐야만 했다.[70] 정원군 일가는 정쟁의 폭풍에 휘말리면서 언제 어디서 또 다른 사건에 연루될지 몰라 불안한 나날을 보내야만 했다. 정원군은 광해군 11년 40세의 나이로 거처하고 있던 회현방會賢坊 송현(송현궁, 후일 저경궁)에서 죽었다. 광해군 치하에서 연일 친인척이 고초를 겪고 아들 능창군마저 비명횡사하자 정원군은 "아침에 해가 떠오르면 그때서야 비로소 지난 밤이 무사했다는 것을 알게 되고 해가 지면 그때서야 비로소 오늘도 탈 없이 지나갔다는 것을 다행으로 여기는 처지가 되고 말았다."고 할 정도로 불안한 나날을 보냈다. 광해군은 내시를 보내어 문상하는 사람까지 감시하고 또 장례를 빨리 지내라고 재촉하며 묘지조차 마음대로 못쓰게 했다. 능양군은 광해군이 두려워 정원군을 감히 인빈 김씨의 무덤 곁에 장사지내지 못하고 임시로 양주 군장리에 장사지냈다.[71]

『광해군일기』에 실린 인빈 김씨의 졸기를 보면 인빈의 역량과 역할을 엿 볼 수 있다. 인빈 김씨를 "술수術數가 있어 미봉彌縫을 잘했다."고 평했다.[72] 술수는 음양, 복서卜筮 같은 것으로 점을 치는 방법을 말하지만, 인빈에게 있었다는 술수의 의미는 술책 즉 어떤 일을 도모하는 꾀 또는 방법을 말한다. 부정적인 이 평을 다른 각도에서 해석해 보면 인빈 김씨는 정치적 판단과 위기관리 능력 그리고 임기응변에 뛰어났음을 의미한다. 선조의 마음이 적자인 어린 영창대군을 향하고 광해군이 세자로서 입지가 위태로울 때 인빈은 광해군이 왕위에 오를 수 있게 결정적 역할을 했다. 인빈은 광해군이 결국에는 보위에 오르게 될 것이라는 정치적 판단을 했을 것이다. 인빈의 결정적 역할로 힘겹게 왕좌에 오른 광해군은 "내가 서모庶母(인빈 김씨)의 은혜를 받아서 오늘이 있게 된 것이니, 그 의리를 감히 잊지 못한다." 하였고 이 때문에 인빈 김씨가 죽기 전까지 자녀들이 모두 탈이 없었다[73]고 한다.

정원군이 죽고 이듬해인 광해군 12년(1620)부터 정원군의 장남인 능양군(인조)을 왕으로 추대하려는 움직임이 시작되었다.[74] 인조는 정원군의 장남으로 임진왜란 중인 선조 28년(1595)에 피난지인 황해도 해주부 관사에서 태어났다. 선조에게 아직 적장자가 없던 이때 비록 서손庶孫이지만 첫손자였기에 각별한 사랑을 받았다. 2~3세부터 인빈 김씨의 양육을 받으며 궁중에서 자랐는데 선조가 하늘이 내린 후사後嗣라는 의미의 천윤天胤이란 자字를 지어주자 광해군이 언짢아했다고 한다. 13세인 선조 40년(1607) 능양도정綾陽道正에 봉해졌고 이어서 바로 능양군에 봉작되었다.[75]

인빈 김씨 사후 10년이 지나 거센 폭풍을 헤치고 살아남은 첫손자 능양군이 군사정변(인조반정)을 통해 보위에 오르자 왕의 친할머니로서 그 위상이 달라졌다. 인조가 아버지 정원군을 왕으로 추숭한 후에 인빈 김씨는 왕의 어머니로 다른 예우를 받게 된다. 인빈 사후의 예우는 제사로 나타난다.

자자손손 기억하는
인빈

　　　　　　어려서 인빈 김씨의 품에서 각별한 사랑을 받고 자란 능양군은 보위에 오르자 할머니 인빈 김씨에게 예우를 최대한 하고 싶었다. 선조는 죽기 전에 가장 총애한 후궁 인빈 김씨를 위해 인빈 사후 제사를 받들 봉사손까지 미리 정해주었다. 선조는 말년에 향후 인빈의 제사를 아들 정원군이 모시도록 하라는 명을 예조에 내렸다.[76] 따라서 인빈은 정원군의 집인 송현궁에서 제사지냈고 정원군 사후에는 장남인 능양군(인조)이 제사를 지냈다. 그러나 왕이 된 인조는 왕실의 종통을 잇는 공적 존재로서 더 이상 아버지 정원군과 할머니 인빈의 봉사손이 될 수 없으므로 예조에서는 사당의 방제傍題(신주의 왼쪽 아래 쓴 제사를 모시는 사람 이름)부터 고쳐야 한다고 했고 친히 제사를 지내는 것도 문제가 되었다. 이 문제의 구체적인 내용은 다음 3장에서 논하겠다. 인조는 집권 초기에 인빈의 사당에 직접 제사를 지내면서 복받치는 감회를 억누를 수 없었다고 하였다.[77] 인조는 아버지 정원군과 어머니 계운궁을 왕과 왕후로 추숭한 후에 종묘에 신주를 부묘하였다. 그러므로 송현궁에는 인빈 김씨의 신주만 남게 되었고 예조에서는 인조가 더 이상 사친私親인할머니의 사당에 직접 제사를 지내서는 안 된다고 유권해석을 했다. 인조가 조정신하들의 반대를 무릅쓰고 직접 제사를 강행한 기록이 몇 차례 보이지만 할머니 인빈 김씨에게 직접 제사를 지내는 것은 어려웠다.[78] 인조는 할머니를 최대한 예우하여 사당의 제물과 묘지기의 숫자 등을 덕흥대원군(선조의 아버지)의 경우와 똑같이 하도록 명했다.[79] 인조 때 인빈의 제사를 누가 받들었는지 확실한 기록이 없어 알 수 없다. 하지만 제사를 돌아가며 시행하는 윤회봉사를 했다는 기록이 보인다. 숙종 14년(1688)에 왕이 인빈의 제사를 받드는 봉사손에게 특별한 은전을 내린 명을 보면 알 수 있다. 그 내용을 보면 대략 다음과 같다.

> 임금이 인빈의 제사를 돌아가며 행했던 것을 대비大妃가 세상을 떠난 뒤로 마땅히 궐내에서 채비를 해서 보낼 수도 없고 소원疏遠한 자손들에게 돌려가며 제사를 지내게 할 수 없다고 하며 선조의 아버지 덕흥대원군의 예에 따라 제사를 받는 사람에게 특별히 토지 100결結과 노비 150구口를 주고 윤회봉사를 폐지하도록 명했다. 이런 결정에 대해 승지가 그러한 명을 멈추시라고 청했지만 임금이 듣지 않았다. 이처럼 인빈의 봉사손에게 특별한 은혜를 베푼 것은 당시 동평군 이항의 집에서 인빈의 제사를 받들었기 때문이다.[80]

이 기록을 근거로 볼 때 인빈의 제사는 윤회봉사를 했지만 그 준비는 대비가 했다는 것을 알 수 있다. 대비는 바로 인조의 두 번째 왕비인 장렬왕후이다. 장렬왕후가 숙종 14년 8월에 죽자 숙종은 종친인 동평군 이항에게 토지와 노비를 하사하고 이 집안에서 인빈의 제사를 계속 받들게 했다. 숙종이 동평군을 후대하여 이와 같은 결정을 내린 것이라는 말이 돌았지만 다른 관점으로 보면 인빈의 제사가 격상되었음을 알 수 있다.

인빈의 제사가 순탄하게 이어진 것은 아니었다. 확인할 수 있는 인빈 제사의 윤회봉사손은 숙종 때로 다음과 같다.

> 복창군 이정(인조의 셋째 아들 인평대군의 아들) → 의원군 이혁(복창군의 양자) → 숭선군 이징(인조의 서자) → 동평군 이항(숭선군의 장남) → 의원군 이혁(복창군의 양자, 복창군의 형 복령군의 아들) → 임양군 이환(인조의 서자인 낙선군의 양자)

봉사손이 모반사건에 연루되어 인빈 제사는 우여곡절을 겪었다. 숙종 때 복창군과 동평군은 역모죄에 연루되어 사약을 받았다. 동평군이 역모에 몰려 사사되자 숙종은 연좌제를 피해 본가로 돌아갔던 의원군으로 하여금 다시 인빈의 제사를 받들게 하기도 했다.[81] 인빈 김씨의 위상이 달라진 것은 영조 때이다. 우여곡절 끝에 인빈의 신주가 여천군 이증의 집으로 옮겨졌다. 원래 제사는 4대 봉사로 끝난다. 따라서 종손의 5대조 신주는 제사의 대代를 다했다는 뜻으로 대진代盡이라고 하고 신주를 무덤에 묻고 1년에 한 번씩 묘제墓祭만을 지내는 것이 원칙이었다.

하지만 조선 중기부터 4대봉사가 끝나도 신주의 지손支孫이 살아 있으면 지손 중에 가장 연장자(最長房)에게 신주를 옮기는 체천遞遷을 하여 제사가 이어졌다. 인빈의 신주가 여천군의 집으로 가게 된 까닭이다. 하지만 여천군의 집 사당에서는 인빈 외에도 인빈의 아들 의창군 부부와 인조의 서자인 낙선군 부부까지 다섯 명의 신주를 함께 모셨다. 이에 영조 19년(1743) 6월 영조가 인빈의 신주를 다른 신주와 함께 모시는 것은 체통이 서지 않고 미안한 일이라며 별도로 사당을 세우라고 명을 내렸다. 그리고 친진親盡 즉 제사의 봉사 대수가 끝나도 봉사손의 관직을 돈녕부의 종3품 돈녕부정敦寧府正에 임명하여 세습케 하라고 명했다.[82] 인빈 김씨의 신위가 불천지위不遷之位 즉 봉사 대수가 끝나도 계속 제사를 받는 위치가 된 것이다.

　인빈의 사당은 원종의 잠저인 송현궁에 새롭게 재건축되어 영조 24년(1748) 완공되었다.[83] 하지만 인빈의 신주를 바로 새로 건축된 사당에 봉안한 것은 아니다. 봉사손인 여천군 이증이 역모에 연루되어 유배되었다가 영조 28년 유배지인 제주도에서 죽었기 때문이다.[84] 인빈의 신주는 영조 31년 6월 2일 비로서 봉안되었다. 이때 영조는 "조상을 받드는 도리에 어찌 추숭과 승통이 다르겠는가? 육상궁毓祥宮의 예에 의거하여 궁원宮園으로 모시고자 한다."고 하며 궁과 원의 호를 '저경궁'儲慶宮과 '순강원'順康園이라고 했다. 또 인빈에게 올릴 시호를 의논하여 정하도록 하며 상시봉원도감上諡封園都監을 설치하고 김상로를 도제조로 삼았다.[85]

　이후 인빈 김씨의 신령은 국가적인 의례를 받게 된다. 영조는 인빈 김씨의 신주를 봉안한 다음날인 영조 31년(1755) 6월 3일 저경궁에 친히 가서 고유제告由祭를 지냈다. 고유제는 국가와 사회 또는 한 집안에 큰 일이 있을 때 신령에게 그 사유를 고하는 제사이다. 왕이 고유제를 지냈다는 것은 인빈에게 올리는 제사가 국가적인 의례로 승격되었음을 의미하는 중대한 변화이다. 영조 31년 6월 21일 영조는 세자(사도세자)를 거느리고 저경궁에 가서 참배하였다. 이날 영조는 다음날 제사를 지내기 위해 저경궁에서 유숙하며 재계齋戒하였다. 6월 22일 '경혜'敬惠라는 시호를 올리고 죽책竹冊과 은인銀印을 올렸다. 영조는 6월 23일 창경궁 정전正殿인 명정전에 나아가 왕세자와 백관을 거느리고 인빈에게 시호를 올리고 원園(순강원)을 봉한 것을 널리 반포했으며 사면령을 내리는 하례의식을 행했다.[86]

　책문冊文을 받을 수 있는 자격은 원칙적으로 왕실의 승통承統에 속하는 인물이다. 책문을 받는 사람의 신분에 따라서 재질을 구분하였다. 일반적으로 왕과 왕비는 옥책玉冊으로 하였고 왕세자와 왕세자빈은 죽책竹冊을 사용했다. 영조는 예외적으로 인빈 김씨에게 시호를 올리고 죽책문을 지어 올렸다.[87] 이날 영조는 인빈의 신주를 어필御筆로 직접 쓰고 고유告由를 하며 "저경궁은 마땅히 불천지위로 삼아야 할 것이고 『주례周禮』에 의거하여 다음부터는 축문을 선비先妣라고 쓰도록 하라."고 했다.[88] 영조가 선비先妣라고 쓰라는 것은 주나라 천자天子의 처첩제妻妾制 즉 후궁제도에 세비世妃나 비빈妃嬪이라고 칭한 예를 근거로 삼고 있다. 하지만 선비先妣는 일반적으로 선왕先王의 왕비를 가리키는 말로 인빈 김씨의 축문에 『주례』에 근거하여 선비先妣라고 쓴 것은 견강부회한 것이다.

영조가 이처럼 인빈 사당을 재건축하고 예우를 한 것은 후궁 출신인 자신의 생모 숙빈 최씨 예우가 함께 진행되었다는 점이 주목된다. 영조가 즉위한 후 최씨의 사당을 경복궁 북쪽에 세우기 시작해서 영조 1년(1725) 12월에 완공되었는데 숙빈묘라고 칭했고 20년 후인 1744년에 육상궁毓祥宮으로 승격시켰다.[89] 숙빈의 무덤은 숙빈묘淑嬪墓라고 칭했다가 영조 29년(1753) 6월에 소령원昭寧園으로 격상하였다.[90] 인빈의 사당을 별도로 세우라는 명을 내린 것이 영조 19년(1743)이고 숙빈의 사당인 숙빈묘淑嬪廟가 육상궁으로 승격된 것은 바로 1년 후인 영조 20년(1744)이다. 그리고 영조 29년 숙빈묘淑嬪墓를 소령원昭寧園으로 격상하고 2년 뒤인 영조 31년에 인빈의 사당과 묘墓를 저경궁과 순강원으로 승격시켰다. 영조의 생모 숙빈 최씨를 추숭하며 후궁인 인빈 김씨 역시 같은 반열로 예우한 것이다.

영조가 춘향대제春享大祭,[91] 중삭제仲朔祭,[92] 하향대제夏享大祭[93]에 쓸 향을 직접 내려주었다는 기록도 있다. 이 기록으로 미루어보면 저경궁과 육상궁에 춘하추동 사시와 중삭(仲朔) 즉 각 계절의 가운데 달인 2월·5월·8월·11월에 제사를 지냈다는 것을 알 수 있다. 영조는 종종 저경궁과 육상궁에 가서 직접 참배하고 술을 올리는 작헌례를 행했다. 영조 50년(1774) 2월 29일 인빈 김씨의 생일이라고 영조가 왕세손(정조)을 저경궁에 보내서 차례를 지내도록 했다.[94] 인빈이 1555년생이니 이날 220살 생일상을 받은 것이다.

정조 때에 이르러서 저경궁과 순강원의 제사는 명실상부한 국가제사로서의 형식을 갖추게 된다. 정조가 즉위한 후에 종묘와 각 사당의 축문 격식을 정했는데 저경궁과 육상궁에게 '국왕모감소고우모시모빈'國王某敢 昭告于某諡某嬪이라고 칭했다. 저경궁과 순강원에 제사지내고 향을 올리는 형식을 조묘桃廟(영녕전)의 예에 의거하여 행하라고 명했다. 구체적인 내용을 보면 종묘의 경우 5대 봉사가 끝나면 신주를 종묘의 정전에서 영녕전으로 옮기는 조천桃遷을 하여 그곳에 부묘하고 예를 행했는데, 저경궁의 제사도 마땅히 영녕전의 예와 같이 시행하라고 했다.[95]

영녕전은 종묘 정전에 신주를 봉안할 공간이 부족해지자 세종 때 건립한 별묘로 종묘 정전의 가까운 곳에 건축했다. 세종이 이곳에 태조의 4대조 신주를 모시기 시작하였다.[96] 이후 5대 봉사가 끝나면 정전의 신주는 영녕전으로의 조천을 원칙적으로 하였다. 하지만 그 원칙이 지켜진 것은 아니고 공덕을 이유로 대부분 조천되지 않았고 일부 왕과 왕비의 신위와 추숭 왕과 추숭 왕비의 신위가 영녕전에 봉안되었다. 저경궁의 제사도 영녕전의 예와 같이 시행하라는 정조의 명은 저경궁의 위상을 종묘의 별묘인 영녕전과 같이 높이는 조치이다. 이처럼 인빈 김씨는 손자 인조와 그의 대를 이어 보위에 오른 자손들 덕분에 왕비에 버금가는 예우를 받았다.

후대의 왕인 순조 · 헌종 · 철종 · 고종 모두 매년 저경궁에 직접 참배한 기록이 보인다. 정작 인빈 김씨의 손에 양육되어 깊고 큰 사랑을 받은 인조는 사친이란 이유로 조모의 사당에 제사지내고 절하는 것도 제약을 받았다. 하지만 인조는 선조의 후궁이었던 인빈 김씨를 조선 왕실의 종통 상에 길이 남도록 기록을 남겼다. 팔고조도八高祖圖는 조선 왕실 족보의 하나이다. 팔고조도는 나를 기점 하여 위로 나의 부모, 부모의 부모, 조부모의 부모, 증조부모의 부모까지 4대를 대상으로 작성한 족보이다. 국왕의 경우 엄격한 의미로 역대 국왕의 팔고조도이다. 그러므로 국왕이 왕의 아들이 아니었거나 왕비의 소생이 아니었을 경우도 종통이 우선하였으므로 팔고조도의 부모는 전대의 왕과 왕비 계통을 올렸다. 그런데 인조는 아버지 정원군을 원종으로 추숭하고 조모祖母를 선조宣祖의 정비正妃인 의인왕후나 인목왕후가 아닌 정원군의 생모인 인빈 김씨를 팔고조도에 올렸다. 가장 오래된 조선왕실의 팔고조인『열성팔고조도列聖八高祖圖』를 보면 인빈은 원종의 탄생모誕生母, 인조의 조모, 효종의 증조모, 현종의 고조모로 표기하였다. 인빈이 종통의 측면에서 선조의 왕비가 아니었음에도 인조는 이처럼 팔고조도에 올렸고 이 문제가 후대에 논란이 되었다.[97]

고종 27년(1900) 궁내부대신 완순군 이재완이 원종元宗 팔고조도에서 모계는 선조宣祖의 왕비를 기재했어야 하는데 인빈 김씨가 기재되었다고 하였다. 원종의 생모가 인빈 김씨라고 해도 법적으로 적모嫡母는 선조의 첫 번째 왕비인 의인왕후 박씨나 두 번째 왕비인 인목왕후를 기재해야하는데 원종을 추숭할 때를 기점으로 볼 때 인목왕후를 기재해야한다고 임금에게 아뢰었다. 고종은 아뢴 대로 실행하라는 명을 내렸다.[98]

그리고 1908년(순종 2) 인빈 김씨의 신위도 저경궁에서 육상궁으로 옮겨졌다. 이때 왕이나 추숭 왕을 낳은 후궁 4명의 신위도 함께 육상궁으로 옮겨졌다. 1929년 영친왕의 생모(고종의 후궁) 순헌귀비 엄씨의 사당인 덕안궁德安宮의 신주까지 육상궁으로 옮기면서 7명의 신위가 함께 있게 되어 칠궁七宮이라고도 한다. 비록 저경궁이 육상궁으로 옮겨졌지만 오히려 그런 까닭에 오늘날까지 잘 보존되고 있다. 원래 저경궁터는 국유화되었고 그 자리에 세워진 건물은 사적 280호가 된 한국은행 본관으로 현재 한국은행 화폐박물관이 되었다.[99]

반면 칠궁은 사적 149호로 공식 문화재명은 육상궁이고 소재지가 현재 청와대 영빈관 옆에 있다. 2018년 6월부터 문화재청에서는 선착순 인터넷 예약을 통해 칠궁을 무료로 개방한다는 발표를 했다. 경기도 남양주시 진전읍 소재의 인빈 김씨의 묘 순강원 역시 사적 356호로 왕릉 못지않게 잘 보존되었다. 순강원은 2009년 조선의 왕릉과 함께 유네스코 세계문화유산에 포함되었다. 이처럼 그녀의 혼백이 쉬고 있는 안식처는 오늘날까지 역사적 자취로 잘 보존되었고 후세까지 잘 전해질 것이다.

3장
부모님을 왕과 왕후로 높이다

3장
부모님을 왕과 왕후로 높이다[1]

원종 추숭

　　인조의 아버지 정원군은 선조宣祖의 서자이
고 광해군의 이복동생으로 광해군 치하에서 죽었다. 왕위에 오른 적이
없는 정원군을 왕으로 높이기 위해 인조는 10년 넘는 세월을 고군분투
했다. 인조 13년(1635)에 이르러 마침내 '원종'元宗이라는 묘호廟號로 정원
군의 신위를 종묘에 부묘하여 명실상부한 추숭 왕이 되었다. 일부 추숭
론자를 제외하면 당시 조야에서 추숭 반대여론이 상당히 거셌다. 인조는
조야의 거센 비판과 반대여론에 굴복하지 않고 끈기와 인내심을 갖고 아
버지 정원군의 추숭을 추진하였다. 인조는 왜 그토록 거센 비판을 무릅
쓰고 정원군을 왕으로 추숭하려고 하였을까?

　지금까지의 원종 추숭에 대한 연구는 추숭반대론과 추숭론의 이론적
근거가 된 예론과 성리학적 명분에 초점을 맞추거나[2] 인조반정의 정통
성확립에 초점을 맞추고 있다.[3] 원종 추숭을 인조의 깊은 효성의 발로였

다고 보는 견해도 있다.[4] 본 장에서 나는 원종 추숭 과정을 통해 인조가 보인 끈기와 추진력에 초점을 맞추어 글을 전개하려고 한다. 그리고 원종 추숭이란 목표를 실천하는 과정에 왕권을 공고히 하고 신권을 견제하고자 했던 인조의 정치적 의도를 확인하고자 한다.

인조의 원종 추숭 과정은 시기적으로 크게 3단계로 나누어 볼 수 있다. 첫 단계는 추숭의 서막이다. 인조 즉위 초에 사묘私廟의 칭호에 대한 논란부터 시작해서 생존해 있던 어머니 구씨에 대한 예우를 높이고자 했던 조치이다. 다음은 추숭의 전개시기로 인조 4년(1626) 어머니 구씨의 죽음으로 야기된 상제례喪祭禮에 대한 논란이다. 세 번째는 정원군 묘의 이장부터 공식적으로 추숭도감을 설치하고 추숭이 완결되는 시기이다. 정원군 추숭론자들과 추숭반대론자들이 이론적 근거로 내세운 중국 황실의 주요 전례문제를 간략하게 정리해서 3장 뒤에 부록으로 첨부하여 원종 추숭의 이해를 돕고자 한다.

추숭의 서막

원종 추숭은 인조 즉위 초에 학문과 덕행이 뛰어난 초야의 선비로 추천되었던 김장생과 박지계가 서로 다른 예론禮論을 주장하면서 시작되었다. 이 두 사람의 주장을 기본으로 추숭반대론과 추숭론이 정치적 쟁점으로 비화되었다.

인조 이전에 추숭 왕은 모두 5명인데, 그 중 태조의 4대조(묘호 목조·익조·도조·환조)와 숙부인 예종의 뒤를 이어 왕위에 오른 성종이 아버지 의경세자를 덕종德宗으로 추숭한 경우이다. 세조의 장남인 의경세자는 세조 3년(1457) 병사했다. 세자 사후에 의경懿敬이란 시호가 내려졌다. 의경세자의 동생인 예종이 즉위한 후 재위 13개월 만에 죽자 예종의 아들 제안대군이 있었음에도 의경세자의 차남이었던 자을산군이 숙부 예종의 뒤를 이어 왕위에 올랐으니 바로 성종이다. 성종은 즉위 후에 아버지 의경세자를 바로 의경왕懿敬王으로 추숭하고 의경왕묘懿敬王廟를 따로 세워서 형 월산대군으로 하여금 제사를 받들게 하였다. 그러나 6년 뒤에 성종은 의경왕에게 대왕(壞簡宣肅恭顯溫文懿敬大王)의 존호를 올렸고 묘호廟號를 덕종德宗이라고 하였다. 성종은 덕종의 신주를 별전인 연은전延恩殿에 봉안하고 친제親祭를 지냈다.

성종과 유사한 경로로 선조도 즉위하였다. 명종이 후사 없이 죽자 조카인 선조가 왕위에 올랐다. 선조는 중종의 서자이자 명종의 서형庶兄인 덕흥군德興君의 셋째 아들이다. 선조는 즉위 후에 아버지 덕흥군을 왕으로 추숭하지 못하고 대원군大院君으로 추존하는데 그쳤다. 덕흥군은 중종과 후궁 안씨(창빈) 사이에서 태어난 서자이다. 덕흥군에게 첫째 아들 하원군과 둘째 아들 하릉군이 있었음에도 셋째 아들인 하성군이 명종의 뒤를 이어 왕위에 올랐다. 중국 북송 영종의 아버지 복왕濮王의 예에 따라서 선조는 부모님을 (덕흥)대원군과 하동부부인河東府夫人으로 추존하였다. 선조는 부모님의 위패를 가묘家廟에 모시고 형 하원군에게 정1품의 작위를 가자加資하여 대대로 제사를 받들도록 하고자 했다. 하지만 조정의 신하들이 4대로 제한하는 규례를 바꿀 수 없다고 반대하자 선조는 한걸음 후퇴하여 4대 이후의 제사주관자는 정3품의 도정都正 벼슬로 세습하게 하여 영구히 조천祧遷하지 않는 예禮를 정했다.[5] 선조가 비록 덕흥대원군을 왕으로 추숭하지 못해 종묘에 모시지는 못했지만 가묘에서 후손으로 하여금 영구히 제사를 지낼 수 있는 불천위不遷位가 되도록 했다.

의경세자가 덕종으로 추숭될 수 있었던 것은 적장자로 생전에 이미 세자로 책봉되었기 때문이다. 이에 비해 덕흥군은 후궁이 낳은 서자였기 때문에 대원군으로 추존하는데 그쳤다. 이 두 경우뿐만 아니라 유사한 중국의 추숭 사례가 정원군을 추숭하는 과정에 주요 쟁점이 되었다. 선조의 서자였던 정원군에게 덕흥대원군의 예를 적용하려던 신료와 아버지 정원군을 왕으로 추숭하려는 인조와의 갈등과 충돌은 불가피했다. 정원군의 추숭문제는 인조의 즉위 초에 이미 조짐이 나타났다.

인조가 즉위하던 해(1623) 5월 예조에서 왕이 아버지 정원군 사묘私廟에 제사를 지낼 때의 의식에 대해 논의가 시작되었다. 제문祭文에 정원군과 인조의 관계를 어떻게 칭해야 되는지에 대한 논의에 여러 가지 주장이 제기되면서 이후 격렬한 논쟁으로 비화되었다. 이 논란의 핵심이 되는 서로 다른 이론적 근거를 제공한 인물은 사계 김장생과 잠야 박지계이다. 김장생은 벼슬보다는 강학과 후학 양성에 매진했지만 기호 사림의 좌장으로 서인 반정공신 대부분이 그와 사우관계를 맺고 있어 인조 조정에 영향력이 매우 컸다.[6] 김장생의 주장을 요약해보면 다음과 같다.

『예기』에 남의 후사後嗣가 되면 그 사람의 아들이 된다(爲人後者爲之子)고 하였으니, 비록 형이 아우를 계승하고 숙부가 조카를 계승하더라도 모두 부자父子의 도리가 있다. 인조는 '반정'反正이란 명분으로 광해군을 폐위시키고 왕위에 올랐기 때문에 조부인 선조로부터 왕통을 계승한 것이므로 할아버지인 선조와 부자의 도리가 있다. 그러므로 제문에 돌아가신 아버지를 칭하는 고考와 왕인 인조가 아들 자子라고 칭하는 '칭고칭자'稱考稱子를 해서는 안 되고 숙질叔姪이라고 칭해야 한다는 숙질론을 주장했다.[7]

김장생의 이와 같은 주장에 대해 인조는 "할아버지가 있고 난 다음에 아버지가 있고, 아버지가 있고 난 다음에 자기 몸이 있는 법인데, 어찌 할아버지만 있고 아버지는 없는 이치가 있겠는가?"라고 반문하며 칭고칭자를 하겠다는 뜻을 보였다. 예조판서 이정구도 김장생의 주장에 이의를 제기하였다. 인조가 선조의 아들이 된다면 아버지인 정원군과 형제간이 되는데 어떻게 그럴 수 있느냐고 지적하였다. 예조에서 칭고칭자는 하지만 일반적인 예와는 달리 몇 가지 세부사항을 바꾸는 변례變禮를 건의하였다. 첫째는 정원군을 정원대원군으로 봉호를 올리고 고考라고 칭하되 황皇자는 붙이지 말고, 둘째는 인조가 자子라고 칭하되 효孝자는 붙이지 말며, 셋째는 정원군의 지자支子 즉 장남인 인조가 아닌 인조의 동생 능원군을 세워 제사를 받들게 하라고 했다. 이렇게 하는 것이 예禮에 합당하다고 대신들이 동의하자 예조에서는 사묘에 관원을 보내 고제告祭할 때 제문祭文에 제사를 받드는 사람의 이름인 방제傍題를 정원대원군의 '지자支子 모某가 봉사한다.'로 고쳐 쓰는 것이 마땅하다고 아뢰었다. 하지만 인조는 아버지 신주에 방제 곧 제사를 받드는 사람을 동생 능원군의 이름으로 고치지 말고 장자인 자신의 이름으로 고제告祭를 행하라고 한다.[8] 변례變禮이지만 왕은 처음부터 칭고칭자 한다는 뜻을 굽히지 않았다. 인조는 정원군의 사묘에 칭고칭자를 했고, 또 신주의 방제를 고치지 않고 제사를 지내면서 마음속에서는 정원군의 추숭을 염두에 두었다.

김장생과 다른 주장의 이론적 근거를 제공한 인물은 박지계이다. 박지계는 당연히 인조가 칭고칭자를 해야 하고 정원군을 왕으로 추숭하여 종묘에 배향해야 한다고 주장하였다.[9] 인조 2년(1624) 9월 정원군을 왕으로 추숭해야 한다는 상소를 박지계의 문인 경릉 참봉 이의길이 올렸다. 이의길은 정원군을 추숭하여 종묘에 부묘해야 한다고까지 주장했다. 승정원에서는 이 상소가 경솔하고 이치에 닿지 않는 말이라고 봉입하지 않았다.[10] 하지만 10월 경연장에서 왕이 정원군의 사묘에 친제親祭를 하게 되면서 다시 전례문제典禮問題가 논의되었다. 왕은 박지계와 김장생의 주장 중에 어느 것이 옳은지 묻는다. 도승지 정경세는 두 사람 주장의 요점을 말한 후에 "아버지가 죽었는데 조부가 생존해 있으면 아버지의 상복喪服을 낮춘다."는 예를 들었다. 이는 정원군에 대한 예우를 높여서는 안 된다는 주장이다. 이에 대해 인조는 "내가 예법은 모르지만 조부 때문에 아버지의 상복을 낮춘다는 말은 듣지 못했다."고 언짢아하며 경연을 파했다.[11] 이때 인조는 박지계의 주장에 동조하는 의견이 나오기를 기대했지만 당시 여론이 김장생의 주장이 옳다는 쪽으로 기울고 있었기 때문에 추숭론을 구체화할 수는 없었다.

이즈음 인조의 어머니 구씨에 대한 예우도 논란의 대상이 되었다. 구씨는 선조 23년(1590) 정원군과 혼인하고 연주군부인連珠郡夫人에 봉해졌다. 인조반정 후에 정원군이 대원군이 되자 대원부인으로서 정1품 연주부부인連珠府夫人에 봉해졌다. 대원부인의 거처는 광해군의 잠저였던 이현궁梨峴宮으로 옮겨졌고 궁호宮號를 계운궁啓運宮이라고 고쳤다. 인조의 어머니 구씨는 인헌왕후로 추숭되기 전까지 계운궁이란 궁호로 불렸기 때문에 계운궁으로 칭하겠다. 인조는 계운궁께 올리는 물품을 두 왕비전王妃殿의 예에 따라 하도록 하였다.[12]

그런데 인조 2년(1624) 9월 예조에서는 인목대비를 위해 성대한 연회인 풍정豐呈을 준비하면서 계운궁의 좌석을 어디에 배치해야할지 고심하였다. 처음에는 국조오례의國朝五禮儀를 참작하여 왕의 좌석이 동쪽이고 왕비의 좌석이 서쪽에 있으니 계운궁의 좌석은 왕비의 좌석에서 북쪽으로 조금 뒤에 위치하는 것이 합당하겠다고 하였다. 그러자 인조는 계운궁의 좌석은 서쪽이 아닌 자신과 같은 동쪽에 있어야 할 것 같다고 한다. 좌의정 윤방과 우의정 신흠이 계운궁의 좌석을 배치하는 문제는 전례가 없어 비교할 곳이 없으니 예경禮經을 더 고찰해야 한다고 했다. 예조에서 풍정은 군신간의 예로 진행되는 만큼 명위名位의 구별을 신중하게 하여 규범 절목을 마련해야 한다고 청하자 왕은 계운궁이 궁중 잔치에 참여하는 절목은 마련하지 말라고 했다.[13]

인조는 왜 어머니 계운궁이 참여하는 절목을 마련하지 말라고 하였을까? 이는 왕과 조정의 신하들이 계운궁의 위상을 보는 차이에 기인한다. 예조에서는 계운궁의 위치를 정1품 부부인府夫人으로 예우하고자 해서 왕비의 뒤쪽에 자리를 배치하고자 했다. 하지만 인조는 계운궁의 자리를 자신과 같은 동쪽에 위치하게 하여 어머니를 신하로 대하지 않고자 했다. 인조 3년(1625) 1월에 전 판관 유함형이 올린 상소의 내용 중에 언급이 된 점으로 볼 때 계운궁은 결국 인목대비를 위한 풍정에 참석하지 않았던 것으로 보인다. 유함형의 상소 내용의 요점을 정리하면 다음과 같다.

전하는 천명을 받아 주나라를 건국한 무왕武王같은 공적이 있습니다. 주공周公이 예법에 따라 3대왕(太王, 王季, 文王)을 추존하고 제사지냈으니 이 예법은 천자와 제후 모두에게 통용되는 것입니다. 정치의 대본大本이 아직 세워지지 못한 바가 있으니 바로 효孝인데 낳아주신 부모에 대해 전하가 아직 부모님을 존숭하는 예를 융성하게 못하고, 봉양하는 도리를 오래도록 못하고 있습니다. 남의 후사가 된 사람은 그 사람의 아들이 된다고 한 것(爲人後者爲之子)은 의리로 볼 때 사친私親을 돌아볼 수 없는 것이지만, 전하가 할아버지 선조의 후사가 된 적이 없으니 (정원)대원군을 추숭하여 (정원)대원군을 종묘에 모시고, 어머니의 위호를 높여 대내大內로 모셔와 공경해야 마땅하다고 여깁니다. 궁궐의 큰 경사(인목대비의 풍정) 때 좌석배치의 어려움이 있고 예절 상으로도 꺼림칙한 점이 많아 잔치에 참여하지 못하고 궁궐 밖에서 북면北面(신하의 예)하는 반열에 계시었다니 이는 바

로 "얼굴에 근심이 있게 하고, 천하가 위태롭게 되었다(其容有蹙, 天下岌岌者
也)."라는 것입니다. 후일 계운궁이 돌아가셨을 때 장례를 외명부의 예(부
부인의 예)로 치루고 전하가 장례에 친림하지 않으시려는 것인지요. 전하께
서는 무엇이 두렵고 무엇이 어려워 몇 해가 지나도록 (정원군 추숭)하지 못
하시는 것입니까?[14]

라며 강력한 언사로 정원군 추숭의 당위성을 논하였다. "얼굴에 근심이
있게 하고, 천하가 위태롭게 되었다(其容有蹙, 天下岌岌者也)."는 이 말은 『맹
자』에 나온다. 순임금이 천자가 되어 남면을 하고 있을 때 아버지 고수가
신하의 예인 북면을 하고 있었는데 순임금이 아버지 고수를 보고 불안
한 얼굴을 하였다고 한다. 공자가 "이때 천하가 매우 위험했다."고 하셨
다는 것이 정말인지 함구몽이 스승인 맹자에게 물었던 질문이다.[15] 유함
형은 계운궁이 궁궐의 행사에 참여도 못하고 신하의 예인 북면을 하도록
한 것은 천하를 위태롭게 한 엄중한 문제라고 하며, 계운궁 사후에 상장
례까지 그렇게 하실 것이냐고 반문하면서 인조에게 아버지 정원군의 추
숭을 재촉하였다. 승정원에서는 이 상소의 내용이 조리 없는 언사요 모
두를 놀라게 하고 분개하게 한 것이라며 기각해 버렸다. 하지만 정원군
추숭의 정당성을 잘 대변하고 있는 이 상소는 『인조실록』에 상세하게 기
록되었다.

인조 3년(1625) 11월 26일 계운궁의 병세가 위중해지자 의약청을 설치
하고 의관이 궐내에 머물며 치료하게 하였다. 계운궁은 피를 토하고 약
도 토하며 미음조차 잘 넘기지 못하다가 약간의 차도를 보였다.[16] 12월
4일 계운궁의 병세가 위독하자 인조는 중신을 보내 산천에 기도하고자
한다며 대신에게 의논하게 하였다. 대신들은 근거를 삼을 만한 예가 전
혀 없어 명을 따를 수가 없다고 했다. 인조는 참람된 점이 없는데 반대하

는 뜻을 알 수 없다고 하고 산천기도를 올리지는 않았지만 날마다 세 차례 목욕을 하며 하늘에 기도함으로써 지극정성을 다했다. 하지만 사관은 왕이 계운궁을 위해 기도한 것조차 비례非禮였다고 비판하고 있다.[17]

인조 3년 12월 12일 계운궁이 위독해지자 삼정승과 예조판서가 변례變禮를 강구하였다. 그들은 인조가 이미 선조로부터 대통을 계승한 이상 친부모에 대해서는 상복을 낮춰 지팡이는 짚지 않고 1년간 상복만 입는 부장기不杖期로 정하는 것이 마땅하다고 했다. 그러자 부제학 최명길은 계운궁을 위해 삼년복을 주장하며 기년복을 주장하는 신하들이 전하를 아버지가 없는 분으로 만들려고 한다고 했다. 연평부원군 이귀는 한걸음 더 나아가

> 폐주廢主(광해군)는 어머니(인목대비)를 무시했는데, 전하도 아버지(정원군)를 무시하라는 말인가. 조정에서 이런 의논을 주장하는 자는 거의가 아버지를 무시하는 자들이니 나는 구차히 함께 할 수 없다.

고까지 하였다. 최명길과 이귀의 이런 주장에 대해 당시 사관들의 평은 도리에 어긋나는 사론邪論의 깃발을 내세워 정론正論을 위협하고 있다고 평했다.[18]

인조 4년(1626) 1월 14일 계운궁이 경덕궁(후일 경희궁) 회상전에서 임종하자,[19] 계운궁의 상장례의 절차와 과정에 대한 첨예한 논쟁이 일어났다. 이 논쟁에 대해 검토하기 전에 먼저 인조의 어머니 계운궁은 어떤 인물이며 인조에게 어떤 존재였는지 알아보자. 계운궁은 능성 구씨이다. 인조의 외가 능성 구씨의 가계를 보면 구씨는 고려시대 이미 번성했던 집안이다. 조선시대 들어와 두각을 나타내기 시작한 인물은 계운궁의 고

조부인 구수영이다. 구수영은 공신으로 능천군에 봉해졌다. 능성 구씨는 일찍부터 조선 왕실과 밀접한 혼맥을 맺었다. 이 혼맥은 계운궁의 부친인 구사맹부터 고조부인 구수영까지 거슬러 올라간다.

구수영(고조) → 구희경(증조) → 구순(조) → 구사맹(부)

먼저 고조부 구수영은 세종의 막내아들인 영응대군 이염李琰의 딸 곧 세종의 손녀 이씨와 혼인하였으니 바로 계운궁의 고조모이다. 세종은 각별하게 사랑했던 영응대군의 저택에서 임종을 맞이했다. 따라서 세종의 빈전殯殿이 그곳에 차려졌으며 문종도 그곳에서 즉위하였다. 세조 역시 막내 동생인 영응대군과 우애가 깊었다. 훗날 구수영의 아내가 된 조카 이씨를 사랑하여 7세에 길안현주에 봉했다. 이씨는 13세에 구수영과 혼인하였고 혼인 후에도 왕실과 지속적으로 친밀한 관계를 유지했으며 각별히 신임을 받았다. 중종이 어렸을 때 이씨가 잠시 양육을 맡기도 했고, 연산군은 후궁 장록수가 낳은 딸 영수靈壽가 천연두를 앓자 이씨의 집에서 요양시켰고 상태가 호전되자 큰 상을 내리기도 했다.[20] 구수영과 이씨 사이에 5남 5녀를 두었는데 2남 구희경이 계운궁의 증조부로 신수겸의 딸과 혼인을 했다. 신수겸은 연산군의 처남이다. 4남 구문경은 연산군의 딸 휘신공주와 혼인하였고, 3녀는 성종의 아들 안양군 이항과 혼인하였다.[21]

이와 같이 구수영의 자녀들이 왕실과 인척관계를 맺었고 2남 구희경과 신수겸의 딸 사이에서 태어난 구순 역실 종실인 의신군 이징원의 딸과 혼인하여 역시 5남 5녀를 두었다. 구순과 이징원의 딸 사이에서 태어난 자녀와 그 혼맥은 다음 〈표 5〉[22]와 같다.

<표 5> 구순과 이씨(의신군 이징원의 딸)의 자녀 혼인관계

1남 구사안 + 중종의 딸 효순공주

2남 구사증 + 황염의 딸

3남 구사맹 + 한극공의 딸(첫 번째 부인), 신화국의 딸 신지향(두 번째 부인)

4남 구사중

5남 구사민

1녀 + 민사증

2녀 + 박치원

3녀 + 정담

4녀 + 박안인

5녀 + 안진

계운궁의 조모 이씨는 종실 의신군 이징원李澄源의 딸이다. 이징원은 보성군 이합(태종의 손자)의 4남 이위李偉의 아들이다.[23] 그러므로 계운궁의 외증조부 이징원과 인빈 김씨의 외증조부 이견손李堅孫은 종형제 즉 4촌간이다.[24] 계운궁의 백부 구사안도 중종의 딸인 효순공주와 혼인하여 왕실과 깊은 혼맥을 맺었다. 계운궁의 부친 구사맹은 한극공의 딸과 혼인하였으나 한씨는 자식을 낳지 못하고 죽었다. 둘째 부인인 신화국의 딸 신씨 사이에 4남 6녀를 낳았다. 구사맹의 자녀와 딸들의 혼맥은 〈표 6〉과 같다.

정원군과 혼인한 구사맹의 5녀가 바로 인조의 어머니 구씨이다. 이처럼 구씨는 대를 이어 왕실과 혼맥을 맺고 부귀를 누렸다. 인조의 어머니 구씨에게도 종실의 혈통이 흐르고 있음을 알 수 있다. 계운궁 구씨 역시 선조의 아들인 정원군과 혼인하여 인조를 낳았다. 이는 마치 바다로 갔던 연어가 자기가 태어난 강으로 돌아와 알을 낳는 모천회귀母川回歸 같다. 능성 구씨가 인조반정에서 중요한 역할을 했다는 것은 잘 알려진 사실이다. 인조반정 1등 공신인 구굉은 인조의 외삼촌이고, 2등 공신인 구인후는 외삼촌 구성의 아들로 인조의 외사촌형이다. 3등 공신인 구인기는 역시 외삼촌 구굉의 아들로 외사촌동생이고, 1등 공신 심명세는 큰 이모부 심엄의 아들이니 이종사촌이다.

〈표 6〉 구사맹과 신지향(신화국의 딸)의 자녀와 혼인관계

1남 구성
2남 구횡
3남 구용
4남 구굉
1녀 + 심엄(부 심의겸, 아들 심명세)
2녀 + 홍희(아들 홍진도, 홍진문)
3녀 + 권유남
4녀 + 김덕망
5녀(인조의 어머니) + 정원군
6녀 + 이박

계운궁의 어머니이자 인조의 외조모 신지향은 신화국의 딸이다. 평산 신씨 역시 왕실과 혼맥을 맺고 있다.[25] 신화국의 아버지 신상申鏛이 세종의 손자인 이식李湜의 3녀 곧 세종의 증손녀와 혼인을 했다. 이식은 계양군桂陽君 이증李璔의 아들인데 계양군은 세종과 신빈愼嬪 김씨 사이에서 태어난 왕자이다. 신화국은 파평 윤씨와 혼인하여 4남 3녀를 두었다. 그 자녀는 〈표 7〉과 같다. →는 자녀를 표시한다.

<표 7> 신화국과 윤씨의 자손

1남 신잡 → **신경희**

2남 신급 → 신제순 + 신성군 → (양자) **능창군**(인조의 동생)

3남 신립 → 신경신, 신경유, 신경인, 신제순

4남 신할

1녀 신지향 + 구사맹 → **계운궁**

2녀 신단향

3녀 신계숙

이와 같은 막강한 혼맥으로 인해 인조의 친인척은 광해군 치하에서 고초를 겪어야만 했다. 인조의 큰아버지 신성군은 신립의 딸 신제순과 혼인을 했는데 자식 없이 젊은 나이에 죽었다. 인조의 동생 능창군이 신성군의 양자가 되었다가 신경희의 옥사에서 연루되어 죽임을 당했다. 신경희는 신화국의 장남 신잡의 아들로 계운궁의 외사촌이다. 신립의 딸 신제순은 계운궁에게 외사촌이지만 남편 정원군의 형인 신성군과 혼인을 했으니 시가로 보면 손위의 동서 곧 형님이 된다. 이런 혼맥으로 인해 능창군이 죽음으로 내몰렸지만 인조의 외가 능성 구씨와 평산 신씨는 인조반정에 중요한 공신이 되었다. 인조반정에서 평산 신씨의 1등 공신 신경진, 2등 공신 신경인과 신경유는 계운궁의 외사촌이고, 3등 공신 신준은 신경진의 아들이다.

이처럼 인조는 보위에 오르는데 외가의 절대적인 지지를 받았다. 그러므로 인조는 왕이 된 후에 어머니 계운궁에 대해서 각별한 마음을 표시하고 싶었다. 그러나 현실에서는 오히려 처처에 제약이 뒤따랐다. 계운궁은 인조가 즉위한 그해부터 아프기 시작하여 이듬해인 인조 2년(1624)부터 이미 병세가 심해졌다.[26] 인조 2년 이괄의 난으로 법궁으로 사용하던 창덕궁이 또 다시 소실되어 왕은 9년간 경덕궁에 머물렀다. 정확한 시기를 알 수는 없지만 인조는 어머니 계운궁을 자신이 머무르는 경덕궁에 모시고 간병을 했다. 인조가 어머니 계운궁의 병세가 위중할 때 간절한 마음으로 날마다 목욕재계를 하고 하늘에 기도한 것조차 신하들은 비례非禮였다고 비판했다. 왕이 되었음에도 죽어가는 어머니를 위해 자식으로서 하는 기도조차 비판받는 상황을 바꾸고 명실상부하게 부모님을 예우할 수 있는 명분을 갖기 위해 인조는 정원군의 추숭이 더욱 절실해졌다.

추숭의 전개

계운궁의 죽음으로 상복喪服, 상기喪期 그리고 상주喪主가 누가 될 것인가 하는 상례喪禮가 쟁점화 되었다. 예조와 삼정승이 모두 인조가 선조의 대통을 계승했으니 사친私親의 상에는 거친 생마포로 아랫단을 접어 지은 자최복을 입고 지팡이도 짚지 않고 1년 동안 지내는 **자최부장기**齊衰不杖期가 마땅하다고 하였다. 하지만 인조는

> 삼년상은 천자로부터 서인庶人에 이르기까지 공통된 것이다. 내가 들어와 대통大統을 계승한 뒤에도 부모라고 불렀으니 어찌 삼년상을 거행할 수가 없겠는가.[27]

라면 삼년상을 하고자 했다. 다음날인 인조 4년(1626) 1월 15일 대신들이 삼년상의 부당함을 다시 간언하면서 계운궁 상사喪事에 대한 논란으로 조정이 시끄러워졌다. 대신들이 삼년상은 비례非禮로 왕의 뜻을 받들

어 따를 수가 없다며 죽음을 무릅쓰고 다시 주청한다고 하였다. 인조는 삼년상을 행할 수 없더라도 지팡이를 짚고 하는 일년상인 장기복杖期服을 하겠다고 한다. 예조에서는 계운궁의 상주로 인조의 동생 능원군 이보를 세우도록 건의하였지만 인조는 다음과 같은 명을 내렸다.

1. 자신이 상주가 되어 삼년상을 하겠다.
2. 명정銘旌은 무늬가 없는 넓은 비단으로 하고 금전金篆으로 써라.
3. 초상 5일째에 성빈成殯하고 6일째에 성복成服하게 하라.

이와 같은 왕명에 대해 조정의 반대 여론이 비등해졌다. 대신들은 국조오례의를 보면 6일에 성복하는 것이나 명정을 금전으로 쓰는 것은 왕이나 왕후의 국상에 쓰는 예법으로 도를 넘어서는 안 된다고 하였다. 이에 인조는 4일과 6일에 무슨 경중의 차이가 있느냐며 하교한 대로하라고 했다. 그러나 이어지는 반대 공론이 인조를 압박했다. 대신들은 이에 만족하지 않고 계속해서 장기杖碁를 고집하는 인조에게 남의 후사가 되면 지팡이를 짚지 않고 1년 동안 상복을 입는 부장기복不杖碁服으로 해야 한다고 주장했다.[28] 거센 반대 여론에도 불구하고 인조는 자신의 뜻대로 5일째 빈소를 차리고(성빈), 6일째 상복으로 장기복杖碁服을 입었다.[29]

상례에 대한 논란은 상중에 병조판서 이귀가 차자를 올려 별묘 건립을 주장하면서 가열되었다. 이로써 추숭의 새로운 국면이 전개되었다. 이귀는 인조의 삼년복을 옹호하였고, 영의정 이원익을 비롯해 부장기복을 주장한 신료들을 강력하게 비판하며 별묘 건립을 주장한다. 이귀의 주장은 선조의 14명 아들 중에 첫째인 임해군에게는 후사가 없고, 광해군 역시 폐위되어 후사가 없으니 결과적으로 셋째 아들인 정원군이 선조의 장자가 된다고 했다. 정원군은 전하의 아버지이니 응당 왕으로 즉위하기에 합당한 분이었고, 남의 후사가 되어 아버지를 숙부로 여긴 경우와 비교해서는 안 된다고도 했다. 김장생의 숙질론 주장은 예문禮文의 본의를 잘못 해석한 것으로 그것을 근거로 삼년복이 부당하다고 한 것은 근거가 없다고 했다. 또 계운궁의 병이 위중하여 인조가 산천에 기도하려고 할 때 참람된 일이라고 막았던 대신을 강하게 비판하였다. 그러므로 별묘를 세워 높인다면 종통의 본의에 어긋나지 않고 또 인정과 천리에도 합치될 것이라고 했다. 인조는 이귀 주장으로 야기될 문제들을 헤아리고 짐짓 이귀를 책망하며

> 차자의 내용은 다 살펴보았는데 진달한 내용이 옳다. 그러나 이원익은 선조先朝의 원로이고 나라의 영상인데 있는 힘을 다하여 멸시하고 모욕하였으니 이는 불가하기 그지없는 처사이다. 경은 사대부를 모멸하지 말라.30)

고 답하였다. 사헌부와 사간원 양사 모두 이귀가 사리에 맞지 않는 주장을 한다며 관직을 삭탈하라고 하자, 인조는 이귀의 차자 내용이 사리에 맞지 않는 부분이 있기는 하지만 그 말이 다 그른 것은 아니라며 이귀가 국가에 큰 공이 있는 인물이라고 옹호한다. 이귀는 계운궁의 상喪을 기회로 별묘를 세우자고 하고 정원군 추숭을 공개적으로 주장하며 인조의 마음을 대변했다.

별묘 건립에 적극적으로 찬성한 또 한 명의 인물이 부제학 최명길이다. 최명길은 김장생에게 서신을 띄워 그와 같은 뜻을 전달하자 김장생이 장문의 편지로 그 부당성을 논했다.31) 그러나 최명길은 김장생의 견해에 동조하지 않았고, "추숭한 나라는 망하지 않았지만 아버지를 무시한 나라는 반드시 망했다."32)고 하며 추숭을 강력하게 주장했다. 최명길

이 옳지 않은 이론을 이끌어 혼란시켰다며 그를 경질시키라는 계가 올라오자 인조는 예학에 식견이 없어 누가 옳고 그른 줄은 잘 모르겠지만 최명길의 주장이 이치에 어긋나지 않은 것 같다고 한다. 최명길을 비난하는 여론은 더욱 거세져 파직시키라는 계가 연이어 올라왔지만 인조는 경질은 물론 파직시킬 수 없다고 하였다. 장기杖期와 장자로서의 본복本服을 고집하는 인조에게 신료들은 해직解職, 사직辭職, 체직遞職, 파직罷職 등의 극단적인 방법을 청하며 왕을 압박했다. 영의정 이원익을 필두로 좌의정 윤방, 우의정 신흠, 대사헌 정경세, 대사간 홍서봉, 공조 판서 정광적, 예조 판서 김상용, 호조 판서 김신국 등이 상례에 대한 책임을 지고 사직 또는 파직 등을 청했다. 이원익이 확고한 사직의 뜻을 상소로 올리고 한강 근처까지 가서 인조의 답을 기다리자 인조는 승지를 보내 속히 돌아오라고 한다. 이원익이 뜻을 굽히지 않자 인조는 사관을 보내어

경이 결연히 떠날 뜻을 알고 나니 황망하기 그지없다며 내가 지극한 정에 가려서 비례非禮인 줄 알면서 한결같이 고집했으나 변하지 않는 사람이 어디 있겠는가. 경이 나의 지난날의 잘못을 용서하고 마음을 돌려 (조정에) 들어와서 잘못된 것을 바로 잡고 어려운 정세를 돌릴 수 있을 것이다.[33]

라고 하며 뉘우치는 마음으로 이렇게 말하는 것이니 속히 돌아와 여망과 자신의 뜻을 저버리지 말아달라고 전했다. 인조가 신료들의 강력한 반발에 한걸음 물러서서 타협점을 찾는 것처럼 보인다.

계운궁 상례의 또 하나의 큰 쟁점은 상주喪主를 누구로 하느냐이었다. 예조에서는 상주를 왕의 동생인 능원군 이보李俌로 삼으라는 건의를 한다. 하지만 인조는 삼년상이 어렵다면 복을 내려 지팡이 집고 일년상으

로 하더라도 자신이 상주가 되겠다고 했다. 왜냐하면 능원군은 어린 나이에 후사 없이 죽은 큰아버지 의안군에게 출계하여 양자가 되었기 때문에 상주가 될 수 없다고 했다. 예조에서는 능원군을 파양하여 본가로 돌아오게 해서 상주로 삼아야한다고 했다. 양사에서도 수차례 대통을 계승하여 종묘를 받들게 된 전하는 상주가 될 수 없다고 간언했다. 그래도 인조가 직접 상주가 되겠다고 하자 모든 부처에서 합사合司로 불가함을 아뢰었다. 이에 왕은 마지못해서 "종통에 압존壓尊되어 상주가 되기에 곤란하다면 능원군으로 하여금 **섭행**攝行하게 하라."고 한다.[34)]

섭행하라는 것은 능원군에게 상주를 대행하라는 의미이다. 대신들이 상주를 섭행하도록 하는 것은 애매모호한 처사요 종통에 대한 예법도 모호하다며 조정의 의논이 그치지 않을 것이니 깊이 생각하시라고 하자 인조는 알았다며 따를 것처럼 대답을 한다.[35)] 하지만 인조는 능원군에게 섭행하게 하도록 하는 것을 그만둘 생각은 없었다. 신료들은 인조의 이런 의도를 간파하였다. 옥당에서 차자를 올리기를 신료들의 뜻을 따라서 능원군으로 하여금 상주가 되게 할 것처럼 답하시고, 예조에는 그대로 섭행을 하라고 하셨으니 이것이 상례를 주관하지 않겠다는 건지 아니면 주관하신다는 건지 의심스럽다고 한다. 또 영의정 이원익에게 차자를 보내 사뭇 뉘우치는 기미를 보이시며 잘못을 바로 잡으시겠다고 하시고는 장기杖期를 시행하시고 상喪을 모두 주관을 하시니 대신을 성심으로 대하시는 것인지 의문이라고 한다. 이에 인조는 상복이 이미 정해졌으니 중간에 고치기가 어렵고 장기는 실례가 될 것이 없으니 그대로 시행하고 이밖에 논한 일들은 숙고해보겠다고 하였다.[36)]

계운궁의 묘소는 김포로 정했고 육경원이라고 칭했다. 인조는 계운궁의 발인 때 신료들이 여러 가지 문제점을 들어 지극한 정을 억제하시고 궐문 밖에서 장례절차를 끝마치는 송종送終(또는 哭送)을 하시라고 여러 차례 간청했지만 자신의 뜻대로 장지까지 가겠다고 한다. 예조에서는 이전의 사례를 보면 대왕大王과 왕후王后의 상사喪事라도 모두 궐문 안에서 곡송哭送을 하였다고 하며 임금의 거둥은 마음내로 행힐 수 없고, 에제禮制를 어겨서는 안 된다고 했다. 하지만 인조는 국조오례의에 발인할 때 왕이 산릉山陵까지 따라간 예禮가 있으니 가겠다고 한다. 이에 예관은 왕이 산릉까지 거둥해서는 안 되는 까닭을 다음과 같이 아뢴다.

첫째는 경성에서 김포까지는 60리가 넘는 거리로 임금의 수레까지 거둥하면 그 뒤를 따르는 방대한 인력과 물력을 감당하기 어렵다고 했다. 둘째는 하루는 장지에 가야하고 다음날 안장하고 3일째 신주를 모시고 돌아오게 되는데 그러면 사흘 밤낮을 노숙하시며 바람과 이슬을 맞게 되면 반드시 옥체에 손상을 입게 된다고 했다. 셋째는 상서롭지 못한 현상이 일어나고 민심이 불안한 때 도성을 떠난다는 것은 종묘와 사직 그리고 자전慈殿(인목대비)을 위해서 불가한 일이라고 했다. 하지만 인조는 지극한 정을 억누를 길 없고 예전禮典에도 기록된 일이니 강행하겠다고 했다. 이에 여러 부처가 함께 왕이 장지까지 가는 것은 위험한 일이라며 죽을힘을 다해 말릴 것이라고 여러 차례 아뢰자 따르겠다고 했다.[37]

그런데 정작 발인 때가 되니 간원이 비좁고 북적대는 교외에서 상여를 멈추고 곡송의 예를 행하느라 해가 저물게 되는 것도 미안하다며 교외 행차의 명을 거두어달라는 계사를 올린다. 이에 인조는 교외에서 곡송하는 정례情禮만은 결코 그만 둘 수 없다고 하며 강행하였다. 그리고 환궁한 후에 백관이 위로의 말을 올리자 인조는 무덤가에서 절과 곡을 하는 예를 못하고 영결하는 슬픔이 가슴에 사무쳐 더욱 비통하다고 했다.[38] 인조는 반대여론을 무마하기 위해 산릉까지 동행하겠다는 뜻을 철회하였지만 계운궁의 상례에 추숭을 염두에 둔 일련의 조치를 취한다.

장례를 치르고 예장도감에 신위神位를 모실 혼궁魂宮을 인경궁으로 하라고 명을 한다. 그러자 간원은 왕궁인 인경궁을 혼궁으로 삼아서는 안된다고 하였다. 인조는 이에 대해 "너희가 (나의 어머니) 빈소를 궐내에 차린 것을 한스럽게 여기고 있으니 무시하고 모멸하는 것이 심하다며 내가 심히 수치스럽고 통탄스럽다."고 하였다. 예장도감에서 계운궁의 신주를 인경궁으로 반혼한다면 사묘私廟라고 할 수 없다며 어긋나는 조처라고 반대하자 인조는 능원군이 바깥 행랑에 거처하면 될 텐데 그것조차 미안한 일이라면 능원군이 각 부처의 하인만도 못하다는 말인가? 반문하면서 도감이 참작하여 조처하고 다시 품계하지 말라고 단호하게 명을 내렸다.39)

인조의 이런 결정에 사간원과 정언이 이의를 제기하며 상사喪事의 잘못에 대한 책임을 지고 체직을 청하니 체차시켜버렸다.40) 하지만 영의정 이원익이 다시 사직서를 올리자 사관史官을 보내어, 경의 거취에 국가의 안위가 달려 있고 경이 조정에 없으면 하루도 나라를 다스릴 수가 없으니 속히 돌아오라고 간곡히 요청한다. 인조는 이어지는 반대 여론에 대해 계운궁은 뜰이 좁아 결코 더 이상 축조할 데가 없고 인경궁은 방치한 지가 이미 오래되었으니 궁궐이라고 할 수가 없다며 대궐과 가까우므로 왕래하기도 매우 편리하다는 이유를 들어 자신의 뜻을 관철시킨다.41)

혼궁을 대궐 내에 설치하였다는 것은 계운궁의 위상이 달라지는 상징성을 갖는다. 인조는 형식상으로는 계운궁의 상에 비록 상주가 될 수 없었고 삼년상도 할 수 없었지만, 상장례의 내용은 국상國喪에 준하는 예우를 했고 장기杖朞를 고집했으며, 일주기인 소상小祥 후에도 길복으로 갈아입지 않고 현복玄服을 입었으며, 의장儀仗에 관계되는 여연輿輦의 색을 바꾸지 않고 담제禪祭 후에 바꾸라고 하고 삼년 심상心喪의 뜻을 펼쳤다.[42] 그뿐만 아니라 장례를 치른 후 4개월이 지나자 결국 김포 육경원에 가서 친제親祭를 올린다.[43]

그리고 계운궁의 상중에 정원군의 추숭을 구체적으로 추진하기 시작한다. 실행의 첫 단계는 양주에 있던 부친 정원군의 묘호墓號를 흥경원興慶園으로 정하고 나서[44] 명절에 올리는 제향을 종전과는 다르게 하도록 한다.[45] 묘호를 정하는 과정에도 대신의 반대에 부딪혔다. 대신들에게 왕이 원호園號를 정하는 문제를 의논하도록 명하자 우의정 신흠은 아뢰기를

원園이란 곧 능陵을 달리 부르는 칭호로서 옛 사람의 문자에 원릉園陵이니 원침園寢이니 하는 말이 있습니다. 이는 원園은 천자와 제후에게 공통되게 하는 말이지 능陵의 아래, 묘墓의 위에 별도로 원園이란 글자를 단독으로 써서 그것으로 높이거나 낮추는 절목을 삼아서 능陵이나 원園이라고 했던 것은 아닙니다.[46]

라고 한다. 원園과 능陵이 같은 의미로 함께 쓰는 글자이지 원이 능의 아래가 아니라고 한 신흠의 말은 곧 정원군의 묘호墓號를 원園으로 높이는 것은 왕릉과 같은 의미라고 지적한 것이다. 이에 대해 인조는 능과 원이 등급이 없지 않을 텐데 이처럼 말하는 뜻을 모르겠다고 하였다. 대사간 장유 등도 중국의 예를 들어 능陵은 천자에게만 쓸 수 있고, 원園은 제후왕이 아니면 쓸 수 없다고 묘호墓號 추숭에 반대하는 차자를 올리지만 인조는 번거롭게 하지 말라고 하고 마침내 흥경원으로 정했다.[47]

인조는 정원군의 묘墓를 원園으로 고쳐 그 명위名位를 높임으로써 추숭을 표면화하기 시작했다. 그리고 명위와 위상에 맞는 무덤을 조성하

기 위해 홍경원을 김포로 이장하고자 한다. 그러나 불행하게도 인조 5년 (1627. 정묘년) 1월 정묘호란이 발발하면서 인조의 이런 의지는 잠시 수면으로 가라앉을 수밖에 없었다.

추숭의 강행

전란이 겨우 수습되었지만 여전히 불안한 정국인 인조 5년(1627) 6월부터 홍경원 이장을 본격적으로 추진한다.[48] 이에 신료들은 적들이 완전히 물러나고 백성들이 안정될 때까지 기다렸다가 이장을 하시라고 청했다. 하지만 인조는 정묘년이 이장하기에 아주 좋은 길년吉年으로 이해를 넘기면 다시 여러 해를 기다려야하고 이장준비는 이미 해놓았던 것으로 민력을 사용할 일이 없다며 강행하였다.[49]

정원군은 임진왜란 때 부왕 선조를 모시고 의주까지 호위했던 공로로 2등 호성공신扈聖功臣으로 충근정량효절협책호성공신忠勤貞亮効節協策扈聖功臣이란 훈호勳號를 받았다.[50] 예장도감에서는 이장하는 홍경원의 표석標石을 써야하는데 이 훈호를 어떻게 하여야 하는지 인조에게 묻자 훈호를 쓸 필요가 없다고 한다.[51] 아버지 정원군을 왕으로 추숭하려는 계획이 있었던 인조는 호성공신이란 훈호가 필요 없었다고 생각했다.

인조 5년(1627) 8월에 홍경원을 양주에서 김포로 이장을 한다. 8월 22일 양주의 묘를 파묘하여 영여靈轝(유골을 실은 상여)가 김포로 갈 때 인조는 동대문 밖 교외까지 나아가서 맞이하는 지영례祗迎禮를 행하고 남별궁에서 제사(欑宮祭)를 지냈다. 다음 날 남교南郊에 나아가서 영여를 보내는 의례인 지송례祗送禮를 행한다. 인조는 바로 홍경원을 참배하려고 했지만 조정에서 전란과 계운궁 상장례, 홍경원 이장 등 민력民力이 고갈된 때에

또 다시 백성들에게 부담을 줄 것이라고 우려하며 반대하자 흥경원 참배를 그만 둘 수밖에 없었다.[52]

인조 5년 9월 이인거의 역모사건이 발발하고, 12월에는 청나라의 재침설이 전해오는 등[53] 어수선한 정국에서도 인조는 흥경원을 지키는 관원의 관직명을 참봉으로 승격시킨다. 사헌부에서는 능陵과 원園의 차이를 두었으니 흥경원을 봉수奉守하는 관원을 능전陵殿과 같이 참봉이라고 하면 부당하다고 하며 여러 날 논란하였지만 왕은 자신의 뜻을 관철시킨다.[54] 인조는 왜 전란을 치르고 사회적으로도 불안한 가운데도 흥경원 이장이라는 대역사를 강행하고 흥경원을 지키는 관원을 능과 같은 참봉으로 했을까? 이는 인조가 형식상으로도 이미 정원군에게 왕에 상응하는 예우를 갖추기 시작한 것이고 이런 조치를 통해 불안한 왕권을 확립하려는 의도가 있었다고 생각한다.

인조는 흥경원의 이장으로 외형적인 추숭의 형식을 갖추면서 추숭의 내용을 채우기 위한 조치를 더해 나아간다. 인조 6년(1628) 3월 왕은 아버지 정원군의 신주를 모시는 부묘祔廟 제사를 친행한다. 사묘私廟에 부묘할 때 능원군에게 주제主祭하게 해야지 왕이 직접 제사를 지내서는 안 된다는 반대여론을 물리치고 세자를 데리고 친제親祭를 지낸다.[55] 이보다 앞서 이귀가 왕이 친제를 하고자 한다면 예에 합당해야하므로 별도로 아버지의 묘인 예묘禰廟를 세워야 한다고 건의했고, 최명길 역시 일찍부터 별묘를 세워야한다는 주장을 했다. 최명길이 별묘 건립의 구체적인 내용이 담긴 차자를 올린다. 최명길은 별묘別廟를 세워 아버지 제사(禰祭)를 받들고 원호園號의 예를 따르지만 종묘의 제사와는 차별을 두어 중국 순임금이나 우임금이 아버지의 왕호王號는 세우지 않았던 것처럼 왕으로 추숭하지는 말라고 청했다.[56]

이런 별묘 건립을 구체화하는 내용에 대해 예조 및 해창군 윤방 등이 별묘를 건립하면 종묘가 둘이 되는 것이라며 반대의견을 올렸다. 인조는 단호하게 윤방의 의견이 "인정이나 예문에 맞지 않으니, 실로 이것은 근거가 없는 억설이다."라고 무시한다.[57] 그리고 이조에 명하여 부묘한 후에 참석한 관원들에게 상을 내린 전례를 상고하여 올리라고 하였다. 이조에서 사묘私廟에 합사合祀한 제사로 근거를 삼을 만한 전례가 없다고 답하자, 인조는 "본조에서 비록 (나의 부모님을) 이와 같이 멸시하나 나에게 있어서는 부모이다. 전례에 의하여 상을 베풀고자 한다."며 부묘에 참여한 종친과 관원에게 상을 내렸다.[58]

정원군의 신주를 사묘私廟가 아닌 종묘에 모시기 위한 추숭을 본격화하기 위해 인조는 일찍부터 추숭을 강력하게 주장했던 허적許積을 서용하라고 명한다.[59] 인조 4년(1626) 성균관 사예司藝였던 허적은 계운궁의 상제례를 논의할 때 인조가 부모님을 위해 삼년복을 입고 추숭하여 종묘에 모셔야 한다고 주장했고 이 일로 사헌부의 탄핵을 받았다. 허적은 여러 차례 정원군 추숭을 요구하는 상소를 올렸으나 공론에 밀려 낙향하였다가 인조 6년에 유효립의 모반을 고변하여 그 공으로 영사공신寧社功臣에 녹훈되고 양릉군陽陵君에 봉해졌다.[60] 허적은 자신을 서용한 왕의 의중을 간파하고 이듬해인 인조 7년에 정원군을 추숭하여 종묘에 모셔야 한다는 강력한 상소를 올려서 논란을 야기시킨다. 허적의 상소문을 요약해 보면 다음과 같다.

> 지난해(인조 6년) 종묘의 삭제朔祭 헌관으로 각실各室의 축문 내용을 보았더니 황고조皇高祖·황증조皇曾祖·황조皇祖는 있었으나 황고皇考는 없기에 섬뜩했고, 종묘에 고비考妣의 위패가 없으면 이는 부모가 없는 것과 같

습니다. 임금이면서 고비의 위치를 바로잡아 종묘에 모시지 않는다면 이는 (부모님)을 신하 서열로 대우하는 것이니 세상에 이러한 이치는 없습니다. 추숭반대론자들이 송나라 복왕濮王의 예를 가지고 반대하는데 성상의 일은 복왕과는 전혀 다른데 종묘에 아버지의 신위神位 곧 예위禰位가 빠져 있는데 정원군을 사친私親이라고 하여 사실私室에 위패를 모셔서야 되겠습니까. 신이 이 문제에 소신을 결코 바꿀 수 없습니다.[61)

라고 하였다. 예조에서는 조정에서 이미 의논이 정해졌는데 허적이 다시 문제를 제기하여 혼란시킨다며 논의할 필요가 없다고 하였다. 이 일을 논하는 사람이 허적 만이 아닌데 이의를 제기하는 사람이 없다며 상대방의 입을 막고 배척하려하니 매우 이상하다며 그렇게 거리낌 없이 함부로 하지 말라고 경고한다.[62) 얼마가 안 지나서 허적은 상소문을 다시 올려 인조가 추숭에 대해 확고한 태도를 보이기를 촉구했다. 이 상소문으로 허적은 조정의 거센 비난을 받았고 사헌부에서는 논죄하며 유배를 보내라고까지 했으나 인조는 끝내 들어주지 않았다.[63) 허적의 상소는 바로 인조의 심중을 대변하였기 때문이다.

허적에 이어 음성현감 정대붕이 인조의 의중에 부합하는 상소를 이듬해인 인조 8년(1630) 8월에 올린다. 그 내용을 보면

신은 삼가 생각하건데, 계운궁의 초상初喪 때부터 지금에 이르기까지 대소 절목을 일체 국상의 예법에 따른 것은 반드시 천리와 인정의 자연스러움에 연유된 것입니다. 참봉을 설치한 데 이르러서도 능침陵寢과 다름없이 하였는데 유독 추숭하는 일절一節에 대해서만 아직껏 거행하지 않고 있습니다. 이 의논을 주장한 사람들은 모두 지식이 있고 의견이 고매한 이들인데 시일을 끌면서 미루기만 하고 결단하지 않습니다. 상사喪事는 모두 국

상에 의거하였는데 추숭을 버려두고 행하지 않으니, 성현이 예법을 제정함에 있어 어찌 선후를 다르게 했을 리가 있겠습니까.[64]

라고 하였다. 예조에서는 정대붕은 의원醫員 출신의 무식한 사람이라며 추숭하는 일에 대해 다시 의논하지 말기를 청하고 왕은 이를 따랐다. 사헌부와 사간원 양사에서는 한걸음 더 나아가 정대붕의 죄를 물어 관리 명부인 사판에서 삭제시킬 것을 연일 청한다. 이에 인조는 조금도 죄를 물을 만한 것이 없는데 정대붕에게 죄를 준 뒤에야 의논을 멈추려하니 너무 심하다고 한탄하며 "내가 아무리 덕이 적고 사리에 어둡다고 하더라도 결정하여 행하려고 한다면 어찌 정대붕의 의논을 기다려서 하겠는가. 그렇지 않다면 어찌 일개 정대붕의 말에 미혹되어 결정하겠는가."라고 하자 비로소 양사가 논계를 중지했다.[65]

추숭에 가장 적극적인 인물은 역시 이귀이다. 이귀는 정대붕을 옹호하는 한편 추숭의 전례를 속히 거행할 것을 청하고 참고가 될 만한 주자朱子의 「조묘의장祧廟議狀」을 써서 올리니 인조는 "경의 식견은 남보다 뛰어난 점이 많다. 차자의 내용은 마땅히 의정議定하도록 하겠다."[66]고 하였다. 이는 정원군이 추숭될 경우 조묘祧廟 즉 종묘에서 4대가 넘는 신위神位를 옮기는 예를 염두에 둔 것이다. 인조는 추숭반대론자들의 논리를 종식시킬 만한 결정적인 묘책이 필요했다. 그 묘책은 추숭반대론자들의 예론을 뒤집고 추숭을 강행할만한 이론적 근거였다. 그 이론적 근거를 제공한 인물이 최유해이다. 최유해가 재자사齎咨使(조선시대 중국과 주고받던 외교문서인 咨文을 가져가던 임시 관원)로 중국에 갔다가 명나라 호부낭중戶部郎中 송헌宋獻과 나눈 예설禮說에 관한 문답이 이론적 근거로 내세워졌다. 이 예설에 관해 설명하기 전에 최유해라는 인물에 대해 먼저 알아보자.

최유해는 인조 집권 초기 요직인 사간원 정언에 임명되었다가 외직인 광산현감 등을 역임했다. 인조 3년(1625) 9월 경연장에서 인재등용 문제를 논의하던 중에 참찬관參贊官 최명길이 여러 사람을 천거하였는데 그중에 최유해도 있다. 최명길은 "최유해가 조심성이 없는 행동으로 그를 비방하는 사람들이 많지만 실로 학식이 있고 나랏일을 신중하게 하므로 한번 기용해 볼만한 인물"이라며 천거하였다.[67] 최유해는 바로 왕실 족보의 편찬과 종실의 비리를 규찰하는 임무를 가진 종부시의 종부정宗簿正에 제수되었다가 이어서 충청좌도 어사를 역임하였다.[68] 인조 7년(1629) 2월에 최유해가 홍문관 종6품 부수찬에 제수된다.[69]

이후 최유해는 경연에 검토관으로 참석하여 경서해석에 대한 자신의 의견이나 당면한 국정문제에 대해 활발하게 의견을 개진하였다. 인조 7년 7월 최유해는 종6품 부수찬에서 정5품 홍문관 교리로 승진하여 지제교知製敎와 경연經筵의 시강관侍講官 그리고 춘추관春秋館의 기주관記注官을 겸직했다.[70] 지제교는 교서敎書, 유서諭書 등 왕명王命을 지어 올리는 일을 담당한 직책으로 문장이 탁월한 사람을 임명했다. 시강관은 경연에서 경서經書와 사서史書 등을 강론하고, 기주관은 춘추관의 사관으로 역사기록과 편찬을 하며, 시정時政을 기록하는 일을 담당했다. 이와 같은 최유해의 직책과 활동을 보면 그가 인조 7년 왕의 지근거리에서 빈번한 접촉이 있었음을 알 수 있다.

최유해는 인조 7년 9월에 재자사賷咨使로 중국으로 출발했다가[71] 이듬해인 인조 8년 귀국하였다. 재자사는 중국 예부에 왕의 명의로 된 외교문서인 자문咨文을 가지고 갔던 임시 관직이다. 그런데 귀국 후에 중국에서 임무를 제대로 수행하지 못한 죄를 물어 최유해를 파직시켜야한다는 계啓가 올라오지만 인조는 죄를 묻지 않는다. 그리고 잠시 음악을 담당하는 장악원掌樂院 정正으로 임명했다가 얼마 안 지난 인조 8년 8월 원래의 직책인 부수찬에 수찬을 겸임하도록 한다.[72] 이즈음 인조는 경연장에서

중국 조정에서는 정궁正宮의 소생이 아닐지라도 임금의 자리를 계승하게 되면 자기의 어머니를 추존하고 있는데 우리나라는 이와 다르다. 중국에서는 어찌하여 그 예법을 거행할 수 있는 것인가?

라고 중국 추숭 예를 거론하며 추숭의 의지를 구체화시키고자 한다. 이에 영의정 오윤겸은 중국의 경우 간쟁하는 사람이 없었기 때문에 이루어진 것이지 모두 불가했던 일이라며 추숭불가론을 피력했다.[73] 부수찬으로 임명되고 다시 검토관으로 경연에 참석했던 최유해는 왕의 이러한 질문 의도를 잘 알고 있었다.

최유해는 재자사로 중국에 가던 길에 배가 표류하여 산동반도 동쪽 끝인 등주登州에 머무르게 되었다. 그곳에서 명나라 관리 송헌宋獻과 자주 접촉하면서 예설에 관해 문답을 했다. 그때 문답 중에 미진했던 부분은 후일 서신으로 문답을 주고받았다. 최유해는 귀국 후에 송헌과 주고받은 서신을 다른 사람에게 보여주었고 그것이 논란이 되자 인조 8년(1630) 11월 말경에 파면해주기를 청하는 상소를 올리지만 왕이 도로 돌려주었다.[74] 인조 8년 12월 4일 최유해가 송헌과 나눈 예설문답을 상소로 올려 내용이 공개된다. 최유해가 상소에서 밝힌 내용을 요약해 보면 다음과 같다.

사행길에 등주에 표류했을 때 송헌과 접촉하면서 자주 문답을 주고받았습니다. 송헌이 귀국의 왕(인조)이 소경왕昭敬王(宣祖)과 어떤 관계인지, 왕자가 몇 분이고 몇 번째 왕자의 아들인지를 물어 신이 병으로 죽은 임해군이 장자이고 폐위된 광해군이 차남이며 그 다음이 정원군인데 저희 왕은

정원군의 아들로 대의로써 종사를 바로 잡고 소경왕후(인목왕후)의 명을 받아 대통을 이었다고 답을 했습니다. 송헌이 양아들로 대통을 이은 것(繼嗣)인가 물었고, 신이 직접 조부의 뒤를 이은 것(繼祖後)이라고 답하자 그렇다면 한나라나 송나라의 경우와는 다르므로 당연히 추숭하고자 하는 논의가 있었을 것이라고 하였습니다. 이에 대해 신하들의 의견이 분분한데 대부분 『춘추』의 종통宗統을 존중한 희공僖公과 민공閔公의 예를 근거로 종통宗統을 존중하여 추숭할 수 없다는 의견이 지배적이라고 답하자 송헌은 할아버지의 뒤를 직접 이은 것이라면 본이 두 개(二本)가 될 혐의가 없으니 추숭해도 의리義理에도 해로울 것이 없다고 했습니다. 그리고 자신에게 예설禮說이 있으니 나중에 상고해서 그 의논을 뒷받침하겠다고 했습니다. 귀국 후에 송헌이 쓴 글 3장을 송헌의 사촌동생 장가도張可道를 통해 전달 받았는데 그 중 하나가 추숭에 관한 것이었습니다. 공주목사 홍진도가 저의 집에 와서 이 글을 보여 달라고 해서 보여주었더니 그대로 가져가서 뜻하지 않게 이귀에게 전해져 주상께 상달될 줄 신은 몰랐습니다. 최유해가 이러한 내용의 상소를 올리자 상이 "부교리 최유해는 예에 대하여 논한 글을 숨겨서 명나라의 공언公言을 알 수 없게 하였으니 일이 심히 그르다며 먼저 파직시킨 후에 추고하라."고 답하였다.[75]

위 내용을 보면 최유해의 손에 있던 송헌의 글이 친구 홍진도→이귀→인조로 전달되어 공개되는 과정이 흥미롭다. 최유해가 송헌의 글을 보여준 친구 공주목사 홍진도가 누구인가? 홍진도의 학통으로 보면 박지계의 문인이다.[76] 박지계는 처음부터 추숭을 주장했던 인물이다. 홍진도의 어머니는 인조의 이모이다. 인조의 이종사촌형인 홍진도는 광해군 치하에서 인조의 집안이 어려움에 처했을 때 적극적으로 도움을 주었다. 신경희의 옥사로 인조의 동생 능창군이 죽임을 당하고, 광해군이 인조의 집에 왕기王氣가 서려있다고 의심을 하자 인조가 화를 입을까 두려워서 집을 헌납하고 머물 곳이 없게 되었다. 이때 홍진도는 자신의 집을 주었고 동생 홍진문과 함께 인조반정에 적극적으로 가담하여 정사공신 3등에 책록되었으며 공조좌랑에 특진되었던 인물이다.[77]

최유해가 인조와 사적으로나 공적으로 불가분의 관계에 있던 홍진도에게 송헌의 글을 보여 주었고, 홍진도가 그 글을 가져갔다는 것은 무엇을 의미하는가? 또 홍진도가 이 글을 다시 강경한 추숭론자인 이귀에게 전달했다는 것은 결국 이 글이 공론화되고 인조에게 전달되도록 의도적으로 유출시킨 것이 아니었을까?『묵재일기』를 보면 이귀가 인조 8년(1630) 10월에 차자를 올려 추숭을 촉구하면서 송헌의 글을 차자와 함께 봉해 올렸다고 한다. 이귀는 이 글을 정당한 절차를 밟아서 올린 것이 아니라 옷소매 속에 지니고 와서 은밀하게 왕에게 바쳐서 논란이 되었다.[78] 조정에서 송헌의 예설이 공개된 것은 인조 8년 12월인데 이귀가 송헌의 글을 인조에게 전달한 것은 4개월 전인 인조 8년 8월이다. 최유해의 상소가 공개되기 전에 이미 송헌의 글이 왕에게 전달되었다. 8월에 이귀로부터 송헌의 예설을 받아본 인조가 12월에 최유해가 올린 상소문을 계기로 송헌의 예설을 공론화하여 추숭의 명분으로 삼고자 했음을 알수 있다.

최유해의 상소에 이어 이귀가 송헌의 글을 차자로 올려 추숭을 촉구하자, 인조는 그 동안 여러 사람의 반대가 두려워 결정을 못했는데 송헌의 예설을 보니 추숭을 주장한 사람들이 식견이 있었음을 믿게 되었다고 하였다. 그리고 추숭반대론자들이 추숭이란 말만 나와도 눈을 부라리며 배척하고 차마 들을 수 없는 말이 벌떼처럼 일어나니 높이려다가 도리어 욕을 끼칠까 염려스럽다며, 명나라의 공론이 그렇다하더라도 염치없게 말을 꺼내지 못하겠다고 한다.[79] 인조의 이와 같은 말은 자신이 직접 나서지는 못하겠지만 이제 명나라의 공론도 확보했으니 추숭을 적극적으로 밀어붙이라는 암시이다. 최유해가 감히 나라에 막중한 예에 대해 송헌에게 의논한 죄를 물어 엄중한 처벌을 해야 한다는 양사의 요구에 대해 이귀는

> 우리나라의 예악 문물은 모두 중국을 본받아 예로부터 선유들의 정론定論이 모두 중국의 예에서 나왔으며, 나라에 곤란한 의례 문제가 있을 경우 중국 선비에게 질문하였는데, 무슨 사사로이 접촉한 혐의가 있겠습니까. 선조 때 조헌趙憲이 질정관으로 중국에 가서 그곳 선비들과 문답하고 중국의 의례儀禮 18조목을 뽑아 조목별로 진달하였습니다. 지금 최유해가 예를 물어본 것이 무슨 큰 죄라고 사판에서 삭제하기까지 한단 말입니까. 선현의 정론과 중국의 공론이 이미 밝혀진 이상 마음을 가라앉히고 잘못을 깨달아서 자책하기에 겨를이 없어야 할 것입니다. 그런데 도리어 예를 문의한 사람을 죄주려고 하니, 이는 인륜을 해치고 임금을 무시하는 처사에 가깝지 않습니까. 성상께서는 다수의 주장에 동요하지 말고 빨리 이 일을 결정하소서.

라고 하며 의미 있는 변호를 한다. 이어서 허적이 추숭을 미루는 것은 전하의 잘못이고, 효성으로 전하의 부모를 높이는 일인데 중국인의 말을 듣고 결정할 이유가 없다며 왕의 결심을 촉구는 차자를 올리자 인조는 소견이 매우 출중하다며 만족감을 표시한다.[80]

송헌의 글이 인조의 정원군 추숭에 자신감을 준 것으로 보는 견해가 일반적이다.[81] 물론 송헌의 글이 공개된 후에 인조는 원종 추숭을 강력히 추진하지만, 송헌은 산동 호부낭중으로 정5품직[82]에 불과하며 중국 기록에서 찾을 수 없는 미미한 인물이다. 그러므로 송헌의 예론에서 인

조가 자신감을 얻었다기보다는 이 글을 근거로 추숭반대론자의 이론적 근거를 반박하고 추숭의 명분을 갖고자 했다고 생각한다. 최유해가 표류 중에 송헌과 예설에 관해 문답했다는 내용을 보면 의도적인 것을 알 수 있다. 최유해는 호부낭중인 송헌이 선조와 인조의 관계를 물어보았기 때문에 문답이 시작되었다고 하였다. 하지만 최유해가 재자사로 중국에 가기 전의 활동을 보면 중국에서 추숭에 합당한 이론적 근거를 가져오라는 왕의 지시를 받았거나 최유해가 왕의 의중을 읽고 중국에서 추숭에 합당한 이론적 근거를 가져왔을 가능성이 있다.

송헌의 글이 공개적으로 논의된 후부터 인조의 태도 변화를 주목할 필요가 있다. 인조는 추숭에 반대하는 신하들에게 과격한 말로 비판하며 공격적인 태도로 변한다. 이에 승정원에서 요즘 마음이 평정치 못하고, 중신들의 차자에 대하여 전후에 내린 비답을 보면 말씀이 너무도 심하시다고 했다. 인조는 오히려 대신들이 올리는 계사를 보면 한 조정에 같이 있는 사람을 배척하는 것도 모자라 중국인까지도 배격하니 이 역시 평정심은 아니라고 반박하며 옳고 그름을 말할 때는 공정한 마음으로 하라고 했다.[83]

추숭의 완결

인조 9년(1631) 추숭 반대 여론이 여전히 격렬했다. 인조 9년 4월 대신들에게 공식적으로 추숭을 거론하며 추숭을 기어코 만류하려고 하는데 끝내 따르지 않는다면 중국에 주청해야겠고, 혹시 (중국에서) 허락하지 않는다면 나도 거행하지 않겠다고 한다. 대신들이 중국에 주청하는 것을 반대하자, 인조는 "이 예는 끝내 거행하고 말

것이다. 중국에 주청하는 일마저 못하게 하니, 이것이 무슨 도리인가?"라고 한다. 이어서 송헌의 글을 제시하며, 조정이 이 글을 배격하는 것은 가소로운 일이고, 예로부터 양자가 된 후(爲人後)에도 친부모를 높이려 했던 제왕이 한둘이 아니었는데, 그 당시 이의를 제기한 사람 가운데 화를 당한 자가 많았다고 한다.[84] 이것은 계속 추숭을 반대하면 화를 당할 수도 있다는 위협이요 추숭의 확고한 의사표시이다. 그러나 대신들의 추숭반대론도 더욱 거세졌고 태학의 유학생들도 추숭을 반대하는 상소를 올렸다. 이에 인조는 더욱 강경한 태도를 보이며 추숭하는 일로 주청하는 일을 반대한 홍문관 부응교 이행원 등을 잡아다 국문하고 마침내 삭탈관직 하여 멀리 귀양 보내라는 명을 내린다.[85]

홍문관 부제학 최명길조차 인조의 강경한 태도에 염려를 금치 못하며 대신들을 불러 들여 의견을 절충하도록 청하지만 인조는 추숭반대론자에 대해 점점 원색적인 용어를 써가며 비난했다. 인조는 추숭반대론자들이 뜻을 굽히지 않아 중국에 물어서 시비를 결정하려고 한 것인데 왕을 아무것도 모르는 어린아이처럼 보고 틀린 말과 근거 없는 말을 날마다 늘어놓는다고 했다. 그리고 공론이라며 추숭반대 상소를 올린 태학의 유생들을 '괴물'이라고까지 표현하며 자신이 **"불학무식하여 신료들에게 수모를 당하는 일이 한 두 번이 아니라고 탄식하였다."** 이즈음 인조는 추숭반대론의 이론적 대부였던 김장생을 **'무식한 사람'**이라고 하거나, 이조吏曹에서 추숭반대론자라면 마구 뽑아 벼슬을 주고 유혹한다고 했다.[86]

인조 9년 8월 김장생이 죽자 장유가 경연에서 시호를 내려주기를 왕에게 청했으나 죽은 김장생에게 시호를 내리지 않을 만큼 감정의 골이 깊었다.[87] 이처럼 정원군 추숭으로 국력을 쏟아 붓고 있던 인조 9년 4개월간 계속된 가뭄으로 들판에 곡식(보리와 밀)이 말라버리고 불볕더위가 계속되자 5월 7일 왕이 사직단에 나아가 기우제를 지냈다. 기우제를 지낸 이날도 대신이 백관을 거느리고 정원군 추숭을 주청奏請하라는 명을 거두시라고 정청庭請을 한다. 정청은 국가의 매우 중대한 사안이 있을 때 대궐 뜰에 나아가 집단적으로 뜻을 전달하는 강력한 의사 표시이다. 인조는 대신들이 정청까지 하는 것이 매우 괴이하다며 더 이상 번거롭게 하지 말라고 했다.[88] 이때 마침 조정에서는 동지성절사로 하여금 세자 책봉주청을 하고자 했다. 하지만 왕은 세자책봉주청보다 추숭주청을 우선으로 해야 한다며 책봉주청을 정지하도록 한다.[89]

왕이 추숭하고자하는 의지가 확고할수록 대신들과 신료들은 거센 반대는 물론 파직을 청하는 강력한 표시를 했지만 인조 9년(1631) 12월 17일 추숭하는 일을 승정원에 하교하였다. 조정의 여러 신하들이 논쟁하는 막중한 전례典禮를 경솔하게 거행할 수 없다며 왕의 분부를 받들지 못하겠다고 했다. 다음날 왕명이 한구석에 덮어 놓는 물건이 아니라며 하교를 거행하지 않으니 실로 놀라운 일이라며 인조는 담당 승지를 파직시키고 임금을 모멸한 죄를 물으라고 명하였다.[90] 승정원에서 왕명을 거부하는 사태까지 발생한 것이다. 사헌부와 사간원에서는 추숭을 주장한 이귀가 범한 죄 중에 더 중한 죄에 근거하여 처벌하는 종중추고從重推考를, 허적에게는 벼슬과 품계를 거두는 삭탈관직을, 명나라의 관리와 사사로이 막중한 국가의 예를 논한 최유해에게는 관원 명부인 사판仕版에서 삭제하라는 엄중한 처벌을 내리라는 계啓를 장장 1년이 넘도록 지속적으로 올린다.[91]

잠시 한직으로 나갔던 최유해가 인조 10년 1월 추숭해야한다며 상소를 올렸다. 이에 대해 사간원에서는 예설을 견강부회하고 중국 사람의 말이라며 가탁하는 등 사람들의 조롱거리 밖에 안 되는 최유해 같은 부류의 말을 엄하게 단속하셔야 한다며 그의 파직을 청한다.[92] 대신과 사헌부·사간원·홍문관 삼사가 합세하여 연일 추숭을 반대하자 인조는 중국 사람인 송헌도 추숭을 논하는데 이와 같이 반대하니 통탄스럽다고 한다. 그리고 추숭반대론자들은 사적인 감정으로 그러거나 허명虛名을 얻고자 그런다고 심하게 비판하였다.[93]

이처럼 거센 반대여론에도 왕은 추숭 절차를 독촉하고 마침내 인조 10년 2월 24일 추숭도감을 설치함으로써 공식적으로 추숭이 공표되었다. 인조 10년 2월 29일 남별전에 별묘를 설치하라고 명했고 숭은전崇恩殿이라고 했다.[94] 추숭을 공인받기 위해 인조 10년 3월 명나라에 정원군을 왕으로 봉하고 시호를 내려줄 것을 주청奏請하기 위해 행장行狀을 준비하도록 하였다. 곧 이어서 대신과 2품 이상의 신하들이 빈청에 모여 (정원)대원군은 경덕인헌정목장효敬德仁憲靖穆章孝, (계운궁)대원부인은 경의정정인헌敬懿貞靖仁獻이란 시호諡號를 올리고 흥경원은 장릉章陵이라고 고쳤다. 이로써 공식적으로 추숭이 이루어졌고 5월 왕은 숭전전에서 하례를 받고 대사면의 교시를 반포했다.[95] 묘호廟號를 정하지 않았기 때문에 예조에서 장릉대왕章陵大王이라고 부르는 방법을 제시했는데 인조는 타당하지 않다고 했다. 인조는 아버지 정원군을 왕으로 추숭하고 그 신주를 별묘인 숭은전에 모시는 것으로 만족하지 않았고 마침내 신주를 종묘에 모시는 부묘를 하고자 했다.

종묘에 부묘를 하기 위해서 종宗이나 조祖로 묘호廟號를 정해야 했다. 적극적인 추숭론자였던 이귀가 여러 차례 묘호를 빨리 정해야한다고 차자를 올려 재촉하였다. 예조에 명하여 의논하도록 했지만 묘호를 정하는 것은 예조가 불가하다고 하자, 왕이 임의대로 원종元宗이라고 종호宗號를 정해버렸다.[96] 양사에서는 종호를 서두르는 왕의 태도에 대해 비판을 가했고 이귀같이 경망스럽기 짝이 없는 사람의 말을 받아들일 수가 있느냐고 하며 그를 파직하라고 청했다. 또 삼사가 합계合啓하여 종호를 올리는 것을 거두어달라고 청했으나 왕이 따르지 않았다.[97] 마침내 인조의 뜻대로 인조 10년(1632) 5월 27일 남별전南別殿의 명칭을 숭은전崇恩殿이라고 고쳐 이곳에 추숭 왕 원종의 신주神主와 영정影幀을 봉안함으로써 추숭은 완결되었다.[98] 그러나 추숭의 의례가 이루어졌고 왕이 하례까지 받았는데도 양사에서 합계하여 종호를 올리라는 명을 취소하라고 청했다. 대사헌 김상헌 등 일부에서는 심지어 종호를 삭제해야한다는 주장까지 했다.[99] 이런 주장이 나온 까닭은 원종이란 종호가 정해지면 결국에는 종묘에 부묘하여 묘호廟號로 삼고자한 왕의 의도를 간파했기 때문이다.

따라서 인조가 원종의 신주를 종묘에 부묘하는 과정에서 또 한 번의 파란을 예고하였다. 원종 추숭이 이루어진 인조 10년 5월부터 왕례王禮로 원종의 상례喪禮가 다시 시작되었다. 인조 12년(1634) 5월 명실상부하게 왕례로 삼년상인 대상大祥을 치르고 혼궁魂宮과 산릉山陵에 상식上食도 끝냈다.[100] 대상을 지내고 3개월째 즉 초상으로부터 27개월이 되는 달에 치르는 제사인 담제禫祭의 날짜가 다가오자 인조는 원종의 신위神位를 종묘에 모시고자 했다. 종묘에 아버지의 신위인 예위禰位가 없는 것은 예로나 법으로도 맞지 않고 중국 황제의 고명誥命을 받고 봉전奉典을 내렸으니 이전의 선례를 고찰하여 부묘례를 거행하라고 명하였다.[101]

인조 11년(1633) 4월 주청사들이 공량恭良이란 시호를 내린다는 명나라 황제의 칙서를 받아옴으로써 인조는 원종의 신주를 종묘에 부묘할 확실한 명분을 가졌다고 생각했다.[102] 그럼에도 불구하고 사간원과 사헌부 양사가 합계하여 원종의 신주를 종묘에 들이는 것은 불가하다고 연일 아뢰었고, 홍문관에서도 반대하는 차자를 올렸다. 예조에서 거센 반대여론을 의식하고 국가의 막중한 문제를 정하기 어렵다며 대신들과 논의해서 정해야한다고 했다. 인조는 응당 종묘에 부묘해야함에도 어렵다고 하는 것은 오히려 예법을 잃은 처사라며 신하들의 반대 논리를 '저 무리들의 괴상한 논리'(彼輩怪論)라고 비난하였다.[103]

인조 12년(1634) 8월 원종 추숭이 정점에 다다르면서 군신 간의 갈등과 충돌이 또 다시 격화되었다. 부묘에 이의를 제기하고 반대하는 대신과 삼사의 계사啓辭나 장차章箚에 대해 인조는 비답을 내리지 않거나 무시해 버렸다. 마침내 강력하게 반대를 했던 대사헌 강석기, 대사간 조정호 등을 삭탈관작하여 성문 밖으로 쫓아내라고 명하였다. 승정원에서 이를 부당하다며 명을 받들지 못하겠다고 하자 왕은 담당 승지를 파직하고 이후 서용하지 말라는 엄중한 처벌을 내렸다. 부수찬 윤명은이 강석기와 같은 처벌을 받겠다고 상소하자 강석기보다 죄가 더 심하다며 삭탈관작하여 먼 곳으로 유배 보내라고 했다. 그런데 승정원에서 강석기를 처벌하라는 왕의 명령서인 전지傳旨를 써서 올리지 않았다. 왕이 빨리 써서 올리라고 재촉했는데도 여전히 명을 받들지 않는 항명사태까지 발생하였다. 왕이 진노하여 승지가 전지를 받들지 않는 일은 종래에 없던 변고라며 어명을 어긴 담당 승지는 죽음을 면하기 어렵다고까지 하였다. 왕이 거듭 전지를 올리라고 재촉하였지만 왕명을 거역한 승지들이 모두 대죄待罪하였고 승정원에는 막 임명받아서 왕에게 신임 인사도 하지 못한 도승지 김수현이 홀로 남아있었다. 김수현이 왕에게 비상사태나 긴급한 용무에 입시하도록 왕명으로 신하를 부르는 패초牌招를 내리시라고 아뢰었다.

그런데 패초를 받은 우승지 이경헌도 항명을 하자 인조는 그를 파직하라고 명했다. 영의정 윤방, 좌의정 오윤겸, 원로인 판중추부사 이정구와 판돈녕부사 김상용 등이 종묘의 부묘를 반대하고 이를 간언한 신하들을 유배 보내라는 명을 거두어주시기를 간청한다. 공동 책임을 지고 일을 회피했던 간언들이 연이어 파직을 청했고 우의정 김류도 사직을 청했다. 사헌부에서는 강석기와 조정호 그리고 윤명은 등에게 내려진 처벌을 거두어 달라고 한 달 넘게 간청했지만 받아들이지 않았다. 그럼에도 불구하고 삼사의 부묘 반대 합계가 계속되었고 성균관 유생 수 백 명이 반대 상소를 올렸다. 대사간 유백증이 부묘를 위해 양사의 반대여론을 무마시키려고 노력하자 시류에 영합하고 공의公儀를 무시했다며 유백증을 향한 비난의 화살이 쏟아졌다.[104]

왕은 부묘를 반대하고 유백증을 파직하라고 청한 부제학 김광현, 교리 이상질 등을 유배 보내버렸다. 특히 김광현을 구하려는 탄원이 들끓자 왕은 김광현을 유배지까지 압송하는데 지체가 되면 도사都事를 엄중하게 다스리겠다는 경고까지 하였다. 그리고 처음부터 추숭을 제창했던 박지계를 사헌부 집의에 임명하였다. 원래 별묘를 주장했던 이조 판서 최명길도 이때 종묘의 세실世室을 늘려서 부묘하는 방안을 건의하였다.[105] 하지만 여전히 강력한 반대여론에 분노한 인조는 한동안 부묘의 구체적인 일정을 결정하지 않았다.

우여곡절을 겪고 원종 신주를 종묘에 부묘하는 입묘 의논이 다시 이루어진 것은 5개월 이 지난 인조 13년(1635) 1월이다. 대신·육조 판서·삼사 장관 등에게 명하여 빈청에 모여서 원종 입묘 절차를 정하고 예조에서 부묘 도감을 설치하도록 하였다.[106] 그런데 큰 비가 내린데다가 이어서 선조와 인목왕후의 능침인 목릉穆陵이 큰 비로 인해 무너져 내려 원종의 부묘례祔廟禮를 뒤로 늦추어야 한다는 의논이 있었다. 하지만 예조에서 능침 수리는 시간이 많이 걸린다며 부묘례를 예정대로 행해야 한다고 아뢰자 얼마 후에 거행하였다. 인조 13년 3월 19일 마침내 숭은전에 있던 원종의 신주가 종묘에 부묘되었다. 능침의 보수를 하지 않은 채 원종의 부묘례가 진행된 사실에 대해 사관史官은 "다만 부묘祔廟의 대례大禮를 행하기에 급급하여 신하로서 능의 제도가 옛날과 같지 않다며 소홀히 한 것은 임금에게 하늘을 경멸하고 재변을 숨기도록 한 것"이라고 평했다.[107]

부묘례가 끝 난 후에 인조는 참여한 모든 관원의 품계를 올려주고 상을 내려주었다.[108] 목릉이 무너진 일로 인조는 부묘례가 끝난 후에 왕께 올리는 축하연을 정지하라고 하며 나름 근신하는 모습을 보였다. 하지만 부묘례를 행하면서 부묘의 기쁨을 표하는 의식이 행해졌음을 유추할 수 있는 기록이 보인다. 형조 참의 나만갑이 부묘례가 이루어진 나흘 뒤에 상소를 올려 작금에 조정에서 벌어진 일을 통렬히 비판하는 상소를 올렸다. 재변이 연이어 일어나는데 대례(부묘례)를 행하고 조정에서 풍악을 울리며 산호山呼를 외쳤다니 국론이 들끓고 어리석은 백성들까지 개탄한다며 앞으로 하늘이 다시 경고를 보내지 않고 종국에 나라를 망하게 할까 두렵다고 했다. 나만갑의 상소 중에 도승지 정백창을 공격하는 내용도 있었다. 나만갑은 정백창의 아내가 궁궐에 사사로이 자주 드나들며 유언비어를 퍼뜨리는데 궁 밖의 말들을 전한다며 정백창이 가장으로서 제대로 집안을 다스리지 못한다고 비난했다. 인조는 나만갑의 상소를 보고 어떤 답도 하지 않았다.[109] 이 상소가 올라온 3일 뒤에 인조는 보란 듯이 부묘례의 집사였던 정백창을 종2품 가선대부로 품계를 올려주고 금관자金貫子 한 쌍을 하사했다. 당시 사론은 인조의 이런 조치는 나만갑을 억누르기 위한 의도라고 보았다.[110]

산호山呼는 산호만세山呼萬歲의 준말로 신하들이 두 손을 치켜들고 임금에게 축하하고 축수하는 뜻으로 만세를 외치던 일이다. 또 왕이 인척인 정백창에게 후대한 것을 비판하며 정백창의 아내 행실까지 문제 삼았다. 정백창의 아내는 인열왕후의 언니로 궁중에 자주 드나들며 인열왕후와 친밀하게 지냈음을 알 수 있다. 나만갑이 이어지는 천재지변과 목릉의 붕괴 같은 재앙은 왕에 대한 하늘의 경고인데, 왕이 근신하지 않고 부묘례에 풍악을 울리고 기뻐한 일은 망조라고 비판한 것이다. 이런 비판에도 불구하고 인조는 부모님을 왕과 왕후로 높이고 신주를 마침내 종묘에 부묘함으로써 종통상 명실상부한 부자 계승을 이루었다.

원종 추숭의 발단과 전개과정을 보면 인조는 처음부터 그것을 염두에 두고 점진적이고 지속적인 방법으로 추숭의 내용을 채워갔다. 인조는 처음부터 추숭반대론의 이론적 기반이 된 김장생의 예론에 대해 비판적이었다. 반면에 추숭론자들에 대해서는 각별한 애정을 보이며 그들의 상소나 차자에 호평을 하거나 그 사람됨을 평할 때 칭찬을 아끼지 않았다. 추숭론자들이 여론의 공격을 받을 때는 적극적으로 그들을 비호했다. 그러나 한편으로는 다수의 추숭반대론자들을 필요에 따라서 적절하게 회유하였고, 추숭을 단행하고자하는 순간에는 추숭반대론자를 국문하거나 귀양 보내는 단호한 조치를 취하는 결단력을 보였다.

나는 원종 추숭은 상당부분 인조의 주도 하에 이루어졌다고 본다. 조야의 거센 비판의 여론에도 불구하고 10여 년의 시간을 들여 정원군을 마침내 원종으로 추숭하는 과정에서 인조는 인내심과 끈기 그리고 시기적으로 무르익었다고 판단되었을 때 단호한 태도로써 추숭을 강행하는 결단력이 바로 인조의 정치력의 한 단면이었다고 생각한다. 인조는 조정 신료와 사림의 추숭반대를 왕권에 대한 제약이자 왕권을 존중하지 않는 행위로 해석했다. 따라서 인조는 추숭문제를 신권臣權을 견제하고 왕권을 공고히 하는 적절한 통로로 이용했던 것으로 보인다.

중국의 주요 전례문제

―명 가정대례의嘉靖大禮議를 중심으로[110]

명 가정대례의 이전의
주요 전례문제

인조가 아버지 정원군을 추숭하는 과정에 추숭론자나 추숭반대론자들은 중국 황실의 주요 전례문제를 이론적 근거로 내세웠다. 먼저 원종 추숭 과정에 종종 인용되는 중국의 주요 전례문제에 대해 간략하게 살펴보자. 춘추시대의 사례이다. 노魯 나라의 18대 군주 민공閔公(재위 기원전 661~기원전 660)이 내홍으로 시해 당하자 그의 형인 19대 희공僖公(기원전 659~기원전 627)이 군주가 되었다. 『춘추좌전』에 보면 노나라에서 태묘太廟에서 조상에게 큰 제사를 지낼 때 형인 희공의 신주를 동생인 민공의 신주 위에 모셨는데(躋僖公) 이는 역사逆祀 즉 순서상 위아래가 바뀐 잘못된 제사라고 했다.[111] 이러한 조치는 태묘의 신주를 모시는 위차位次인 소목昭穆을 어지럽힌 것으로 공자孔子는 이 제사를 보고 싶지 않다고 하였다.[112] 희공이 형이라고 해도 동생인 민공이 먼저 군주의 자리에 올랐으므로 태묘에 신주의 배열순서는 민공이 먼저라는 논리이다. 원종 추숭반대론자인 김장생은 노나라 희공과 민공의 관계는 형제관계이지만 제왕의 계통에서는 형이 동생의 뒤를 계승했어도 형 희공은 동생 민공에게 부자의 도리가 있다고 주장했다. 즉 왕위에 오른 순서에 따라서 태묘의 위차가 결정되어야 하므로 동생 민공이 부父, 형 희공은 자子의 도리가 있다고 했다.[113]

다음은 전한前漢의 황제 소제昭帝(재위 기원전 87~기원전 74)와 선제宣帝(재위 기원전 74~기원전 49)의 경우이다. 한 무제의 아들인 소제가 후사 없이 죽자 무제의 증손자인 선제가 그 뒤를 이어 황위에 올랐다. 무술巫術로 한 무제를 저주했다는 '무고巫蠱의 옥獄' 때 선제의 할아버지 여태자戾太子와 아버지 사황손史皇孫 등 혈족이 대부분 처형되었고 선제만 간신히 살아남았다가 후일 황제의 자리에 올랐다. 선제는 할아버지 여태자의 이복동생인 소제昭帝의 뒤를 이어 제위에 올랐다. 선제가 제위에 오른 뒤에 생부인 사황손을 추숭하여 황고皇考로 높였다. 이에 대해 북송학자 범진范鎭이 선제가 소제의 손자뻘이니 아버지 사황손을 아버지라 칭하고 황고라 하는 것은 괜찮다고 하였다. 반면 정자程子는 남의 후사가 된 사람은 양부모를 부모라 하고, 자기를 낳아 준 생부모는 백부모(또는 숙부모)라고 칭하는 것이 의리요 윤리라고 하였다. 그러므로 선제가 사황손을 황고라 한 것은 인륜을 어지럽히고 예를 잃은 것이라고 했다.[114]

다음은 북송 5대 황제 영종의 생부인 복왕濮王에 대한 전례문제 즉 '복의'濮議이다. 북송 인종의 세 아들이 모두 요절하여 후사가 없이 죽자 인종의 이복형 복왕의 13번째 아들 조서趙曙가 황제의 자리에 올랐으니 바로 영종(재위 1063~1067)이다. 복왕은 상왕商王(태종의 4남)의 셋째 아들로 인종의 사촌형이다.

```
                ┌→ (3대) 3남 진종眞宗 → (4대) 6남 인종仁宗(1010~1063)
(2대) 태종 ─┤
                └→ 4남 상왕商王 → 3남 복왕濮王(995~1059) → (5대) 13남 영종英宗
```

영종 2년(치평 2년. 1065)에 조정에서는 영종의 생부인 복왕의 추숭을 둘러싸고 추숭파와 반대파로 갈라져 논쟁이 심화되었다. 복의濮議는 영종보다 신하인 한기·구양수 등이 먼저 복왕의 위상에 대한 논의를 제기하였다. 한기와 구양수 등은 복왕을 '황고'皇考라고 칭해야한다고 주장했다. 반면 사마광·범순인 등은 "남의 후사後嗣가 되면 그 사람의 아들이 된다 (爲人後者爲之子)."는 『예기』의 내용을 근거로 사친私親 즉 생부인 복왕을 돌아보면 안 된다고 하였다. 그러므로 인종을 '황고'皇考라 칭하고 인종의 형이요 생부인 복왕을 '황백'皇伯이라고 칭해야 한다는 백질론伯姪論을 주장했다. 정이程頤는 영종이 인종을 이었으니(嗣) 인종이 아버지(父)가 되는 것이고, 출계자出繼子 즉 양자가 된 사람은 생부모와의 관계는 끊어지는 것이 도리라고 했다. 따라서 영종이 복왕을 추숭하고자 하는 것은 '사효' 私孝를 위해 '천하공론'天下公論을 완전히 위배한 것이라고 했다. 결국 영종은 복왕을 추숭을 하지는 않았지만 이 사건으로 추숭반대론자들은 외직으로 축출되었다.115)

주희도 후일 '복의'에 대해

다른 사람의 후사가 된 사람이 되었는데, 어느 날 양부와 친부가 서로 마주 앉아 있는데 와서 양부에게 아버지라고 부르고 또 다시 생부에게도 아버지라고 부를 수는 없는 것이다. 이런 자리에 (인종과 복왕이) 앉아 있는데 영종에게 지나가도록 한다면 결코 두 사람을 모두 아버지라고 부르지는 못할 것이다. …… 인종이 조서를 내려서 이르기를, '짐의 황형皇兄이신 복왕의 아들은 짐의 아들과 같다.'고 하였으니 이는 매우 분명한 것으로 당시(즉 복의 때)에 이것으로 근거를 삼았다면 충분했을 것이다.[116]

라는 논리를 내세워 복왕의 추숭을 반대하였다.

이와 같은 중국의 사례는 정원군의 전례문제에 자주 인용되었다. 추숭반대론자들은 정원군 사묘의 전례에 대한 논의가 시작될 때 공자와 정이의 주장을 인용하였다. 곧 한 선제가 생부 사황손에게 황고皇考라고 한 것은 명위를 너무 높인 것으로 잘못된 비례非禮라고 했다. 김장생은 이 예를 들어 비록 노나라 민공이 아우지만 희공은 그의 뒤를 계승하였기 때문에 종통으로 볼 때 부자관계가 성립된다고 했다. 즉 보위를 계승했을 때는 전왕前王과 후왕後王의 관계가 사적으로 형제이거나 조손祖孫의 관계여도 부자父子의 의리가 있다고 주장하였다. 그러므로 김장생은 광해군을 폐위하고 왕위에 오른 인조는 할아버지인 선조를 계승한 '위조후자'爲祖後者로서 할아버지인 선조와 부자의 도리가 있기 때문에 죽은 아버지 정원군을 '고'考로 칭할 수 없다는 논리적 근거로 들었다.[117]

명 가정대례의 전말

가정대례의는 명나라 세종(가정제, 재위 1521 ~1566)이 생부인 흥헌왕興獻王을 예종睿宗으로 추숭하는 과정의 전례논쟁이다. 가정대례의의 전말은 인조의 원종 추숭과 비교할 수 있는 매우 유용한 중국 사례이다. 인조와 정원군의 종통적 부자관계를 부정하며 정원군의 추숭을 반대한 김장생의 '숙질론'叔姪論이나, 인조가 조부인 선조의 대통을 이은 '위조후자'爲祖後者이기에 '칭고칭자'稱考稱子를 주장한 박지계의 논리는 모두 가정대례의를 이론적 근거로 삼고 있다. 이런 점에서 가정대례의는 조선 왕실의 전례문제에 중요한 전거를 제시한 사건이다.

추숭의 발단은 명나라 세종이 즉위한 후부터 시작되어 18년 만에 생부 흥원왕을 태묘에 부묘하는 것으로 일단락되었다. 가정대례의에 대한 전말은 인조가 정원군을 추숭하고자 할 때 김장생이 『전례문답典禮問答』으로 상세히 정리하여 추숭의 반대논리로써 귀감을 삼고자 하였다. 김장생은 『명세종실록』에서 세종이 생부 흥원왕을 예종으로 추숭하는 과정을 단계별로 발췌하고 자신의 생각을 덧붙였다.[118] 가정대례의 전말은 대부분 이것을 참조하였기에 별도로 주를 달지 않았다. 단 부연설명이 필요한 경우 『명사明史』의 기록을 근거로 내용을 보충하였다.

가정대례의는 정덕正德 16년(1520) 3월 명나라 황제 무종武宗(재위 1505~1521)이 죽고 세종이 제위를 계승하면서 발단이 되었다. 무종이 후사가 없이 죽자 내각대학사 양정화楊廷和는 명 태조 주원장이 자손들에게 남긴 훈계서인 황명조훈皇明祖訓 중에 형이 죽으면 동생이 계승한다는 '형종제급'兄終弟及에 따라서 흥헌왕의 독자인 주후총朱厚熜이 들어와 황위를 계승하여야 한다고 주장했고, 대신들도 이에 찬성하자 황태후의 유지諭旨로 결정되었다. 흥헌왕은 헌종(재위 1464~1487)의 아들로 효종(재위 1487~1505)의 동생이며, 무종에게는 숙부이다. 그러므로 무종은 세종의 사촌형이다.

```
              ┌→ (10대) 3남 효종 → (11대) 무종
(9대) 헌종 ─┤
              └→ 4남 흥원왕(예종) → (12대) 2남 세종
```

흥헌왕 추숭논쟁인 가정대례의의 과정에 대해서는 김장생의 문집에 상세히 기록되어 있다. 그 내용을 살펴보면 다음과 같다. 세종이 즉위(정덕 16년, 1521)하고 5일 후에 예부에 명하여 흥헌왕의 제사를 주관할 사람과 봉호封號에 대해 논의하게 하면서 대례의가 시작되었다. 1521년 5월 7일 양정화와 모징 등 대신 60여 명이 한나라 애제의 생부 정도왕과 송나라 영종이 복왕을 추숭하지 않았던 예를 근거로 삼아야 한다고 했다. 세종은 효종의 후사로 대통을 이었으니 효종을 '황고'皇考라 칭하고, 생부모인 흥헌왕과 흥헌왕비는 '황숙부'·'황숙모'라고 칭해야 하며, 세종은 생부모에 대해 자신을 '질'姪로 칭해야 마땅하다고 하는 숙질론을 주장했다. 또 흥헌왕의 제사는 별도로 익왕(현종의 아들)의 둘째 아들 숭인왕 주후현으로 하여금 봉작을 이어받아 받들게 해야 한다고 주장하였다. 세종은 이 주장에 매우 불쾌하면서 부모를 어떻게 바꿀 수 있는가? 하고 반문하였다.[119] 그런데 1521년 7월 관정진사 장총張璁이 세종의 마음에 드는 상소를 올렸다. 상소의 요지를 보자.

흥헌왕은 효종의 친동생이고 세종은 흥헌왕의 맏아들이다. 무종에게 후사가 없어 그 다음차례의 친속이 이은 것이다. 따라서 이것은 명 혜제惠帝(아버지 의문태자 주표가 1392년에 죽자 황태손이 되었고, 할아버지인 태조의 뒤를 이어 명나라 제2대 황제의 자리에 오름)가 할아버지 태조에게서 황위를 받은 것과 같다. 또 무종이 유조遺詔에서 "흥헌왕의 맏아들이 차서次序로 보아 마땅히 황제의 자리를 이어받아야 한다."고만 하였지 효종의 후사가 되었음(爲人後)을 분명하게 드러낸 것이 없다. 세상 자식이 그 부모와 의義를 끊을 수는 없는 것이다. 세종은 입계조후入繼祖後를 한 것으로 존친을 폐할 필요가 없다. 그러므로 세종과 흥헌왕 부자의 친親을 빼앗아서 무종과 세종 간의 부자의 호號를 세워서는 안 된다. 통統과 사嗣는 다른 것으로 계통이 반드시 아들로 이어지는 것이 아니다. 따라서 마땅히 별도로 흥헌왕을 위하여 경사京師에 고묘考廟를 세우고 어버이를 받드는 효성을 융숭하게 하여야 한다는 것이다.

추숭을 주장하는 장총과 추숭을 반대하는 양정화·모기의 주장이 서로 첨예하게 대립되면서 논쟁이 불붙기 시작했다. 세종은 장총의 주장에 흡족해 하면서 경사에 고묘考廟를 세우려고 하지만 양정화 등은 추숭을 반대하며 장총을 탄핵하였다. 거센 반대의 여론에도 불구하고 세종은 흥헌왕을 추숭하려는 뜻을 굽히지 않는다. 먼저 1521년 9월에 어머니 흥헌왕비가 경사京師(북경)에 들어오는 전례 절차를 예부에 마련하게 하였다. 세종이 당연히 어머니를 황후의 예로써 맞이하기를 고집했고 태묘에 알현해야 한다고 했다. 마침내 10월에 부모님을 흥헌제興獻帝·흥헌후興獻后로 칭하고 어머니를 황후의 예로써 자금성 대명문大明門의 중문을 통해 궁궐로 들어오게 하였다. 하지만 태묘는 알현하지 않는 것으로 일단락 났다. 1521년 12월에 세종은 흥헌제와 흥헌후에게 '황'皇 자를 더하려고 하자 양정화 등은 이미 흥헌제·흥헌후라는 칭호만으로도 추숭이 과한 것인데 황자를 더한다면 친부모에 대한 사사로운 은정이 너무 지나쳐 대의大義를 버리는 것이라며 강력하게 반대를 한다. 결국 양정화 등의 뜻에 따라서 효종을 황고皇考라고 칭하고, 흥헌제와 흥헌후에게 황자를 더하지 못한 채로 일단락 짓는다.

하지만 이 대례의는 조야에서 계속해서 논쟁이 되었다. 2년 후인 1523년(가정 2년) 남경주사인 계악桂蕚이 추숭을 찬성하는 상소를 올려 추숭파에 가담하면서 다시 시작되었다. 계악은 1523년 11월에 추숭을 해야 한다는 상소를 올리자, 이듬해(1524) 세종이 대례의를 다시 의논하게 한다. 이때 양정화와 모징은 파직되었지만 예부 상서 왕준 등 조정의 신하들이 집단적으로 반대 상소를 올리며 추숭 반대 여론을 주도하자, 세종은 이들을 모두 파직시킨다. 그리고 장총과 계악 등과 논의하게 하여 5월에 마침내 흥헌제를 '본생황고공목헌황제'本生皇考恭穆憲皇帝, 흥헌후는 '본생성모장성황태후'本生聖母章聖皇太后라고 추숭하여 가묘家廟인 봉선전奉先殿의 서실을 관덕전觀德殿이라고 고쳐서 신주를 봉안하였다. 그런데 장총과 계악은 본생本生 두 글자를 없애고 '헌황제'憲皇帝라고 칭하고 효종을 황고皇考에서 황백고皇伯考로 고치라는 상소를 올리려고 하였다.

추숭반대파에서 미리 이 사실을 알고 이 두 사람을 강력하게 탄핵하려 하자 결국 이 둘은 병을 핑계로 감히 나서지를 못했다. 세종은 장총과 계악을 한림학사로 임명하여 추숭을 강행하고자 했고, 조정의 여론은 들끓기 시작했다. 마침내 조정의 문무백관이 집결하여 함께 반대를 결의하고 300여 명이 좌순문左順門에 나아가 꿇어앉은 채 '고황제'高皇帝(태조)와 '효종황제'를 부르짖었다. 세종은 대노하여 한림학사 풍희·장충 등 주요 인사 8명을 하옥시켰다. 이에 경연관인 양정화의 아들 양신과 검토관 왕원정 등이 궐문을 두드리며 대성통곡을 하자, 이어서 여러 신하들이 함께 통곡하는 소리가 대궐을 진동시켰다. 세종은 진노하여 참여자 134명을 하옥시키고, 80여 명에게는 처벌을 기다리라고 명하였다. 풍희 등 주요 인사는 고문을 받고 삭탈관직 당한 후에 군대에 편입시키라고 명하고, 좌순문에 참여한 많은 사람들에게는 곤장을 치라고 명했다. 이들 중에 일부는 파직시켰고, 일부는 좌천시키고 일부에게는 감봉조치를 단행했다. 좌순문사건 이후에 세종은 추숭을 위해 더 이상 꺼릴 것이 없었다.

1525년(가정 4년) 추숭에 공이 있는 장총과 계악을 황제의 최측근인 첨사겸한림학사詹事兼翰林學士에 임명했다. 그런데 세종은 관덕전에 신주를 모신 것이 마음에 흡족하지 않던 차에 광록시서승光祿寺署丞 하연이 태묘 안에 세실을 세워서 헌황제를 배향해야한다고 상주하였다. 하연은 가정 2년 흥헌제의 가묘에 대한 제사가 논의될 때에 감생監生(국자감 태학생)의 신분으로 태묘의 동쪽에 세실世室을 세우기를 주청했던 인물이다. 그러나 태묘에 들이자는 하연의 주장에 대해 장총과 계악은 각각 예에 부합되지 않는다고 상소를 올려 반대하자 세종은 하·상·주 삼대의 전례를 다시 상고하라고 명한다. 이에 태학사 비굉과 급사중 양언 등이 하연의 상소가 옳지 않다고 하였다. 장총과 계악은 관덕전이 규모가 제대로 갖추어지지 않아서 황제의 마음이 흡족하지 못한 것이니, 별묘를 건립하여 예를 갖추도록 하자고 건의하였고 세종은 마침내 별묘를 세워서 신주를 봉안한다.

별묘의 건립으로 일단락 지은 것 같던 이 논쟁은 1538년(가정 17년)에 다시 불씨가 살아났다. 1538년 6월 양주부揚州府에서 풍방이 효는 아버지에 대한 것보다 큰 것이 없으니 고례古禮로 다시 돌아가 헌황제의 묘호廟號를 정하여 칭종稱宗하고 태묘에 배향하시라고 상소를 올렸다.[120] 세종은 이 상소를 보고 매우 기뻤다. 예부에 명하여 천자의 예에 맞게 종宗이라 칭하고 부묘하라고 명한다. 대신들은 흥헌왕이 천자가 아니었는데 어떻게 칭종하고 부묘를 할 수 있느냐며 반대했다. 장총과 계악 조차도 상소를 올려 칭종과 태묘의 부묘를 반대하였다. 그러나 세종은 1538년 9월에 마침내 '헌황제'獻皇帝를 '예종황제'睿宗皇帝로 추숭하여 태묘에 신주를 부묘하였다.[121]

이상이 세종이 즉위하면서 생부인 흥헌왕을 추숭하는 과정과 그 사이 발생한 사건의 개요 그리고 태묘에 부묘하기까지 약 18년간의 가정대례의의 전말이다. 흥헌왕의 추숭을 단계적으로 보면 흥헌왕과 왕비를 흥헌제興獻帝·흥헌후興獻后로 추숭하고, 그 다음으로 '황'皇 자를 더하여 황제와 황태후로 추숭을 한 후에 별묘에 신주를 모셨다가, 마침내 천자의 예로써 태묘에 부묘를 하였다. 세종의 흥헌왕 추숭 논쟁에서 쟁점의 하나는 양정화와 모징을 중심으로 한 추숭반대론이다. 계통繼統은 반드시 계사繼嗣를 선행조건으로 하는 것이므로 후사로 들어갔으면 양부모를 부모라 칭해야하고, 낳아준 부모는 백부모(또는 숙부모)로 칭해야 한다고 했다.[122]

추숭반대론자의 주장은 '위인후자위지자'爲人後者爲之子라는 경전의 내용을 근거로 한 것이다.[123] 즉 세종은 무종의 후사가 되었기 때문에 무종을 아버지라고 하고 자신은 무종의 아들이라고 칭해야 한다는 것이다. 양정화의 이 주장은 전통적으로 내려온 정주이학程朱理學의 명분론을 이은 것이다. 정주이학程朱理學은 남송 말기 관방의 정학正學으로 받아 들여져 명·청대까지 이어진다. 정주이학은 특히 '명분'名分을 중시하였는데 이러한 명분론은 당시의 사회기강과 질서를 잡고자 하는 새로운 이데올로기를 제공하였다. 이와는 달리 장총과 계악의 주장은 '계통'과 '계사'를 나누어서 보았다. 그러므로 세종이 계통을 이은 것이지 계사를 한 것은 아니니 생부모를 추숭을 해도 문제가 안 된다고 했다.

서두에서 언급했듯이 김장생은 가정대례의의 전말을 『전례문답』에 상세히 기록하였다. 가정대례의는 인조가 생부 정원군을 추숭하려는 것과 유사한 사건으로 후대 사람들이 되풀이해서 안 될 경계로 삼아야 할 사건이기에 김장생은 상세하게 기록으로 남긴다고 했다.[124] 인조와 정원군의 종통적 부자관계를 부정하고 숙질관계로 보아야 한다며 추숭을 반대한 김장생의 숙질론[125]은 양정화를 중심으로 한 흥헌왕 추숭반대파의 이론적 근거와 거의 똑같다. 이와는 달리 흥헌왕 추숭론자들은 세종이 남의 후사가 된 '위인후'爲人後가 아니고 할아버지의 뒤를 계승한 '입계조후'入繼祖後이기 때문에 태묘에 죽은 아버지 신위考位를 비워둘 수 없다고 하였는데, 이것은 바로 인조의 '칭고칭자설'稱考稱子說을 주장한 박지계의 논리와 같다. 박지계는 인조가 선조의 대통을 이은 '위조후자'爲祖後者로 '위인후자'爲人後者와는 다르다고 주장했다. 그러므로 고위考位를 비워둘 수 없으므로 정원군에게 칭고稱考하는 것이 마땅하다고 했다.[126]

이처럼 명나라 가정대례의는 조선 왕실의 사친私親 추숭 특히 인조의 생부 정원군 추숭에 큰 영향을 끼친 사건이다. 김장생은 장총과 계악이 황제의 뜻에 영합하여 추숭을 하도록 한 것은 당대에 비난을 받은 것은 물론이고 후세의 비웃음을 받았다고 비판하였다.[127] 김장생은 『전례문답』에서 가정대례의의 추숭론자들에 대해 일방적인 비판을 가했다.

모기령의
가정대례의 비판[128]

모기령(1623~1713)은 청초 절동학파浙東學派의 한사람으로 정주이학程朱理學을 철저히 부정하고 고증적 학풍을 연 인물이다. 모기령은 논쟁이 치열했던 가정대례의에 관해 경전을 근거로 예禮를 분명히 밝힐 필요가 있다고 생각하여 『변정가정대례의辨定嘉靖大禮議』를 편찬했다고 한다.[129] 모기령은 이 책에서 가정대례의에서 추숭론자와 추숭반대론자들의 논리를 경전에 근거하여 모두 비판하고 자신의 견해를 피력했다.[130] 이 책은 인조의 원종 추숭에 찬반 양쪽 모두의 이론적 근거가 되었다. 모기령의 비판은 4가지로 요약할 수 있다. 그 내용을 요약하면 다음과 같다.

첫째, 양정화가 주장한 '형종제급'兄終弟及에 대한 해석이 틀렸다. 형종제급의 원칙은 어머니가 같은 동생(同母弟)을 가리키는 것이지 무종과 영종과 같은 종형제간을 가리키는 것이 아니다. 『예기』에 부자간의 계승을

'세'世라 하고, 형제간의 계승을 '급'及이라고 했다. 적장자가 부위父位를 계승했을 때 이것을 '전세'傳世라고 하고 '정체'正體라 한다. 친동생(親弟)이 형위兄位를 계승했을 때 '전급'傳及이라 하는데 정체正體가 아니지만 선군先君과 동체同體이므로 '전체'傳體라고 칭한다. 무종에게는 친자식도 친형제도 없었으므로 전세傳世도 전급傳及이라고도 할 수 없으니 전체傳體라고 할 수도 없다. 후사가 적자嫡子로 계승되어야만 한다는 경전을 따른다면 헌종憲宗 적자嫡子의 손자뻘 즉 헌종의 증손자(무종과 세종은 모두 헌종의 손자이다)에서 계승하게 했어야 한다.

둘째, 대의례에서 '계통繼統은 반드시 계사繼嗣가 선행해야 한다.'는 양정화의 주장은 틀렸다. 경전을 근거로 보면 삼대三代에 '계사설'繼嗣說은 없었고 다만 '위인후설'爲人後說만 있었다. 위인후자爲人後者는 천자·제후·대종에게만 해당되었던 것으로, 위인후爲人後는 그 작위爵位를 계승하는 '계기작'繼其爵을 말한 것이지 그 사람의 후사를 잇는 '계인지사'繼人之嗣를 말한 것이 아니다. 즉 양정화설은 사마광이나 정이의 잘못된 설을 답습한 것이지 역사적으로 근거가 없다. 장총은 계통과 계사를 구분하였는데 고대에 이러한 구분은 없었다. 천자·제후·종자의 후사가 되는 것은 계사라고도 하고 계통이라고도 한다. 종자宗子라는 것은 대종의 통統으로, 대부나 사서인에게 계사가 없는데 계통이 있을 수 없다. 만약 계사자繼嗣者인 경우 부자父子라고 칭하고 계통자繼統者는 부자라고 칭할 필요가 없다고 한다면 묘차廟次와 세차世次를 전혀 이해 못한 망언이다. 그러므로 계통을 이은 순서로 세종은 당연히 무종의 후사이다.

셋째, 위인후爲人後는 계작繼爵이지 계인繼人이 아니므로 계통繼統과 존친尊親이 서로 충돌하지 않는다. 역사상 입계주入繼主가 존친을 한 사실이 있다. 양정화·모징·모기 등이 주장한 한나라 애제가 제위에 오른 후에 생부인 정도왕定陶王을 추숭하지 않았다는 것은 사실이 아니다. 정도왕을 공황제恭皇帝로 추숭하였고 생모 정희丁姬도 공황후恭皇后로 추숭하였다.[131] 후한 광무제도 4대조를 위해 별묘를 세웠고 생부 남돈군南頓君의 묘를 황고묘皇考廟라고 칭했다.[132] 양정화가 말한 것은 모두 정이나 사마광의 망언을 답습한 것에 불과하다.

넷째, 묘통廟統과 세통世統 두 계통이 병존한다. 묘통廟統은 제통帝統이라고도 하는데 이 둘의 차이는 살아서는 제통이요 죽어서는 묘통이 되는 것이다. 제왕은 죽은 순서에 따라서 신주를 태묘에 배향하는데 그 순서를 위차位次 또는 묘차廟次라고 한다. 묘차의 배열 방법은 소목昭穆 제도로 한다. 곧 1세를 중앙에 모시고 좌우로 아버지 항렬(父輩)은 왼쪽 줄의 소昭에 모시고, 아들 항렬(子輩)은 오른쪽 줄 목穆에 모신다. 세통世統은 혈연의 순서에 따라서 정해진 세차世次로 가족의 항렬에 따르며 모든 사람에게 해당된다. 반면 묘통廟統은 정치적 신분에 따른 것으로 전적으로 제계帝系에 속하는 것으로 제통帝統에 대해 말할 때 묘차와 세차 이 둘을 구분할 수 있지만 그중에 묘차가 더 중요하다. 왜냐하면 묘차의 선후 관계가 소목과 관계되고, 소목의 선후는 또 천자의 묘제廟祭와 체천遞遷의 선후에 관계되며 국가 전례의 대사이자 제계帝系의 계승 순서를 말하기 때문이다. 그러므로 기본적으로 태묘에 먼저 들어간 사람이 소昭가 되고 부父에 해당되며 나중에 태묘에 들어간 사람이 목穆이 되고 자子에 해당되지만, 소목 상에 부자父子가 된다고 해서 세차世次의 윤서倫序가 반드시 일치하는 것도 아니고 반드시 부자父子 관계인 것도 아니다. 황제의 묘통과 세통을 따로 나누어서 입계入繼한 경우 두 가지 신분을 모두 인정한 것이다. 따라서 묘통으로는 조효종祖孝宗, 예무종禰武宗이라고 하고 흥원왕은 추숭하여 황고皇考라 하고 경사京師(북경)에 별묘를 세워서 모셨다면 공적으로나 사적으로 모두 좋았을 것이라고 했다.

　모기령은 가정대례의의 논쟁에서 추숭론자와 추숭반대론자 양쪽의 주장을 모두 비판했지만 그중에서도 송학 특히 정주이학을 주도했던 인물들의 주장을 강도 높게 비판하였다. 이러한 비판에는 군통君統에 대한 모기령의 독특한 철학이 담겨져 있다.

조선 후기 모기령 비판과
그 의미

　　　　　　　　정주이학이 주도했던 조선에서 모기령의 주장은 곧 바로 비판을 받았다. 모기령의 가정대례의에 대한 비판은 정치적 사건을 학술적인 논변으로 끌어냈다는데 의미가 있다. 조선의 지식인들은 청나라의 학문을 도입하면서 학자의 구체적 행적과 학문 성향에 따라서 평가를 달리하였는데 명 왕조에 대해 의리를 지키고 주자학을 옹호한 학자일수록 긍정적인 평가를 했다. 모기령은 조선의 지식인들에게 가장 많이 비판을 받은 청나라 학자이다. 모기령의 문집이 조선에 들어와 읽혀진 것은 18세기경으로 보인다.[133] 모기령의 주자朱子 비판은 조선 지식인들에게 큰 충격을 주었다.[134] 조선 지식인들의 모기령 비판은 어떤 의미가 있는 것일까? 그런 모기령 비판 속에 조선왕실의 전례문제에 대해 어떤 의식과 변화를 담고 있었던 것일까?

　조선의 지식인들은 모기령이 청나라에 바로 출사했다는 점, 송유宋儒와 정주학程朱學을 공격하고 경학을 독단적으로 해석하였다는 점을 비판했다. 모기령이 주자의 학문을 잘 이해하지 못했거나 사소한 부분을 가지고 시비를 논했다며 그의 학문은 물론 인간성까지 비난을 했다.[135] 정도의 차이는 있지만 조선 후기 새로운 사상을 주도했던 북학파나 실학파 모두 모기령에 대해 비판적이었다. 이러한 태도는 정조正祖의 학문정책과도 관련이 있다. 정조는 모기령을 비롯한 청대학자들이 주자학을 비판한 것을 검토하게 하였다. 정조의 이러한 학문정책은 주자학비판을 검토하게 하여 주자학의 정통성과 우위성을 입증하기 위한 것이었다. 결국 청대 고증학의 번쇄한 경학논의를 경계하고 의리지학義理之學인 주자학을 정학正學으로 삼고자 했다.[136]

북학파인 서형수는 알만한 유학자들이 정주서程朱書를 읽으면서 의리의 정신을 보지 않고 인명이나 지명 등에서 잘못된 사소한 것을 가지고 주자에 대항하려하는데 그것은 분수를 모르는 것으로 그 기원이 모기령이라고 했다. 모기령을 유교적 질서와 학문을 어지럽힌 사문난적斯文亂賊이라고까지 표현했다. 모기령의 학설에 대해 가장 적극적으로 비판하고 철저하게 분석한 것은 정약용이었다. 정약용은 모기령이 지은 경전에 관한 수많은 책이 송유宋儒의 학설을 비판하고 주자를 배척하는 것이라고 하였다. 이어서 모기령이 편협한 마음으로 함부로 글을 지었다며 그의 인간성에 대해 혹독한 비판을 가했다. 그럼에도 불구하고 정약용은 어쩔 수 없이 모기령의 박식함과 경전 고증에 보인 놀라운 실력에 대해 긍정적인 평가를 하기도 했다.[137]

모기령의 학설에 대해서 조선지식인들이 강도 높게 비판을 했지만 모기령의 가정대례의에 대한 의견은 찾아보기가 어렵다. 그 이유는 무엇일까? 이민족 왕조인 청나라에 출사하여 활동을 했던 모기령으로서는 이미 멸망한 명나라의 대례를 논하는 것이 금기사항은 아니었을 것이다. 반면에 조선 후기의 지식인들에게 가정대례의에 대한 비판은 조선왕조의 정통성 시비에 말려들 소지가 있는 문제로 의도적으로 언급을 회피한 것으로 보인다.

　주자학의 의리명분론에 입각하여 공적인 정통론을 구축해나갔던 조선왕조에서 묘제廟制와 국가상장례의 상복제喪服制 확립은 국가의 체제를 확립해나가는 국시國是로써 매우 중요한 과제였다.[138] 그러므로 왕실의 사친私親에 대한 추숭과 국상國喪의 상복제喪服制는 핵심 쟁점이 되었고 치열한 당쟁의 원인이 되기도 하였다.[139] 영조는 서인-노론 계열에 의해 주도된 의리지학의 효용성을 인정하여 국정운영의 협조를 얻었다. 한편 왕권을 높이기 위한 '존왕적 예학'을 내세우며 왕실 주도하에『국조상례보편國朝喪禮補遍』을 편찬하고 사친의 사당과 무덤을 높여 궁원제宮園制를 실시하였다. 정조도 궁원제를 부분적이고 제한적으로 운용한 점으로 볼 때 존왕적 예학을 반영하고 있음을 알 수 있다.[140] 이처럼 조선 후기 왕실에서는 지속적으로 사친을 추숭하고 존호를 올리며 왕실의 위상과 왕권을 회복하고자 하는 노력이 계속되었다.[141] 따라서 조선 후기 지속적인 왕실의 사친 추숭에 대해 조야 지식인들의 인식과 태도에는 시대적 특성이 나타났을 것으로 보인다.

4장
조선 왕실 최고의 내조자 인열왕후

인열왕후 한씨

청성현부인 시절의 고난과 역경

내조의 공

지켜주지 못한 대군과 공주

4장
조선 왕실 최고의 내조자 인열왕후

인열왕후 한씨

인조의 첫 번째 왕비(정비) 인열왕후는 청주 한씨이다. 청주 한씨는 일찍부터 왕실과 밀접한 인척관계를 맺은 가문으로 성종의 어머니 소혜왕후, 성종의 정비 공혜왕후, 예종의 두 왕비(장순왕후, 안순왕후) 등이 청주 한씨이다. 인열왕후 한씨는 광해군 2년(1610)에 능양군(인조)과 혼인한 후 청성현부인淸城縣夫人에 봉해졌다. 한씨는 13년간(1610~1622) 현부인시절을 살았고, 능양군이 군사정변(인조반정)을 통해 왕위에 오르자 왕비로서 13년(1623~1635)을 살았다. 청성현부인 시절 한씨의 시가와 친정이 모두 정치적 소용돌이에 휘말려 불안한 나날을 보내야만 했다. 이후 군사정변이란 비상수단을 통해 즉위한 인조의 왕비로서 인열왕후는 매우 중요한 역할을 했다. 그럼에도 불구하고 인열왕후에 관한 심도 있는 연구는 별로 찾을 수가 없다.[1]

이 장에서는 먼저 청성현부인 시절 13년간 인열왕후의 시가와 친정에 닥친 정치적 위기를 단계적으로 분석하고자 한다. 다음은 왕비로서 조선 최고의 내조자였던 인열왕후의 역할과 역사적 평가의 의미를 분석하고자 한다. 내조자로서 인열왕후의 위상을 표현하는 단어는 바로 '**십난**'+亂이다. 이때 '난'亂은 혼란한 세상을 다스린다는 '치'治의 의미이다. 십난은 군주가 통치를 잘 할 수 있도록 보좌한 10명의 인물을 가리킨다. 인열왕후가 십난에 속할 만큼 주목받는 공적으로 인조반정에서의 역할과 인조반정 후에 궁궐에서의 역할을 조명하고자 한다.

끝으로 이 장에서 인열왕후의 출산과 육아에 대해 고찰할 것이다. 인열왕후는 청성현부인 시절 소현세자·봉림대군(후일 효종)·인평대군 3명의 아들을 출산했다. 미미하게 남겨진 기록을 분석해 보면 왕비가 된 후에는 3명의 대군(용성대군, 無名, 無名)과 1명의 공주(無名) 그리고 성별과 출산 여부가 불확실한 1명을 합해 5명을 더 출산했다. 그런데 왕비시절 출산한 4명은 공교롭게도 모두 영유아기에 사망했고, 1명은 그 출산 여부조차 확인할 수가 없다. 인조 13년(1635) 12월 5일에 출산한 대군은 바로 사망했고, 나흘 뒤인 12월 9일 인열왕후도 목숨을 잃고 말았다. 최고의 의료 혜택을 받을 수 있던 왕실에서 왜 출산한 대군과 공주가 모두 요절했을까? 왕비로서의 막중한 임무와 역할이 임신과 출산에 미친 영향에서 답을 찾아보고자 한다.

청성현부인 시절의 고난과 역경

청성현부인 시절은 광해군 치하이므로 2장과 중복되는 시기이다. 2장에서 서술한 바와 같이 능양군과 한씨의 혼인은 할아버지 선조의 뜻이 반영되었다. 능양군은 선조의 서자 정원군(추승 원종)의 장남으로 선조에게는 첫 손자였다. 선조는 능양군을 각별하게 사랑하여 궁중에서 키우도록 했고 특별한 관심을 보였다고 한다. 선조는 왕비나 세자빈의 경우에만 처녀들을 궁중에 입궐시켜 간택하던 전례를 무시하고 후궁이 낳은 왕자들의 배필도 같은 방식으로 후보자들을 궁중에 입궐시켜 친히 간택하였다.[2] 율곡 이이는 이런 간택 방식이 잘못되었다며 선조에게 여러 차례 간하였다. 이이는 "어떻게 일국의 처녀들을 대궐 안에 들어오게 하여 취사선택하고 처녀들이 자신들이 뽑히기 위해 경쟁하는 모양새를 도모하게 한단 말인가?"라며 이것은 사족士族의 처녀들을 대접하는 도리가 아니고 비례非禮라고 비판을 하였다.[3] 이런 비판을 받으면서까지 선조는 자손들의 혼인에 깊이 개입했고 손자 능양군의 배필도 신중하게 선택했다. 이 과정에 대해 김상헌은 "선조 임금 말년에 신령스런 손자 곁에서 돕게 하고자 아름다운 여인 찾을 생각하셨네."[4]라고 표현했다.

선조 말년인 선조 39년(1606) 12세였던 능양군의 배필로 13세인 한준겸의 딸 한씨를 간택하여 혼인하도록 명했다.[5] 한준겸은 선조 때 내외의 요직을 두루 거쳤고, 선조가 죽기 전에 어린 아들 영창대군의 보필을 부탁한 유교칠신遺敎七臣에 포함된 점으로 미루어보아 두터운 신임을 받았음을 알 수 있다. 딸이 능양군의 부인으로 간택될 때 한준겸은 사도도원수四道都元帥 겸 홍문관 부제학이란 중책을 맡고 있었다. 자신의 보임이 왕에게 누가 될 것을 염려하여 체직遞職을 청하지만 오히려 왕은 호조판서로 특진시켰다. 선조 39년 9월 중순에 선조의 건강에 문제가 생겨 시약청이 설치되었다. 당시 동지중추부사였던 한준겸이 약방제조가 되어 약방도제조인 유영경 그리고 어의 허준 등과 함께 여러 차례 입시하여 왕의 병을 지근에서 살폈다.[6] 선조 40년(1607) 대사헌이었던 한준겸은 상피하느라 평양관찰사에 제수되어 외지로 부임하였기 때문에 선조의 임종을 지근에서 맞이하지는 못했다. 선조는 이듬해인 선조 41년 2월 1일에 운명했다.

따라서 한씨와 능양군의 혼례는 순탄하게 진행되지 못했다. 혼례의식이 거의 다 진행되었을 때 중단해야만 할 일이 발생하였다. 혼례의 6가지 절차이자 예법인 육례六禮 중에 납폐納幣 즉 신랑의 집에서 신부의 집에 예물과 혼서婚書가 든 함을 보내는 의식까지 진행되었을 때 선조가 돌아가셨기 때문이다. 혼례식은 선조의 삼년상이 끝난 광해군 2년(1610)에 다시 진행되었다. 그런데 혼사를 앞둔 한씨가 창질瘡疾에 걸려 위험한 지경에 이르자 또 한 번의 위기를 맞는다. 홍만선(조선 후기 실학자)은 창질이 온 몸에 종기, 부스럼이 나고 살이 짓무르는 병이라고 했다.[7] 한씨가 앓았던 창질을 홍역이라고 보기도 하는데[8] 내 생각으로는 한씨의 병이 홍역 같지는 않다.

『동의보감』에 보면 창질은 실로 다양한 질병에 동반되는 병증으로[9] 정확한 병명을 알기는 어렵다. 혼사를 앞두고 창질에 걸린 딸 때문에 노심초사하던 한준겸은 어느 날 돌아가신 선왕(선조)이 나타나 딸의 병은 자연스럽게 치유될 것이니 걱정하지 말라는 꿈을 꾸었고, 이 꿈을 꾸고 얼마 후에 딸이 씻은 듯이 나았다고 한다. 광해군 2년 9월 마침내 신랑이 신부를 직접 맞이하는 친영親迎 의식을 행하고 두 사람의 혼인이 완결되었다. 그리고 한씨는 청성현부인清城縣夫人의 봉호를 받았다. 한씨는 능양군과 혼인한 후에 시부모인 정원군과 연주군부인連珠郡夫人 구씨 그리고 시동생들과 함께 살았다.[10]

1608년 광해군이 즉위하면서 시가와 친정에 불안한 먹구름이 다가

오고 있었지만 청성현부인 한씨와 능양군은 혼인 2년 뒤인 광해군 4년 (1612) 1월에 첫째 아들(후일 소현세자)을 얻었다. 첫 아들을 얻은 기쁨이 채 가시기도 전에 한씨의 친정과 시가는 위기에 봉착하게 된다. 광해군 4년 2월 영창대군을 후계자로 지지했던 소북파를 제거하려는 '김직재의 옥사'가 시작되면서 권총權聰이 시아버지 정원군과 시숙부인 의창군을 무고 했다. 위기감을 느낀 정원군은 상소를 올리고 대궐 밖에서 대죄를 하며 왕의 처분을 기다렸다. 광해군은 이 상소를 보고 안심하고 대죄하지 말 라고 하여 일단락 지어졌지만 앞날은 불안했다.

광해군 5년(계축년, 1613)에 '계축옥사'가 벌어지면서 한씨의 친인척에게 폭풍이 몰아치기 시작했다. 선조의 유일한 적장자 영창대군과 그를 지지 했거나 연루된 인물들을 제거하기 위한 이 옥사에 대해서는 2장에서 상 론했으니 한씨의 친정아버지 한준겸과 관련된 부분만 살펴보기로 하자. 당시 함경도관찰사였던 한준겸은 함흥에서 잡혀와 왕이 죄인을 직접 심 문하는 친국親鞫을 받았다. 한준겸은 자신이 왜 유교칠신에 이름이 들어 갔는지 이유를 알 수 없다고 하고 영창대군의 외조부 김제남과 관계가 별로 없음을 강변했다. 하지만 광해군은 직접 범한 죄는 없다고 하더라 도 영창대군을 옹립하려고 한 역모사건에 이름이 거론되었다는 것으로 죄를 물어 유배형보다는 가벼운 형벌인 시골로 내쫓는 벌(放歸田里)을 내 렸다.[11)]

광해군 2년(1610) 2월에 당시 공석이었던 이조판서의 자리에 대신들이 한준겸을 천거하였지만, 이를 시기한 사람들이 한준겸에게 불리한 유언 비어를 날조해 광해군에게 아뢰자 그해 9월 외직인 함경도관찰사로 나 가기를 청했다. 한준겸이 딸과 능양군의 혼사가 이루어진 시기에 내직의 요직을 마다하고 외직을 자처한 것은 정쟁의 소용돌이에서 피신하려는 나름의 보신책으로 보인다. 광해군 4년에 임기가 만료되었으나 광해군은 한준겸의 후임을 허락하지 않았다.[12] 비록 본인이 청하여 외직인 함경도관찰사로 부임했다고는 하나 관찰사의 임기 2년이 지났는데도 교체를 시키지 않은 것을 어떻게 해석해야할까? 북방 변경지역의 변란을 대비하여 문무를 겸비한 한준겸에게 중책을 맡겼다고 해석할 수도 있지만, 함경도가 먼 변방지역이었기에 사람들이 가기를 기피한 지역이었다는 점[13]을 감안한다면 일종의 좌천이었다고 볼 수 있다. 그럼에도 불구하고 한준겸도 계축옥사는 피해갈 수 없었다. 광해군 5년 10월에 그 동안 병풍이 되어주었던 청성현부인 한씨의 시조모 인빈 김씨가 죽자 한씨의 시가는 풍전등화의 위기에 놓이게 된다.

광해군 7년(1615)에 이르러 '신경희의 옥사' 때 신경희가 한씨의 시동생인 능창군을 추대하려했다는 역모혐의를 받으며 한씨의 시가는 최대 위기를 맞는다. 능양군이 동생을 살리기 위해 백방으로 애를 썼다. 왕의 총애를 받는 내외의 권신權臣들이 때를 놓칠세라 끝없이 뇌물을 요구해 오자 한씨는 시집올 때 가지고 온 재화財貨와 진귀한 물건들을 다 내놓아 도움이 되고자 했다. 한씨는 시집 식구들과 함께 살면서 시동생들을 친정 식구들보다도 더 각별하게 대했다고 한다. 이러한 며느리 한씨를 정원군 내외는 깊이 신뢰하고 아꼈다.[14] 심지어 정원군의 집에 왕기王氣가 서려있다는 풍문이 돌아 광해군의 의심을 받게 되자 살고 있던 집조차 헌납해야만 했다. 이러한 노력에도 불구하고 온갖 고초와 생명의 위협을 견디지 못하고 능창군은 유배지에서 17세의 어린 나이에 자결하고 말았다. 이어서 광해군 8년(1616) '해주옥사'에서 유교칠신의 죄가 재론되자 친정아버지 한준겸은 앞서보다 더 무거운 처벌을 받아 멀리 귀양 보내졌다.[15]

광해군 10년(1618)에는 허균의 역모사건에 한씨의 시숙부 의창군이 연루되어 유배형을 받았다. 이와 같이 친정과 시가 모두가 정쟁의 폭풍에 휘말리면서 언제 어디서 또 다른 사건에 연루될지 몰라 청성현부인 한씨는 불안한 나날을 보내야 했다. 그런 연유 때문인지 첫째 아들(소현세자)을 낳은 지 7년만인 광해 11년(1619) 5월 22일 한성 (중부)경행방慶幸坊 향교동에서 둘째 아들(봉림대군, 후일 효종)을 출산했다. 둘째 아들을 낳은 기쁨도 잠시 그해 12월 29일 시아버지 정원군이 40세의 나이로 (남부)회현방會賢坊의 송현궁(후일 저경궁)에서 죽었다.[16] 둘째 아들을 출산한 곳과 정원군이 임종한 장소가 다른 것을 보면 한씨는 혼인 초기 시집 식구들과 같이 살다가 분가하여 시부모와 따로 살았던 것 같다. 그 시점은 광해군 7년(1615) '신경희 옥사'가 벌어지던 때로 보인다. 광해군이 왕기가 서려있다는 정원군의 새문동 궁을 빼앗아 경덕궁(후일 경희궁)으로 개조하자 머물 곳이 없게 된 한씨와 능양군 부부는 인조의 이종사촌형인 홍진도가 내준 집으로 이사한 것으로 보인다.[17]

몇 차례 시가와 친정을 휩쓸고 간 숙청의 소용돌이 속에 한치 앞을 가늠하기 어려운 불안한 나날을 보내고 있던 청성현부인 한씨에게 한줄기 서광이 비추기 시작했다. 광해군 13년(1621) 4월에 충원忠原에서 유배 중이던 친정아버지 한준겸의 죄가 강등되어 좀 나은 유배지인 여주驪州로 옮겨졌다. 그리고 8월에 사면되어 지중추부사에 서용되었고 오도도원수五道都元帥가 되었다. 후금의 위협이 날로 더해지자 비변사에서 한준겸의 등용을 계청하였기 때문이다.[18] 한준겸은 자신은 중죄를 지은 죄인이고 또 귀양살이를 하는 동안 중풍에 걸려 반신불수가 되었고, 이미 65세의 고령으로 중책을 담당할 자격이 없다며 직급을 내려 도원수의 휘하에 있게 해달라고 청했지만 광해군은 받아들이지 않았다.[19] 한씨는 아버지가 정치권에 복권된 이듬해 광해군 14년에 셋째 아들 인평대군을 출산하였다. 한씨가 청성현부인시절 13년간 집안에 닥친 환난을 슬기롭게 잘 견뎌낸 것은 친정아버지 한준겸의 영향이 컸다. 아버지로부터 배운 매사에 신중함[20]과 겸손함이 어려운 시기를 잘 헤쳐 나간 원동력이 되었던 것 같다.

내조의 공

인열왕후의 공적을 가장 적절하게 표현한 단어로 나는 '**십난**'十亂을 들고 싶다. 이때 '난'亂은 혼란한 세상을 다스린다는 '치'治의 의미이다. 십난十亂은 중국 주周 나라 무왕武王이 통치를 잘할 수 있도록 보좌한 10명의 인물을 가리킨다. 이 10명 중에 한 명의 여성이 있는데 이 여성이 주 무왕의 어머니인 문모文母라는 설과 주 무왕의 왕비 읍강邑姜이라는 설이 있다.[21] 인열왕후의 공은 바로 주 무왕의 왕비 읍강에 비유한 것이다. 인열왕후 이전의 조선왕비 중에 문모가 아닌 읍강에 비유하여 십난十亂의 반열로 묘사된 인물로는 (세종의 비)소헌왕후[22]와 (세조의 비)정희왕후 등 소수에 불과하다.[23] 그런데 인열왕후를 기리며 쓴 글 중에 십난十亂이란 표현이 유난히 많다. 그 내용을 일부를 발췌해 보면 다음과 같다.

아울러 십난의 한 분으로 명성이 날만큼 안을 걸맞게 다스렸네(十亂兼聞內治宜)[24]

공이 높아서 십난의 앞에 있었네(功高十亂前)[25]

십난 중에 한 사람 되시었다네(十亂於一)[26]

십난의 재질로 치세를 이루었도다(治因十亂才)[27]

(인열)왕후는 십난의 덕으로써 왕의 배필이 되어 왕을 강건하게 하시고(后以十亂之德, 匹配乾剛)[28]

이 외에도 후세에 인열왕후의 공적을 십난에 비유한 기록이 많다.[29] 조선시대 후기 문신 홍경모가 쓴 「인렬성후탄강유지기仁烈聖后誕降遺址記」 를 보면

계해정사의 거사에 비밀모의에 참여하고 남모르게 도운 바가 매우 크 다. 임금이 보위에 오르시자 나라의 예로부터 제왕帝王이 흥기할 때에는 반드시 현명하고 슬기로운 후비后妃가 도우면서 안을 다스렸기 때문에 **십 난의 반열**에도 부인이 들어 있었다. 삼가 생각건대, 우리 전하께서 천명天 命을 받으시고 종사宗社를 안정시킬 적에 왕후가 하늘이 맺어준 배필로서 은밀히 대업大業을 찬조하며 그윽한 미덕을 발휘하여 왕의 뜻을 순종해 받 들었다.[30]

고 하였다. 그렇다면 인열왕후는 십난의 반열에 들 만한 내조를 구체적 으로 어떻게 했는지 살펴보자. 장유가 쓴 「인열왕후묘지문」에는 인조반 정 당시 비밀 모의에 직접 참석하여 도운 바가 많다고 하였다.[31] 인조반 정 당시 인열왕후의 행적에 대해 함축적인 의미를 담은 내용을 김상헌이 쓴 「인열왕후애책문」에서 찾을 수 있다. 애책문에

주상 전하께서는 갑옷을 들어 입혀 준 공을 생각하고(主上殿下, 提甲念 功)[32]

라는 표현이 있다. 이것은 인조가 자신을 왕위에 오르도록 도와준 왕비의 공을 생각한다는 뜻이다. **제갑**提甲은 갑옷을 입혀주었다는 뜻이다. 제갑의 고사는 고려 태조 왕건의 건국고사에 나온다. 왕건이 궁예 아래에 있을 때 배현경 장군 등 측근들이 왕건을 왕으로 추대하자 왕건이 이를 거절했다. 이때 왕건의 부인 유씨(후일 신혜황후)가 갑옷을 들어 입혀 주어 (柳氏提甲) 대궐로 나아가 왕위에 즉위하게 했다. 이 고사를 조선의 태종 이방원도 인용하였다. 태종이 『고려사』를 보다가 아들(세종)에게 너의 모후母后(원경왕후)가 유씨제갑柳氏提甲보다 더 중요한 역할을 했다고 하였다. 이는 태종이 보위에 오르는데 원경왕후 민씨의 내조가 매우 컸다는 의미이다. 태종이 세자자리를 놓고 무력충돌(제2차 왕자의 난)이 발생했을 때 친형인 이방간의 공격을 주저하자 부인 민씨(후일 원경왕후)가 갑옷을 입혀주고 나아가 싸우도록 독려했다.[33] 「인열왕후애책문」에 갑옷을 입혀준 공을 생각한다(提甲念功)는 것은 바로 인조반정 당시 인열왕후가 거사를 독려하는 적극적인 역할을 했다는 것을 의미한다.

다음은 인열왕후는 왕이 바른 정치를 펼치도록 조언을 마다하지 않았다. 인열왕후가 죽자 인조가 국장도감에 다음과 같은 하교下敎를 내렸다.

내가 전에 복주도覆舟圖를 그려서 벽 위에 붙였었는데, 진계하기를 "이 그림을 단지 보기만 할 뿐이라면 끝내는 아무런 보탬이 없을 것입니다. 보실 때마다 반드시 위태로움을 생각하시어 실효가 있도록 힘쓰소서." 하였다. 그리고 혹 원유園囿를 가꾸는 일이 있으면 마음속으로 매우 좋아하지 않았기 때문에 왕후를 위해서 하지 않은 적이 많았다. 무릇 경계할 것을 진언하고 선善을 권하는데 있어서 대부분 이러하였다.[34]

복주도는 배가 전복되는 그림일 것이다. '복주'覆舟에 관한 고사는『순자』에 나온다. 공자가 노나라 애공에게 다음과 같이 말했다.

군주는 배(舟)고 백성은 물(水)과 같습니다. 물은 배를 순항하게 할 수도 있고 배를 전복시킬 수도 있습니다.[35]

인열왕후는 복주도의 진정한 의미를 생각하고 항상 왕이 스스로 경계警戒하도록 하였다. 왕이 향락적인 생활을 절제하기를 바라며 인열왕후는 궁궐의 정원을 가꾸는 것도 좋아하지 않았다. 왕이 한 언관言官을 특별히 교체시켜버리자

말이 꼭 마음에 맞지 않는다 하더라도 직무가 간언을 하는 것이니 처리할 때 공의公議를 따르지 않는다면 임금의 덕에 누를 끼치고 언로言路를 막게 될 듯 싶습니다.[36]

라며 사사로운 감정에 흔들리지 말고 공정하게 인사할 것을 간언을 하였다.

이긍익의『연려실기술』에 보면 십난에 속할 만큼 인열왕후가 세운 큰 공적을 간결하게 기록했다. 인빈 김씨와 마찬가지로 이긍익은『연려실기술』23권「인조조고사본말」에 '인열왕후'를 목차로 세웠다.[37] 그 내용을 보면 인조반정 후에 광해군 때의 궁인 중에 나이 먹고 죄 없는 사람들은 궁중 일을 그대로 보게 했다. 그중에 한보향韓保香이라는 궁녀가 옛 임금(광해군)을 잊지 못하여 때때로 슬피 울자 같이 있던 궁녀가 "보향이 옛 임금을 생각하니 변고가 생길까 두렵다."며 인열왕후에게 밀고하였다. 그러자 인열왕후는 오히려 "이는 의로운 사람"이라고 하며 한보향을 불러

위로하고, "국가가 흥하고 망하는 것은 무상한 것이다. 우리 임금이 하늘의 힘으로 오늘 보위에 있지마는 훗날 다시 광해처럼 왕위를 잃게 될지 어찌 알겠느냐. 너의 마음가짐이 이러하니 내 아들을 보육할 만하다." 하며 보모상궁에 명하고 상도 내려 주며 오히려 밀고한 사람에게는 벌을 주었다. 이에 한보향은 감격하여 눈물을 흘렸고, 그동안 불안한 마음을 지녔던 옛 궁인들이 모두 안심하고 복종하였다고 한다.[38]

인열왕후의 중요한 역할 중에 하나는 인조반정 직후 궁궐에 입성하여 궐내의 민심을 수습한 일이었다. 인열왕후는 아랫사람들을 너그럽고 은혜롭게 대하여 광해조의 궁인들을 모두 마음으로 복종하게 했다는 기록이 있는데,[39] 역으로 생각해 보면 인조반정 초기에 광해조에서 복무하던 궁인들이 인조 조정에 마음으로 복종하지 않는 사람들이 있었다는 의미이다. 그런 궁인들을 잘 이끌어 마음으로 복종하게 하는데 인열왕후가 큰 역할을 했음을 알 수 있다.

조선 후기 학자 성해응(1760~1839)과 김려(1766~1821)의 문집에는 한보향에 관한 좀 더 극적인 내용이 첨가되었다. 그 내용을 보면 인조반정 때 궁을 탈출하지 못한 중전(광해군의 비 유씨)과 궁녀 여러 명이 궁궐 뒤뜰에 숨었다. 며칠이 지나자 중전 유씨가 어찌 이처럼 숨어서 구차스럽게 살고자 하겠는가 하며 군사들에게 알리라고 하였는데 모두 두려워하며 나서는 사람이 없었다. 이때 궁녀 한보향이 용감하게 나서서 유씨를 대신해서 새로운 왕이 누구인지, 이 거사가 종사(宗社)를 위한 것인가 아니면 부귀를 위한 것인지 물었다. 대장(大將) 신경진이 의로움을 위해 거사했다고 답하자 그렇다면 어찌 전(前) 왕비를 굶겨 죽일 수 있느냐고 하자 대장이 먹을 것을 보냈다고 한다. 인조가 노련한 광해군의 궁인들에게 일을 다시 맡겼고 한보향에게 인열왕후를 모시게 했다고 한다. 전술한 바와 같이 한보향이 옛 임금을 생각하며 남몰래 눈물을 흘렸고 인열왕후가 그녀를 진짜 의인義人이라며 오히려 후하게 대했다고 한다. 성해응은 흥망에 따라서 마음을 바꾸지 않은 한보향의 절조를 중국 삼국시대 위魏나라의 열녀 하후령녀夏侯令女의 마음에 비유했다.[40]

하후령녀는 중국 삼국시대 위나라 말기 권신이었던 조상曹爽의 사촌인 조문숙曹文叔의 처였다. 조문숙이 일찍 죽고 하후령녀는 자식 없이 어린 나이에 과부되었다. 사마의가 정변을 일으켜 권력을 장악하면서 조상의 3족이 멸문지화를 당하자 그녀의 시집식구들도 모두 죽임을 당했다. 그녀의 친정식구들이 위기를 느끼고 조씨와의 혼인관계를 끊기 위해 그녀에게 재혼을 강요하자 그녀는 방문을 걸어 잠그고 두 귀와 코를 잘라버려 유혈이 낭자했다. 그런 그녀에게 친정에서 시집식구들도 모두 죽임을 당했는데 수절이 무슨 의미가 있느냐고 하자 그녀는 어진 사람은 성쇠에 따라 절조를 바꾸지 않고, 의로운 사람은 흥망에 따라서 마음을 바꾸지 않는다고 했다.[41]

김려가 쓴 『단량패사丹良稗史』의 한숙원전韓淑媛傳에도 유사한 내용이 있는데 한보향은 서울의 양가집 출신으로 광해군의 후궁이었다고 하였다. 김려 역시 절조와 절개를 지킨 한보향을 후세에 남을 만한 열녀라고 칭송하였다.[42] 광해군의 후궁 중에 한숙원은 김려의 『단량패사』 외에는 어디서도 찾을 수 없다. 인조반정 후에 광해군의 후궁들은 대부분 죽임을 당했고 일부는 자살하거나 유배 보내졌다.[43] 김려는 이 이야기의 출처가 정재륜의 『공사견문록』임을 밝혔다. 하지만 『공사견문록』에 한보향이 광해군의 후궁이었다는 내용은 없다.[44] 김려가 소설적 흥미를 더하기 위해 한보향을 광해군의 후궁으로 묘사한 것으로 보인다.

이긍익이 『연려실기술』에서 인열왕후라는 목차를 세우고 서술한 내용은 한보향의 고사 뿐이다. 역사가인 이긍익은 굳은 지조를 지녔던 광해군의 옛 궁녀조차 넓은 아량으로 포용하여 궁인들로 하여금 마음으로 복종하게 한 것이 인열왕후의 중요한 치적이자 인조대의 중요한 역사적 사건이라고 생각한 것이다. 인열왕후의 시호인 인열仁烈은 바로 인仁을 베풀고, 민심을 달래고 어루만진 공로인 열烈로 왕후의 공적을 나타낸다.[45]

인열왕후가 담당해야 했던 중요한 역할은 왕실의 두 분의 어른을 모시는 일이었다. 가장 신경을 기울여야만 했던 인물은 인목대비이고 또 한 사람은 시어머니 연주군부인 구씨이다. 인조가 즉위하자 아버지 정원군은 정원대원군으로, 어머니는 연주부부인連珠府夫人으로 존칭을 올렸다. 연주부부인은 이현궁梨峴宮으로 옮겨져 궁호를 계운궁啓運宮이라 했다. 이후 구씨가 인헌왕후로 추숭되기 전까지 계운궁이란 궁호로 불렸다. 계운궁의 능성 구씨와 인열왕후의 청주 한씨는 밀접한 혼맥을 맺고 있다. 계운궁의 친정아버지 구사맹의 첫 번째 부인은 한극공의 딸이다. 청주 한씨는 명문거족으로 한극공과 한준겸은 모두 한계희의 후손이다. 한계희는 세조의 두터운 신임을 받았고 성종 때 좌리공신 2등에 책록되었던 인물이다.[46] 인열왕후의 큰어머니(큰아버지 한백겸의 첫 번째 부인)는 구사중의 딸이다. 구사중은 계운궁의 숙부이다.[47] 그러므로 인열왕후의 큰어머니 구씨와 인열왕후의 시어머니 계운궁 구씨는 4촌 자매지간이다.

인열왕후와 계운궁은 이런 밀접한 혼맥을 바탕으로 고부간에 관계가 돈독했고, 함께 살면서 풍전등화와 같은 집안의 위기를 감내하며 서로 의지했을 것으로 보인다. 계운궁은 집안의 위기에 헌신을 다하고 아들이 왕위에 오르는데 중요한 역할을 한 큰며느리 한씨를 매우 가상하게 여겼다. 그런데 왕비가 된 한씨와 계운궁 사이에는 평범한 고부간으로 지낼 수 없는 커다란 장벽이 생겼다. 광해군을 폐위하고 왕위에 오른 인조는 할아버지인 선조로부터 왕위를 직접 계승한 것으로 되었다. 그러므로 인조와 친부모인 정원군과 계운궁의 관계설정이 즉위 초기부터 논란이 되었다.

이 문제는 3장에서 이미 서술했지만 간략하게 다시 논하면 정원군의 추숭은 10년간을 끌어온 큰 정치적 쟁점 중에 하나였다. 정원군에 대한 칭호와 예우 논란은 계운궁에 대해서도 같은 연장선상의 문제였다. 즉위 후에 계운궁이 외명부에 주던 품계로 정1품의 작호인 연주부부인으로 존칭되었지만 선조의 생모 정씨를 하동부대부인河東府大夫人으로 추존했던 것에 비하면 '대'大자가 빠져있다. 계운궁의 이러한 위상은 인조 2년(1624) 10월 인목대비를 위한 풍정豊呈을 거행할 때 좌석 배치에서도 잘 드러난다. 예조에서는 내외명부가 모두 참석하는데 계운궁의 좌석을 어디로 해야 할지 합당한 위치를 찾기 어렵다며 의견이 분분하자 인조는 계운궁이 입참하는 절목을 만들지 말라고 하였다. 예절상의 문제로 계운궁은 입참을 하지 않았다. 인조 3년(1625) 12월에 계운궁의 병세가 위중해지자 인조는 산천기도를 하고 싶다고 하였지만 대신들은 전례가 없다는 이유를 들어 반대하였다. 인조 4년(1626) 1월 14일 계운궁이 죽은 후에도 대신들은 아들 인조가 존귀한 왕이므로 사친私親인 계운궁의 상례는 높여서는 안 되고 압존壓尊해야 한다는 주장을 했다. 이처럼 계운궁은 왕의 생모였지만 그 예우에 대한 논란이 끊이지 않았다. [48]

반면에 광해군 치하에서 경운궁(서궁)에 유폐되어 목숨조차 위험했던 인목대비는 인조의 즉위로 그 위상은 천양지차가 되었다. 인목대비가 인조와 인열왕후를 어떻게 대했는지 공식적으로 남겨진 글을 보면 알 수 있다. 인열왕후는 엄격하고 급한 성격의 인목대비(大妃性嚴急)에게 뜻을 굽히고 안색을 살피며 조금도 어기는 일이 없이 효성과 공경을 다했다.[49)]

고 한다. '성엄급'性嚴急이란 단지 인목대비의 성품만을 언급한 것이 아닌 인조와 인열왕후를 대한 인목대비의 태도를 함축적으로 알 수 있는 표현이다. 군사정변을 통해 창덕궁 정전에서 즉위하려던 인조는 왕대비의 하명이란 형식적인 추인을 받고자 했다. 하지만 인목대비는 선조가 정무를 보았던 경운궁에서 즉위하도록 고집했고 그 뜻을 관철시킨다. 비상사태로 왕권이 교체되는 시점에 왕대비로서의 정치적 역량을 십분 발휘하여 인조의 권위와 정통성의 승인은 선조의 왕비인 자신으로부터 나온다는 것을 분명히 하였다.[50)] 인조반정의 주요 명분 중에 하나는 어린 이복동생 영창대군을 죽이고 적모인 인목대비를 서궁에 유폐시킨 폐모살제廢母殺弟라는 광해군의 폐륜행위이다. 인조는 이 명분을 합리화하고 집권 초기 불안한 왕권을 유지하기 위해 인목대비의 지지를 얻어야만 했다. 그러므로 인목대비에게 지극정성으로 예우하였다.[51)]

그렇다면 인열왕후와 인목대비의 관계는 어떠하였을까? 인열왕후의 친정아버지 한준겸이 광해군 5년(1613) '계축옥사'에 연루되어 광해군의 친국을 받으면서 진술한 내용에서 실마리를 찾을 수 있다. 인목대비의 친정아버지 김제남과의 관계를 추궁받자 한준겸은 서로 소원하게 지냈다고 했다. 그런데 정경세가 쓴 한준겸의 행장에 보면 한준겸과 김제남은 서로 사이가 좋지 않았다고 했다.[52)] 행장에 왜 굳이 김제남과의 사이가 나빴다는 것은 언급했을까? 그 구체적인 내막은 알 수는 없지만 두 사람 간에 혹은 두 집안 간에 틈이 벌어질만한 일이 있었다고 추측할 수 있다.

두 집안 사이에 악연으로 들 수 있는 인물은 한준겸의 숙부인 한효순이다. 한효순은 광해조의 상신相臣이다. 광해군 9년(1617) 당시 좌의정이었던 한효순이 백관을 강제로 거느리고 모후(인목대비)를 폐위하도록 하는 폐모론에 앞장섰다는 비난을 받았다. 인조반정 후에 이미 고인이 되었던 한효순은 관작이 추탈되고 그의 아들들은 가벼운 유배형인 중도부처中道付處되었다.[53] 이러한 두 집안간의 사례만으로 보아도 인목대비는 인열왕후에게 결코 우호적이지 않았을 것으로 보인다. 내 견해로는 인목대비는 자신의 정치적 입지를 공고히 하기 위해 인조와 인열왕후에게 더 엄격하고 까다롭게 대했다는 생각이 든다. 인목대비의 까다로운 성격을 받들기 위해 인열왕후가 감내해야만 했던 어려움을 미루어 추측할 수 있다. 이어지는 다음 글에서 그 증거를 제시하고자 한다.

지켜주지 못한 대군과 공주

인열왕후는 청성현부인 시절 소현세자, 봉림대군(후일 효종), 인평대군 3명의 아들을 낳았다. 왕비가 된지 2년 후인 인조 2년(1624)에 네 번째 아들인 용성대군을 출산했다. 용성대군의 출생일은 불분명하다. 지두환은 「인조대왕의 친인척연보」에서 용성대군의 출생일이 인조 2년 9월 3일이라고 했다.[54] 왕실에서 대군의 출생은 매우 중요한 일인데『인조실록』에 기록이 안 보인다. 지두환의 기록이 분명하다면 인열왕후는 용성대군을 잉태한 초기에 이괄의 난으로 힘겨운 피난길에 올랐다.

인조 2년 1월 22일 반정공신으로 평안도 병마절도사 겸 부원수였던 이괄이 난을 일으켰다. 이괄의 군대는 파죽지세로 남하하여 2월 8일 벽제에 다다르자 한밤중에 왕비는 피난을 떠났다. 처음에 왕이 신하들과 의논한 후 우의정 신흠과 서평부원군 한준겸, 예조판서 이정구 등이 인목대비와 중전을 호종하도록 명한 것을 보면 대비와 중전이 같은 곳으로 피난을 떠나기로 했음을 알 수 있다. 그런데 반란군이 이미 가까운 곳에 이르렀다는 보고를 받은 왕은 육로로 가는 것은 염려스럽다며 인목대비께 강화도로 피난하시도록 청했다. 피난행렬이 출발한 얼마 후에 이정구가 대비를 왕이 머무는 행재소로 모여와야 한다고 하자 왕이 강화도로 향한 인목대비의 행차를 돌리게 하였다.[55]

2월 9일 중전을 모시고 가던 신익성이 중전의 하교를 받아 인목대비를 뒤쫓아 가 양화楊花 나루터 근처에서 모시고 돌아왔다.[56] 왕의 행재소로 대비의 행차를 돌리려고 하였으나 처음에 대비가 돌리지 않겠다고 고집하여 난감한 상황에 처했다. 인목대비를 간신히 설득해서 행차를 돌려 수원에 이르렀을 때 왕이 기진맥진하였다고 한다.[57] 수원과 과천을 거쳐 2월 12일 천안에 도착했다. 2월 13일 천안에서 닭이 울기 전인 야심한 새벽에 공주로 향했고 늦은 시간에 금강을 건너 공주산성에 도착하는 강행군을 해야만 했다. 곧 난이 평정되어 2월 18일 공주를 출발해 22일 궁궐로 돌아왔다.[58] 이처럼 인열왕후는 임신 초기에 먼 피난길을 떠나서 곧 환궁을 하는 무리한 일정에 제대로 영양섭취도 못했을 것이다.

인조 3년(1625)에 이르러 시어머니 계운궁의 병세가 위중해진다. 이때 시어머니 계운궁 구씨는 계운궁이 아닌 경덕궁에 머무르고 있었다. 인조는 집권 전반기에 경덕궁에 머물렀다. 계운궁의 병세가 위중해지자 인조는 경덕궁에서 모시고 지근거리에서 병간호를 했다. 『승정원일기』를 보면 인조 3년 7월 15일부터 계운궁의 건강을 염려한 기록이 보인다. 그리고 11월 19일에 이르러 계운궁의 상태가 위중해져 어의와 의녀 각 1명을 숙직시키고, 11월 26일에는 의약청을 설치한다.[59] 이보다 앞서 11월 10일 인열왕후의 다섯 번째 해산을 위한 산실청 설치와 의관을 숙직시키는 일에 대해 약방이 계사를 올렸다. 약방에서는 임산부의 출산예정일은 앞당겨지기도 하고 늦어지기도 해서 정확히 알기가 어렵다고 하면서 만약 중전의 출산일이 정월(인조 4년 1월로 추정)이라면 다음 달인 12월부터 산실청에 의관이 숙직하는 것이 마땅하다고 아뢴다. 인조는 산실청의 의관을 정월부터 숙직시키라고 한다.[60]

인조 4년(1626) 1월 14일 계운궁이 운명했다. 계운궁은 집안의 환난을 겪으면서 건강이 안 좋아졌다. 특히 아들 능창군이 참변을 당하자 건강이 더욱 악화되어 항상 약을 복용했고 인열왕후가 그 시중을 들었다.[61] 계운궁의 병이 차도가 없이 몇 달을 끄는 동안 왕이 직접 시약(侍藥)을 하며 침식을 제대로 못하자 삼정승이 옥체를 보중하라는 차자를 올린다.[62] 만삭의 임산부였지만 인열왕후도 왕과 함께 계운궁의 시약을 게을리 할 수는 없었을 것이고, 계운궁이 죽자 만삭의 몸으로 힘든 상례를 치러야만 했다. 『승정원일기』를 보면 계운궁 초상이 난 직후인 인조 4년 1월 18일에 약방에서 중전께 문안을 하니 "어제에 비해 조금 나아졌으니 문안하지 말라."고 한다.[63] 이 기사로 볼 때 왕비의 건강상태에 이상 징후가 있었거나 출산이 임박했다고 보인다. 왕비의 산실청을 설치할 때 해산달부터 의관을 숙직하도록 명을 내렸는데 이미 해산달로 추정한 인조 4년 1월 중순이 지나가는데도 의관을 숙직시키라는 왕명이 없자 약방에서

"지금 산달이 이미 돌아왔고 보름이나 넘었습니다. 의관의 숙직을 어떻게 해야 할지요? 슬픔에 잠겨 계시는 터라 이 문제에 생각이 미칠 경황이

없으실까 삼가 우려되어 감히 여쭙니다." 하니 답하기를, "며칠 지난 뒤에 입직하도록 하라."고 하였다.[64]

이 기록을 보면 왕은 계운궁의 상례를 치르는 일에 몰두하며 왕비의 해산준비를 미루었다. 이런 분위기에서 언제 분만할 줄 모르는 만삭의 몸으로 왕비는 막중한 상례를 치러야만 했다. 인조 4년 인열왕후의 출산 관련기록은 찾을 수 없다. 이때 왕비의 출산이 순조롭지 못했거나 출산 후에 편히 산후조리를 제대로 못했다고 유추할 수 있는 기록이 몇 달 후에 보인다. 인조 4년 윤6월 7일에 약방에서 중전에 문안을 하니 "어제 지어 들인 약은 이미 복용하였다."고 했다. 3일 뒤에 약방의 문안에 중전이 어제와 같다고 답한 것으로 보면 약을 복용하고도 별로 차도가 없었음을 알 수 있다.[65] 그로부터 한 달이 더 지난 인조 4년 7월 15일 약방제조 서성과 부제조 조익이 왕에게

"삼가 들으니 갓 태어난 공주가 뜻밖에도 요절하였다니 지금 상중에 계신데 성상께서 틀림없이 놀라고 안타까운 마음이 간절하실 것입니다. 이에 신들이 염려스러운 마음을 금할 길이 없어 감히 문안드립니다." 하니 알았다고 답했다.[66]

이 기록으로 유추해 보면 계운궁의 상례기간 중에 인열왕후는 공주를 낳았고, 갓 태어난 공주와 왕비 모두의 건강에 이상이 있었던 것으로 보인다. 공주는 몇 개월을 살지 못하고 죽었다. 인조 4년 9월에 이르러 왕비는 침을 맞고 싶어 했다. 약방에서는 왕비의 환후가 만성질환으로 침과 약물을 병행해야만 한다는 처방을 내린다. 9월 18일에 왕비는 계속된 두통으로 만형자·교본·향부자·자소엽·감국 등의 약재를 가미한 천

궁다조산川芎茶調散을 처방받아 2~3차례 복용하고, 9월 22일에 침도 맞았다.[67] 천궁다조산은 편두통과 정두통正頭痛 그리고 두풍頭風에 쓰인다. 일반적으로 머리의 한쪽에만 나타나는 편두통과 달리 정두통은 머리가 전체적으로 아픈 것을 말한다. 증상은 머리가 치받히는 것처럼 아프고, 눈이 쏟아지고 목이 빠지는 것 같다고 한다. 두풍은 오랫동안 낫지 않고 때에 따라 아팠다가 멎기를 반복하는 하는 두통을 말한다.[68] 가미한 약재들은 열을 발산하고 내리며 막힌 기를 잘 돌게 해주는 효능이 있는 것들이다. 가미한 천궁다조산을 처방받은 것을 보면 인열왕후는 극심한 산후두통과 고열에 시달렸다.

계운궁의 상기喪期를 장기杖朞로 하였기 때문에 인조 5년(1627) 1월 계운궁의 소상小祥이 다가오자 중전이 상복을 벗는 절차와 예에 대하여 왕과 대신들의 논쟁이 분분했다.[69] 인조가 어머니 계운궁의 소상제를 지내기 위해 혼궁魂宮이 있는 인경궁으로 거동하던 인조 5년 1월 13일 후금이 의주를 침공하면서 정묘호란이 발발한다. 인조 5년 1월 21일에 인열왕후는 인목대비를 모시고 친정아버지 서평부원군 한준겸의 호위아래 강화도로 피난을 떠났다가[70] 인조 5년 5월 5일이 돼서야 환궁을 했다.[71] 강화도에서 돌아온 왕비의 병세가 날로 심각해졌다. 5월 중순 중전의 증세를 자세히 살핀 뒤에 의관과 함께 상의하겠다는 약방제조 서성 등이 올린 계사를 요약하면 다음과 같다.

중전의 증후가 생긴 지 이미 몇 개월이 지났는데 여러 가지 약을 써 보았지만 아직까지 이렇다 할 효험을 보지 못하고 있습니다. 어의 조흥남 등 4명은 "상한傷寒 뒤에 설사가 계속 나니, 배가 불룩해지고 얼굴이 붓는 증상은 모두 이로 말미암아 생긴 것입니다. 보약으로 다스리지 않으면 안 됩니다."라고 하고, 민강과 이유성 등은 "이런 증후는 전적으로 혈허血虛로 인한 생열生熱에서 말미암은 것입니다. 이를테면 하체가 한랭한 증후는 모두 열기로 인해 생긴 것이니, 반드시 먼저 피를 식혀 열을 다스리는 약제를 써야지 만약 미리 보약을 쓰게 되면 열기가 흩어지지 않아 보혈補血의 효과도 작을 것입니다."라고 하여 조흥남이 한 말과 민강이 한 말이 서로 크게 달랐습니다. 신들은 평소 의술에 어두워 절충할 길이 없으니, 더욱 답답하고 염려되는 마음을 금할 수가 없습니다. …… 사물탕과 팔물탕을 지난번에 모두 복용하셨는데 어느 약이 다소 효험이 있었는지 모르겠습니다. 효험이 있으면서 증후에 꼭 맞는 약제는, 비록 성상께서 하교하신 말씀과 의녀가 전한 말로 대략 증후를 알았습니다만 오랫동안 병을 앓고 계신 중이라 더하고 줄인 것과 드시고 물린 것이 대부분 일정치 않았으니, 반드시 근일의 증세를 자세히 안 뒤에라야 의관들과 상의할 수 있습니다. 감히 이렇게 여쭙니다." 하니, 답하기를, "알았다. 민강과 이유성 등의 소견이 옳은 듯하니, 사물탕을 다시 의논하여 쓰는 것이 마땅하겠다. 그리고 증후는 대체로 여전하나 열이 위로 솟고 얼굴이 붓는 증세는 요즘에는 다소 덜하다고 한다."고 하였다.[72]

위 내용을 보면 인열왕후가 오랫동안 병을 앓고 있었으며 어의마다 정확한 진단을 못 내린 채 여러 종류의 처방약을 복용했으나 차도가 별로 없었음을 알 수 있다. 그런데 2개월 뒤인 인조 5년(1627) 7월 17일 친정아버지 한준겸이 돌아가셨다. 광해군 치하에서 유배생활을 하며 중풍에 걸려 반신불수가 되었던 한준겸은 71세라는 고령의 나이로 호위대장이 되어 인목대비와 딸 인열왕후를 모시고 강화도로 향하던 중에 세자의 분조分朝를 따라 남하하여 전주로 가도록 명을 받는다. 왕세자를 모시고 4월에 전주에서 한성으로 돌아왔을 때 병세가 매우 심해져 7월 17일 결국 운명하고 말았다.[73] 인열왕후는 아픈 몸으로 또 다시 친정아버지의 상례를 치러야만 했다.

이듬해인 인조 6년 줄곧 약방에서는 왕비의 병세를 살폈다.[74] 이해 12월 17일에 인열왕후는 여섯 번째 출산을 했는데 아들이었다.[75] 왕비가 건강하지 못한 상태에서 임신과 출산을 한 탓인지 대군은 태어난 지 9개월만인 인조 7년 8월 28일에 사망하였다. 이날 도승지 김수현이 예조에서 올린 사안으로 아뢰기를

"삼가 들건대 신생新生 대군 아기씨가 갑자기 (원문 몇 자 빠짐) 놀랍고 염려됩니다. 비록 상복殤服을 입을 나이는 못 되었으나 해를 넘기지 못한 상과는 다르니(雖未成殤, 異於未踰年之喪), 정조시停朝市하고 □예禮와 예장禮葬 등 여러 일을 즉시 거행해야 마땅할 듯한데 근거할만한 예禮가 없으니 어떻게 해야 하겠습니까? 감히 여쭙니다."라고 하니 전교하기를, "모두 하지 말라."고 하였다.[76]

다음날인 8월 29일에 승지 심액이 다시 아뢰니

"군의 상喪이 아직 상殤에 해당되지는 않는다 하더라도 사안이 중대한 만큼 장례에 관한 일을 귀후서歸厚署에만 전담시킬 수 없습니다. 예조 낭원 한 사람으로 주관하게 하는 것이 마땅할 듯합니다."라고 하니 상이 윤허를 했다. 이때 대군이 태어나 미열월未閱月하고 죽었다.[77]

라고 하였다. 이 두 기사에서 대군의 죽음과 대군 초상의 예우문제가 언급되고 있다. 대군의 죽음은 상복殤服을 입을 나이가 아니라고 했다. 『의례儀禮』 상복조를 보면 8세 이하에 죽으면 상사殤死가 아니므로 복이 없는 상(無服殤)이라고 하였다.[78] 대군이 8세 이전에 죽었으니 상복殤服 즉 미성년자가 죽었을 때 입는 상복喪服을 입을 필요가 없다는 의미이다. 하

지만 대군은 인조 6년 12월에 태어나 인조 7년 8월에 사망했으니 태어난 지 9개월 만에 죽었지만 햇수로는 2살에 죽은 것이다. 그래서 한 살을 넘기지 못한 죽음과는 다르고(異於未踰年之喪) 그 예우도 달리해야한다고 했다.

그렇다면 대군이 미열월未閱月하고 죽었다고 한 기록은 어떻게 해석해야할까? 글자의 의미대로 번역하면 '태어난 지 한 달도 못되어 죽었다.'고 해석할 수 있다.[79] 그런데 그렇게 해석할 경우 대군의 죽음을 한해를 넘기지 못한 상喪과는 예우가 다르다(異於未踰年之喪)고 한 말과 모순된다. 그러므로 미열월未閱月은 오기誤記이거나 아니면 달을 넘기지 못했다는 것은 8월을 넘기지 못하고 죽었다는 의미일지도 모르겠다.

신생 대군이 죽은 지 3개월도 안 지난 인조 7년(1629) 11월 8일에 당시 6살이던 용성대군마저 천연두를 앓다가 갑자기 죽었다.[80] 8월에 대군이 죽었을 때 대신들이 왕의 슬픔을 헤아려 하루 조회를 정지하였는데 이 일에 대해 인조는 오히려 문책을 했다.[81] 용성대군이 죽자 예조에서는 2~3세에 죽은 것과는 달리 예장禮葬을 해야 할 것 같다고 아뢰지만 인조는 이 또한 하지 말라고 명한다.[82] 이와 같은 조치는 세조가 3세에 죽어 무복상無服殤인 원손 인성군仁城君을 예장하고 후사後嗣까지 세우도록 했던 것[83]에 비해 매우 박하게 상장례를 치른 것이다. 왜 그랬을까?

내 생각으로는 인조의 이런 태도는 아버지 정원군을 추숭하고자 한 일과 관련이 있다. 왕위에 오른 뒤에 바로 내우외환에 시달리며 왕권이 흔들렸던 인조는 아버지 정원군을 추숭하는 일을 꾸준히 추진했다. 인조 7년(1629) 8월 양릉군 허적이 상소문을 올려 추숭론을 격발시킨다.[84] 정원군 추숭이란 패를 얻기 위해 인조는 대군들의 상장례라는 패를 버린 것은 아니었을까? 두 명의 어린 아들을 잃은 인조 7년은 인열왕후에게 참으로 잔인한 해이다. 인열왕후는 두 아들의 죽음이 코앞에 있는 줄도 모르고 인조 7년 7월 내내 아픈 인목대비가 약수치료를 하기 위해 인경궁에 거둥할 때마다 모시고 다녔다.[85]

인조 9년(1631)에 인열왕후는 3년 만에 7번째 임신을 했다. 11월에 왕은 왕비의 해산을 위한 일을 미리 준비하도록 하고 산실청은 12월에 설치하라고 하였다.[86] 그 뒤에 왕비가 출산을 했다는 기록이 보이지 않는다. 언급이 없는 점으로 미루어 보아 왕비가 사산死産했을 가능성이 크다. 그런데 이보다 앞선 인조 9년 10월 관곽棺槨 제조와 장례에 관한 일을 담당하던 관청인 귀후서歸厚署 별좌 성취학成就學이 군주君主를 금천에 안장하고 돌아왔다는 기록이 있다.[87] 군주는 소현세자와 세자빈 강씨 사이에 태어난 첫 번째 딸이다. 인열왕후는 같은 해에 첫 손녀와 자신의 7번째 아이를 연이어서 잃는 슬픔을 겪어야만 했다.

나는 이처럼 인열왕후의 출산과 육아에 변고가 생긴 주요한 원인 중에 하나가 계속된 왕실의 대례와 인목대비의 와병과 관련이 있다고 생각한다. 인목대비는 인조 8년(1630) 인경궁으로 옮겼는데 왕비는 자주 문안을 드렸다. 대비가 인경궁으로 옮긴 뒤에 왕과 왕비가 너무 자주 문안을 드리러 거둥하자 승정원에서는 왕이 거둥할 때만 타는 수레인 법가法駕를 마련하기 어렵다고 아뢰기까지 한다.[88] 인조 9년 1월 18일 인목대비의 병세가 심해지자 다음날 시약청을 설치하였다.[89] 인조 9년 내내 인목대비의 환부에 침을 놓고 약을 처방하면서 내의원에서 병세를 살핀 기록이 보인다.

인조 9년 왕비가 7번째 임신을 한 기간 내내 왕비는 위중해지는 인목대비의 병세로 노심초사하며 간병에 신경을 써야만 했다. 인목대비는 인조 10년(1632) 6월 28일 운명했다. 인목대비 사후에 상장례를 치르면서 인조는 병을 얻고 그것이 고질병이 되어 치료를 지속적으로 받는다.[90] 왕비 역시 최선을 다해 인목대비의 상장례를 치르면서 건강을 상했을 텐데 그런 몸으로 병든 왕의 간호를 위해 밤을 지새우곤 했다.[91]

인조 13년(1635)에 인열왕후는 4년 만에 8번째 임신을 하였다. 인조 13년 12월 5일 대군이 태어났으나 그날로 죽었고 나흘 뒤인 12월 9일에 왕비도 운명하고 말았다. 『인조실록』을 보면 "중전이 대군의 죽음으로 인해 병이 위독해져, 신시申時(오후 3~5시)에 산실청에서 승하하였다."[92]고 적고 있다. 기존의 연구에서 인열왕후가 아들 5명[93] 또는 6명을 출산했다[94]고 하였는데 이것은 정확한 것이 아니다. 지금까지 기록을 검토해 본 결과 인열왕후는 8번 임신을 하여 6명의 아들과 1명의 공주를 낳았고 성별이 불분명한 1명은 사산한 것으로 보인다.

인열왕후에게 인조 13년은 기쁨과 고통 그리고 절망의 나락에 떨어져 마침내 죽음을 맞게 되는 해이다. 인조 13년 9월에 내의원에서 왕비의 해산을 위해 10월부터 산실청이 설치하고 의관을 숙직시켜야 한다고 계啓를 올렸다.[95] 왕비의 경우 출산 예정일 3개월 전에 산실청을 배설하는 관례로 보아 산달을 12월로 추정한 것이다. 이와 같은 추정으로 볼 때 왕비는 3월경에 회임을 했을 것이다. 그런데 왕비가 회임했을 것으로 추정되는 바로 인조 13년 3월에 왕은 예조에 후궁 간택을 명했다.[96] 인조 13년 7월에 신탈申梲 · 장류張留 · 허장許將 3명의 딸에게 금혼령을 내리고 나머지는 모두 혼인을 허락하라는 전교를 내렸다.[97] 그리고 8월에 왕은 생원 장류의 딸을 후궁으로 간택하여 숙의淑儀에 임명하였다.[98]

조선 왕실에서는 자손을 번창시킨다는 명목으로 역대 왕들이 후궁을 들였다.[99] 세종의 경우 소헌왕후 심씨 사이에서 이미 4남 2녀를 낳은 시점인 세종 6년(1424)에 예조판서 신상이 후사를 넓히기 위해 어질고 현명하며 충효한 집안에서 후궁을 간택하시라고 청을 하자 왕이 이를 받아들이고 있다.[100] 역대 왕비들은 과연 왕의 후궁을 어떤 마음으로 받아들였을까? 더욱이 임신 중인 인열왕후는 후궁을 간택하는 절차를 지켜보며 그 심정은 어떠했을까?

인열왕후의 묘지명에는 다음 같은 기록이 있다.

> 숙의 장씨가 들어왔을 때에도 은혜롭게 대하며 화목한 분위기를 조성하였으며 아랫사람을 보살펴주는 그 인자함에 사람들이 모두 기쁜 마음으로 순종하였다.[101]

과연 인열왕후가 후궁에게 은혜롭게 대했을까? 인열왕후가 결코 후궁을 너그럽게 받아들이지 못했다는 증거가 있다. 총명하고 재주가 있어 후궁으로 뽑혀 인조의 승은까지 받았던 참판 이성길의 딸이 인열왕후의 미움을 받아 궁 밖으로 쫓겨났다.[102] 이씨가 무엇 때문에 왕비의 미움을 받고 궁에서 쫓겨났는지 정확히 이유는 알 수는 없다. 어쩌면 미모와 재능이 뛰어났던 후궁에게 왕의 총애가 집중될 것을 왕비는 결코 용납할 수 없었던 것은 아니었을까? 그러므로 임신 중인 왕비는 후궁의 간택절차를 지켜보는 마음이 결코 편치 못했을 것이다. 왕비는 8번째 임신기간 내내 줄곧 이 문제로 스트레스를 받았을지도 모른다. 이미 4명의 자녀를 영유아기에 연속적으로 잃었기 때문에 더욱 긴장했을 테고 또 출산 당시 42세였던 인열왕후는 노산으로 그만큼 위험했을 수도 있다. 결국 갓 태어난 대군이 죽자 인열왕후는 충격을 감당하지 못하고 죽음을 맞았다.

13년간의 왕비시절 인열왕후가 고난으로만 점철된 시간을 보낸 것만은 아니다. 청성현부인시절 출산한 세 아들이 관례와 혼례를 치르는 것을 모두 보았다. 인조 3년(1625) 1월 첫째 아들이 14세의 나이로 관례를 올리고 왕세자(소현세자)에 책봉되었다. 소현세자는 16세가 되던 해인 인조 5년(1627) 강석기의 딸과 가례를 올리고 강씨가 세자빈에 책봉되는 순간도 보았다. 둘째 아들이 8세인 인조 4년(1626)에 봉림대군에 봉해졌다. 봉림대군은 13세인 인조 9년(1631)에 장유의 딸 장씨와 가례를 올렸다. 셋째 아들이 8세인 인조 7년(1629)에 인평대군에 봉해지고, 13세인 인조 12년(1634)에 오단의 딸과 혼인하는 것도 보았다.[103] 하지만 이 세 아들의 혼인은 왕실의 큰 행사로 복잡다단한 준비와 의식을 거쳐야만 했다. 세 아들의 혼례는 기쁜 일이기도 했지만 인열왕후의 임신과 출산을 전후한 시기와 맞물려 심신의 피로를 가중시켰을 것으로 보인다.

5장
인목대비의 음영

인목대비의 저주인가?

인목대비의 위상과 예우

정명공주의 저주일까?

5장
인목대비의 음영

인목대비의
저주인가?

　　　　　　　인목대비는 인조 10년(1632) 6월 28일 운명
했고, 장례는 10월 6일 치러졌다. 인조는 인목대비의 상장례를 치르는
동안 건강에 적신호가 왔다. 이때 궁중에서 저주한 것으로 보이는 물건
이 발견되면서 대신들이 철저히 저주사건을 조사할 것을 청하면서 옥사
가 시작되었다. 이 사건이 공론화된 것은 인목대비의 장례를 치르고 얼
마 안 지나서이다. 인조 10년 10월 23일 왕은 국청을 설치하여 국문을
하도록 명한다. 이와 같은 조치는 인조의 병이 저주와 관련이 있다고 생
각했기 때문이다. 이 저주사건에 주모자로 지목된 사람은 인목대비전의
궁녀 말질향·옥지·귀희 등이다. 『인조실록』에 이 사건의 전말이 상세히
기록되어 있다.[1] 이 기록을 근거로 사건의 전말을 요약하면 다음과 같다.

인목대비 생전에 옥지 등 3~4명이 밤마다 문을 닫고 몰래 구석진 곳에서 제사를 지내며 기도하였는데, 인목대비의 초상初喪에 이 일에 대해 거론하는 사람이 있어 상궁에게 물으니 그 기도는 병환 중이신 인목대비의 친정어머니 연흥부인延興夫人을 위한 것이라고 했다. 하지만 궁중에서 흉측한 물건이 나오자 이 기도가 저주를 위한 것임을 알았다. 만약 연흥부인을 위하여 기도했다면 문을 잠가 놓고 남에게 숨길 리가 없었을 텐데 야심한 밤에 제사지낸 것이 의심스럽고 인목대비가 죽은 지 3일 만에 대비의 궁녀 말질향이 이유 없이 독약을 마시고 죽은 것도 더욱 의심을 불러일으킨다. 따라서 왕은 의심스러운 궁녀를 모두 구속하여 신문하라고 명했다. 국문에서 옥지가

> 계축년(광해군 5년, 1613)에 저주한 일로 인하여 그때 나인들이 많이 죽었기 때문에, 저주에 대한 말은 사람들이 모두 귀를 막고 듣지 않았으며, 임금과 대비가 화합하셨는데 어찌 그와 같은 마음을 품겠습니까?

라고 진술하였다. 계축년의 저주한 일이란 인목대비의 궁녀와 무당이 인목대비의 사주를 받고 선조의 첫 번째 왕비인 의인왕후 박씨의 능인 유릉裕陵에 저주했다는 사건을 말한다. 이 사건을 빌미로 인목대비는 경운궁(서궁)에 유폐되었다. 옥지는 말질향이 병으로 죽었다고 들었다며 만약 함께 저주를 도모하였다면 저도 마땅히 함께 죽었어야 되는데, 어찌 말질향 혼자만 죽도록 하였겠습니까? 제사를 지낼 때에 임금의 침전寢殿 사람들이 제사지내는 것을 모르는 이가 없었으니 굳이 숨긴 일이 아니었습니다. 그리고 (인목)대비가 늙으신 어머니를 위하여 기도하면서 항상 이르기를 "내가 살았을 때 효성을 다하고 싶을 뿐이다."라고 하셨는데, 이

런 말씀을 듣고 어찌 감히 기도하는 일을 꺼렸겠습니까?라고 했다.

문제는 귀희의 여종 덕개와 옥지의 계집종 득화의 진술이었다. 귀희는 선조 때 궁녀로 들어왔고 선조가 죽을 때 귀희에게 작위를 주고 잘 보살펴주라는 유언을 인목대비에게 했다고 한다. 귀희는 정4품의 소원昭媛의 품계를 받아 윤소원尹昭媛이라고도 칭한다. 덕개를 신문하니 다음과 같이 진술했다.

> 나인 이애단이 연등을 달기 위해 관왕묘關王廟에 가게 되면, 언제나 귀희와 더불어 비밀히 의논하였습니다. 지난해 8월에 애단의 동생同生[2] 이장풍이 흰 고양이 머리를 가져다주어 주방廚房에 놓아두었으며, 애단이 또 길이가 한 자가 채 못 되는 싸맨 물건을 가지고서 귀희와 말을 주고받았는데 좌우 사람들을 물리쳤기 때문에 그 말을 듣지 못하였습니다. 또 애단이 아이의 머리를 가지고 와 장보문長保門에 (왕이 대비께) 문안드리러 다니는 길에 묻도록 하였습니다.

그런데 이렇게 죄를 시인한 덕개에게 물건을 묻었다는 장소를 찾도록 하자 묻은 장소를 지적해내지는 못했다. 옥지의 계집종 득화를 신문하자 아래와 같이 진술하였다.

> 경오년(인조 8년, 1630) 여름 동안 애단이 나갈 적마다 반드시 이상한 물건을 가지고 들어오곤 하였는데, 모양이 보릿가루와 같으면서 약간 푸른 빛이 있었습니다. 그것을 윤소원(귀희)에게 바칠 즈음에 마침 보게 되었는데, 날이 저물자 애단이 이 물건을 가지고 바로 대전大殿의 침실로 갔었습니다. 지난해 7월에 무슨 제사인지는 모르겠습니다만 옥지가 밤에 목욕재계하고 깨끗한 옷으로 갈아입고서 갔었습니다.

하지만 귀희와 애단은 그러한 사실이 없다고 부인했다. 귀희는 계축년 변고 이후에 무당과 점쟁이에 관한 일을 일체 묻지 않았고, 대비가 승하하실 때에도 점쳐본 일이 없었으며 덕개가 자백한 말은 지어낸 말로 모두 근거 없는 말이라고 했다. 애단도 오랫동안 주방에 있으면서 다른 일을 맡지 않았고 관왕묘에 나가지도 않았는데 어떻게 연등을 달 수 있으며 아이의 머리를 묻어 놓았다는 것도 전혀 모르는 일이라고 부인했다. 이장풍도 애단과는 1년에 한 번씩 안부만을 주고받았고, 또 줄곧 시골에 있었으므로 절대로 이 일을 알 수가 없었다고 했다. 저주를 했다고 지목되었거나 이 사건에 연루되었던 귀희와 옥지는 사사賜死되고 덕개는 처형당하였다. 득화·애단 등 여러 나인과 귀희·옥지가 거느렸던 계집종 및 이장풍은 모두 곤장을 맞다가 죽었다.

인목대비를 모셨던 궁녀나 그들과 관련이 있던 인물들을 중심으로 옥사가 이루어졌지만 드러난 사실은 별로 없다. 다만 인목대비의 궁녀와 그 궁녀들과 관계가 있었던 인물들이 모진 형벌을 견디지 못하고 죽거나 처형당하는 것으로 사건은 마무리 되었다. 그런데 이 사건에 대해 좀 더 구체적으로 기록한 『응천일록』을 보면 애단이 무녀의 집에 자주 왕래했으며 역모에 동참했다는 진술이 있다. 그리고 귀희와 옥지를 역괴逆魁로 단정하여 논죄를 하였다.3) 그렇다면 역모의 진상은 무엇인가?

인조 10년(1632) 10월에 궁중저주사건이 공론화되기 바로 일주일 전인 10월 16일 종실 회은군 이덕인을 왕으로 추대하려 했다는 역모사건을 고변하는 상소가 올라와 국청이 열렸다. 관계된 인물들을 신문하는 과정에 양녕군(선조의 서장남 임해군의 양자. 경창군의 차남)을 위하여 경창군(선조와 후궁 민씨 소생)이 남몰래 역모를 꾸미고 점술가에게 물어 거사 시기를 정했는데 인목대비도 이 사실을 알고 있었다는 진술이 나왔다. 그러나 이 사건

은 임해군 궁노宮奴의 처 어현이 꾸며낸 말로 밝혀졌다.4)

그런데 바로 앞에서 상론한 인조 10년 10월 23일 궁중저주사건에 관한 『인조실록』의 기사 말미에 돌연 인목대비의 초상初喪에 궁중에서 발견되었던 비단에 써놓은 **백서**帛書 3폭이 거론되고 있다. 인목대비는 인조 10년 6월 28일 죽었다. 그렇다면 이 백서가 발견된 지 4개월이나 지나서 저주사건과 관련되어 언급된 이유는 무엇일까? 『인조실록』에 보면 왕이 이 백서를 왕실 친척들에게 보여준 후에 불살라버렸다고 한다. 이 백서에는 임금을 폐하고 옹립하는 내용이 있었으며 인목대비가 광해군 치하에서 서궁西宮에 유폐 당하였을 때 쓴 것이라고 말하지만, 과연 그런 것인지 알 수 없다5)는 의문을 남기고 있다. 그렇다면 인조는 인목대비의 초상에 발견된 백서를 불살라버렸고 문제 삼지 않을 것처럼 했다가 왜 4개월이 지나서 옥사를 일으키고 이 사건이 다시 문제가 되었을까?

역모사건이 비록 허위사실로 드러났지만 인조는 인목대비가 역모사건에 연루됐을지도 모른다는 의심을 했다. 백서가 광해군 치하에서 써놓은 것이라고 하면 왜 새 왕이 즉위한 후에도 10년간이나 보관하고 있었을까? 혹시 광해군 치하가 아닌 인조 자신이 즉위한 후에 써놓은 것은 아니었을까? 인조는 인목대비의 초상 때 불태워버렸다는 백서와 저주사건이 관련 있다고 생각했다. 인목대비가 생전에 대비전 궁인들을 시켜 왕을 저주했고 그 저주는 왕을 폐위하거나 왕을 새로 세우는 백서의 내용과 불가분의 관계가 있다고 본 것이다. 또 인조는 인목대비 상례 중에 건강상에 문제가 생기자 찾아내지 못한 저주물이 궁궐의 어딘가에서 왕의 병에 빌미가 되었다고 생각했다. 인조의 이러한 의심의 배경을 이해하기 위해서는 먼저 인목대비의 위상과 역할이 인조에게 어떤 의미였는지 이해할 필요가 있다.

인목대비의 위상과
예우

인목대비는 인조에게 어떤 존재인가? 인목대비는 인조가 반정이라는 명분으로 광해군을 폐위시키고 왕위에 오를 때에 교서教書를 내려 인조의 왕통을 승인한 왕실의 어른이다. 인조반정의 가장 큰 명분의 하나는 광해군이 모후母后인 인목대비를 폐위시켜 서궁에 유폐시키고, 인목대비가 낳은 영창대군을 죽인 폐륜이었다. 그러므로 인조는 반정의 명분을 위해서도 인목대비에게 지극정성으로 효성을 다하는 모습을 보여야만 했다. 인조반정 직후 산림山林으로 중용되었던 기호학파의 영수이자 기호사림의 좌장인 김장생이 올린 상소에 시무책時務策으로 논한 13가지 중에 하나가 바로 임금이 효도를 극진히 해야 한다(盡聖孝)고 했다. 김장생은 극진히 해야 할 효도의 구체적인 내용에 대해서 말하기를

효도는 모든 행실의 근원입니다. 공자가 말한 '선왕이 지극한 덕과 요긴한 도를 지녀 천하를 순리대로 다스려 백성이 이로써 화목하게 되었다.'라는 것이 바로 이것입니다. 전하께서 10년간이나 유폐 생활을 하신 인목대비를 받들어 정전正殿에 모실 때에 화기애애한 얼굴과 기쁜 얼굴빛으로 수라를 살피고 문안을 드리는 데 일찍이 조금도 게을리 하지 않으셨기에 온 나라가 깜짝 놀랐으니, 그 누가 성인의 큰 효도라 말하지 않을 수 있겠습니까. 양자가 말하기를, '어버이를 섬기면서 스스로 그 부족함을 안 사람은 순 임금이다. 만일 나의 효도가 이미 극진하다고 생각한다면 그것은 곧 성인의 효도가 아니다.' 하였습니다. 전하께서도 항상 부족한 마음을 가지고 하루 내내 어버이를 섬기는 효도가 순 임금만 못한 것이 있는지 살피시

어, 만일 털끝만큼이라도 미진한 부분이 있을 경우 두려운 마음으로 경계하고 반성하여 더욱 그 정성을 다한다면 자식은 효도하고 어버이는 자애로이 각각 그 도리를 다하게 될 것이니, 수많은 백성들이 감응하는 것과 새나 짐승이 생육하는 것도 모두 여기에서 근본 할 것입니다.[6)]

라고 했다. 그러므로 인조는 신민이 탄복할 만한 지극한 효성을 인목대비에게 함으로써 반정의 명분을 극대화하고 자신의 왕권을 공고히 하는 수단으로 삼았다.

인목대비의 딸인 정명공주는 광해군 치하에서 인목대비가 서궁에 유폐되어있던 10년 동안 인목대비와 함께 지냈다. 인목대비는 어린 아들 영창대군이 참혹한 죽임을 당한 후에 정명공주도 죽임을 당할지 모른다는 생각에 자신의 목숨을 걸고 보호했다. 인조는 인목대비가 애지중지하는 정명공주에게 매우 방대한 규모의 사패賜牌를 내려주어 인목대비의 마음을 흡족하게 하고자 했다. 사패는 국왕이 내리는 토지나 노비이다. 정명공주에게 사패한 토지 중에 천성天城이 있었는데 이때 관원이 실수로 천성의 보堡까지 포함시켰다. 변방의 보堡는 사패에 포함시켜서는 안 되는데 잘못 포함시킨 관원을 사헌부에서 문책하도록 하였다.[7)]

천성은 오늘날 부산 천성동일대이다. 조선시대 왜구가 자주 출몰한 이곳은 중요한 군사요충지이자 어촌이 발달하여 물산이 풍부하였다. 또 관향사管餉使 남이웅이 정명공주의 재령載寧의 전답에서 나온 곡물을 군향軍餉으로 전용하였는데 인조는 이를 해당부서에서 갚도록 했다.[8)] 재령은 황해도 소재지로 한반도에서 손꼽히는 넓은 평야(재령평야)가 있는 곳으로 대표적인 곡창지대였다. 정명공주에게 하사한 토지가 황해도에서 부산까지 전국에 분포했음을 알려주는 내용이다.

정명공주는 인조반정 후에 바로 홍주원과 혼인하였다. 이때 홍주원은
승덕대부 영안위永安尉에 봉해졌다.[9] 홍주원은 대사헌을 지낸 홍이상의
손자이다. 홍이상은 선조 때 오랫동안 경연관으로 있으며 학문과 인품을
인정받았으나 강직한 성품으로 왕의 뜻을 거슬러 외직으로 나갔고, 광해
군 때에는 이이첨 · 정인홍의 일파에 몰려나서 개성유수로 좌천 되었다가
죽었다.[10] 아버지 홍영은 광해군 때에 김포현령을 역임했다.[11] 홍주원의
어머니는 이정구의 장녀이니 홍주원은 이정구의 외손자이다.

이정구는 선조와 광해군 때에 대제학을 거쳐 예조판서와 호조판서 등
을 역임하였다. 그는 문장가로서 명성이 중국에까지 알려졌고 중국과의
외교에 주요한 역할을 한 인물이다. '계축옥사' 이후 대비전(서궁) 알현이
폐지된 상황에서도 대비전에 나아가 문안을 했으며, 폐모론에 참여하지
않아 인목대비의 신뢰를 받았다. 이정구는 반정 후에 예조판서에 임명되
었고 이후 병조판서 · 우의정 · 좌의정 등 주요 요직을 역임했다.[12] 인조
반정 후에는 함께 등용된 이원익 · 신흠 · 오윤겸 · 정경세 등은 물론 김장
생과도 교유하였고 김류 · 최명길 · 장유 등 주요 반정공신과도 광범위하
게 교유했다.[13]

홍주원이 부마로 낙점을 받는데 외조부인 이정구의 배경이 작용했다.
조선시대 부계만이 아닌 모계 혹은 배우자의 가계家系도 중요시 여겼고
외손外孫에 대한 관심과 배려가 컸던 만큼[14] 홍주원에게 외조부 이정구
는 든든한 배경이 되었고, 정명공주와 결혼함으로써 인목대비라는 또 하
나의 막강한 배경을 갖게 되었다. 정명공주와 홍주원의 결혼식은 지나치
게 사치하다고 조정에서 논란이 되었지만 인조는 정명공주에게 더 많은
혼례품을 하사하도록 했다. 심지어 임금이 타는 어승마御乘馬를 인목대비
가 영원위 홍주원에게 하사하라고 하교하자 사간원에서 그 잘못을 논했

지만 인조는 별로 문제가 될 것이 없다고 했다.[15]

결혼 후에 정명공주는 호화주택을 건축하여 논란이 되었다. 하지만 이런 논란에도 불구하고 인조는 오히려 인경궁을 짓다가 남은 목재와 기와를 정명공주가 200칸의 집을 짓는데 하사하라고 호조에 명을 한다. 인경궁은 광해군 때 명당이라는 풍수지리설을 믿고 인왕산 아래 호화로운 궁전을 신축하다가 공사가 중지된 곳이다. 이런 하교를 내리자 우승지 김덕함이 이 목재와 기와는 광해군이 백성의 고혈을 짜서 나온 민력民力과 민원民怨으로 쓰지 말아야 할 곳에 써서는 안 된다고 하였다. 창덕궁과 창경궁도 무너진 데가 있어도 수리를 못하고 있으니 이 건축자재를 비축했다가 두 대궐에 쓰고 주상께서 옮기셔야 할 것이라고 간언하였다. 인조 2년(1624) 이괄의 난으로 궁궐이 불타버려 인조는 당시 경덕궁에 거처하고 있었다. 논란이 되자 인조는 물량을 약간 줄여서 170칸을 지을 목재와 기와를 내리라고 했다.[16] 정명공주와 홍주원은 인목대비라는 배경과 왕의 절대적인 지지와 후원을 받으며 그 위세가 하늘 높은 줄 모르고 오만방자했다. 공주가 집을 수리할 때 만행의 한 사례를 보자.

> 공주가 집을 짓느라 크게 토목 역사를 일으켜 운반해 오는 돌과 나무가 도로에 잇달았고, 궁노宮奴들을 놓아 남의 담장 돌을 빼갔으며, 사족의 부녀자들을 욕보이기까지 하였다. 이에 사헌부가 논계하기도 전에 곧장 그의 궁노를 가두자, 사람들이 모두 통쾌하게 여겼다. 모두들 홍주원이 나이가 젊고 교만하여 법과 제도를 지키지 않는 것을 허물했으나, 홍주원은 조금도 두려워하거나 꺼리는 뜻이 없었다.[17]

정명공주의 궁노들조차도 정명공주의 배경을 믿고 거리낌 없이 만행을 저질렀다. 정명공주의 집을 짓는 동안 인조는 호조에 명하여 다량의 철 3,000근·온돌석 350엽·무명 15동·쌀 100석을 하사하라고 했다.[18] 정명공주의 집 건축은 1년 넘게 지속되었다. 집이 완공되고 다시 1년이 지난 인조 4년(1626)에 특명을 내려 정명공주의 집을 수리해주라고 하며 그 비용을 호조에 부담시켰다. 이에 대간들이 이의를 제기하며 왕에게 사재私財를 써서 도와주시라고 청했다. 인조는 대간들의 발언이 매우 모욕적이라고 하며 중국 사신이 행차했을 때 쓰고 남은 물건과 명절에 진상한 물건 등으로 비용을 충당하라고 한다.[19] 집수리 비용은 물론 집수리에 국가의 공공기관을 동원하자 논란이 되었고 이런 논란을 의식해서 인목대비는 언서로 승정원에 다음과 같이 하교했다.

> 정명공주의 집을 수리하는 일에 대해 당초 주상은 공가公家에서 하도록 명하려 하였다. 그러나 내 생각에 중국 사신이 겨우 돌아갔으니 해당 부처의 물력이 바닥났을 것이라고 여겨져 내가 개인적으로 마련해 주겠다는 뜻을 누차 강력히 고하였다. 그런데 주상은 선조께서 처음에 이 따님을 얻고 매우 사랑하신 것을 어려서부터 익히 아셨던 터라 항상 지성으로 대하였으므로 내가 늘 감격하여 마음속으로 잊지 않았었다. 이러했기 때문에 최근에도 명을 환수하시라고 매양 간절히 말씀드렸는데도 아직까지 들어주지 않고 계시니, 내가 매우 민망하다.[20]

인목대비가 여론을 의식해서 자신의 사재로 해주겠다는 뜻을 밝힌다. 집수리로 비난여론이 일자 홍주원은 집수리를 하는 것이 미안하다며 인목대비에게 여러 차례 아뢰자 인조는 오히려 승정원에 공주 저택 수리는 홍주원을 위해서 하는 일이 아니다. 그런데도 영안위가 집을 수리하는 것이 미안하다면서 누차 자전慈殿(인목대비)께 번거롭게 아뢰었으니, 매우 외람되다며 문책하라는 명을 내렸다.[21] 이에 대해 당시의 비판적인 사론을 보면 다음과 같다.

> 과거의 역사를 살펴 보건대 공자公子나 왕손王孫들의 저택이 제도를 벗어나 무도하게 사치스러웠던 경우에는 귀신이 엿보는 재앙을 거의 면하지 못하고 끝내는 전복되고 말았으니 경계하지 않을 수 있겠는가? 자전(인목대비)이 광해군이 패란한 짓을 할 때에 갖갖 위해危害와 모욕을 받았는데, 그때 공주가 이미 혼기를 넘겼지만 오히려 상대를 택하는 일도 거행하지 못하였다. 그러다가 오늘날에 와서야 혼인을 하게 되었으니 두려워하고 삼가는 마음이 반드시 일반 사람들보다 몇 배는 될 것인데, 겨우 한 해가 지나고 나자 그만 욕심을 채우려는 뜻이 가득하게 되었다. 영안위 홍주원도 일에 따라 제대로 몸을 단속하지 못한 채 마침내 산택山澤의 이익을 독점하는 짓을 하여 침탈하는 폐해가 여염에까지 미치게 하고, 제방을 쌓거나 토목 공사를 하며 모두 개인적인 일로 민간에 폐해를 끼친 일이 많았다. 그래서 사람들이 다투어 심각하게 비난했는데도 자전은 (공주를) 사랑하는 것이 지나치고 주상은 자전慈殿의 뜻을 받들기에만 전념하며 민간이 피해 받는 것은 염두에도 두지 않았으니, 어찌 탄식을 금할 수 있겠는가?[22]

이처럼 인목대비의 정명공주에 대한 지나친 총애로 홍주원이 민간에 피해를 끼쳐 원성을 사고 있는데도 인조는 인목대비의 뜻을 맞추기에 급급했다. 정명공주에 대한 인조의 지나친 예우는 인목대비의 마음을 얻기 위해서였다. 인조는 인목대비에게 최선을 다해 효를 행하고 있다는 것을 보여주었고, 인목대비가 애지중지하는 정명공주와 사위인 홍주원에게도 지나친 예우를 했다. 광해군 치하에서 모진 고난을 겪고 살아남은 인목대비는 매우 엄격하고 급한 성격이었다고 한다. 이런 대비에게 인조는 자신의 뜻을 굽히고 안색을 살펴 받들어 조금도 어기는 일이 없었고 그 지극정성이 귀신도 감동을 줄만하였으므로 대비전의 궁인 가운데에 말을 교묘하게 하는 자가 있기는 하였으나 감히 이간질을 하지 못했다는 기록이 전한다.[23]

　실제 인조와 인목대비의 관계가 어떠했는지에 대해서 알 수 있는 구체적인 자료는 별로 많지 않다. 인조가 인목대비를 지극정성으로 받들었고 인목대비의 뜻에 맞추어 정명공주 부부에게도 비난의 여론을 무릅쓰고 지나친 예우를 했지만 인목대비는 과연 인조를 전폭적으로 지지했을까? 인목대비는 국정에 관심을 표하며 자신의 의견을 언문으로 내렸고, 오히려 인조에게 압력을 행사한 흔적이 보인다.

　인조 2년(1624) 1월 이괄의 난 때에 반란군이 곧 서울에 다다르게 된 위급한 상황에 인조가 남쪽으로 피신할 것을 의결하고 채비를 하였는데 처음 인목대비는 호종하는 자에게 말하기를, "나라가 어지러운데 누가 왕위에 서게 될지 알겠는가. 이 늙은 과부가 지금 여기 있다고 무슨 어려움이 있겠는가." 하고는 움직일 기색이 없었다. 이에 문 밖에서 대기 중인 군신들이 매우 난감했으나 달리 방법이 없자 부마인 홍주원에게 대비를 설득하도록 하였다. 처음엔 홍주원도 자신이 무슨 수로 대비를 설득할 수 있느냐며 끝까지 나서지 않았다. 마지막으로 이덕형이 "지금 적병이 다가오고 있어 주상이 남으로 가시는데 대비가 만약 여기에 계신다면 이는 바로 그대 집안과도 관계되는 일이네. 만약에 사변이라도 있는 날이면 그대 가문이 씨가 마를 것인데 그게 무섭지 않은가?" 하자 홍주원이 얼굴이 벌겋게 되어 급박하게 대비에게 달려 들어가서 설득한 후에 대비가 바로 출발할 것을 명했다.[24]

　처음에 피난지를 의논할 때 우의정 신흠과 서평부원군 한준겸, 예조판서 이정구 등이 인목대비와 중전을 호종하도록 명한 것을 보면 인목대비

와 인열왕후 두 사람이 같은 곳으로 피난길을 떠나기로 했음을 알 수 있
다. 그러나 반란군이 이미 가까운 곳에 이르렀다는 보고를 받은 왕은 육
로로 피난 가는 것은 염려스럽다며 인목대비께 강화도로 피난하시도록
청했다. 피난행렬이 출발한 얼마 후에 이정구가 인목대비를 왕이 머무는
행재소로 모셔와야 한다고 하자 강화도로 향하던 인목대비의 행차를 돌
리게 하였다.[25]

인조 2년 2월 9일 중전을 모시고 가던 신익성이 중전의 하교를 받아
인목대비를 뒤쫓아 가 양화楊花 나루터 근처에서 모시고 돌아왔다.[26] 그
런데 당초 대비의 행차를 왕의 행재소가 있는 쪽으로 돌리려고 할 때 대
비가 돌리지 않겠다고 고집하여 난감한 상황에 처했다. 신익성이 인목대
비를 간신히 설득해서 행차를 돌려 수원에 이르렀을 때 왕이 기진맥진하
였다고 한다. 2월 9일 반란군의 기병이 이미 한성에 도달해서 "새 임금이
즉위했다."고 외쳤고 다음날 이괄이 한성에 들어와 경복궁 옛터에 주둔
하였다.[27] 피난행렬이 수원에 머무르고 있을 때 왕은 이처럼 급박한 상
황을 전해 듣고 반란군을 막을 대책과 피난처의 방향조차 정하지 못한
채 속수무책이었다.

인조 2년 2월 10일 인목대비는 전국의 신하와 백성들에게 의병을 일
으켜 반란군과 싸울 것을 독려하는 명령서를 내렸다. 『인조실록』을 보면
"왕대비가 조정과 온 나라의 신민에게 하유下諭하였는데 그 서書에 이르
기를…(王大妃下諭中外臣民. 其書有曰…)"이라고 하였다. 이 내용을 보면 인목
대비가 유서諭書를 내렸음을 알 수 있다. 인조는 인목대비보다 하루 늦은
2월 11일에 비로소 여러 도道에 신민臣民이 의병을 일으켜 반란군을 베라
고 하유下諭한다.[28] 왕이 아닌 대비가 유서諭書를 내린 것을 어떻게 해석
해야할까?

유서論書는 조선시대 병란兵亂이 일어나면 즉시 군사를 동원할 수 있도록 하는 밀부密符 즉 병부兵符의 운용이나 관원과 백성을 훈유訓諭하는 문서로 왕이 어보御寶인 유서지보論書之寶를 찍어야만 한다. 이런 유서를 인목대비가 왕보다 먼저 내렸다는 것은 무엇을 의미하는가? 인목대비의 언행을 보면 변란으로 새로운 왕이 세워질지도 모른다고 생각했고 그때 다시 자신이 왕대비로서 중요한 역할을 하고자 했으며, 왕처럼 행동하고 있음을 알 수 있다. 왕대비의 역할을 시사하는 중요한 단서이다.

왕위의 안위나 존폐에 인목대비의 결정적 역할을 시사하는 또 하나의 사건은 바로 인조 6년(1628)에 발생한 유효립의 모반사건이다. 유효립이 선조의 서자인 인성군 이공李珙을 왕으로 추대하려고 했다는 것이다. 이 사건은 허적의 고변으로 거사 전에 탄로가 났고 잡혀온 유효립을 추국하던 중에 인성군이 인목대비의 밀지密旨를 받았다고 진술했다. 국청鞫廳에서 유효립이 자백한 내용을 왕에게 아뢰자 인조는 불살라버리라고 한다. 인조는 인성군이 역도의 무리와 모의를 한 것이 아니고 역도들이 인성군의 이름을 끌어들인 것이라며 인성군의 연루설은 믿을 것이 못된다고 했다. 왕은 사건이 확대되는 것을 막으려고 했지만 인목대비는 자신이 밀지를 내렸다는 것은 삼척동자도 믿지 못할 얘기이고 이 흉측스런 말의 출처를 철저하게 신문하여야 한다고 국청에 하교를 내린다.[29]

대비가 인성군에게 밀지를 주었다는 역도의 진술에 인목대비는 매우 분노했고 강력하게 인성군을 처형하라고 했다. 인목대비뿐만 아니라 당시 집권세력인 서인집단에서도 집요하게 인성군을 제거하고자 했다. 무엇보다도 인성군의 처형에 결정적 작용을 한 것은 인목대비이다. 인조가 인성군의 처형을 주저하자 인목대비는 계속해서 인성군을 처형하도록 전방위로 왕을 압박했다. 그렇다면 인목대비는 왜 인성군을 끝내 제거하려고 하였을까?

인목대비는 인성군에게 해묵은 원한이 있었다. 인성군이 광해군 때 인목대비를 처단하라는 무오정청戊午庭請에 참여했기 때문이다. 광해군 5년(계축년. 1613) 계축옥사가 일어난 후 대비를 폐출하라는 상소가 거듭 올라왔다. 인목대비가 왕(광해군)을 폐위시키고 자신의 친아들 영창대군을 보위에 올리려고 역적과 호응하였고 미구에 왕에게 참혹한 화를 끼치게 될것이라고 했다. 그러므로 '호씨의 정론'에 따라 즉시 종묘에 고하고 대비를 죽여야만 한다고 했다. 이런 상소는 계축옥사가 일어난 광해군 5년(계축년, 1613)부터 광해군 10년(무오년, 1618)까지 꾸준히 올라왔다. 호씨의 정론이란 호안국胡安國이 『춘추호씨전』에서 당나라 측천무후에 대해 논한 내용이다. 아들들(중종, 예종)을 마음대로 황제의 자리에 앉혔다가 폐위시키고 마침내 스스로 황제 자리에 올라 전횡을 한 당나라 측천무후는 마땅히 종묘에 고하고 죽였어야 옳다고 했다. 광해군 10년(무오년) 인목대비를 측천무후에 비유하여 처단하라는 무오정청에 인성군도 참여했다. 인성군은 왕자와 여러 종실을 이끌고 광해군에게 인목대비는 큰 역적이므로 공론을 따라서 종묘사직을 편하게 하시라는 계사啓辭를 여러 번 올렸다.[30]

인목대비가 인성군을 용서할 수 없는 또 하나의 이유는 정명공주를 예우하지 않았다는 것이다. 인목대비는 정명공주가 10년이나 경운궁에 유폐되었다가 밖으로 나왔는데도 인성군이 끝내 찾아오지 않은 것을 분하게 여겼다.[31]

인조반정 후에 공신들은 인성군의 죄과를 논해야만 한다고 했다. 특히 공신 이귀는 인성군이 광해군에게 잘 보이려고 인목대비를 폐하고 시해하려던 폐모廢母 · 시모弑母에 부화뇌동했으니 중죄로 다스려야한다고 했다.[32] 인조는 인성군이 무오정청에 참여한 것은 남을 따라서 부득이하게 참여한 것이지 본심은 아니기에 논죄하지 말라고 하고 숙부로서 예우를 했다. 그런데 유효립의 모반사건에 연루되어 조사를 받던 이효일이 "인성군이 (이괄의 난에 연루되어) 간성杆城으로 귀양 가 있을 적에 인목대비가 안쓰럽게 여긴다는 내용의 서신을 보냈고, 인성군이 이 글을 정묘호란(인조 5년)이 발발했을 때 홍주원에게 전했으며 이어서 병조판서에게 보이게 하였는데 전했는지 여부를 알지 못하겠다."는 자백을 했다. 인조는 이 진술에 신빙성이 없다고 보고 당시에는 문제 삼지 않았다.[33]

이 자백은 인성군과 인목대비 → 홍주원 → 병조판서였던 이정구가 서로 밀접한 관계가 있었고 모반사건과 연루된 것처럼 보인다. 홍주원과 이정구는 역적 이효일의 자백에서 자신들이 거명된 것을 이유로 죄를 내려달라고 왕에게 청했지만 인조는 흉도들이 거짓으로 끌어들여 속이려 한 것이라며 안심하고 업무를 수행하라고 한다. 하지만 인목대비는 자신과 사위 홍주원은 물론 홍주원의 외조부 이정구까지 모반사건에 거명되는 것을 더 이상 간과할 수 없었다. 대비는 대신과 육조 판서에게 직접 하교하여 주상에게 강력히 간쟁해서 인성군 처단을 윤허 받으라고 했다.[34]

인성군은 이괄의 난 때 역도들이 왕으로 옹립하고자 했다는 혐의를 받았을 때 유배형으로 끝났지만 유효립의 모반사건에 연루되어서는 더 이상 목숨을 부지하기가 어려웠다. 훈신과 서인세력들은 물론 인목대비가 강력하게 처단하기를 요구하자 인조도 어쩔 수 없어 유배지인 진도에 의금부도사를 보내 인성군이 자결하도록 한다.[35]

인목대비는 위기의 순간에 왕의 존폐를 결정할 수 있는 중요한 열쇠를 쥔 존재였다. 인조반정에 대해 조야의 여론이 냉소적이었고,[36] 집권 초기 내란과 외침 그리고 모반으로 인해 불안한 왕권을 유지해야했던 인조는 인목대비의 권위와 지지가 절대적으로 필요했다. 인목대비의 태도, 거취의 향배가 왕권에 커다란 도전이요 압박이 되기도 했다. 그렇기에 인조는 인목대비에게 효성을 다하고 대비의 뜻을 받들며 순종해야만 했다. 인목대비의 이러한 권위와 지지는 양날의 칼 같은 양면성이 있었다. 내가 칼의 손잡이를 잡으면 힘이 되지만 그 칼날이 나를 향하면 치명적인 위협이 될 수 있는 것처럼 말이다. 즉 누군가가 칼의 손잡이를 잡아서 모반을 꾀한다면 그 칼날에 인조의 왕권은 위협 받게 된다. 인조는 표면적으로 인목대비의 뜻을 받들면서 명분을 다했지만 인목대비의 국정 관여와 영향력 행사를 과연 어떻게 생각했을까?

인조는 인목대비의 거상기간 중에 최선을 다해 상례를 행하였다. 제왕帝王이 거상居喪하는 절차는 형편상 부득이하여 일반인과는 다르게 27일이 지나면 정상적인 식사를 했으나 인조는 그 기간이 지나서도 절식을 하고 제사를 반드시 직접 지내며 슬픔을 다해 곡읍哭泣을 하였다. 따라서 온 나라 신하와 백성들이 함께 감탄하면서 걱정하였다고 한다.[37] 그렇다면 인조는 왜 그토록 신료가 염려할 정도로 지나친 상례를 행한 것일까? 정말 인목대비의 죽음이 그렇게 애통했던 것일까?

상례기간 동안 인조의 건강에 이상 징후를 보이자 신료는 물론 원로대신인 이원익까지 상경하여 왕의 건강을 염려하며 몸을 돌보고 형편에 따라서 상례를 따르도록 청을 올리자 모두 물리치고 거상 중에 수척하고 초췌해지는 것이 당연한 일이라고 한다.[38] 또 인조는 설령 중병이 있다하더라도 상례를 치르면서 형편을 따른다는 것은 결코 있을 수 없다며, "경들은 모두 사리를 아는 어진 사람들로서 예에 어긋난 이런 말을 하니 경들의 이 말에는 반드시 까닭이 있을 것이다. 평소의 (나의) 효성이 경들에게 신임 받지 못한 것을 스스로 한탄한다."[39]고 하며 오히려 평소 인목대비에게 했던 자신의 효성이 의심받는 것이 아닌가?라고 반문한다. 바로 인조가 평소에도 인목대비에게 효성을 다했고 상례를 통해 인조는 자신이 인목대비에게 했던 지극한 효성을 극적으로 보여줄 필요가 있었다.

하지만 인조는 인목대비의 초상에 발견되었던 백서帛書가 자신을 폐위시키고 새로운 왕을 세우려는 모반의 흔적이었다고 생각했고, 대비전 궁인들의 저주는 인목대비가 사주한 것이고 정명공주도 이 일에 가담했다고 의심했다. 인목대비의 초상 중에 발견된 백서나 저주사건으로 인해 인조는 과거의 모반사건을 떠올리며 인목대비와 그의 주변 인물들에 대한 의심이 일기 시작했을지도 모른다. 정신분석학에서 상례喪禮를 치르면서 죽은 사람에 대해 지나치게 슬퍼하며 살아 있는 사람이 자신을 극단적으로 자책하는 행위는 상호 상반된 감정ambivalence 즉 극단적인 애증愛憎의 충돌과 적대감에서 기인한다는 이론이 있다.[40] 건강을 해치면서까지 지나친 상례를 치렀던 인조의 잠재의식 속에서는 인목대비를 향한 적의가 존재했던 것은 아니었을까? 또 지나친 상례를 치르면서 결과적으로 질병을 얻게 되었던 인조로서는 질병의 빌미가 인목대비와 관련이 있다고 생각했을 것이다. 죽은 자를 향한 적의는 살아 있는 자 바로 인목대비가 목숨처럼 사랑했던 딸 정명공주에게로 화살의 방향을 돌렸던 것으로 보인다.

인조 10년(1632)의 저주사건에서 밝혀진 일이 별로 없다. 인목대비의 궁녀가 비밀스럽게 한 기도가 왕을 저주한 것인지도 확실치 않았고, 장보문 근처 길가에 묻었다는 어린 아이의 머리도 찾아내지 못했다. 그러나 결국 연루자로 지목되었던 인목대비의 궁녀나 대비와 관련이 있던 인물들이 고문으로 죽거나 처형당하는 것으로 이 저주사건은 마무리되었다. 인조 10년에 저주사건의 폭풍이 지난 후에 여전히 저주에 대해 의심을 품고 있던 인조에게 예조 참의 이준이 올린 상소는 인조시대 저주사건의 단면을 잘 설명하고 있다. 이준은 상소에서 자신이 지었다는 시 한 수를 들어 말하기를 "의심이 많으면 병이 깊숙한 안방까지 들어온다."고 하며 임금의 병이 저주 때문이라고 생각하는 것은 지나친 생각이라고 하였다.[41] 바로 의심이 병의 원인이라는 지적이다. 저주한 확실한 증거가 없는데 정명공주를 저주사건의 배후로 지목했다는 것은 인조의 잠재의식 속에 도사리고 있던 인목대비와 정명공주에 대한 적개심이 작용했던 것일 수도 있다. 인조가 이 저주사건에서 정명공주도 의심했지만 명분이 빈약한 옥사를 일으킬 수 없었다. 그렇다고 정명공주에 대한 의심이 사라진 것은 아니었다.

정명공주의 저주일까?

인조 17년(1639)에 궁중저주사건이 다시 발생했고 배후로 의심받은 정명공주와 영안위 홍주원의 일족은 위기를 맞는다. 인조 17년 8월 중순에 저주의 변고가 언급되고 8월 말에는 저주의 범인을 색출하라는 명이 내려진다.[42] 이 저주사건의 배후로 왕은 정명공주와 공주의 남편 영안위 홍주원을 의심했다. 저주사건을 조사하는 과정에 정명공주가 궐내에 머물던 무녀와의 빈번한 접촉이 있었고, 그 무녀를 통해 저주를 한 흉물이 궐내에 반입되었다고 의심했다. 이 사건의 전말을 보면 다음과 같다.

인조 17년 9월 2일에 저주한 것으로 보이는 물건들이 왕이 거처하던 시어소時御所의 14곳, 동궁東宮의 12곳, 인경궁仁慶宮의 26곳, 경덕궁慶德宮의 4곳, 모두 56곳에서 발견되었다. 이렇게 많은 곳에서 발견된 점으로 보아서 국청에서는 이 사건을 누군가 오랫동안 지휘하고 사주했을 것이라고 보고했다. 의금부에서 추국청을 설치하여 저주한 죄인을 신문하였다. 가장 먼저 의심을 받은 사람은 영창대군의 나인으로 있다가 대궐로 들어와 인목대비의 궁녀였던 기옥이었다. 기옥은 인목대비가 죽자 궁을 나갔다가 얼마 후에 다시 궁으로 들어와 왕을 모시는 색장나인色掌內人이 되었는데 저주물이 발견되었을 때 수상한 행동을 보여 의심을 받았다. 기옥과 가까웠던 궁녀나 기옥의 가족 등 연루자로 지목을 받은 자들에게 고문을 가하며 죄를 자백하도록 했다. 기옥과 같이 한때 인목대비를 모셨던 서향, 기옥의 아버지 차귀현 등이 무릎을 꿇리고 대퇴부에 고문을 가하는 압슬壓膝과 달군 쇠로 몸을 지지는 모진 고문인 낙형烙刑을 여러 차례 받다가 대부분 죽거나 유배를 당하였다.43) 이 저주사건과 연루되었던 사람들은 어느 누구도 저주했음을 시인하지 않고 죽었다. 9월 2일 국청에서 이 사건을 심의하여 다음과 같이 왕에게 상주하였다.

다스리기 어려운 옥사는 저주에 관한 것보다 더 심한 것이 없습니다. 그 이유는 대체로 은밀한 곳에 흉악한 짓을 하는 것이라서 그 자취가 드러나지 않으므로 이 옥사를 다스리는 자는 의심이 가는 비슷한 행적을 가지고 하는 데에 불과하기 때문입니다. 비록 주범을 잡아 다스린다 해도 그가 실토하지 않는다면 누구에게서 그 실상을 밝힐 수 있겠습니까. 그러나 이처럼 전에 없는 변고는 결코 두세 명이 할 수 있는 것이 아닌데, 가지를 자른다 하더라도 근본이 그대로 남아 있는 이상 후일에 헤아릴 수 없는 근심이 이르게 될 것입니다. 기옥 등이 지금 자복하지 않고 죽어서 단서를 찾을 수가 없으니 어찌 통분할 일이 아니겠습니까?[44]

저주사건을 지시한 주모자가 아직 밝혀지지 않았고 결국 후환으로 남을 것이라고 우려했다. 사헌부와 사간원은 물론 대신들도 저주사건을 철저히 조사하시라고 연일 아뢰지만 인조는 답을 내리지 않았다. 신하들은 흉악한 모의를 한 범인을 발본색원하여 처단하지 않으시니 답답하고 불안하다며, 이와 같이 청하는 것은 **역적을 토벌**하려는 대의에서 나온 것인데 망설이지 마시고 주상께서 결단을 내리셔야 후환이 없을 것이라고 했다. 이는 저주를 사주한 정명공주를 처벌하지 않고 사건이 마무리되어서는 안 된다는 주장이었다. 인조는 정명공주를 신문하는 것을 주저했다. 신하들은 **대역무도**大逆無道한 무리가 궁궐의 안팎에서 호응한 흉계라며 화근을 제거해야 한다고 했다. 이런 간언에 대해 인조는 이 사건을 담당부서에 맡긴다 해도 근거할만한 단서가 있어야지 허술하게 할 수 없다고 답을 하였다.[45]

신하들의 간쟁은 40일 이상 계속되었다. 인조 17년(1639) 10월 12일 양사에서 예전의 제왕들은 변고가 일어나면 사사로운 정을 버리고 법대로 처형했다며 속히 용단을 내리시라고 했다. 또 왕법王法은 지극히 엄한 것이니 전하께서 사사로이 할 수 없는 것으로 **천토**天討 즉 천벌을 지체해서는 안 된다고 하였다. 다음날에도 두 번이나 역적 토벌을 늦추어서 안 된다며 용단을 내리시라고 했다. 이날 인조는 이 사건을 추국하기로 결심했다.[46]

인조 17년 10월 14일 의금부에 추국청을 설치하고 연루자들을 형구로 고문을 하면서 신문을 했다. 원손이 거처할 계획이었던 향교동의 본궁

(인조의 잠저 어의궁)에 저주한 것으로 보이는 흉측하고 불결한 물건을 묻은 곳이 10곳에서 발견되었기 때문에 본궁의 노비들이 신문을 당했다. 노비의 신문에서 나온 이야기는 다음과 같다. 무녀巫女 천금이 거처했던 신당인 복개당福介堂이 철거되자 갈 곳이 없어 본궁에 숨어 피할 수 있게 해달라고 했고 나인을 통해 대전大殿의 김 상궁에게 부탁하자 허락해서 무녀와 그녀의 어머니 무인을 본궁에 살게 해주었다. 본궁에 있던 무녀와 정명공주 집의 나인들이 번갈아가며 왕래했고 말을 보내 무녀를 정명공주의 집으로 불러갔는데 10일 정도 그곳에서 머물다오기도 했다. 국청에서 무녀와 정명공주와 영안위 홍주원의 궁녀들을 잡아다가 신문하도록 했다. 그 신문에서는 본궁이 수색을 당하게 되자 정명공주의 나인 열이 및 무수리 향이 등은 이 무당 모녀로 하여금 며칠간 정명공주 집으로 피신할 수 있도록 해주었다는 것이다. 이 사건의 연루자로 본궁에 드나들었던 사람 중에서 무당 모녀와 왕래하거나 접촉을 했던 본궁의 천비와 정명공주와 영안위 홍주원의 궁녀들을 국청에서 모두 잡아들여 신문을 하였다. 국청에 내려진 사람은 열이·향이·천금·무인 등이다. 열이는 어려서 궁궐에 들어왔으나 계축년(광해군 5년, 1613)에 병으로 궐 밖으로 나갔다가 자수刺繡를 잘 놓아서 다시 궁으로 불려 들어왔고, 계해년(인조 1년, 1623)에 인목대비가 홍주원의 집으로 가서 일하도록 했던 인물이다. 열이가 무녀 천금과 알게 된 것은 정명공주와 홍주원의 자녀가 질병이 많아 자주 신당을 왕래하면서이다. 이런 인연으로 무당 모녀를 잠시 정명공주의 집으로 와서 피할 수 있도록 주선 해주었다. 붙잡혀와 신문을 받은 사람들은 대개가 저주와는 관련이 없다고 진술을 하였지만 열이·향이·천금·무인 등이 가혹한 고문을 여러 차례 받다가 모두 죽었다.[47]

이 사건에서 일개 무녀가 궁궐에 숨어들어올 수 있었다는 것도 의심스러운데 쫓기고 있는 무녀를 정명공주가 자신의 집으로 피신시켰다는 것은 더욱 의심 받기에 충분했다. 궁중에 저주한 것으로 의심되는 물건들이 발견되었고 이러한 궁중저주가 얼마나 무서운 사건인가는 조정의 대신과 신료들이 연일 정명공주를 처단하라는 간쟁통에서도 확인할 수 있다. **역적 · 대역무도**라는 극언으로 왕에게 청했다. **천토**天討를 더 이상 지체해서는 안 되고 화근을 제거해야지만 병의 뿌리도 제거될 수 있다고 했다.[48] 이처럼 궁중저주사건이 임금과 나라에 행한 반역죄와 동일시 된 까닭은 무엇일까? 이에 대한 답은 마지막 장인 8장에서 답하기로 하겠다. 이 장에서는 조선시대 궁중저주사건은 역모나 모반 사건과 동일시되는 매우 엄중한 범죄로 취급되었다는 점만 지적하고자 한다.

인조 10년(1632)과 17년(1639)의 궁중저주사건에서도 가혹한 형벌을 받고 죽거나 유배를 간 사람들은 대부분은 인목대비와 정명공주와 관련이 있던 궁녀와 무녀巫女 등이다. 궁중에 저주사건이 발생하기 얼마 전에 무녀 천금이 궁궐과 영안위의 궁 즉 정명공주의 집을 오가며 거처했고, 정명공주와 밀접한 관련이 있었기에 저주의 배후인물로 의심을 했을 것이다. 하지만 이 저주사건에서 정명공주가 인조를 저주한 동기가 불분명하다. 그렇다면 인조 10년의 저주사건의 배후에 인조는 왜 정명공주가 있다고 의심했을까? 정명공주는 이 두 번의 궁중저주옥사에서 어떻게 화를 면할 수 있었을까?

『연려실기술』의 기록을 보면 인조는 인목대비의 초상 중에 발견된 백서가 정명공주와 관련 있다고 의심하고 제거하고자 했던 것을 알 수 있다. 인조가 은밀히 반정공신이자 봉림대군의 장인이었던 장유에게 서찰을 3번이나 보내 그러한 뜻을 전하자 장유가 옥사를 일으켜서는 안 되신다고 모두 같은 답을 해왔다. 이때 인조의 옆에 봉림대군이 있었는데 장유의 글을 땅에 던지고 불쾌한 안색을 드러내며, "네 장인의 고집이 이러하니 어떻게 함께 일을 도모할 수 있겠느냐."고 했다. 인조반정의 공신인 장유는 정명공주를 제거하는 것은 반정의 명분과 어긋나는 일이라고 생각했다. 그런데 인조 17년에 이르러 인조는 물론 조정의 신료들은 왕의 질병과 저주가 밀접한 상관관계가 있다고 믿고 저주사건의 배후에 정명공주가 있다고 확신을 했다. 정명공주에 대한 인조의 의심에 대해 『연려실기술』에 다음과 같이 상세히 기록되어 있다.

> 임금은 외척 가운데 한 중신重臣을 최명길의 집에 보내어 이르기를, "짐의 병이 날로 중해지는데 의심스러운 단서가 이미 드러났다. 그러니 부득이 장차 외정外庭으로 나가서 치료하려 하니 경은 마땅히 이 뜻을 알라." 하였다. 임금의 이러한 의심에 대해 최명길이 아뢰기를 "선왕의 골육으로는 다만 공주가 있을 뿐인데 이제 만일 옥사를 일으킨다면 그 당시 반정反正한 뜻이 어디 있겠습니까? 또 무고巫蠱의 일은 예로부터 애매해서 밝히기 어려운 것이 많습니다." 하였다. 며칠 뒤에 과연 임금이 그 일로 명을 내려 공주의 집 노비를 체포하려고 하였다. 최명길이 빈청에 들어가 아뢰기를, "별궁으로 거처를 옮겨 궁인들을 잡아 문초하소서." 하고 청하니, 임금이 엄하게 비답하고 허락하지 않았다. (최)명길이 여러 번 청하므로 임금이 크게 노하여 드디어는 특명으로써 명길이 순서를 뛰어넘어 심양에 가도록 하였다.[49]

정명공주에게 의심을 품고 국청을 열어 배후를 추궁하던 인조는 최명길을 중심으로 한 대신들이 정명공주를 옹호하며 저주사건이 무녀와 궁녀에 의한 것으로 보고 마무리 지으려고 하자 매우 불만스러웠다. 인조는 저주사건의 조사에서 어리석은 무녀나 궁녀의 죄로 단정 짓는 것은

"닭 잡는 데 소 잡는 칼"을 쓴 것이라고 힐난했다. 인조는 정명공주(즉 소)가 배후라고 의심했고 그녀를 잡기를 원했는데 국청에서 무녀와 궁녀(즉 닭)만 잡고 있다는 불만이었다. 정명공주를 극구 옹호한 최명길을 사은사로 심양으로 파견하였다.[50] 사신으로 심양에 가던 최명길은 용만(의주)에 이르러 차자를 올렸다.

> 지금 궁중에 저주한 변은 온 나라 신민이 함께 분히 여기는 바입니다. 신의 어리석은 소견으로는 쥐를 잡으려다가 그릇을 부술 혐의가 있으니 그 선후책善後策을 구한 것이 도리어 난처하게 된 것을 깨닫게 되었나이다. 선조대왕의 자녀가 비록 많으나 공주와 대군은 가장 늦게 났으므로 미처 성장하기 전에 대왕께서 승하하시었습니다. 전일의 일은 말할수록 가슴이 답답합니다. 이제 홀로 공주가 있을 뿐이 온데 지금 만일 분명치 못한 일로써 이리저리 연루하여 공주가 놀라 마음이 상하게 하여 천수를 누리지 못하고 죽도록 한다면 오늘날 수상이 된 자가 어찌 그 책임을 면할 수 있겠습니까. 또한 장차 어떻게 선왕을 지하에서 뵐 수 있겠습니까? 전번에 만약 신으로 하여금 한갓 어름어름한 생각에서 함부로 큰 옥사를 일으켜 선조의 골육에게 화를 입히는 것을 대수롭지 않게 생각하도록 하였더라면, 이것은 임금에게는 믿기 어려운 신하가 되는 것이며, 다른 날 전하를 저버리는 것도 또한 이와 같을 것이니 이런 신하를 어디에 쓰겠습니까![51]

최명길은 분명하지 않은 저주사건에 정명공주를 연루시켜서는 안 된다고 또 다시 간곡하게 청했다. 인조의 의심으로 영안위의 궁인이 고문으로 많이 죽었고 화가 장차 어디까지 미칠지 헤아릴 수 없었다. 사람들이 영안위의 궁인이 흉하고 더러운 물건을 대통 속에 몰래 감추어 대궐로 들어갔다는 말을 퍼뜨리자 대제학 이식도 "내가 있는 동안은 영안위(홍주원)를 죽이지 못할 것이니, 먼저 나를 죽이는 것이 옳을 것이다."[52]라며 홍주원을 적극 보호했다고 한다.

인조 10년과 17년의 저주사건을 통해 볼 때 인조는 자신의 질병을 저주사건과 연결시키고 있고 그 배후 인물로 인목대비와 정명공주를 의심했다. 정명공주와 영안위 홍주원 일족이 위기에서 벗어날 수 있었던 것은 바로 이 저주사건이 확실한 증거도 없이 의심만으로 선조의 혈육인 공주에게 전가할 수 없다는 중신들의 반대였다. 최명길은 인조반정의 1등 공신으로 요직에 중용되었다. 병자호란 때 청과의 화의를 주도한 주화론자로 사류의 강한 비판을 받았지만 위기를 잘 대처한 공을 인정받아 우의정과 좌의정에 제수되었다. 장유는 인조 10년 저주사건이 발생했을 때에 대제학과 이조판서를 역임하면서 조정에 영향력을 미칠 수 있었던 인물로 홍주원의 외조부인 이정구와는 두터운 친분을 갖고 있었다.[53] 이식과 홍주원의 인연은 아들대로 이어진다. 현종 13년(1672) 홍주원이 죽자 이식의 아들 이단하가 지나치게 칭송하는 제문을 써서 논란이 되기도 했다.[54]

인조의 정명공주에 대한 의심은 홍주원을 향한 것일 수도 있다. 홍주원은 인목대비의 총애를 한 몸에 받았으며 그런 총애를 믿고 교만하여 여론의 비난을 받기도 하였다. 홍주원은 상당히 사교적인 인물로 빈객을 좋아하여 당대 명사들과 두루 사귀었다.[55] 인조는 어쩌면 이 저주사건을 통해 왕위에 위협적인 존재로 성장할지도 모르는 홍주원의 세력을 제거하고자 했는지도 모른다. 결국 홍주원은 저주사건으로 인해 두려움을 느끼고 조정의 부름이 있어도 감히 나오지 못하고 항상 두문불출 했다는 것으로[56] 볼 때 저주사건 이후에 그가 매우 근신하며 조심했다는 것을 알 수 있다. 인목대비 사후에 인조가 저주사건과 연루시켜 정명공주를 의심했고 정명공주의 일족이 위기에 처했던 사실과는 상반되게 인조의 행장行狀에는 "(인목)대비께서 승하하신 뒤에 (정명)공주와 영안위 홍주원은 (왕에게) 총애를 입은 것이 오히려 두터웠다."⁵⁷⁾고 적고 있으니 이것이 바로 역사기록의 역설이 아닐까?

6장
비운의 소현세자빈 강씨

6장
비운의 소현세자빈 강씨

인조가 원했던
세자빈

시아버지 인조로부터 사약을 받고 죽은 비운의 소현세자빈 강씨(강빈)는 원래 인조가 원했던 세자빈감이 아니었다. 인조가 세자빈으로 점을 찍었던 인물은 윤의립의 딸이었다. 인조는 왜 자신이 원했던 윤의립의 딸을 세자빈으로 삼지 못했을까? 그리고 소현세자빈 강씨는 왜 사약을 받고 생을 마감해야만 했을까? 이에 대해 답하기 전에 먼저 소현세자빈을 간택하던 시점으로 돌아가 보자.

소현세자 이왕李汪은 광해군 4년(1612) 능양군의 장남으로 태어났다. 아버지 능양군이 인조반정으로 왕위에 오르자 그의 나이 12세에 왕의 장자로 원자元子가 되었다. 반정 직후인 인조 1년(1623) 3월 22일 예조에서는 길일을 택해 세자로 책봉할 것을 청하자 왕이 수락 했다.[1] 그런데 예조에서 세자책봉 이전에 관례冠禮를 먼저 거행할 것을 청하니 왕은 원자가 아직 어리다는 이유를 들어 내년에 하도록 한다. 인조 2년(1624) 이괄의 난을 평정한 후 원자의 세자책봉을 신하들이 여러 차례 청했는데 인조는 허락을 하지 않았고 천천히 하라고 했다.[2] 인조 3년 1월 21일 마침내 원자의 관례를 거행하였고 바로 1월 24일 세자빈 간택을 하도록 하였다. 이어서 1월 27일에 세자 책봉례를 거행했다.[3] 이 과정을 보면 관례를 거행한 후에 바로 혼인을 위한 세자빈 간택령과 세자 책봉례로 이어진다.

관례는 성년의식이다. 『예기』 곡례에 "스무 살을 약이라 하고 관례를 치른다(二十曰弱, 冠)."고 하였다. 고대 성인식은 관冠을 쓰는 의례를 행했고 약관弱冠은 20세를 전후한 나이를 의미했다. 『주자가례』에는 관례를 치르는 나이를 15~20세로 규정하고 있다. 조선시대 『주자가례』가 실생활에 적용되면서 15~20세 사이에 관례를 치르고 혼인을 했던 것으로 보인다.[4]

하지만 실제 조선시대 왕실 혼인을 보면 15세 이전에 이루어진 경우가 많다. 인종의 경우 8세에 관례를 치르고 세자에 책봉된 후 10세일 때 11세의 세자빈(후일 인성왕후)과 가례(혼인의식)를 치렀다. 사도세자와 세자빈 홍씨(혜경궁 홍씨)는 동갑으로 10세에 혼인을 했다. 선조가 손자 인조의 배필로 한준겸의 딸(인열왕후)을 간택한 것은 그의 나이는 12세일 때이다. 혼인의 절차인 육례六禮가 진행되고 납폐納幣 즉 신부 집에 혼서婚書와 폐물이 든 예단함까지 들어간 시점에 할아버지 선조가 돌아가시자 삼년상을 치르기 위해 혼인 절차가 미루어졌을 뿐이다.

예조에서 인종의 예를 들어 원자의 관례와 세자책봉을 미루지 말고 행할 것을 청했지만 인조는 시급한 국사가 많고 원자가 어리다는 이유를 들어 세자책봉을 미루도록 하였다.[5] 인조는 왜 원자의 나이가 어리다는 이유를 내세워 관례와 세자책봉을 미루었을까?

즉위 초기 시급한 국사가 많았던 것은 사실이지만 무엇보다도 인조는 세자책봉 후에 바로 이어질 세자빈의 간택을 염두에 두었다. 왕실의 국혼은 배우자를 3차에 걸쳐서 고르는 삼간택을 했다. 예조에서 정한 격식에 맞게 전국에서 후보자의 인적사항이 적힌 문서인 처녀단자를 제출하면 서류심사에 통과해 선발된 처녀들은 궐 안의 지정된 장소에서 면접을 받게 된다. 여기서 초간택을 한 후 다시 재간택으로 후보자를 정하는데 보통 3명의 후보를 골라서 삼간택에서 최종적으로 한 명을 뽑았다.[6] 그런데 인조 3년(1625) 7월 왕이 갑자기 세자빈의 재간택을 연기하라는 명을 승정원에 내렸다. 초간택 때 빠진 명단이 있으니 재간택 때 빠짐없이 모두 올리라고 했다.[7]

인조 3년 8월에 재간택이 끝났고 관행대로 혼례를 관장하기 위한 가례도감 설치까지 명하였으며, 9월 19일에 승지에게 문서(비망기)로 세자빈을 최종 선택하는 삼간택을 하겠다고 했다.[8] 하지만 9월 19일에 삼간택은 이루어지지 않았다. 세자빈 간택은 2년이나 더 지난 인조 5년(1627) 9월에 이르러서야 비로소 이루어졌다. 인조 3년 8월 세자빈의 재간택을 했고 9월에 최종적으로 세자빈 삼간택을 하겠다던 일정이 왜 2년이나 지난 인조 5년 9월에야 비로소 결정된 것일까?

그 이유는 인조가 윤의립의 딸을 세자빈으로 최종 간택하려고 하자 신하들이 거세게 반대했기 때문이다. 윤의립의 조카 윤인발(형 윤경립의 서자)이 인조 2년 이괄의 난에 가담하여 처형되었기 때문에 역적집안의 딸을 세자빈을 뽑아서는 안 된다고 했다. 인조 3년 7월 경연에서 특진관 김자점과 심명세가 강력하게 반대했고 사헌부와 사간원에서도 이에 호응하였다. 인조는 "내가 이미 (윤의립의 딸로) 혼인을 정하려고 하는데 공들이 어찌 감히 이와 같이 말한단 말인가!"라고 분노했다. 대간 이상급이 앞에 나서 윤씨와의 국혼이 합당치 않다고 논하자 인조는 (한성)판윤은 대간을 지휘하는 벼슬이 아니라고 했다.[9]

조선시대 경연은 왕에게 경서를 강론하고 유교 성현의 가르침을 공부하는 자리로 유교적 이상 국가를 실현하려는데 목적을 두고 있었다. 종종 국정 현안이 문제로 제기되고 의견을 개진하면서 경연의 장은 정치 토론의 장이 되었다. 경연은 홍문관이 전담했지만 성종 말년부터 1·2품의 대신 중에 특진관을 고문顧問으로 임명했다. 김자점은 당시 한성판윤 즉 오늘날 서울시장으로 경연특진관이 되어 윤의립의 딸을 세자빈으로 간택해서 안 된다고 했다. 인조는 한성판윤인 김자점이 대간을 사주해서 여론을 선동한다고 생각했다.

화가 난 인조는 보통 사람도 혼인은 반드시 부모가 주관하고 다른 사람이 논쟁할 일이 아니라고 하자 경연의 시독관 이경용이 국혼은 반드시 대신에게 물어본 뒤에 정했다고 했다. 경연에 참여한 대신 (좌의정) 윤방과 (의정부 좌찬성) 이정구도 반대의견을 냈다. 특진관 심명세는 심지어 "당 중종 때 측천무후의 친족인 무삼사武三思가 안락공주와 혼인하여 마침내 당나라 백년의 화가 되었는데 오늘날의 일도 그와 같다고 하겠습니다." 라고까지 했다. 인조는 매우 분노하였다. 보통 집의 혼사에도 불길한 말을 하지 않는데 국혼國婚에 과거에 일어난 화란禍亂을 비유한 것에 매우 분통을 터뜨렸다.[10] 인조는 『대명률』에도 역적을 다스리는 법이 엄하지만 윤의립의 딸은 윤인발과 연좌되는 친속이 아니고 더구나 윤인발은 서얼인데 일률적으로 논할 수 없다고 했다. 더욱이 이괄의 난 이후 단죄하는 과정에 공론으로 이미 윤의립의 죄를 묻지 않기로 해서 벼슬길에 나왔으니 문제가 될 것이 없다고 했다.[11]

당시 파직상태였던 이귀도 윤의립의 딸을 세자빈으로 간택해서는 안된다는 상소문을 올렸다. 이귀는 비록 파직되어 견책을 당한 중에 있다고 하더라도 입을 다물고 있기 어렵다며 상소해서 "윤의립이 광해군의 조정에서 인목대비 폐위를 논의할 때 참여했던 자로 이런 집안과 혼인을 의논할 수 없다."고 하였다.[12] 윤의립의 딸을 격렬하게 반대한 인물들은 반정공신들이다. 심명세는 윤의립의 집안과 국혼을 하는 것은 당나라의 화禍가 된 무삼사와 안락공주의 혼인과 같다고 극단적으로 비유했다. 안락공주는 측천무후의 친손녀(측천무후 아들인 중종의 딸)이고 무삼사는 측천무후의 오빠 무원경의 아들이다. 안락공주가 무삼사와 혼인한 것이 아니라 무삼사의 아들 무승훈과 혼인했다. 조카 무삼사를 총애한 측천무후는 황제에 즉위한 후에 아들이 아닌 조카를 황태자로 삼아 무씨 천하를 이루고자 했다. 그래서 친손녀인 안락공주와 친정의 종손從孫인 무승훈을 혼인시켰다. 심명세는 왜 소현세자와 윤의립 딸의 혼인을 이와 같이 비유했을까?

　인조반정 후에 서인 반정공신들이 가장 큰 세력을 갖고 정치 참여를 했다. 인조반정 초에 공신들이 모여서 "국혼을 놓치지 말고 산림을 숭용한다(無失國婚. 崇用山林)."는 밀약을 했다고 한다.[13] 숭용산림崇用山林은 초야에 학덕이 있는 선비를 중용한다는 기치이다. 국혼을 놓치지 않겠다(無失國婚)는 것은 왕비나 예비왕비인 세자빈을 서인 집안에서 배출하여 정국의 주도권을 공고히 하려는 의도이다. 그런데 윤의립의 집안 배경을 보면 남인이다. 윤의립의 아버지 윤국형은 선조 때 홍문관 부제학·승정원 좌승지 등을 거쳐 충청도 관찰사를 역임했다. 임진왜란 직후 유성룡과 함께 실각했으나 광해군 초에 다시 기용되어 공조판서를 지냈다. 윤국형은 남인이었다.[14] 윤국형은 유성룡·정구·이원익·정경세·이수광

등과 밀접한 관계를 맺고 있고, 윤의립 역시 이들이나 이들 자손과 문우 관계를 맺고 있다. 이괄의 난에 연좌되어 윤의립이 곤란에 빠졌을 때 영상 이원익은 적서嫡庶 간에는 원수처럼 틈이 나기 일수라고 하며 윤의립과 서자인 조카 윤인발과 원수보다 못한 관계라고 적극 변호하였다.[15]

인조의 정비 인열왕후 한씨의 집안 배경을 보면 역시 남인이다. 선조 때 정여립이 역모를 꾸몄다는 모반사건 때 동인과 서인 간의 정쟁이 기축옥사로 비화되어 수많은 동인계 인사가 처형되거나 유배 보내졌다. 이 때 동인들은 유성룡을 지지한 남인과 정인홍을 지지한 북인으로 갈라졌다. 인열왕후의 아버지 한준겸은 기축옥사 때 유성룡을 지지했던 인물이다.[16] 동인은 다시 왕세자 책봉을 둘러싼 건저문제建儲問題를 기화로 주도권을 잡을 때 서인의 영수 정철을 처벌하는 문제로 강경파인 북인과 온건파인 남인으로 갈렸다. 당시 대간이었던 윤의립은 기축옥사 때 재야에 있던 유림의 영수 최영경이 무고를 당해 옥사한 것이 서인의 영수 성혼이 때문이라며 왕에게 그 잘못을 논박하였다. 윤의립의 논박으로 이미 죽은 서인의 영수 성혼이 삭탈관직을 당하는 수모를 겪었다.[17] 그러므로 서인들에게 윤의립은 원수와 같은 존재였다.

세자빈 간택에 인열왕후의 의중이 상당히 작용했던 것으로 보인다. 인조는 심명세가 당나라의 예를 든 불측한 말은 국모國母 바로 인열왕후를 향한 것이라고 하며 분노했다.[18] 대사헌 김상헌이 상소문을 올려서 세자빈 최종간택을 코앞에 둔 시점에 폐조(광해군) 때에 궁궐 깊숙한 내전에서 부녀자와 내시에 둘러싸인 채 정사를 소홀히 했던 폐단을 예로 들었다. 김상헌은 소현세자를 보호하기 위해서 궁궐에 부정한 자들이 가까이 하지 못하게 하고, 내족內族의 부인이 출입하여 망령되게 간여하지 못하도록 금지하시라고 했다. 이에 인조는 내족의 부인이 망령되게 간여한다는 말이 극히 놀랍다며 내족이 누구를 가리키며 이런 말을 만들어낸 사람이 누구인지 반드시 밝히라고 한다.[19] 김상헌의 말에서 인열왕후 한씨 집안 사람들이 궁궐에 드나들면서 세자빈 간택에 간여했다는 것을 추측할 수 있다.

거센 반대여론에 인조는 결국 세자빈 간택을 중지하고 반대를 주도한 김자점에게는 벼슬과 품계를 빼앗고 한성 밖으로 추방하는 삭탈관직에 도성 밖으로 추방하는 문외출송이라는 엄벌을 내렸다. 심명세는 충주로 유배를 보냈다. 김자점과 심명세가 자신들의 당파만 알고 간택결정이 나기도 전에 윤의립이 딸이 간택될까 두려워 합세하여 반대하며 군왕을 무시했다고 인조는 비망기에 심경을 남겼다.[20]

대북파의 독주와 전횡으로 광해군 몰락을 초래되었다는 것을 누구보다도 잘 알았던 인조는 일체의 붕당이나 당론을 배격하고자 했고 서인의 독주를 경계했다. 정치세력 간의 균형을 위해 당색을 고려하여 인물을 등용하여 붕당으로 인한 폐단을 없애고자 했고 명분상 하자가 없는 남인도 등용하였다.[21] 서인 공신집단에서는 인열왕후에 이어 남인집안에서 세자빈이 간택되면 정권의 주도권이 남인으로 넘어갈 것을 염려했다. 서인들은 남인들이 자신들의 당黨에서 임금의 외척이 되도록 하여 훗날의 후사를 도모하려고 했다는 상소까지 올리며 남인을 공격했다. 당시 서인들은 남인들이 이 일을 계기로 조정의 판도를 바꾸려 한다는 위기감을 느꼈다.[22]

세자빈 간택은 그 후 2년이나 미루어졌다가 인조 5년(1627) 이루어졌다. 인조 5년은 바로 정묘호란이 발발했던 해이다. 1월에 후금의 홍타이지(후일 청 태종)가 사촌형제 아민阿敏과 지르하란濟爾哈朗 등에게 3만의 군대를 보내 조선을 침입했다. 후금의 군대가 파죽지세로 남하하자 인조와 조정대신은 강화도로 피난을 갔고 소현세자는 전주로 피난을 갔다. 인조 5년 3월에 조선과 후금 사이에 강화조약을 맺고 후금의 군대는 철수했다. 후금의 침입으로 국토는 유린되고 무수한 사상자를 냈으며 수많은 사람들이 포로가 되었던 해이다. 이해 9월에 이르러 왕이 마침내 빈청에서 세자빈을 강석기의 딸로 정하려고 한다며 신하들에게 의중을 묻는다. 윤의립의 딸을 반대하던 대신들은 강석기의 딸을 세자빈으로 간택하고자 한다는 왕의 말에 "신민들의 소망에 흡족하니 실로 종묘와 사직에 무궁한 복입니다."[23]라며 크게 환영하였다. 강씨는 혼례의 절차인 육례六禮를 거쳐 인조 5년 12월 4일 세자빈에 책봉되었다.[24]

세자빈 강씨(강빈)의 결혼전반 10년

　　　　　　　　　세자빈 강씨는 광해군 3년(1611) 3월 6일에 강석기와 고령 신씨(신식의 딸) 사이에서 둘째 딸로 태어났다. 강석기와 신씨는 5남(강문성·강문명·강문두·강문벽·강문정) 3녀를 낳았다. 할아버지 강찬은 선조 때 해주목사, 좌승지, 이조참의 등을 역임했다. 할머니는 김은휘의 딸이다. 김은휘는 사계 김장생의 숙부(김계휘의 동생)이다. 김장생과 강석기의 생모 김씨(강석기는 백부 강순의 양자가 되었다)는 사촌간이다. 강석기의 어머니와 송준길의 어머니는 자매지간이다. 송준길과 강석기는 이종사촌이고 둘 다 외당숙인 김장생의 문하생으로 가르침을 받았다. 김장생은 주지하다시피 예학의 대가이자 서인의 영수로 인조의 원종 추숭을 끝까지 반대한 인물이다. 이와 같은 집안 배경 때문에 서인의 전폭적인 지지아래 세자빈으로 간택될 수 있었다.

강석기는 광해군 8년(1616) 임시과거시험인 증광시 문과에 급제하여 승문원 정자正字에 임명되었으나 광해군 치하에서 인목대비 폐모론이 일자 관직에 나아가지 않았다가 인조반정 후에 중용되었다. 강석기는 인조 5년(1627) 정묘호란 때 후금과 강화 협상을 강력히 반대했다. 당시 홍문관 전한典翰이었던 강석기는 오랑캐와 제대로 싸워보지도 않고 금과 비단을 주고 왕제王弟(원창군 이구)를 볼모로 보내면서 개돼지에게 애걸한 것이니 명칭은 화친和親이지만 실제는 항복한 것이라고 왕에게 직언을 했다. 홍문관 종3품직인 전한은 국왕에게 유교의 경서를 강론하고 국왕과 함께 정치 현안을 토의하는 경연관과 왕의 교서를 짓는 지제교를 겸직하는 중요한 직책이다. 인조는 며칠 뒤에 이런 직언을 한 강석기를 양근(현 경기도 양평지역) 군수로 좌천시켰다. 그러자 조정의 신하들이 강석기가 좌천될 죄가 없는데 이와 같은 조치가 놀랍다며 언론을 담당한 관원들이 연이어 서명하여 명을 거두시라고 청원을 했다.[25]

인조는 후금과 강화조약을 맺은 후에 바로 양호兩湖(호남과 호서)의 민심 동향을 알기 위해 전란 중 양호 호소사號召使(국가의 전란 때 의병을 불러 모으는 임시 벼슬)였던 김장생을 만났다. 김장생은 강화는 부득이 한데서 나온 것이고 척화斥和의 의논도 심하게 다루시면 안 된다고 했다. 그리고 과격하게 척화론을 편 강석기가 자신의 가까운 친척으로 흔치 않은 인재임을 역설하지만 인조는 이에 대해 아무런 답변도 하지 않았다. 나중에 인조는 자신의 조치가 지나쳤음을 후회한다며 강석기를 사헌부와 사간원의 간관을 거쳐 왕명 출납을 관장하는 승정원 승지에 임명하였다.[26] 인조는 얼마 안 지나서 강석기의 둘째 딸을 세자빈으로 간택했는데 척화파의 반대를 무마하고 혼란한 정국을 수습하기 위한 고육지책으로 보인다.

전반기 세자빈 강씨에 관해 구체적인 활동이나 역할을 알 수 있는 기록은 별로 없다. 인조 9년(1631) 내의원에서는 출산 예정일이 6월인 세자 빈의 분만을 위해 1개월 전에 의관을 숙직시킬 것과 임시 기구인 호산청 설치를 준비한다. 세자빈은 7월에 (둘째)군주郡主(왕세자의 嫡女에게 내린 작호) 를 출산을 했다.[27] 그런데 출산의 기쁨도 잠시 인조 9년 10월 (첫째)군주 가 요절하자 귀후서歸厚署(예조 산하 장례 담당 관청)의 관원으로 하여금 장례 를 담당하게 한다.[28] 기록을 못 찾아서 첫째 군주의 정확한 나이는 알 수는 없지만 유아기에 사망했다. 딸이 세자빈이 된 후 강석기는 이조참 판·병조참판·도승지를 거쳐 사헌부의 수장인 대사헌에 임명되었다. 그 는 김장생의 문인으로 스승과 같은 입장에서 시종 원종 추숭을 반대하며 왕과 대립하였다. 인조 10년(1632) 대사헌 강석기는 원종 추숭을 반대하 며 관직 교체를 청하자 예의상 유임하라는 한마디 말도 없이 인조는 바 로 허락해버렸다.[29]

얼마 후에 강석기는 다시 대사헌으로 복직되었지만 인조 12년 원종 추 숭 후에 왕이 원종의 신위를 종묘에 부묘하려고 하자 이를 또 강력하게 반대하였다. 인조는 마침내 강석기를 삭탈관작과 문외출송의 중벌을 내 렸다. 이런 왕의 명령을 승지가 이행하지 않고 사헌부와 사간원 그리고 홍문관의 관원들이 연이어 명령을 거두시라고 청원을 했지만 끝내 강석 기를 유배 보냈다. 인조는 강석기와 그의 집단이 치밀한 계획 아래 부묘 를 반대하고 국사를 혼란시켰다고 했다. 또 이들에 대한 처벌이 너무 가 벼워 더욱 드세게 반대했기에 때문에 엄하게 다스린다고도 했다. 처벌이 내려진 후 영의정 윤방이 관용을 베풀기를 청하자 "강석기 등이 분수와 도리를 돌보지 않고 다투어 반대하며 겉으로는 헛된 명예를 노리고 속으 로는 사욕을 채운 죄를 쉽게 용서할 수 없다."고 하였다.[30]

세자빈 강씨는 조정에서 친정아버지 강석기와 시아버지인 인조가 대립하는 동안 결코 마음이 편하지 못했다. 인조 12년 여름 내의원에서 기침과 열을 다스리는 청수영비탕淸嗽寧脾湯에 사물탕四物湯을 가미한 탕약을 처방하였다. 처방약을 복용하고도 세자빈이 병세가 호전되지 않고 지속적으로 기침을 하고 몸에서 열이 났다. 인조가 내의원에 세자빈의 병이 낫지 않고 있으니 약이 증세에 맞게 조제된 것이 아닌 것 같다고 했다.[31) 강석기는 유배간지 10개월 후인 인조 13년(1635) 6월에 왕의 사면을 받고 유배지에서 석방되었다.[32)

세자빈 강씨는 친정아버지가 유배지에서 풀려나자 안도했고 그즈음 임신한 것으로 보인다. 소현세자와 강빈의 맏아들이자 인조의 맏손자 원손元孫 이석철(아명)은 인조 14년 3월 25일 태어났다. 하지만 세자빈이 임신 중에 불행한 일이 왕실에서 벌어졌다. 인조 13년 12월 5일에 시어머니인 인열왕후가 대군을 출산했는데 태어나자마자 바로 사망했고, 불행하게도 인열왕후마저 나흘 뒤인 12월 9일 운명하고 말았다. 세자빈은 임신 후반기에 상례를 치러야만 했다. 원손의 탄생은 응당 전례典禮에 따라서 종묘에 고하는 고묘告廟, 백성들에게 널리 이 사실을 알리는 반교, 조정의 신하들이 왕께 축하를 드리는 진하陳賀 의식을 행하는 중대한 경사였다. 하지만 원손의 탄생 당시 여전히 인열왕후의 상중喪中이었다. 인열왕후의 재궁梓宮 곧 관棺이 빈전(빈소)에 있었다. 인조는 축하는 생략하고 백성들에게 널리 알리는 반교문만 내렸다.[33) 원손이 태어나고 1개월 좀 지난 인조 14년 5월 초순 인조는 원손의 외조부인 강석기를 예조판서에 임명하였다.[34) 유배지에서 석방되어 1년 만에 강석기는 영전하여 조정의 요직으로 복귀하였다.

하지만 세자빈 강씨가 친정아버지의 영전을 마냥 기뻐할 수만 없었다. 당시 후금의 압박으로 국내 정세는 매우 불안했고 민심도 흉흉해져갔다.

정묘호란 때 맺은 화친조약의 이행문제로 후금과 계속 갈등을 빚었다. 후금과의 관계가 더욱 악화된 것은 인조 13년 후금이 몽골을 점령한 후이다. 인조 14년 2월에 이르러 항복한 몽골의 장수들을 동행하고 조선에 온 후금의 사신 용골대 등이 가져온 문서에 조선을 신하로 간주는 형식을 보고 분노하여 문서 받기를 거부하였다.[35] 이처럼 조선의 험악한 분위기에 후금의 사신 일행은 도망치 듯 귀국하였다.

인조 14년(1636) 4월 후금이 마침내 국호를 청淸이라고 바꾸고 후금의 칸汗 홍타이지(태종)가 심양에서 황제즉위식을 거행했다. 청나라가 조선에 신하의 예를 요구하며 위협을 가하자 인조는 오랑캐가 참람된 칭호를 쓰고 우리나라를 업신여기는 것이 전보다 더욱 심하다며 청의 공격에 대비에 변경 방어책을 강구하기에 이른다.[36] 원손은 이처럼 나라 안팎이 뒤숭숭할 때 태어났다. 원손이 태어나고 보름 후인 인조 14년 4월 9일 새벽 4시 경에 인열왕후의 관이 궁을 떠나 장지로 가는 발인식이 거행되었다. 그런데 발인하는 날 서울에 변고가 일어날 것이라는 흉흉한 소문이 퍼지면서 전날인 4월 8일 저녁부터 도성 안의 사람들이 대문을 걸어 닫고 몸을 숨겼으며 재상 중에 재물을 옮기는 사람까지 있었다고 한다.[37] 다행이 변고가 발생하지는 않았지만 이미 서서히 다가오는 전운에 사람들은 떨고 있었다.

인조 14년 12월 병자호란이 발발하자 돌도 채 안 된 원손을 안고 강빈은 강화도로 피난을 가야만 했다. 병자호란 당시 강화도 방어 임무를 띠고 강도검찰사에 임명되었던 김경징의 무능과 횡포는 수많은 사람들을 도탄의 구렁텅이로 몰아넣었다. 곧 밀어닥칠 적군을 피해 강화도로 들어가는 피난행렬이 수십 리나 길게 늘어져 있을 때 김경징은 집안 식구와 절친한 친구들을 먼저 배에 태워 강을 건너게 하였다. 이 피난행렬의 대열에 있던 강빈과 원손 일행조차 나루터에서 배를 타지 못하고 이틀 밤 낮을 추위와 굶주림에 떨었다. 가마 안에 있던 강빈은 상황이 급박해지 자 "김경징아, 김경징아, 네가 어찌 이런 짓을 하느냐."고 절규했고 이 소 리를 들은 강화유수 장신이 김경징에게 알려 비로소 배를 타고 들어갈 수 있었다. 어렵게 들어간 강화도에서 관군이 제대로 싸워보지도 못하고 전선이 무너져버렸다. 적군이 밀려들어온다는 급박한 상황을 알게 된 강 빈은 통곡하며 강화성을 나가 바다로 가려고 했으나 비변사에서 성문을 열어주지 않았다. 강빈은 내관들에게 자신은 이곳에서 죽어도 좋지만 원 손이 죽는 것은 차마 볼 수 없다며 피신시켰다. 원손은 내시들에 의해 극 적으로 강화성을 빠져나와 배를 타고 당진으로 피난을 가서 목숨을 부지 할 수 있었다. 원손을 피신시키고 강빈은 칼로 목을 찔러 자결하려고 했 지만 내시들이 붙들어서 큰 상처는 나지 않았다.[38]

인조 15년(1637) 1월 26일 강화도가 함락되자 결국 적군에게 잡혀 포로 가 된 강빈과 두 대군(봉림대군과 인평대군) 부부 그리고 관원들도 삼전도로 끌려왔다. 1월 30일 두 대군도 관원을 이끌고 항복의식에 참석했다. 기 록에 의하면 의식이 끝난 후에 청의 장수 용골대가 세자빈과 대군의 부 인들도 나와서 절을 하도록 하자 사람들이 눈물을 흘렸다고 하기도 하 고 절을 한 것은 나인들이라고도 한다. 인조가 환궁을 했고 청에서 인평 대군 부부는 서울로 돌아가라고 허락을 했으나 소현세자 부부와 봉림대 군 부부는 인질로 청나라로 데려가기 위해 삼전도의 군영에 머무르게 했 다.[39] 삼전도 강가의 군영에서 소현세자 부부는 3일을 더 머물다가 인조 15년 2월 4일 망원정(서울 마포구 합정동)에서 나흘간 머물렀다. 2월 8일 세 자 부부는 이른 아침 망원정을 출발해서 창릉(경기도 고양시 용두동)에 도착 했다.[40]

2월 8일 청나라 구왕九王(도르곤)이 군대를 철수하고 청으로 돌아가면서 소현세자 부부와 봉림대군 부부를 인질로 데리고 갔다. 인조는 창릉(경기도 고양시)까지 나와서 구왕을 전송할 때 가르치지 못한 자식들이 따라가니 대왕께서 잘 가르쳐 주시기 바란다고 했다. 또 자식들이 여러 날을 노숙하여 이미 병이 생겼으니 가는 동안 온돌방에서 잠을 잘 수 있게 해달라고 간곡하게 부탁했다. 강화도에서 청군에 끌려온 세자빈과 항복하기 위해 남한산성에서 내려온 소현세자는 10일 넘게 눈비가 계속 내리는 추운 늦겨울에 공포와 불안한 상태로 야영을 해야만 했다. 구왕은 인조에게 세자가 청나라로 간다하더라도 머지않아 조선으로 돌아올 것이니 너무 염려하시지 말라고 위로하고 갈 길이 바쁘다며 서둘러 길을 떠났다. 소현세자와 봉림대군이 부왕에게 절을 하며 하직인사를 하자 인조가 "지나치게 화를 내지도 말고 가볍게 보이지도 말라."고 하며 눈물로 전송했다. 주변에 있던 신하들이 세자의 옷자락을 부여잡고 통곡하자 세자는 "주상이 계신데 어찌 감히 이런 행동들을 하는가, 모두 진중하게 행동하라."고 하며 애써 감정을 억누르고 말에 올라 심양으로 떠났다.[41]

청나라에서 인질로 보낸 9년 세월

『심양일기』에는 삼전도에서 청나라에 항복 의식이 이루어진 인조 15년(1637) 1월 30일부터 세자시강원에서 매일 기록한 소현세자의 동정이 기록되어 있다. 『심양일기』에서 미미하나마 세자빈에 관한 기록을 찾을 수 있다. 눈비와 거센 바람을 맞으며 2개월의 힘든 여정을 거쳐 소현세자 부부는 인조 15년 4월 10일 비로소 심양성에 도착했고 조선 사신의 객관이었던 동관에 머물다가 5월 7일 새로 지은 신관인 심양관소(심양관 또는 심관이라고 칭함)로 옮겼고 그곳에 8년간 생활했다. 심양관에는 소현세자 부부와 봉림대군 부부 그리고 이들을 모시고 따라간 신하(陪從臣), 질자質子(인질로 온 삼정승과 육조 판서의 아들들), 의관, 수행원과 딸린 종들까지 합치면 상주한 인원은 500여 명 정도로 추산한다. 관소의 경비는 일정부분 청에서 지급했기 때문에 청나라에서는 여러 차례 관소의 인원을 줄이라고 요구했고 실제 인조의 명으로 인원을 감축하기도 했다. 그럼에도 불구하고 조선에서는 심양관의 운영에 필요한 물품제공과 경비조달로 적지 않은 부담을 짊어져야 했다. 조선에서 사신이나 관원이 오거나 청의 요청에 따라 군병이 오거나 교체될 때도 모두 심양관을 거쳐 갔다. 소현세자의 주요 일상은 문안드리고 서연書筵에 나아가 공부하는 것이었다. 매월 1일과 15일, 왕과 왕비의 생신, 모후인 인열왕후의 기일, 각 명절 등에 멀리서 조선의 궁궐을 바라보고 드리는 문안례를 행했다. 또 청 황제의 명에 따라 궁중 행사, 사냥과 명나라를 치기 위한 출정인 서행西行 등에 참여해야만 했다. 청 황제나 여러 왕들이 가까운 심양 근교로 나가는 당일치기나 짧은 일정의 사냥 외에도 20일 이상이 걸린 긴 사냥에도 수행해야 했다. 이처럼 긴 사냥을 수행했을 때는 『엽행일기』라는 사냥일기를 따로 기록했다. 서행은 명나라를 공략하기 위해 청의 군대가 출병할 때 세자가 동행한 것으로 이 역시 『서행일기』라는 출정일기를 기록했다. 사냥이나 서행 중에 기마에 능숙하지 못했던 세자는 종종 말에서 떨어져 부상을 입었다. 소현세자는 육체적인 고통만이 아닌 정신적으로도 청나라와 조선의 사이에서 지속적인 압박을 받으며 힘겨운 시간을 보내야만 했다. 조선이 명나라와 계속 내통한다는 의심과 병자호란 때 맺은 강화조약을 지키지 않을 때마다 조선을 불신하며 세자를 불러 추궁과 힐책을 했다. 심신의 피로가 누적되어가면서 소현세자는 감기·안질·이질·마비증세·습종濕腫·산증疝症·불안증 등 여러 병증으로 탕약복용은 물론 침과 뜸 치료를 지속적으로 받았다. 소현세자는 심양에서 인질로 있던 중에 인조의 병이 위중해지자 부왕의 간병을 위해 2번 귀국했다. 첫 번째 인조 18년(1640)에는 혼자 귀국했고, 인조 22년(1644) 두 번째 귀국에는 세자빈이 동행했다. 사냥과 서행 그리고 귀국 등으로 세자가 관소를 비운 일정은 짧게는 며칠에서 길게는 1~3개월이 된다. 『심양일기』를 보면 세자가 부재중인 동안 관소에서는 세자빈이 남아있는 신료들의 문안을 받았고 관소의 일상사도 보고받았다.[42]

인질로 보낸 기간 소현세자 부부의 지난했던 삶을 구체적으로 살펴보자. 소현세지 부부는 청나라로 끌려갈 때 추위와 지속적인 긴장 상태로 장시간 노숙을 하면서 건강에 이상이 왔다. 세자는 심양으로 가는 도중에 발병하여 화개산華蓋散을 복용했지만 오랫동안 낫지 않자 화개산에 다른 약재를 가미하여 복용한다.[43] 화개산은 한수寒嗽 즉 찬 공기가 폐를 상하게 해서 기침을 하고 몸에서 열이 나고 오한 증세에 처방하는 약이다.[44] 소현세자는 심한 감기로 고생했다. 세자빈 역시 발병했고 치료를 해도 오랫동안 낫지 않았다. 심양에 간 이듬해인 인조 16년(1638)부터 세자의 발병 빈도가 점점 잦아진다. 인조 16년 10월 청나라에서 명을 치기 위해 출정하는 서행에 세자를 데리고 가겠다고 통고했다. 이에 봉림대군이 병든 세자 대신 자신이 따라가겠다고 청 황제에게 청해서 허락을 받았다.[45]

5개월 후인 인조 17년 2월 9일 청 황제가 다시 서행을 할 때 세자도 수행해야한다고 통역관 정명수를 통해 통고했다. 정명수가 다음과 같은 말로 청측의 뜻을 전했다.

세자께서 말을 타는데 익숙하지 않으시고 또 평소 산증疝症을 앓고 계심을 황제께서 아시는 바이고 용골대 장군 또한 알고 있습니다. 그래서 말씀드리는데 (봉림)대군께서 만약 또 가기를 청한다면 세자께서는 필시 아니 가셔도 될 것이라고 합니다.[46]

이 말을 듣고 신하들이 봉림대군에게 아뢰자 대군이 흔쾌히 허락했다. 세자는 비록 병이 있으나 차도가 있으니 자신이 가겠다고 하자 신하들이 극구 만류하였다. 황제의 명을 두 번씩이나 수행하지 않으면 회피한다는 의심을 받을 수 있다고 했다. 사실은 봉림대군을 두 번이나 전쟁터로 가게 하는 것을 매우 마음 아파했다.[47]

산증은 소현세자가 줄곧 앓았고 치료받았던 병증의 하나이다. 소현세자가 심양에 가기 전에 산증을 치료한 기록이 없다. 심양에서 생활한지 1년이 좀 더 지난 인조 16년(1638) 4월 18일에 산증으로 침을 맞고 뜸을 뜨기 시작한다. 한의학에서 산증은 한기寒氣가 뭉쳐서 생긴 병으로 보는데 아랫배나 생식기부위가 붓고 복부에 극심한 통증을 느끼며 대소변을 보기가 힘든 병으로 종류와 병인이 다양하다. 견디기 어려운 추위와 인질 생활에서 오는 불안과 울분 등으로 발병한 것으로 보인다.[48] 처음 세자가 산증을 앓는다는 소식을 들은 인조는 좌의정 최명길에게 치료 방도가 있는지 물었는데 최명길은 산증이 치료하기 어려운 병이 아니라고 말하며 의관과 상의하여 약재를 보내는 것이 좋겠다고 했다. 최명길이 산증을 가볍게 말했지만 세자는 이 병증으로 지속적으로 고통 받았다.[49] 세자가 기마에 능숙하지 못한 점도 있었지만 산증의 통증 때문에 말에서 자주 떨어졌는지도 모르겠다.

심양관에서 세자빈도 각종 어려움이 있었겠지만 무엇보다도 청나라와 조선 조정의 중간에서 운신의 폭이 별로 없이 고군분투하며 질병에 시달리는 세자의 안위를 걱정하며 자신의 건강을 돌보지 못한 것 같다. 세자빈 역시 심양관에 도착하여 병이 났고 치료를 해도 오랫동안 낫지 않았다. 심양에 도착한 지 20여 일이 지난 인조 15년(1637) 윤4월에 치료를 해도 오랫동안 낫지 않는 세자빈의 병을 염려하여 소현세자는 청나라에 다음과 같은 요청을 했다. 심양에 따라온 의관이 의술에 정통하지 못하므로 사람을 서울에 보내 세자빈의 증세를 의논하고 약재를 구해 올 수 있게 해달라고 했다. 하지만 청측에서는 미비한 약재가 있으면 여기서 구해주겠다며 청을 들어주지 않았다.[50]

세자빈은 열악한 환경에서 임신과 출산 그리고 어린 자녀를 양육하면서 종종의 어려움을 겪으며 질병에 시달렸다. 인조 17년(1639) 9월 세자는 의관에게 세자빈의 발과 무릎에 마비 증세 있으니 신하들과 의논하여 치료를 시작하라고 명했고 연일 의녀로 하여금 뜸을 뜨게 했다. 세자빈의 상태가 이러한데도 청 황제가 예부 관원에게 명하여 세자가 관소에 거처하며 계절 변하는 것도 모르고 있으니 모시고 나가 강변에서 유람하도록 하라고 했다. 세자는 고국에 계신 부왕이 편찮으시다고 하니 걱정되고 미안하다며 사양했지만 황제가 이미 술과 고기까지 준비했다며 반드시 가야한다고 해서 혼하渾河 하류로 유람을 나가 그들이 권하는 술을 억지로 마셔야만 했다. 이때 세자는 이질로 고생하면서도 내색을 하지 않았다고 한다.[51]

인조 17년 9월 소현세자는 고국에서 지속적으로 전해오는 부왕 인조의 병이 위중하다는 소식으로 노심초사했다. 9월 16일 청 황제가 조선에 만월개 장군을 보내서 인조의 병문안을 하도록 했다. 세자는 만월개 장군이 심양을 떠난 지 닷새 밖에 안 지난 시점에 만월개 장군으로부터 오래도록 소식이 없다고 걱정을 했다. 마부대 장군을 찾아가 만월개 장군이 언제쯤 돌아오는지 아느냐며 물었다. 마부대는 일행이 아직 서울에 도착하지 못했을 것이라고 하며 20일 정도는 걸릴 것이라고 했다. 세자는 기다리는 동안 초조하고 불안하여 혈색은 창백해지고 오한에 시달려 신하들이 세자의 건강을 염려할 지경에 이르렀다.[52]

인조 17년 10월 10일 만월개가 조선에서 돌아오자 세자는 다음날인 10월 11일 이른 아침에 내관을 보내 부왕의 병세가 어떤지 물었다. 통역관 정명수를 통해 국왕의 병환이 쉽게 나을 병은 아니지만 만월개 장군을 보고 일어나 앉고 절도 했으니 좀 괜찮아진 것 같아 다행이라고 전해왔다. 하지만 세자는 소식을 전해 듣고 더욱 초조함에 직접 청의 아문으로 가서 귀국하여 부왕을 뵙고 오고 싶다고 통사정을 하고자 했다. 세자의 이와 같은 의중을 들은 마부대는 자신이 혼자 결정할 수 없는 일이라며 그 일로 방문하지 말라고 했다. 세자는 다음날(10월 12일) 새벽에 봉림대군과 함께 수레를 타고 관소를 나가 청의 아문으로 가려고하자 마부들이 아무런 보고도 없이 찾아가게 되면 자신들이 견책을 받게 된다며 말고삐를 잡았다. 세자가 이를 물리치고 청의 아문으로 가서 닫혀있는 문을 두드렸다. 이때 청의 황제는 사냥 중이었다. 세자는 용골대와 마부대 두 사람에게 아버지의 병환을 살피는 것이 간절한 바람이라며 황제에게 아뢰어 달라고 사정을 했다.[53]

세자가 더욱 다급해진 것은 인조 17년 10월 28일 파발을 통해 『약방일기』가 심양에 도착하면서이다. 『약방일기』는 약방(내의원)에서 왕을 진찰하고 치료한 기록이다. 『약방일기』를 본 신하들이 절박한 상황을 청의 아문에 가서 호소했지만 마부대가 욕설로 답을 하더니 이처럼 시끄럽게 떠들어대면 일을 성사시키기가 더 어렵다고 했다. 『약방일기』를 본 세자는 부왕의 상태가 매우 심각하다고 여겨 신하들을 다급하게 만나야만 하겠다고 했다. 세자가 여러 차례 재촉하자 의관도 제대로 못 갖추고 신하들이 허겁지겁 입시했다. 당일 청의 조정에 이러한 사실을 알리려고 통역관 정명수를 불렀으나 그의 비협조로 다음날인 10월 29일 아침에야 뜻을 전달할 수 있었다. 세자는 용골대와 마부대에게 『약방일기』를 속히 받아보시라며 부왕의 상태가 염려스러워 급히 사람을 조선에 보내 소식을 알아오게 하고자 한다고 청했다. 용골대와 마부대는 화를 내며 세자가 귀국하려고 속이는 것이라고 하며 차마 들을 수 없는 욕을 했다.[54] 소현세자의 불안과 초조는 부왕의 위중한 병세 때문이었겠지만 부왕 유고 시에 왕위 계승에 문제가 생길지도 모를 현실적인 문제를 더 염려했을지도 모른다.

인조의 병환으로 청의 칙사인 만월개가 조선에 갔을 때 백관이 세자의 귀환을 요청했고 세자 또한 직접 간청했지만 청에서는 쉽게 답을 하지 않았다. 인조 18년(1640) 정월 초 조선에서 온 신년축하 사절단(정조사正朝使)은 청이 베푼 연회(하마연)에서 세자의 귀국을 다시 간청했다. 용골대는 새해 행사로 바빠서 아직 황제께 아뢰지 못했다며 나중에 대답해주겠다고 했다. 며칠이 지나서 조선 의정부에서 인조의 병이 위중하다는 보고를 하기 위해 청나라에 사람이 오자 비로소 청의 황제가 세자에게 부왕을 보고 오라고 허락했다. 인조 18년 1월 11일 황제의 명을 갖고 용골대 등 6명의 청 관리가 심양관에 왔다. 청에서는 소현세자의 일시 귀국을 허락하면서 세자빈은 심양에 있어야하고 대신 인조의 셋째 아들 인평대군과 소현세자의 첫째 아들(원손)을 세자의 대리 인질로 청에 들어오라고 하며 이 뜻을 급히 조선에 알리라고 했다. 이 소식을 듣고 세자는 황제께서 부왕의 병문안을 허락해주시니 감격스러움을 이길 수 없다고 하고 본국에 즉시 알리겠다고 한다. 이 소식을 함께 들은 봉림대군은 원손이 이제 겨우 4살로 추위를 무릅쓰고 멀리 올 수가 없다는 사정을 말하자 용골대는 세자께서 대답해야 할 자리에 어찌 감히 대군이 말대답을 하느냐며 힐책하였다. 세자가 급히 나서 변명을 해주었다.[55]

원손은 1636년생이니 우리 나이로는 당시 5세였다. 봉림대군이 원손의 나이를 4살이라고 한 것은 만으로 말한 것이다. 병자호란 당시 강화도에서 배로 피신시킬 때 돌도 안 지났던 어린 원손은 한 겨울 추위에 칼바람처럼 찬 바닷바람을 맞고 피난길을 전전하며 아프기 시작했다. 피난처에서 병이 낫기를 기다렸다가 인조 15년(1637) 3월경에 궁궐로 돌아와 이후 부모 없이 할아버지 인조의 손에서 컸다. 세자빈으로서는 세자와 함께 귀국 할 수 없다는 실망감이 컸을 것이다. 4년 전 강화도에서 포대기에 쌓아 피신시켰던 어린 아들을 다시 만날 수 있다는 기쁨과 어린 아들이 인질이 되어 심양으로 와야만 한다는 사실에 비애감이 교차했을지도 모른다.

세자가 귀국 준비로 분주하던 때 군주가 죽었다는 비보를 조선에서 전해왔다. 죽었다는 군주는 소현세자의 차녀이다. 소현세자의 차녀는 인조 9년(1631)에 태어났으니 10살이 되던 해에 죽었다. 인조 14년(1636)에 태어난 어린 원손은 병자호란 당시 강화도에서 피신을 시켜 고국에 남겨졌고 차녀 역시 부모와 떨어져 조선에 있었다. 군주는 인조 18년(1640) 1월 5일에 사망했다. 군주가 죽은 날 내의원에서 인조에게

신들이 삼가 군주郡主가 뜻밖에 갑자기 운명했다는 소식을 들었습니다. 비통함이 가시지 않는데 삼가 성상의 기체가 염려스러운데 어떠하신지요?[56]

라고 위로의 문안을 드렸다. 20일이 지난 인조 18년 1월 25일 군주의 사망 소식이 심양에 전달된 것이다.[57]

원손을 청으로 들여보내라는 청의 칙서가 조선에 당도했다. 조정에서 신하들이 원손이 나이 어리고 병이 많아서 먼 길을 감당할 수 없다고 청나라에 말해야한다고 왕에게 아뢨지만 인조는 달리 방도가 없다고 했다. 조정에서 원손은 청에 보내서는 안 된다는 논란이 연일 이어졌지만 원손과 인평대군 부부가 인조 18년 윤1월 9일 청나라로 출발했다. 원손 일행이 청나라로 출발 할 때 서울의 백성들이 모두 오열했다고 한다. 청나라로 가는 도중에 원손은 중병에 걸렸다. 평양에서 머물면서 회복되기를 기다렸다가 출발했지만 도중에 병세가 안 좋아지자 쉬기를 반복했다.[58]

소현세자는 인조 18년(1640) 2월 13일 심양을 출발하여 2월 28일 안주를 거쳐 숙천肅川(평안남도 평원)에서 원손과 상봉했다. 세자를 수행한 오목도 장군 등 3명의 청나라 사람들이 원손을 알현하자 오랑캐의 복장이 이상해서 놀랐는지 원손이 손으로 얼굴을 가리며 안 보려고 했다. 오목도 장군은 원손이 숙천에 머문 지가 너무 오래됐다고 하며 원손이 빨리 심양으로 떠나지 않으면 자신도 세자와 숙천에 머물겠다고 압박을 했다. 4년 만에 만난 어린 원손과 단 하루의 시간을 보내고 세자는 다음날인 2월 29일 원손을 심양으로 떠나보내야만 했다.[59]

소현세자는 인조 18년 3월 7일 서울에 도착했다. 소현세자가 인조 앞에 엎드려 눈물을 흘렸고 인조도 눈물을 흐리며 세자를 어루만졌다. 그런데 세자의 호행관으로 온 청장淸將 오목도가 이를 제지하였다. 부자간의 자연스런 상봉조차 제지당한 것이다. 소현세자는 부왕을 문병하고 인조 18년 5월 17일 심양으로 돌아왔다.[60]

원손은 서울을 떠나 4개월 만인 4월 13일 심양에 도착해서 그곳에 머물다가 인조 18년 7월 3일 심양을 출발하여 귀국길에 올랐다.[61] 원손은 어머니 세자빈 강씨와 79일간 함께 지냈다. 아버지 소현세자와도 46일 간을 함께 보낼 수 있었다. 생사를 담보할 수 없는 전란 속에 강보에 싸서 떠나보냈던 어린 아들과 4년 만에 이국땅에서 재회한 소현세자 부부는 원손에게 애틋하고도 넘치는 부모의 사랑을 듬뿍 준 것으로 보인다. 심양에 있는 동안 원손은 건강이 어느 정도 회복되었던 것 같다. 조선에서 심양으로 갈 때 병을 앓으면서 쉬기를 반복하여 4개월이나 소요된 것에 비해 귀국할 때는 심양에서 서울까지 22일 밖에 걸리지 않다.[62]

인조 18년 조선에 다녀온 뒤 소현세자는 오히려 영구귀국이 점차 더 멀어진다고 생각한 것 같다. 6월에 세자는 관소를 증축하고자 했다. 그러자 7월 초 심양관의 세자시강원 이사貳師 이하 신하들이 글을 올려 이곳이 어떤 곳인데 토목공사를 하시려고 하냐며 극력 반대했다. 초가집이나 흙집이라도 지내기에 충분하니 일시적인 편안함을 생각하셔서는 안되며 마땅히 고생을 참고 견디며 몸과 마음을 갈고 닦아야 한다고 했다. 소현세자는 다음과 같이 답을 했다.

> 일의 기미를 보건대 언제 돌아갈지 기약이 어렵고, 거처하는 집에 약간의 공간이 있지만 북쪽이 담장으로 막혀있어 무더위에 바람이 통할 곳이 없어 더위와 답답함을 견딜 수 없었다. 그래서 부득이 작은 집을 짓고자 하였다. 그러나 이제 훈계하는 말을 보니 격언이 아닌 것이 없으니 어찌 감동하고 감동하지 않을 수 있겠는가. 나의 생각이 불민하였음을 깊이 뉘우치고 있다.[63]

그런데 세자가 인조 18년 9월에 또 관소의 담벼락에 창문을 내자 신하들은 "세자가 거리를 구경한다."고 손가락질을 한다면서 청나라 사람들의 입질에 오르내리니 참으로 한심한 일이라며 예전대로 담벼락을 쌓으시라고 했다. 세자는 결국 벽을 다시 쌓았다.[64] 돌아갈 날을 기약할 수 없는 인질 생활에 관소의 출입도 감시받으며 행동에 제약을 받았기에 답답함은 날로 더해갔다. 세자는 청의 각종 행사와 사냥과 서행 등으로 관소를 나갈 기회라도 종종 있었지만 대부분의 생활을 관소 안에서 보내는 여성들의 삶은 어떠했을까? 소현세자가 담에 창문을 낸 것은 세자빈을 위한 것이 아니었는지 조심스럽게 추정해 본다. 이때 세자는 목이 타고 몸이 마비되는 증상으로 열을 다스리는 퇴열탕退熱湯을 처방받았지만 상태가 호전되지 않아서 가입사물탕加入四物湯을 복용한다.[65]

소현세자를 더욱 힘들게 한 것은 악화되어가는 청과 조선의 관계였다. 병자호란 이후 청 태종은 명나라를 정벌하기 위해 파병 요청과 군량미 조달을 요구하였다. 파병에 미온적인 조선의 태도에 문책과 위협이 따랐다. 인조 18년 상장上將으로 군대를 이끌고 참전한 평안도병마평사 임경업이 명나라와의 전투에 소극적으로 임하고 고의로 교전을 피했던 정황이 드러나기 시작하면서 세자는 청나라로부터 추궁을 당한다. 『심양일기』 신사년(인조 19년, 1641)의 기록을 보면 세자와 세자빈 모두 질병으로 인해 자주 약을 복용하고 침과 뜸 치료를 받는다. 세자는 인조 19년 1월과 2월 지속적인 마비증세로 침을 맞고 설사와 복통으로 식사를 제대로 하지 못했다. 이어지는 두통과 오한·발열·기침은 물론 속이 메슥거리고 토할 것 같은 증세로 고생했다.[66]

2월 말경 세자가 차도를 보이자 이제 세자빈이 아프기 시작했다. 세자빈은 안질과 팔이 아파 들어 올릴 수 없는 증세로 반하금출탕을 복용하고 의녀에게 침을 맞았다.[67] 3월 내내 세자와 세자빈 두 사람은 번갈아가며 침을 맞고 탕약을 지속적으로 복용하였다.[68] 세자빈 강씨는 세자가 청나라로부터 받는 스트레스도 함께 받으며 노심초사하고 악화되는 소현세자의 건강 또한 염려했다.

이즈음 청의 아문에서는 아리강阿里江(混河를 말함)가에 밭을 주고 야판 野板을 만들라고 요구했다. 야판에서 채소와 과일을 심고 정자를 지어 목축도 하도록 했다. 심양관에서는 핑계를 대고 따르지 않다가 이때 황제의 명으로 억지로 밭을 주니 어쩔 수 없이 받았다.[69] 아마도 청에서 심양관에 대주던 식량과 물품을 일정부분 자급자족하도록 유도할 목적이었던 것 같다. 심양관에서 이를 거절한 이유는 우선 직접 농사를 지어야한다는 것을 수긍하기가 어려웠을 것이고 또 심양에서의 인질생활이 장기화될지 모른다는 우려가 있었을 것이다. 후일 소현세자는 가슴이 답답할 때 가끔 이 야판에 나가 기분전환을 했다.

인조 20년(임오년, 1642)은 소현세자와 세자빈 강씨에게 더욱 힘겨운 한 해였다. 소현세자는 새해 첫날 새벽에 청나라 황제를 따라 성문 밖 성황사城隍祠에 다녀오다가 말에서 떨어졌다. 1월 말경에 청에서 황제가 멀리 사냥을 나가는데 세자와 봉림대군도 동행해야한다고 통역관이 전했다. 청 황실에서 겨울에도 사냥을 나갔는데 날씨가 매우 추워 평소 추위를 잘 견디지 못하는 세자가 말을 타다가 다칠 염려가 있어 청하지 않았다고 했다. 그리고 이제 따뜻한 봄기운이 있으니 함께 가서 바람을 쏘이면 좋을 것 같다며 20일치의 양식을 준비하라고 했다.[70]

세자는 2월 3일 사냥을 따라 나갔다. 과거의 역사 기록은 모두 음력날짜이다. 참고로 1642년 2월 3일을 양력으로 환산하면 3월 3일로 심양에도 봄기운이 일기 시작했을 것이다. 소현세자는 사냥을 나간 5일째인 2월 7일 말에서 떨어졌다. 신하들이 놀라서 어혈을 다스리는 약을 올리겠다고 했지만 괜찮다고 했다. 하지만 이틀이 지난 2월 9일 세자는 사냥

중에 또 낙마하였다. 청나라 사람들이 깎아지른 낭떠러지와 높은 비탈을 종일 오르내려서 사람도 말도 병이 나고 지쳐서 전진할 수가 없을 정도였다고 한다. 세자의 말이 연일 험난하고 거친 사냥 길을 오르내리며 견디지 못하고 넘어져 세자가 말 등에서 떨어진 것이다. 그럼에도 불구하고 점심시간에 잠시 말을 쉬게 한 후에 그날 오후에 사냥을 나갔다가 저녁에 돌아왔다고 한다. 사냥은 계속되었고 2월 15일 세자가 또 말에서 떨어져 의관이 소합원을 드시도록 했다.[71]

소합원蘇合元(또는 蘇合圓)은 소합향원蘇合香元이라고도 하는데 청심원이나 보명단保命丹과 함께 전의감에서 제조하여 왕실에서 복용한 귀한 약이다. 이런 귀한 약은 납일臘日 즉 섣달에 왕이 근신近臣에게 하사하여 납약臘藥이라고도 했다. 소합원의 처방에는 용뇌龍腦를 넣은 용뇌소합원과 사향麝香을 넣어 사향소합원이 있다. 이 약은 모든 기氣와 관련된 질환을 치료했다. 기가 막혀서 가슴이 답답하고 아픈 통증(氣痛 또 氣鬱)이나 중풍으로 정신을 잃거나 토사곽란이 일어났을 때 복용하던 구급약이다. 보통 환약으로 제조하여 상비하였다가 위급할 때 따뜻한 물이나 따뜻한 술과 함께 마시도록 했다.[72] 1642년 2월 19일 소현세자와 말이 모두 지쳐서 청나라 사람들의 사냥행렬을 따라가지 못하고 뒤쳐졌다. 세자는 20일간의 힘든 사냥을 끝내고 1642년 2월 22일 오후에 심양관소로 돌아왔다.[73]

청 황제는 바람을 쏘이라며 종종 소현세자를 긴 사냥에 동행시켰는데 승마에 익숙하지 않은 세자는 항상 위험에 노출되었다. 사냥 중에 몇 차례나 말에서 떨어져 지친 상태로 돌아온 세자는 1642년 3월부터 속이 울렁거리고 토할 것 같은 증세와 다리의 통증을 호소하며 탕약을 복용하고 침을 맞았지만 복용한 약이 효과가 없었다. 세자는 뱃속이 꼬이고 아픈 복통과 갈비뼈 아래가 당기고 아픈 증세를 호소했다. 의관이 세자에게 가미한 육군자탕六君子湯을 처방하였다.[74] 『동의보감』에 보면 이 약은 음식을 잘못 먹었거나 음식을 먹고 급체한 경우 처방했다.[75] 현대 의학으로 보면 세자는 원치 않는 힘겨운 사냥터로 끌려 다니며 만성 소화불량이나 만성 위염 혹은 위궤양이나 십이지궤양을 앓았고 잦은 낙마로 골절상을 입었던 것 같다. 20일간의 고된 사냥에서 돌아온 후에 몸이 좋지 않아 연일 탕약을 복용했지만 마음 편히 쉴 수가 없었다. 1642년 4월과 5월 내내 청의 조정에서는 조선에서 운송이 지연되는 세폐미를 계속 세자에게 독촉했다.[76]

　세자가 청의 이러 저러한 요구나 요청으로 말을 타고 야외활동 특히 장시간의 사냥이나 명나라와의 전투에 동원될 때마다 관소에 남겨진 세자빈은 세자의 안위를 걱정하고 질병으로 시달리는 세자의 건강을 염려하며 노심초사했을 것이다. 1642년 6월에 이르러 세자빈이 복통과 배가 붓는 증세가 있어 애부환탕艾附丸湯을 처방 받는다. 애부환은 부인과 질환에 처방하는 환약[77]인데 세자빈은 이 약을 탕약으로 복용했다. 세자빈은 이 약이 효과가 있다며 7월과 8월 지속적으로 복용했다. 1642년 8월 7일의 『심양일기』 기록을 보면 제손아기씨諸孫阿只氏가 갑자기 기가 막혀 매우 허둥대고 신하들도 관소의 합문에 모여서 대기했다고 한다. 제손아기씨는 소현세자의 둘째 아들인 경완군(이석린)으로 추정된다. 이석린이 후일 인조 25년(1647) 8세의 어린 나이에 유배지에서 죽었다는 것으로 볼 때 1640년생으로 심양관소에서 태어났고 당시 3세였음을 알 수 있다. 세자빈 강씨는 경완군이 잘못될까봐 매우 놀라고 힘겨운 시간을 보냈다. 1642년 8월 중순에 이르러서는 세자빈은 침과 뜸 치료를 병행하였다.[78] 9월에 이르러서 세자는 애부환탕을 복용한 세자빈이 열이 매우 심

하게 나서 오히려 해로웠다며 의관과 상의하여 육울탕六鬱湯을 처방하도록 했다.[79]

『동의보감』에 보면 육울탕은 육울六鬱을 치료하는 약이다. 육울은 6종류의 울증鬱症 즉 기울氣鬱·습울濕鬱·열울熱鬱·담울痰鬱·혈울血鬱·식울食鬱을 말한다. 울이란 뭉쳐서 발산되지 못해서 생기는 병이다. 이 병은 우선 기를 순조롭게 한 후에 화기를 내리고(降火) 가래를 삭인 후에 뱃속에 쌓인 덩어리인 적취積聚를 없애야만 증세를 풀 수 있다고 한다.[80] 결국 세자빈은 열악한 환경의 심양에서 기약 없는 인질생활에 울화병까지 더해진 것으로 보인다. 세자빈이 육울탕을 복용할 때 세자도 몸이 춥고 떨리는 오한과 어지러움 증세가 심해지고 기침을 하면서 안색이 나빠졌다. 이때 세자시강원 보덕 박서가 세자의 건강을 염려하며 아뢴 내용이 아래와 같다.

> 이곳은 기후가 한랭하고 샘물이 짜고 차서 일반인이라도 겨우 1년 정도만 지나면 병이 나게 됩니다. 하물며 세자께서 곤경을 당하여 이곳에서 6년이나 되셨으니, 그간의 고초와 거처 및 음식의 불편함으로 인해 병이 나실 만한 까닭이 실로 한두 가지가 아닐 것입니다.[81]

세자는 청으로부터 지속적인 추궁과 압박을 받았다. 이즈음 임경업이 명나라와 전투를 피하기 위해 고의로 배를 난파시키고 승려 독보를 시켜 명나라와 내통한 전말이 밝혀지면서 청과 조선의 관계는 더욱 악화되어 갔다. 청에서는 소현세자에게 관련자를 모두 엄벌하라는 요구를 했고 세자에게도 엄중한 문책이 따랐다.

1642년 9월 30일 청나라에서 통역관 정명수를 보내 갑자기 세자에게 이유도 말하지 않고 봉황성으로 가야한다는 황제의 명이 하달되었다. 이런 명령을 받고 신하들은 당황하여 어찌할 바를 몰랐다. 세자가 평소 앓고 있는 산증이 자주 발병하고 추위가 닥쳐오는 한겨울로 들어서는 때여서 더욱 염려가 되었다. 그래서 용골대 장군을 찾아가 통사정을 하려고 했지만 만나주지조차 않았다. 세자는 1642년 10월 6일에 봉황성으로 출발했다.[82]

봉황성은 옛 고구려의 큰 산성으로 오늘날 중국 요녕성 단동시 동북쪽 20여 km에 위치하고 있다. 음력 10월 6일은 양력으로 11월이 되는 시점으로 그곳은 이미 영하의 추위가 시작된다. 세자의 봉황성행은 『봉황성일기』로 기록했는데 1642년 10월 9일 청석령青石嶺을 넘을 때 말에서 내려 걸어서 올라갔다고 한다. 산증으로 인한 통증 때문이었는지도 모르겠다. 10월 10일 밤부터 세자는 편찮은 증세를 보였다. 10월 13일 봉황성에 도착한 세자는 쉴 틈도 없이 용골대가 관련자를 취조하는 자리에 동석해서 사태 수습을 해야만 했다. 10월 17일 용골대가 관련자들을 엄한 형벌로 추궁하자 영의정 최명길과 임경업의 이름까지 나왔고 급하게 그 두 사람을 심양으로 들여보내라는 독촉을 받았다. 청측에서 단단히 화가 나서 인조가 문안사 윤순지에게 보낸 예물조차 받지 않았다.[83] 결국 이 사건에 직접 연루된 임경업은 심양으로 압송되던 도중에 명나라로 탈출을 했고 영의정 최명길이 모든 책임을 떠안고 죄인으로 심양에 압송되어 감금되고 말았다.

청의 장수 용골대의 문책과 소현세자가 이에 대응한 내용을 당시 세자빈객 한형길이 왕에게 상세하게 보고했다. 보고 내용에 보면 용골대가 병자호란 후에 조선의 6개의 도道는 우리가 다스리고 나머지 3개의 도를 조선국왕에게 다스리도록 하자는 논의가 있었는데 그렇게 하지 않은 것

을 황제가 매우 후회한다고 하며 관련자들을 모두 잡아들이라고 했다고
한다. 세자는 국왕(인조)이 대국(청)의 은혜를 저버리고 무익한 일을 하시
지 않았을 것이라며 세자인 자신이 여러 사람에게 벌을 주는 것은 감히
간여할 일이 아니라고 답을 했다. 그러자 용골대는 "만약 국왕이 병이 없
다면 우리들이 나가서 죄인들을 처단할 수 있으나 국왕이 병이 있기 때
문에 세자로 하여금 처리하게 하려고 한 것이다. 세자는 병이 없는 사람
으로서 병이 있는 국왕에게 일을 떠맡기려고 하는가?" 하니 세자가 대답
을 하지 못했다.[84]

　세자가 봉황성으로 간 후에 심양에는 전염성이 강한 천연두가 발생하
여 전전긍긍했다. 1642년 11월 5일 통역관 이잇석이 와서 천연두를 피해
제손아기씨 곧 경완군 이석린을 관소에서 모시고 나가야 한다고 했다.
경완군은 천연두를 피해 질자들이 머물던 질관質館으로 옮겨갔다. 심양
관에 홀로 남아있던 세자빈은 예고도 없이 돌연 봉황성으로 끌려간 세자
의 안위와 경완군이 천연두에라도 걸릴까 노심초사했을 것이다. 이즈음
의관이 세자빈에게 편찮으신 증세가 어떠하신지 문안한 것을 보면 세자
빈은 여전히 건강이 좋지 못했던 것 같다. 세자는 봉황성에서 46일 만인
1642년 11월 22일 심양관으로 돌아왔다. 윤11월에 천연두가 더욱 창궐하
자 남녀노소를 불문하고 천연두를 앓지 않은 사람들은 둔소屯所로 내보
내도록 했다. 경완군은 2개월 가까이 질관에 격리되었다. 봉황성에서 심
양으로 돌아온 세자는 천연두를 피해 질관에 가있던 경완군을 보고 싶다
며 신하들을 대동하고 보러갔다.[85] 이때 세자빈이 동행했다는 내용은 보
이지 않는다. 누구보다도 세자빈은 어린 아들이 잘 지내고 있는지 궁금
하고 혹여 천연두에 걸리까봐 애를 태웠을 것이다.

　그런데 봉황성에서 심양관으로 돌아온 지 한 달이 좀 더 지나서 소현

세자는 청 황제의 사냥을 따라가야만 했다. 세자는 1642년 12월 2일 사냥을 따라갔다. 세자의 사냥기간동안 따로 기록된 『엽행일기獵行日記』에 의하면 사냥 초반에 전진하기 힘든 혹독한 추위와 눈보라를 만났고 사냥을 떠난 지 닷새째인 12월 7일 세자의 말이 발을 헛디뎌 세자가 땅바닥으로 굴러 떨어졌다. 그런데도 연일 강풍을 맞고 추위를 무릅쓰며 산과 들을 달려야만 했던 세자는 발에 통증이 생겼다. 강행군을 하며 지친 말들이 쓰러지고 죽어갔다. 동행했던 의관 조종립이 병이 나서 청나라 사람의 집에 남겨졌다가 사망하기도 했다. 세자는 1642년 12월 28일 저녁에 26일간의 사냥을 마치고 관소로 돌아왔다.[86]

새해(1643년, 인조 21년)가 되어도 심양에서 여전히 천연두가 창궐하였다. 세자는 둘째 아들 경완군이 천연두를 앓지 않았기 때문에 전염될 것을 우려하여 조선으로 피신시키고 싶어 청 황제에게 간청하여 허락을 받았다. 경완군은 인조 21년(1643) 2월 12일 교체되는 내관·질자·금군과 함께 귀국길에 올랐다. 귀국 일행 중에는 질자로 왔던 우의정 강석기의 아들 강문벽도 있었다.[87] 강문벽은 세자빈의 동생이자 경완군의 외삼촌이다. 세자빈은 아들과 헤어지면서 만감이 교차되었을 것이다. 경완군이 천연두가 창궐하는 심양을 떠나 조선으로 돌아가 갈 수 있다는 안도감과 어린 아들과 기약 없이 헤어져야만 하는 냉혹한 현실이 비통했을 것이다.

1643년 5월 초순부터 세자빈이 묵은 병이 다시 도졌다고 하며 약을 지어 올리라는 세자의 명이 약방에 내려졌다. 세자빈은 이후 6월까지 한 달간 여러 약을 처방받고 복용하였다. 세자빈이 이 기간 복용한 약을 정리해 보면 다음 〈표 8〉[88]과 같다.

<표 8> 세자빈의 병증과 처방약

5월 8일	묵은 병	시호·강활·황금·형개수 등을 가미한 청열조혈탕 2첩
5월 19일	곽란	백작약·황련·신국 등을 가미한 평위산 1첩
5월 22일		백작약·창출·청피 등을 가미한 향음박자 3첩
5월 27일		강활·형개수를 가미한 팔물탕
6월 1일		강활·형개수를 가미한 팔물탕 5첩
6월 2일	복통	황련·향유를 가미한 조중이기탕
6월 3일	복통	육일산 2첩
6월 6일	배뇨장애	구맥·목통·건하 등을 가미한 오림산 3첩
6월 7일		적복령·택사·황련 등을 가미한 익위승양탕 5첩

세자빈이 복용한 약이 어떤 병증을 치료할 때 쓰인 것이지 구체적으로 살펴보자. 청열조혈탕淸熱調血湯은 생리불순이나 월경통에 처방한 약이다. 가미된 황금은 소변을 시원하게 못 보고 아랫배가 당기듯 아프거나 소변에 피가 섞여 나올 때 처방하는 약재이다. 형개수는 붕루崩漏 즉 자궁출혈(하혈)이 멈추지 않을 때 처방하는 약재이다. 붕루는 음맥이 허하거나 지나치게 슬퍼할 때 상초上焦가 막혀 기가 고르지 못해 화기가 몸속에 머무르게 되면 발생한다고 한다.[89] 다음에 처방받은 평위산平胃散은 비위가 조화롭지 못해 음식이 위장에 쌓이는 식체食滯를 치료하는 약이다.[90] 향박음자香朴飮子는 더위를 먹어 토하고 설사하며 답답하여 어찌할 바를 모르는 것을 치료하는 약이다.[91]

5월 28일과 6월 1일 두 번 처방받은 가미 팔물탕八物湯은 기혈氣血이 모두 허약해서 생긴 병에 처방한 약이다.[92] 조중이기탕調中理氣湯은 이질을 치료하는 약이다.[93] 육일산六一散은 익원산益元散이라고도 하는데 토사곽란을 치료하는 약이다.[94] 오림산五淋散은 오림을 치료하는 약이다. 오림은 방광에 열이 쌓여서 소변이 잘 나오지 않고 소변이 적색을 띠거나 아랫배가 당기고 아픈 증상이다.[95] 익위승양탕益胃升陽湯은 핏덩어리가 갑자기 나오고 물 같은 설사를 치료하는 약이다.[96]

이상의 처방약을 보면 세자빈이 계속되는 복통과 토사곽란 그리고 배뇨장애로 고생을 했다는 것을 알 수 있다. 1643년 6월 8일 의주장관 김천길이 내의원에서 보낸 약재를 가지고 심양에 왔다.[97] 구체적으로 어떤 약재인지는 알 수 없지만 심양에서는 구할 수 없는 귀한 약재로 보인다. 이 약재를 복용하고 세자빈은 증세가 호전되었는지 한동안 별 다른 병증 기록이 보이지 않는다. 6월 22일 저녁에 세자빈에게 친정아버지 강석기가 6월 13일에 돌아가셨다는 부음이 전해졌다. 소식을 들은 날부터 세자빈은 친정아버지의 장례절차를 시작하여 6월 25일에 비로소 상복을 입었다(成服).[98] 세자빈은 왕실의 예에 따라서 공무를 중지하고 상복을 입고 조의弔意를 표하는 기간인 공제公除를 13일간으로 했다. 이 날짜는 조의를 표해야할 달을 날로 환산(以日易月)한 것이다.[99]

1643년 8월 초순부터 세자빈은 관원혈關元穴과 중완혈中脘穴에 연이어 뜸을 떴다.[100] 관원關元은 포胞 또는 단전丹田이라고도 칭하며 배꼽 3촌 아래에 위치한다. 이곳은 여성의 자궁 부위이기도 하다.[101] 중완中脘은 배꼽의 4촌 위에 있고 위胃의 기가 모여드는 모혈募穴이다.[102] 이곳이 은근히 아프면 위완옹胃脘癰이라고 한다. 원인은 화가 쌓인 상태에서 풍한을 받아 열기가 위를 막아서 생긴다.[103] 이질이 멎지 않거나 두통 또는 하혈이 많을 때와 같이 다양한 증세에 중완혈에 침을 놓고 뜸을 뜬다.[104] 이러한 침구치료로 볼 때 세자빈이 부인과 질환·설사·위통 등으로 고생한 것을 알 수 있다. 세자빈이 지속적으로 받은 치료는 연이은 임신·출산과도 관련이 있다. 정확한 출산시점을 알 수는 없지만 세자빈은 1642년과 1643년 연년생으로 딸을 낳았다.

세자빈이 연일 뜸을 뜨던 1643년 8월 9일 청 태종이 갑자기 사망하였다. 8월 10일 청 조정에서 점심에 소현세자와 봉림대군을 궁궐의 내정으로 불러들였고 새벽이 될 때까지 그곳에 있어야만 했다. 청 황제는 죽기 바로 전날인 8월 8일 황제의 사위를 위해 연회를 베풀었고 소현세자도 참석했는데 늦은 밤까지 연회를 열었기 때문이다. 황제의 상례에 참석하기 위해 소현세자는 이른 새벽에 청의 대궐에 나아갔다가 저녁까지 있었다.[105] 황제의 돌연사는 청나라는 물론 조선에서도 매우 놀랍고 중대한 문제였다. 왜냐하면 청 태종이 죽기 전에 후계자가 정해지지 않았기 때문이다. 황제의 사후 필연적으로 권력투쟁이 발생했다. 청나라 후계구도의 향배에 따라서 소현세자는 물론 조선의 운명도 좌우될 수 있기 때문이다. 치열한 각축 끝에 8월 26일 청 태종의 동생 예친왕 도르곤이 태종의 장남 숙친왕 호격豪格을 배제시키고 태종의 어린 아들(6세) 복림福臨을 황위(세조, 순치제)에 앉히고 섭정왕이 되었다.

1643년 10월 중순이 되자 청의 여러 왕들이 사냥을 나간다며 소현세자와 봉림대군은 물론 조문사절로 심양에 와있던 인평대군까지 동행하라고 통고했다. 일행은 1643년 11월 1일 사냥을 떠나 11월 25일 돌아왔다. 세자가 사냥을 떠난 기간에 세자빈은 가미한 양혈거풍탕養血祛風湯 5첩을 처방받았다.[106] 『동의보감』에 보면 양혈거풍탕은 "부인婦人의 두풍증을 치료한다. 두풍증에 걸리년 열에 다섯은 발병할 때마다 반드시 배나 마차를 탄 것처럼 어지럽다."[107]고 했다. 두풍은 낫지 않고 오래 계속되는 편두통이다. 건강도 좋지 못한 세자가 맹추위에 또 다시 알 수 없는 먼 곳으로 긴 사냥 길에 오르자 세자빈은 염려와 걱정으로 고통스런 시간을 보냈다.

이 시기의 『엽행일기』를 보면 사냥 초반에 이미 지치고 병든 사람과 말을 심양으로 돌려보내야 했고, 수행한 사서 이정영은 매섭게 차가운 바람을 맞고 쓰러져 의식을 잃었다. 세자는 의관 한 명으로 하여금 머물던 숙소에 남아서 이정영을 돌보도록 했다. 마부 한 명이 얼어 죽기도 했다. 사냥 후반부에 이르러 세자는 더 이상 청나라 사냥일행을 따라가지 못했고 심양으로 돌아오기 시작했으니[108] 그 험난했던 여정을 미루어 짐작할 수 있다.

사냥에서 돌아온 이틀 뒤인 1643년 11월 27일 청 조정에서 세자로 하여금 조선에 다녀오도록 허락했다는 소식을 용골대 장군이 전해왔다. 청에서 세자의 이번 귀국 길을 허락한 것은 부왕 인조의 병환이 위중하다는 소식에 세자의 간청으로 성사됐다. 세자는 세자빈이 심양에서 7년이 되도록 한 번도 귀국을 못했고, 아버지의 상례에 곡전哭奠(장례를 치르기 전에 지내는 제사에 곡을 하는 중요한 상례의식절차)의 예도 못했으며, 친정어머니의 병이 위중한데 찾아 뵐 길이 없으니 함께 귀국할 수 있기를 간청하였다. 청에서는 통역관을 시강원에 보내서 부왕의 병을 핑계로 조선에서 체류 기간을 끌 생각을 하지 말라고 했다. 세자와 세자빈이 함께 귀국하는 것을 허락하는 대신 세자의 두 아들 원손元孫과 제손諸孫 그리고 인평대군 부인을 봉황성에서 맞교환하라고 했다.[109] 제손은 바로 연초에 창궐하는 천연두 때문에 조선으로 피신시킨 세자의 둘째 아들 경완군 이석린이다. 이 소식이 조선에 전해지자 조정 중신들이 엄동설한에 어린 원손이 먼 길을 떠나게 되는 것을 염려하며 원손의 출발 날짜를 늦춰달라고 청나라에 요청하자고 했으나 인조는 그대로 시행하도록 했다.[110]

인조 21년(1643) 12월 7일 원손과 제손 그리고 인평대군 부인이 대리 인질로 청나라로 떠나야만 했다.[111] 소현세자 부부는 12월 15일 심양을 출발하여 12월 22일 봉황성에 도착했다.[112] 원손 일행은 인조 22년

(1644) 1월 1일 새벽에 의주를 출발하여 얼어붙은 압록강을 건너 100리길을 달려서 그날 초저녁 인질 교환 장소인 봉황성에 비로소 도착했다. 둘째 경완군과는 1년만의 재회이고 원손과는 4년 만에 재회였다. 이산가족으로 지낸 소현세자 부부와 두 아들의 짧은 만남을 끝내고 소현세자 부부는 인조 22년 1월 3일 이른 아침 귀국 길에 올랐다. 세자빈 강씨가 원손과 헤어질 때 부둥켜안고 차마 손을 놓지 못하자 동행했던 일행도 목이 메지 않은 사람이 없었고, 이를 지켜본 청나라 사람들도 모두 눈물을 흘렸다고 한다.[113] 이역만리 타국 땅에서 이제 막 9세와 5세가 되는 어린 아들들을 대리인질로 심양으로 떠나보내며 귀국 길을 재촉해야만 했던 소현세자 부부의 가혹한 운명 앞에 더 짙은 먹구름이 기다리고 있었다.

원손 일행과 이별을 하고 8년 만에 고국 땅을 밟을 수 있었던 강빈을 기다리는 것은 시아버지 인조의 차가운 냉대였다. 세자빈의 친정아버지 강석기가 돌아가셨고 친정어머니가 병중에 계시다는 사정을 세자가 청나라에 간곡하게 말해서 세자빈 강씨가 귀국 길에 동행할 수 있었다. 소현세자 부부가 인조 22년 1월 20일 서울에 도착했을 때 인조는 만성 질병으로 투병 중이었다. 4년 전(인조 18년)의 극적인 부자 상봉과는 다르게 이날 인조와 소현세자의 만남은 매우 형식적이었다. 이날의 기록을 보면 창경궁 장경문長慶門 밖에서 세자가 숙배肅拜를 했다. 인조는 이날 세자를 호행한 청나라 장수 2명을 편전에서 접견을 했는데 인사를 나눌 때 세자는 동쪽 뒤 칸에 앉았다가 나중에 배알을 하고, 청장들을 위한 궁중연이 시작되자 자리를 피해 있다가 연회가 끝나고 청장이 계단을 내려올 때 나아가 읍揖을 했다.[114]

1월 22일 심양에서 세자를 모셨던 박황이 전라감사로 부임하면서 왕께 인사를 드리려고 입궁했는데 세자로 하여금 동궁 편전에서 만나도록 했다. 왕은 이날 이형익에게 침을 맞았다. 세자는 박황에게 부왕이 병이 깊어 편치 못한 마음과 심양생활의 고통을 토로하며 하염없이 눈물을 흘렸다.[115] 소현세자는 부왕의 태도에서 자신을 덮쳐오고 있는 검은 먹구름을 감지했을 것이다. 소현세자는 귀국해서 부왕의 곁에서 간병하는 일로 대부분의 시간을 보냈다. 서울에 도착한지 열흘이 지났을 때 세자를 호행한 청의 장수가 세자의 안색을 보고 매우 꺼칠하시니 어찌된 일이냐고 물었다. 세자는 (부왕의) 병구완을 하느라 걱정과 근심 때문에 그렇다고 답을 했다.[116]

청으로 돌아갈 날이 임박해서도 인조는 세자빈의 친정 방문을 허락하지 않았다. 이에 삼정승은 세자빈이 8년 만에 돌아왔고 친정이 지척인데 찾아뵙지 못하고 돌아갈 수 있겠냐고 했다. 인정이나 예의로 볼 때 세자빈이 친정에 가서 아버지 궤연几筵(죽은 사람의 혼백이 머무는 영궤靈几)에 곡哭을 하고 아픈 어머니를 찾아뵙는 것이 도리라고 했다. 인조는 "지금 재변이 참혹하고 민심이 안정되지 않은 것을 걱정하느라 법 밖의 예나 분수에 넘치는 일을 생각할 겨를이 없다."고 냉정하게 답을 했다.[117] 소현세자 부부는 부왕의 태도에서 실망을 넘어선 분노를 느꼈을지도 모른다. 부왕의 차가운 냉대를 받고 한 달을 머무른 뒤에 소현세자 부부는 인조 22년(1644) 2월 19일 심양으로 돌아가야만 했다.

소현세자 부부가 심양으로 돌아가기 이틀 전인 인조 22년 2월 17일에 세자빈이 어디가 아픈지 구체적인 증상에 대해서는 언급이 없이 인조가 승정원에 전교하기를 "세자빈이 침을 맞고 있는 중이므로 모레(2월 19일)는 형편상 떠나기 어려울 듯하니, 이 뜻을 대신大臣에게 말하라."고 했다. 세자빈이 침을 맞은 일을 조정 신하들이 알지 못했다고 한다.[118] 세자시강원에서 왕명을 받고 세자에게 호행하고 온 청나라 장수를 만나 이런 사정을 말하고 출발기일을 늦추기를 청하고자 한다고 아뢰었다. 그런데 세자는 출발기일을 늦추라는 왕명의 전달여부에 대해서는 한마디 언급도 하지 않고 청의 장수에게 안부만 물으라고 했다.[119]

왕실의 모든 의료행위는 왕실의 주무기관인 내의원을 통해 행해진다. 그런데 세자빈이 왜 신하들이 모르게 침을 맞았을까? 전교傳敎는 왕의 명령이다. 소현세자는 부왕인 인조가 더 머물다가라는 호의를 왜 청나라 장수들에게 전하지 않았을까? 간접적으로 부왕의 명을 무시한 것이다. 어쩌면 조선에 머무는 것이 세자빈에게는 더 큰 고통이라고 생각했는지도 모른다. 인조는 심양으로 돌아가는 세자에게 특별히 환관 김언겸을 딸려 보냈다. 김언겸은 일찍이 심양 관소에서 세자를 모실 때 세자가 잘못하는 일이 있으면 눈물을 흘려가며 간언을 했고 아무리 매를 맞더라도 결코 그만두지 않아서 세자가 매우 조심스러워했다는 말을 인조가 듣고 이런 명을 내렸다.[120] 이는 세자가 심양에서 바르지 못한 행위가 있었다는 의미이기도 하고 인조가 세자에게 정신 똑바로 차리고 살라고 보내는 경고의 메시지이기도 하다. 8년 만에 조선에 돌아와 지척에 계시는 아픈 어머니도 뵙지 못하고 심양으로 돌아가는 세자빈 강씨의 심경은 실로 형용키 어려운 고통에 휩싸였다. 소현세자도 세자빈에게 미안함과 부왕을 향한 원망스러움 등 만감이 교차되었다.

소현세자는 예정대로 인조 22년(1644) 2월 19일 궁궐을 출발해 20일 파주에 이르러 그곳에서 하루를 묵었고 신하들과 의관이 아침문안을 하니 "세자빈이 편찮은 기미가 있으니 장계狀啓에 언급하라."고 했다.[121] 장계는 외방에 나가 있는 신하가 중요한 일을 왕에게 보고하는 문서이다. 즉 소현세자가 심양으로 돌아가는 여정을 왕에게 보고 하는 문서에 특별히 세자빈이 아프다는 내용을 넣으라고 주문한 것이다. 부왕에게 세자빈의 고통을 알리는 일종의 시위이다. 심양으로 돌아가는 내내 약을 복용하고도 세자빈의 증세는 차도가 없었고 증세가 악화되자 세자는 문안을 올리는 신하들에게 걱정을 토로하였다. 세자빈은 개성에 이르기까지 연일 아팠고 마침내 가미이진탕을 3첩을 지어 올리라고 했다.[122] 이진탕二陳湯은 담痰을 제거하는 거담제로 쓰이는 약이다. 이진탕에 약재를 더한 가미이진탕加味二陳湯은 기담氣痰이 목구멍에 막혀서 매핵기梅核氣가 된 것을 치료하는 약이다. 매핵기는 목구멍에 이물질이 걸린 것 같거나 가래가 걸려서 뱉어도 나오지 않고 삼켜도 넘어가지 않아 가슴이 답답한 증상인데 지나치게 분노하여 몸속에 열이 쌓이면 생기는 병이라고 한다.[123] 세자빈 강씨는 쌓인 울분과 치밀어 오르는 화를 삭이지 못해 병이 되었다.

소현세자 부부는 인조 22년 3월 24일 심양관으로 돌아왔는데 세자빈은 돌아와서도 증세가 호전되지 않았다. 소현세자가 조선을 다녀오던 시기에 청나라는 명나라의 마지막 숨통을 조이고 있었다. 1644년 3월 19일 명나라 반란군 이자성이 북경을 점령하자 명의 마지막 황제(숭정제)가 자살하면서 명나라는 마침내 멸망했다. 이어 명나라 장수 오삼계가 청나라에 투항해서 구왕(예친왕 도르곤)이 이끄는 청군과 연합해 이자성을 공격하자 이자성은 북경을 포기하고 후퇴하였다. 조선에서 돌아온 지 2주일 만인 1644년 4월 9일 소현세자도 이자성을 치기 위해 진격하는 구왕을 따라가야만 했다.[124]

이번 세자의 출행은 이전의 사냥과는 달리 전쟁터로 나가는 것인 만큼 세자빈은 그 어느 때보다 세자의 안위가 염려가 되었다. 세자빈은 세자가 떠난 바로 다음날 병이 났고 의녀를 시켜 의관에게 약을 짓도록 했다. 세자빈은 삼출건비탕蔘朮健脾湯을 처방받고 계속 복용했다.[125] 삼출건비탕은 비장과 위장의 기능이 떨어져 소화를 잘 못시키는데 처방하는 약이다.[126] 세자빈은 심양에서의 긴 인질 생활에 지쳐갔고 세자마저 전쟁터로 나가면서 불안이 가중되었다. 세자가 전쟁터로 나간 지 20일이 지난 1644년 4월 29일 청나라 사람이 세자의 소식을 가져왔다. 소식을 들은 날 『심양일기』에는 "세자의 기체氣體는 안녕하시나 늘 화살과 돌이 날아다니는 전쟁터에 계시다고 한다. 소식을 듣고 부지불식간에 두려움에 온몸이 오그라들고 오싹 소름이 끼쳤으니 초조하고 마음을 졸여지는 것을 어찌 말로 형용할 수 있으리오?"라고 했다.[127]

세자의 소식을 들은 뒤에 세자빈은 가미된 강활제습탕羌活除濕湯을 2차례 처방 받아 복용하였다.[128] 이 약은 풍습風濕을 맞아서 온 몸이 다 쑤시고 아프거나 마비 증세에 처방하는 약이다. 동반되는 병증으로는 식은땀이 나고 숨이 가빠지거나 소변이 잘 안 나오고 붓는다고 한다.[129] 그 외에도 통증 완화와 소화를 돕는 강활건비탕과 몸에 열이 나고 땀을 흘릴 때 복용하는 제호탕醍醐湯을 처방 받았다.[130] 전쟁터로 나간 세자의 안위를 걱정하며 심신이 편치 못했던 세자빈의 고통이 눈에 보이는 듯하다.

청의 군대를 따라 북경에 간 세자 일행이 겪은 험난했던 일정과 위험했던 순간을 기록한 상세한 일기가 전해온다.[131] 이 일기에 의하면 세자는 일찍부터 감기가 걸렸고 설사를 했다. 포성이 그치지 않는 곳에서 형용키 어려운 두려움을 안고 밤을 지새우기도 했다. 청의 구왕은 포성이 우레와 같고 화살이 비처럼 쏟아지는 전쟁터로 소현세자를 데리고 가기도 했다. 1644년 5월 2일 청군은 북경을 점령했다.[132] 청에서는 통역관을 시켜 칙서로 이런 사실을 조선에 알렸다. 이 소식을 듣고 조선의 모든 사람들이 놀라 눈물을 흘렸다고 한다.[133]

공식적으로는 5월에 소식을 전해 들었다고 하지만 심양관의 신료들과 청의 사신으로부터 급변하는 정세를 계속 전달받고 있었다. 소현세자는 북경에 도착하여 행군할 때 전선의 상황과 행군과정의 고난 등을 전했다. 하루 120~130리를 행군해야만 하고 식량이 없어 함께 가던 신하들이 이틀이나 굶기도 했다.[134] 소현세자가 북경에 머무는 동안 조선의 군대는 말먹이와 군량이 모두 바닥나 말과 사람 모두 굶주렸고, 청의 관청에서 약간의 쌀을 지급했지만 겨와 흙이 절반이나 되어 먹으면 복통을 일으켰다는 보고도 있었다.[135] 소현세자는 전쟁터에서 두 달하고도 열흘 만인 1644년 6월 18일 심양으로 돌아왔다. 전쟁터에서 돌아온 세자는 열이 나고 손발이 불편하여 침을 맞았고 감기로 고생했다.[136]

세자가 심양으로 돌아온 지 한 달 뒤에 세자빈은 심양에 대리 인질로 와 있던 어린 아들 원손과 다시 이별을 해야만 했다. 1644년 7월 16일 원손 일행이 조선으로 돌아가기 위해 심양관을 출발하여 야판野板에 머물렀다. 다음날 소현세자는 원손을 전송하기 위해 이른 새벽인 인시寅時(새벽 3시에서 5시)에 야판으로 향했다. 혼하 강가까지 원손 일행을 전송했는데 헤어질 때 세자는 물론 그곳에 있던 모든 사람들의 심정을 말로 형용키 어려웠다고 『심양일기』는 적고 있다. 세자 부부가 병자호란 이후 원손과 함께 한 시간은 매우 짧다. 병자호란 때 헤어져 4년만인 인조 18년(1640)에 일시 귀국하는 아버지 소현세자 대신 대리인질로 심양에 왔을 때 만났고, 다시 4년이 지나 일시 귀국했던 부모님의 대리인질로 심양에 머무른 기간 동안이다. 전후 다 합쳐도 세자빈은 원손과 6개월이 좀 넘는 시간을 심양에서 함께 보냈고 세자가 원손과 함께한 시간은 4개월 정도 밖에 안 된다.

소현세자는 이날 원손과 헤어진 후 허허로운 마음을 달래기 위해 배를 타고 강가를 거슬러 올라가 야판에 머물다가 관소로 돌아왔다. 관소에 남아있던 세자빈의 심정은 어떠했는지 기록이 없어 알 수가 없지만 세자보다 더 힘든 시간을 보냈을 것이다. 원손과 헤어진 다음날 세자는 금군禁軍 정덕량에게 원손을 쫓아가 직접 문안하고 사적인 편지를 전달하고 오게 하였다. 정덕량이 1644년 7월 20일 원손을 문안하고 돌아와 보고하기를 비 때문에 요동에서 지체되었다는 소식을 전해왔고, 7월 21일에는 금군 김계수가 돌아와 원손 일행이 요동을 출발했다는 소식을 전했다.137) 원손의 귀국길을 노심초사하며 바라보는 세자 부부의 안타까운 심정이 느껴진다. 전쟁터에서 돌아온 후 세자는 공사다망하여 쉴 틈이 없었다. 원손이 조선으로 떠난 후에 세자 부부는 병이 났다. 세자는 왼쪽 어깨와 팔에 통증과 마비 증상이 나타나 연일 침을 맞고 가미한 오적산을 복용했다.138) 세자빈도 기침과 가래로 가미된 자완탕과 토사곽란으로 평위산을 복용했다.139)

이와 같은 상황에서 1644년 8월 20일 소현세자 부부는 북경으로 천도하는 청 황제를 다시 따라가야만 했다. 『심양일기』에는 1644년 8월 18일 소현세자가 북경으로 떠나기 전에 청나라의 여러 왕을 따라서 청 황제의 능을 참배하는 것을 끝으로 더 이상의 기록이 없다. 『인조실록』이나 『승정원일기』의 기록을 토대로 보면 북경행은 실로 고난의 연속이었다. 세자와 세손 교육을 담당했던 빈객 임광과 보양관 김육이 북경을 왕래하느라 말들이 이미 지쳐버려 가마를 더 이상 끌 수 없어 노새를 사서 대신하겠다는 소식을 전해왔다. 북경으로 옮겨갈 사람들의 양식은 물론 물품조달이 어려워 곤궁해질 것이라며 호조에서 은 오천 냥을 급히 보내자고 했지만 인조는 금년에 보낸 연료비와 식비 그리고 황금과 인삼도 적지 않았고 향후 청의 조치를 살피지 않을 수 없으니 들여보내지 말라

고 했다.[140)

소현세자 일행은 1644년 9월 19일 북경에 도착했다. 세자빈 강씨는 북경에 도착하고 보름만인 1644년 10월 5일 셋째 아들 이석견을 낳았다. 힘들고 불안한 여정에 조산했을 가능성도 있다. 세자빈이 심양을 출발하기 전에 궁귀탕芎歸湯과 가미한 사물탕을 여러 차례 복용하였는데[141)] 이는 세자빈의 임신과 관련이 있는 약이다. 궁귀탕은 불수산佛手散이라고도 하는데 태동이 불안하여 배가 아플 때나 산달이 가까운 임산부가 순산을 위해 먹는 약이다.[142)] 가미사물탕은 허혈虛血로 어지럽고 졸도하는 것을 치료하는 약인데 이 약을 복용할 때는 놀라거나 움직여서는 안 된다고 한다.[143)]

출산날짜로 추정해 볼 때 심양에서 북경으로 출발할 즈음 세자빈은 적어도 8개월 전후한 임산부였다. 임신 후기에는 요통 · 손발 저림 · 숨이 차는 등 다양한 증상이 동반되는 시기이다. 이처럼 힘든 시기에 조선이 더 멀어지는 이국땅으로 떠나야만 했던 세자빈에게 감당하기 어려운 불안감과 두려움이 엄습해왔을 것이다. 이 시기 세자빈객 임광이 왕에게 보고한 내용을 보면 1,600여 리의 장거리를 비바람을 맞으며 산을 넘고 강을 건너야만했는데 윗사람이나 아랫사람이나 고생하는 상황을 말로 다 표현하기 어렵다고 전했다. 소현세자는 북경에서 머물며 견문을 넓힐 기회를 가졌지만 북경의 관소에서는 식량과 땔감 등을 조달하기 어려워 고생을 했다.[144)]

1644년 11월에 구왕이 세자의 영구 귀환을 허락하자 세자빈은 해산 후에 몸도 제대로 추스르지도 못한 채 간난아이와 북경을 출발해 조선으로 돌아오는 멀고 험난한 여정에 올라야만 했다.[145)] 9년간 청나라에서 인질생활을 하며 온갖 풍상을 견뎌내고 조선으로 돌아온 소현세자 부부 앞에 기다리고 있던 것은 잔혹한 참극이었다.

소현세자의 죽음

소현세자 일행은 1644년 11월 26일 북경을 출발하여 1645년 1월 9일 심양을 거쳐서 2월 17일 이른 아침 청의 칙사와 함께 벽제관에 도착했다. 소현세자는 귀국한지 2개월이 좀 지난 4월 26일 34세의 나이로 죽었다. 『인조실록』에 보면 인조 23년(1645) 4월 23일 소현세자가 병이 났는데 어의 박군이 학질이라고 진단했고 약방에서 다음날 새벽에 침의 이형익에게 침을 놓아 열을 내리게 할 것을 청하자 인조가 이를 따랐다(上從之)고 했다.[146]

계속해서 세자는 침을 맞다가 나흘만인 4월 26일 죽었다. 사헌부와 사간원에서는 세자의 병이 갑자기 악화된 것은 의관이 진찰을 잘못하고 침을 놓았기 때문이라고 했다. 특히 이형익이 괴이한 의술로 오한이 있는 세자에게 증세도 제대로 판단하지 못하고 날마다 침만 놓았으니 죄를 다스려야한다고 했지만 인조는 허락하지 않았다.[147] 침을 놓은 이형익과 후궁 조씨의 친분관계, 소현세자 사후 상장례의 절차에 보인 인조의 의심스러운 태도 그리고 소현세자의 시신 염습에 참여했던 종실 이세완의 증언 등을 들어 소현세자 독살설이 제기되었다.[148] 이세완은 사람들에게 세자의 온 몸이 전부 검은 빛이었고 이목구비의 일곱 구멍에서는 모두 선혈鮮血이 흘러나오므로 검은 멱목(염습할 때 죽은 사람의 얼굴을 덮어 사는 형겊)으로 얼굴 반쪽만 덮어 놓았는데 마치 약물藥物에 중독되어 죽은 사람과 같았다고 했다.[149]

이러한 소현세자 독살설이 마치 역사적 사실처럼 통용되기도 하지만 최근에 『심양일기』와 『승정원일기』의 소현세자의 질병기록을 토대로 병사했을 가능성이 제기되고 있다. 하나는 김종덕의 연구로 의관들이 소현세자의 체질과 병증을 잘못 진단하고 치료하여 죽음에 이르게 하였다고 주장했다.[150] 의관의 오진으로 사망에 이르게 되었다는 것이다. 또 하나는 신명호의 연구로 기존에 이형익의 침을 맞고 죽었다는 독살설에 대해서 반박하며 오히려 소현세자는 이형익의 침을 맞고 한 차례 병이 완치되었다고 주장했다. 그는 소현세자의 병인을 환경적인 요인과 심리적인 요인으로 보았다. 오랜 심양생활이란 환경적 요인에다가 조선과 청 사이에 끼어 양쪽의 눈치를 보아야 했던 심리적 압박감에서 병들었고 북경에서 조선으로 영구귀국 할 때 병세가 급격히 악화되어 결국 죽음에 이르게 되었다고 했다.[151]

신명호의 주장에는 상당한 설득력이 있다. 나는 소현세자 말년의 지난했던 여정과 병증을 통해 소현세자의 죽음을 재조명해 보고자 한다. 인조 21년(1643) 12월 부왕의 문안을 위해 심양을 출발하기 한 달을 전후한 시점부터 인조 23년(1645) 2월 18일 조선에 돌아오기까지의 지난한 여정을 정리해 보면 다음 〈표 9〉와 같다.

〈표 9〉 소현세자의 여정

사냥	1643년 11월 1일 → 1643년 11월 25일	25일
일시귀국	심양출발(1643년 12월 15일) → 조선도착(1644년 1월 20일)	35일
	조선출발(1644년 2월 19일) → 심양도착(1644년 3월 24일)	35일
북경출정	심양출발(1644년 4월 9일) → 심양으로 귀환(1644년 6월 18일)	69일
북경행	심양출발(1644년 8월 20일) → 북경도착(1644년 9월 9일)	20일
영구귀국	북경출발(1644년 11월 26일) → 심양(1645년 1월 9일) → 조선(1645년 2월 18일)	82일

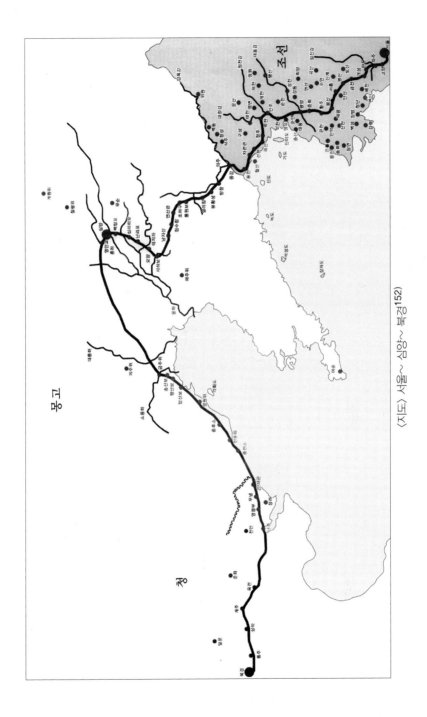

〈지도〉 서울~심양~북경152)

세자는 1643년 11월 1일부터 1645년 2월 18일까지 15개월 18일 동안 사냥·귀국·심양으로 귀환·출정·북경행·귀국 등으로 약 266일을 말을 타고 험난한 일정을 길 위에서 보냈다. 음력은 큰 달이 30일이고 작은 달이 29일이므로 266일은 9개월이 넘는 일수이다. 세자가 영구 귀국하기 전 북경에서 건강상태가 어떠했는지 알 수 있는 기록은 별로 없다. 조선에 전해온 소식에 의하면 식량과 땔감이 부족해 어려움을 겪는 등 북경에서의 생활이 순탄하지 않았다. 소현세자가 영구 귀국하기 위해 북경에서 심양으로 오던 중에 병이 났고 그래서 귀국 일정이 늦어졌던 것 같다. 인조 23년(1645) 1월 10일 조선에 귀국하던 세자가 아프다는 소식이 전해졌다. 내의원에서는 세자의 증상에 맞는 약재를 갖고 어의가운데 한 명을 선발해 밤낮없이 달려가 투약하겠다고 아뢴다.[153]

세자가 심양에 도착한 날짜가 1월 9일이니 세자는 북경에서 심양에 오던 중에 이미 병세가 심각했던 것 같다. 따라서 세자 일행이 심양에서 조선으로 오는 일정도 지체되었다. 이에 인조 23년 2월 9일 비변사에서 인조에게 다음과 같이 아뢰었다. 세자가 병 때문에 곳곳에서 멈추게 되니 칙사 일행이 먼저 서울에 들어오고, 세자는 행차를 멈추어 모처에서 몸조리를 한 후에 몸이 회복되기를 기다렸다가 돌아올 수 있도록 사신을 영접하는 원접사를 보내 청의 칙사에게 왕의 뜻을 전하시라고 했다. 인조는 그렇게 하도록 허락했다.[154]

하지만 세자의 증세는 별로 호전되지 않은 채 인조 23년 2월 17일 벽제관(청의 사신이 도성에 들어가기 하루 전에 머물던 경기도 고양시에 있던 객관)에 도착했다. 『을유동궁일기』는 소현세자가 벽제관에 도착한 인조 23년 2월 17일부터 세자가 죽은 뒤에 세자시강원이 혁파된 인조 23년 윤6월 13일까지 약 5개월간의 일기이다. 부분적으로 기록이 없거나 훼손되었지만 소현세자의 마지막 나날을 비교적 상세히 알 수 있다.[155] 소현세자 일행이 인조 23년 2월 17일 심야에 벽제관에 도착했을 때 세자빈은 세자일행과 떨어져 먼저 서울로 들어왔다. 다음날 새벽에 홍제원(청의 사신이 휴식을 취하고 도성 안에 들어가기 예복을 갈아입고 준비하던 서울 서대문구 홍제동에 있던 공관)에 도착했다. 청의 칙사는 세자에게 통역관을 보내 청 황제가 천하를 통일하고 대업을 이룬 뜻 깊은 일이 있는데 국왕이 환영을 나오지 않은 것을 문제 삼았다. 부왕이 진실로 병세가 깊고 중해서 환영을 못나온 것이라고 세자가 변명했다. 사시巳時(오전 9~11시)에 궁궐에 도착하여 인조와 장렬왕후에게 절을 하였다. 세자시강원에서는 세자가 북경에서부터 수천리 길을 돌아왔고 오래 앓은 숙질이 여전하니 오늘 중으로 숙녕전(모후인 인열왕후의 魂殿)에서 예를 거행하기가 어려울 것 같다며 몸이 좀 회복되었을 때 날짜를 잡아 거행하도록 청하는 문서를 올렸는데 인조는 이 문서를 냉정하게 돌려보냈다. 수천 리 길을 달려온 병들고 지친 아들에게 인조는 냉혹했다. 그런데 세자가 숙녕전에서 예를 행하려고 할 때 억수같은 비가 쏟아지자 그때서야 내일 거행하라고 했다.[156] 2월 19일 세자가 숙녕전과 종묘를 참배하고 나올 때 시강원 전원이 세자의 건강상태를 염려하여 청 칙사를 접견하는 날짜를 미루시라고 청했다. 세자는 증세를 보아가며 하루 이틀 물리는 것이 좋겠다고 했다.[157]

『을유동궁일기』에는 인조 23년(1645) 2월 20일부터 2월 29일까지의 기록이 없다. 이 시기 『인조실록』과 『승정원일기』에서 소현세자의 동정을 살펴보자. 『인조실록』 2월 20일자를 보면 원래 조정에서 세자의 귀국을 환영하며 신하들이 직접 축하드리려는 하례賀禮를 권정례權停禮로 대신하라는 왕명이 내리자 사헌부에서 조정의 모든 관원이 실망한다며 날짜를 늦추어서 거행하시기를 청했다. 하지만 인조는 날짜를 늦추지 말고 예정대로 거행하라고 했다.[158] 권정례로 하라는 것은 세자가 당연히 직접 참석해야 할 하례에 세자의 참석 없이 축하 의식을 치루라는 것이다. 세자가 조정 백관에게 하례 받는 것을 원천봉쇄하려는 의도였는지 아니면 세자의 건강을 염려한 배려였는지 알 수 없다.

『승정원일기』를 보면 이날 약방 도제조 김류 등이 왕의 허락을 받아 그동안 세자를 모셨던 의관들에게 세자의 병증에 대해 자세히 물어보았다. 의관들은 세자가 기침이 나고 숨이 차서 답답하다고 했고, 뱉은 가래침이 탁하고 입이 마르는 증세가 계속되었다고 했다. 약방에서 지골피와 맥문동을 가미한 이모영수탕二母寧嗽湯을 5첩 처방했다.[159] 이 약은 상한 음식을 먹고 위의 화기가 치솟아 폐기肺氣를 눌러 가래와 기침이 오랫동안 낫지 않을 때 치료하는 약이다.[160] 세자가 오랫동안 밖에서 생활하며 상한 음식을 먹어서 생긴 병이라고 진단 한 것이다. 이 약을 복용한 후 세자궁에 문안하니 한결같다고 답한 것을 보면 별 차도가 없었다.[161] 2월 26일에 최득룡·유후성·이형익·박군이 세자를 진찰했는데 병세는 호전이 없고 감기까지 더해져 고열이 나자 황련과 치자 등을 가미한 소시호탕小柴胡湯 3첩을 처방했다.[162]

『을유동궁일기』에 의하면 인조 23년 2월 30일 청의 칙사를 위한 환영연에서 칙사가 오히려 세자가 아픈 몸으로 오래 앉아 있는 것을 염려하며 돌리는 술잔도 사양했고 연회를 일찍 파하기를 청했다. 3월 4일 청 칙사들은 환송연에서도 마찬가지였다. 세자의 안색을 뵈니 피곤하고 편찮은 기색이 역력하다며 술잔을 돌리지 말고 연회를 빨리 파하자고 재촉할 정도였다. 칙사 중에 한 명이 세자와 이별하는 서운한 마음을 표하며 내년 봄에 조선에 들어와 다시 뵙는 날을 고대한다고 했다. 그런데 세자는 이에 대해 대답을 하지 않았다.[163] 왜 그랬을까? 소현세자는 자신의 건강상태가 내년을 기약할 수 없다는 것을 직감했던 것일까?

『승정원일기』를 보면 청의 칙사들이 돌아간 다음날인 3월 5일 내의원에서 세자의 증세를 염려하여 어의들로 하여금 진맥을 하게 했는데 세자의 여러 병증이 3분 2가 줄었고 안색도 편안해 보인다고 했다. 그리고 남아있는 간화肝火를 치료하기 위해 가미한 시호연교탕柴胡連翹湯과 침을 놓기로 했다.[164] 이 기록을 근거로 세자의 증세가 호전되었다고 판단하기도 하지만 오히려 이날 어의들의 진단은 다른 시각으로 해석할 수 있다. 같은 날인 『을유동궁일기』에는 세자가 문안을 받고 증세가 호전되었다는 말이 없다. 이날 침을 놓기로 한 결정을 주목해 볼 필요가 있다. 인조 23년(1645) 2월 26일에 침의 이형익이 세자를 진찰하는데 처음 투입된다. 마지막 장에서 이형익에 대해서는 다시 서술하겠지만 이형익은 인조의 질병 치료에 중요한 역할을 한 인물이다. 이 당시 인조 역시 질병으로 연일 침을 맞았다. 그런데 왕을 담당하던 중요한 의관들을 세자에게 보낼 만큼 세자는 건강상에 큰 문제가 있었다. 처방된 시호연교탕은 상한傷寒으로 열이 나고 헛소리를 하며 신음하며 누워서 잠을 이루지 못할 때 쓰는 약이다.[165]

세자는 인조 23년 3월 6일부터 8일 · 10일 · 12일 · 14일 5차례 좌우측 손의 간사혈 · 태연혈 · 신문혈과 좌우측 발의 행간혈 · 내정혈 · 신맥혈 · 임읍혈에 침을 맞았다.[166] 세자가 침을 맞은 곳은 흉통 · 전광癲狂 증세와 열을 내려주는 효과가 있는 혈 자리이다. 이런 치료로 볼 때 세자는 고열로 전광 즉 정신착란과 같은 발작증세가 나타나기 시작한 것으로 보인다.[167] 3월 18일 심한 천식, 가슴답답증, 정신을 못 차릴 정도로 피곤한 증세가 더해졌고 어의들은 폐열肺熱로 진단하고 청폐탕清肺湯 10첩을 처방했다.[168] 이 약은 몸에 쌓인 열로 가래에 피가 보일 때 처방한 약이다.[169] 세자가 피가 섞인 가래를 토한 것으로 보인다. 세자는 천식으로 숨이 차고 답답한 증세를 호소했고 두통이 날로 심해지면서 때때로 발작을 일으켰다. 이후 3월 하순부터 4월 중순까지 세자의 이런 증세는 별로 차도가 없이 계속되었다.[170]

인조 23년 4월 18일 세자는 옆구리가 아프고 식사 뒤에 정신을 못 차릴 정도로 피곤하며, 뱃속이 불편한 증상도 여전하고 어지럼증이 전보다 더욱 심해졌다며 몹시 괴롭다고 호소했다. 4월 21일 밤부터 세자는 두꺼운 가죽옷을 입고도 오한으로 떨었고 한기가 좀 가시면 고열이 계속되어 정신이 혼미해졌으며 심한 기침으로 제대로 눕지도 못하고 고통으로 잠을 잘 수가 없었다. 의관들은 학질로 진단하고 열을 내리기 위해 침의 이형익이 침을 놓았고 응급처방약인 청심원과 탕약(시호지모탕, 소시호탕)을 올렸는데 잠시 진정되는 듯했지만 상태는 더욱 악화되었다. 4월 26일 아침 세자의 상태가 급박해졌고 세자는 두터운 솜옷이 흥건히 젖을 정도로 식은땀을 흘렸다. 소현세자는 이날 정오에 창경궁 환경당에서 숨을 거두었다. 세자의 나이 34세였다.[171]

소현세자는 심양에서 그곳의 토양과 기후에 적응하지 못하고 감기·소화불량·두통·복통·토사광란·안질 등으로 지속적으로 약을 복용하였다. 또 산증疝症이라고 진단한 지병으로 고생했다. 사냥을 나갈 때마다 여러 번 말에서 떨어져 치료를 받았고 오한과 어지럼증은 물론 불안 증세를 지속적으로 호소했다. 세자는 탕약 외에 침과 뜸 치료도 지속적으로 받았다. 그리고 청과 조선 양쪽에서 압박을 받으며 힘겨운 인질 생활을 9년 가까이 했다. 특히 말년에는 사냥과 전쟁터를 전전하며 병든 몸으로 원거리를 이동했다. 1644년 6월과 7월에 소현세자는 발열, 가

슴 답답함, 수족냉증, 어깨와 팔의 마비증세, 흉복통 등의 증세를 호소했다.[172]

하지만 북경으로 천도하는 청 황제를 따라갔던 1644년 8월 20일부터 이듬해 1645년 2월 17일 조선에 돌아오기까지 소현세자의 병증에 대해 알 수 있는 기록이 매우 미미하다. 다만 북경에서 심양을 거쳐 오는 소현세자는 이미 중병을 앓고 있었던 것 같다. 마지막 2개월간 소현세자가 보인 어지럼증, 극도로 피곤한 증세, 극심한 통증 호소와 불면증 등의 병증은 말기 암환자와 유사하다. 전광顚狂은 정신착란 증세인데 마지막 순간에 보이는 섬망 증세로 보인다. 말기에 소현세자의 손과 발의 혈 자리에 계속 놓은 침은 통증을 완화시켰을 가능성이 있다. 통증이 완화되었을 때 잠시 세자의 병세가 호전되었다고 착각했던 것 같다.

소현세자의 말년을 지켜본 세자빈 강씨의 심정은 어떠했을까? 확인할 수 있는 기록이 별로 없다. 소현세자가 죽고 상례가 이루어지는 동안 세자시강원과 세자궁을 호위하는 익위사翊衛司에서 세자빈에게 문안을 하면 "망극하다."고 답을 했다.[173] 지극한 슬픔을 표하는 말이다. 소현세자의 장례는 인조 23년(1645) 6월 19일 치렀다. 장례를 치른 후에 다섯 번의 제사(五虞祭)를 지내고, 6월 27일 졸곡제卒哭祭를 치렀다. 졸곡제는 장사 후에 지내는 우제虞祭를 모두 끝낸 뒤에 무시애곡無時哀哭 즉 때를 가리지 않고 하는 곡哭을 끝내기 위한 제사이다. 이날 세자시강원 관원과 익사위 관원 모두가 제사에 참석했고 제사가 끝나고 세자빈에게 단자로 문안을 하니 세자빈은 "오늘은 더욱 망극하다."고 하였다.[174] 세자빈은 왜 이날 더욱 망극하다고 했을까? 소현세자의 죽음 뒤에 더 가혹한 참극이 세자빈 강씨를 기다리고 있다는 것을 알았기 때문이다.

강빈의 옥사

　　　　　　소현세자의 장례를 치르고 2개월(인조 23년 은 6월에 윤달이 있다)이 지난 인조 23년(1645) 7월에 궁중저주사건이 발각되어 강빈의 옥사獄事가 벌어졌다. 옥사는 반역·살인 등 중대한 범죄를 다스리는 일이다. 이 옥사는 인조가 강빈을 제거하기 위한 구실로 이용되었다는 설이 지배적이다.[175] 인조 23년 궁중저주사건의 옥사가 진행되던 중에 왕은 어린 왕비 장렬왕후를 별궁으로 내쫓았다. 그리고 인조 24년 이 사건에 연루되어 강빈과 강빈의 혈족들이 대부분 제거되면서 이 사건이 마무리되는 듯하였다. 하지만 인조 25년에 이르러 인조 23년의 궁중저주사건의 불씨가 재 점화되었고 또 다시 옥사로 이어졌다.

　이 사건의 발단과 전개과정이 『인조실록』에 상세하게 기록되어있다. 인조 23년 7월 21일 궁중에서 저주의 옥사가 일어났고 흉악하고 더러운 물건이 많이 발견되었으며 이 일로 고문을 받고 죽은 궁녀들이 많았다.[176] 기록에 의하면 사건의 발단은 인조의 총애를 받았던 후궁 조씨 (당시 숙원)와 강빈의 갈등에서 비롯된 것처럼 보인다. 이 사건의 매개자가 된 인물은 궁중의 일을 잘 알고 있어 대전과 중전 그리고 세자궁 모두에게 신임을 받았던 애란이란 궁녀이다. 숙원 조씨가 처음 궁중에 들어왔을 때에 궁중의 일을 주관했던 궁녀 애란이 조씨와 모녀지간처럼 지냈다는 것을 보면 애란이 후궁 조씨를 친정어머니처럼 잘 보살펴주었음을 알 수 있다. 후궁 조씨가 왕의 총애를 받으면서 강빈과 틈이 생기자 왕은 애란에게 세자궁을 감시도록 명하였다. 하지만 애란이 강빈의 신임을 받고 매우 친밀하게 지내자 후궁 조씨가 이를 심히 질투하여 항상 중상모략하려 하였으나 적절한 기회를 얻지 못했다고 한다. 그러다가 소현세자가 죽은 뒤에 어떤 요망스런 무당이 소현세자가 흉측한 화를 당한 것은 북경서 돌아올 때에 많이 구입해온 수를 놓은 비단 때문에 빌미가 되었다고 했다. 그래서 비단들을 빨리 물에 띄워버리거나 불에 태워서 신神에게 사죄해야한다고 했다. 만일 그렇게 하지 않으면 흉측한 화가 그치지 않을 것이라고도 했다. 애란이 이 말을 강빈에게 고하자 강빈이 그 말을 믿고 그 비단을 모조리 애란에게 주면서 무당의 말과 같이 하도록 하였다. 애란이 이 비단을 자기 방에 두고 막 정리하고 있을 때 후궁 조씨가 그 말을 듣고는 다른 일을 핑계로 우연히 지나다 애란의 방에 들렀다. 그리고 애란과 함께 비단을 정리하는 척하다가 갑자기 방바닥에 쓰러졌다. 궁중에서는 크게 놀라서 약을 구하느라 분주하였다. 왕이 놀라서 그 연유를 힐문하자, 시녀가 사실대로 아뢰었고 인조가 크게 노하여 "애란이 감히 요망한 무당과 서로 내통했단 말이냐." 하고는 애란을 내옥內獄 (왕실의 재정을 관장하는 내수사에 관련된 죄인을 처리하는 감옥)에 가두어 국문하고 마침내 육지에서 멀리 떨어진 섬으로 귀양 보냈다.[177]

인조는 궁녀 애란이 요망한 무당과 내통하여 저주를 했고 그 배후에 강빈이 있다고 생각해서 강빈의 궁녀들을 내옥에 가두고 국문을 시작했다. 인조 23년(1645) 9월에 내옥에서 저주의 일로 국문을 받던 강빈의 궁녀인 계향과 계환이 아무것도 자복하지 않고 죽었다.[178] 이때 사건의 전말에 대해서 구체적으로 드러난 내용은 별로 없었다. 이 저주사건의 전말이 드러난 것은 인조 25년에 이르러서이다. 이 저주사건의 전말을 확인하기 전에 먼저 인조 23년에 궁중에서 일어난 일련의 사건을 주목해야만 한다.

알려진 대로 인조 23년 2월에 청나라에 인질로 잡혀가 있던 소현세자가 영구 귀환하고 4월 26일 죽었다. 인조는 윤6월 2일에 신하들의 여론이 분분했지만 소현세자의 장남인 "원손元孫이 자질이 밝지 못하고 결코 나라를 감당할 재목이 아니다."라고 하며 봉림대군을 세자를 세우겠다고 통고한다.[179] 봉림대군은 소현세자보다 늦게 귀국을 허락받았고 북경에서 조선으로 돌아오던 중에 소현세자가 죽었다는 비보를 들었다. 봉림대군은 인조 23년 5월 14일 귀국했다.[180]

봉림대군이 조선에 도착하기 이전부터 봉림대군을 새 세자로 세우기 위한 일련의 조짐이 있었다. 6월 27일 소현세자의 졸곡제를 지내고 4일 뒤인 윤6월 2일 인조는 봉림대군을 세자로 세우겠다고 신하들에게 통고했다. 세자빈 강씨가 졸곡제 후에 문안을 올린 세자궁의 관원들에게 "오늘은 더욱 망극하다."고 답을 한 이유가 바로 여기에 있다. 인조가 소현세자 사후 원손이 아닌 봉림대군을 후계자로 삼고자 한 의중이 이미 곳곳에서 감지되면서 원손마저 내쳐질 위기에 놓이자 세자빈 강씨는 형용키 어려운 분노와 비통한 심정으로 몸부림쳤을 것이다.

인조 23년 윤6월 4일 봉림대군은 원손을 제치고 자신이 세자의 자리에 나아갈 수 없으며 불초한 자신이 감당할 자격이 없다고 상소문을 올렸다. 인조는 봉림대군에게 총명하고 효성스럽고 우애가 있으며 도량이 넓은 사람이라고 하며 형이 죽으면 동생이 계통을 잇는다는 형망제급兄亡弟及의 예에 의거하였으니 사양하지 말고 효제孝悌의 도리를 다해 형의 자식을 너의 자식처럼 보살피라고 했다. 이날 인조는 창경궁 양화당에서 청나라에서 소현세자의 조문사절로 온 4명의 칙사를 접견했다. 접견이 끝날 즈음 통역관 정명수가 신하들을 물리치기를 청하자 인조는 내시 2명만 남겨두고 주변의 신하들을 모두 나가게 했다. 사관史官이 밖에서 보니 통역관이 인조와 칙사 사이를 3차례 왕복한 후 칙사들이 밖으로 나갔다. 인조는 밖에 있던 신하들을 들어오게 한 후에 도승지 김광욱에게 다음과 같이 알렸다.

> 칙사가 섭정왕의 뜻으로 전언傳言하기를 "동방(조선)의 인심이 좋지 않
> 은데 이런 때에 만일 어린 원손을 후사로 삼는다면 아마도 민심이 우려하
> 고 불안할 듯합니다." 하기에 내가 (봉림대군을 새 세자로 삼은) 사실을 알리
> 니 4명의 칙사가 다 기뻐하며 말하기를 "국왕에게 이미 정해진 계책이 있
> 으니 동방의 복입니다."라고 했다.[181]

이 내용을 보면 청나라와 인조의 뜻이 부합한 것으로 보인다. 청의 칙
사들이 서울에 당도했을 때 과연 인조가 이미 봉림대군을 새 세자로 정
한 사실을 몰랐을까 의구심이 든다. 인조는 자신의 결정을 정당화하기
위해 청나라의 동의를 얻고자 했을 것이고 청과 사전교감을 했을 것으로
보인다.

궁중저주사건은 바로 봉림대군을 세자로 정한 뒤에 발생하였다. 원손
이 아닌 봉림대군을 세자로 세운 인조는 강빈이 불만을 품고 무슨 일을
벌일지 모른다는 의심을 갖고 후궁 조씨를 시켜 강씨를 감시하도록 한
것이다. 그리고 인조는 강빈과 그녀의 친정세력 그리고 손자들을 차례대
로 제거해 나아가기 시작했다. 인조 23년(1645) 윤6월 봉림대군을 세자로
정하고, 8월에는 세자 책례에 대한 절차가 구체적으로 논의된다. 그런데
8월 20일에 인조는 그동안 문제 삼지 않았던 소현세자의 장자에게 썼던
'원손'元孫이란 호칭을 아직까지 쓰는 것이 매우 해괴하다며 각 기관의 해
당 관원을 죄로 다스리라고 했다.[182]

이어서 8월 25일에는 대신들에게 강빈과 그의 형제들을 모두 어리석
고 분수를 모른다며 그들을 먼데로 이주시켜 민심이 진정되기를 기다리

고자 한다는 뜻을 밝혔다. 인조는 강씨의 형제들을 유배 보낼 생각이었
다. 영의정 김류와 이조판서 이경석 등이 강씨들이 비록 망령되게 행동
한 일이 있으나 특별히 죄를 지은 것이 없는데 갑자기 그와 같은 조치를
내리시면 오히려 민심이 놀라고 의심할 것이라고 하며 왕의 뜻에 동조하
지 않자 불쾌해하면서 이날 어전회의를 끝냈다. 인조는 다음날인 8월 26
일 바로 강빈의 오빠와 남동생 강문성 · 강문명 · 강문두 · 강문벽 4명을
모두 따로따로 외딴 섬과 강원도의 궁벽한 곳으로 유배를 보냈다.[183]

　　인조는 강씨 형제들을 유배 보낸 후인 인조 23년 9월 27일 봉림대군
을 왕세자로 책봉하고 부인 장씨를 세자빈으로 책봉했다.[184] 새 왕세
자의 책봉을 축하하며 인조는 10월 초순에 숙원 조씨를 정2품 소의昭儀
에 봉했다. 이때 숙원 조씨만이 총애를 받고 중전과 숙의淑儀 장씨가 모
두 왕의 사랑을 받지 못했다. 특히 숙원 조씨는 성품이 음험하고 간교하
여 자신의 뜻에 거슬리는 자를 모함하기 일쑤였으므로 궁중에서 두려워
하지 않는 사람이 없었다고 한다. 그중에서도 후궁 조씨가 소현세자빈
강씨를 가장 미워하여 강씨를 헐뜯고 모함하는 것이 갈수록 더 심했는데
강빈의 형제들이 귀양 가게 되자 사람들이 모두 강빈에게 화가 미칠 날
이 멀지 않았음을 알았다고 한다.[185] 왕세자 책봉 후에 비록 으레 있는
은전이라고는 하지만 왜 숙원 조씨에게만 은전이 베풀어졌을까? 그것은
바로 숙원 조씨가 인조의 뜻대로 봉림대군을 왕세자로 책봉하는데 공헌
을 했기 때문이다.

　　이듬해인 인조 24년(1646) 1월에 왕의 수라상에 오른 전복구이에 독
이 들어 있자 강빈을 의심하고 강빈의 궁녀와 수라간 나인들을 내옥內
獄에 하옥하여 내시에게 국문을 하게 했는데 이들이 죄를 자복하지 않
았다. 왕이 궁녀들과 수라간 나인을 내옥에 하옥하여 심문하자 대간臺諫

이 문제를 제기하고 의금부에 회부하여 죄를 밝히도록 요청한다. 궁녀들은 모두 강빈이 신임한 자들로 서로 내통하여 독을 넣었다는 자백을 받기 위해 무릎을 꿇리고 대퇴부에 가혹한 고문을 가하거나 달군 쇠로 몸을 지지는 모진 고문을 했다. 하지만 궁녀들은 끝내 자복하지 않고 죽었다.[186]

독을 넣은 실상이 밝혀지지도 않았는데 인조 24년 2월에 왕은 여전히 강빈을 의심하고 강빈을 처벌하는데 대신들이 나서기를 촉구했다. 강빈의 죄상을 적은 문서를 승지에게 내렸다. 그 내용은 강빈이 청나라 사람과 도모하여 왕위를 교체하고자 했고, 왕비가 입는 붉은 비단 옷(翟衣)을 마련했으며, 왕비를 높여 부르는 내전(內殿)이라 칭한 참람한 행위를 했다는 것이다. 또 왕을 저주하고 수라상에 독이 든 음식을 올린 것도 모두 강빈의 소행이니 군부(君父)를 해치고자 한 역적이라고 했다. 그러면서 강빈의 목숨을 하루라도 부지하게 할 수 없다며 해당 부서에서 법을 상고해서 올리라고 했다.[187]

이런 조치에 신하들이 이의를 제기하자 인조는 성종의 폐비 윤씨(연산군의 생모)는 윗사람을 범한 죄가 없었는데도 신하들이 사약을 내리라고 청했는데 시아버지를 시해하려고 한 불효한 며느리를 조정의 대신들이 오히려 비호하고 나를 젖먹이 취급을 하니 수치스럽고 가공할 일이라고 했다. 대사헌 홍무적 등은 강빈에게 특별히 죽음만은 면하게 해주고 위호만 삭탈하여 민간으로 폐출하시라고 청했지만 듣지 않았다. 인조 24년 2월 15일 인조가 결국 강빈을 사사하라는 명을 내리자 세상 여론이 모두 놀랐다. 먼저 강빈과 내통했을 것이라며 강문성과 강문명 형제를 잡아다가 국문했고, 이들 형제는 국문을 받던 중 곤장에 맞아 죽었다.[188]

강빈을 사사하라는 왕명이 내려진 후에도 그 명을 도로 거두시라는 청원이 이어졌다. 인조 24년 3월 15일 인조는 끝내 강빈을 서인庶人으로 강등하고 친정으로 쫓아내어 사약을 내렸다. 이후 강빈은 강서인姜庶人, 역적 강(逆姜)·강적姜賊이라고 칭하거나 강가姜哥라고 폄칭했다. 강씨를 세자빈으로 책봉할 때 내렸던 문서와 인장 그리고 대례의 때 입던 세자빈의 장복章服 등의 물건도 몰수하여 불태워버렸다. 강씨가 가마를 타고 사약을 받으러 궁궐을 나갈 때 나인 5명이 모셨다. 의금부 도사가 호송하는 가마를 포졸은 물론 포수까지 에워싸고 삼엄하게 호송했다.[189] 강씨의 죄상이 분명하게 드러나지 않았는데 단지 추측만을 가지고 법을 집행했기 때문에 궐 안팎의 민심이 수긍을 하지 않았고 후궁 조씨를 탓했다고 한다.[190]

그렇다면 인조는 세자빈 강씨를 제거한 후인 인조 25년에 왜 다시 저주사건을 재론하여 옥사를 일으켰을까? 인조 24년 3월 강빈의 죽음으로 인조 23년 궁중저주사건과 인조 24년 왕을 독살하려고 했다는 사건은 일단락되는 듯했다. 그런데 사건의 불씨는 여전히 살아있었다. 이 사건에 연루된 궁녀들이 대부분은 고문을 받다가 죽거나 죄를 자복하고 죽임을 면치 못했는데 신생辛生이란 궁녀가 살아남았다. 신생은 소현세자의 궁녀로 강빈과 가까운 사이였다. 사헌부에서는 신생의 죄를 물어 형벌로 다스려야한다고 여러 차례 논했지만 왕은 신생이 저주사건이 발생했을 당시 바로 정직하게 사실을 말했다는 이유를 내세워 그녀를 사면하였다.[191]

이미 일단락 지은 것 같던 인조 23년의 궁중저주사건은 2년 후에 다시 불씨가 살아나서 옥사로 비화되었다. 이때도 신생이 중요한 역할을 한다. 인조 25년(1647) 4월에 돌연 2년 전에 발생했던 궁중저주사건의 재조사가 이루어진다. 이때 왕은 2년 전에 발생한 저주사건 때 신생이 무언가 숨긴 사실이 있다고 의심하고 신생을 불러서 그 사건을 재조사한다. 『인조실록』에 사건을 재조사한 내용이 매우 상세한데 재조사를 통해 인조 23년의 궁중저주사건의 전말이 구체적으로 드러난다. 신생의 자백과 옥사로 비화되는 과정을 정리하여 사건의 구체적인 내용을 살펴보자.[192]

신생이 저주하기 위해 여기저기에서 묻어두었던 사람의 뼈와 구리로 만든 사람의 형상 등 흉물을 많이 발굴했다. 이때 사건과 관련된 사람들의 이름이 10여 명 거론되었다. 왕명에 따라서 이들을 잡아다가 내옥에서 가혹한 형벌로 심문을 하니 죄를 자백한 자들이 많았다. 이에 사헌부에서는 법 집행을 관련 부처에 내려서 형벌을 분명하게 해야지 왕이 내옥을 설치하여 국문할 수 있느냐고 이의를 제기하였고, 간원들도 이 문제에 대해 10여 일 동안 논쟁하자 국청을 내병조內兵曹로 이관하였다. 죄인 13명을 그곳으로 보냈는데 그중 여자가 8명이었다. 궐내 여종 애순의 자백과 그 자백 내용에 따라 국청이 열렸다. 국청의 심문에서 밝혀진 내용은 다음과 같다.

강빈이 가음금에게 사람의 뼈를 구해 오게 했고 이에 두개골·팔 다리 뼈를 구해서 들여오거나 이 뼈를 부셔서 가루로 만들어 광주리에 담아 나누어서 여러 차례 궁중에 들여왔다. 갑신년(인조 22년) 강빈이 청에서 돌아올 때 나인 계환(강빈의 궁녀로 인조 23년에 곤장을 맞고 죽음)에게 편지를 보내서 장차 청나라에서 세자를 보내 왕을 대신하게 하려고 한다고 했다. 또 나인 영옥의 말에 의하면 강빈의 어머니도 저주하는 물품을 들여보냈다. 수라상에 독을 넣은 것은 수라상을 감독하는 궁인 일례의 짓으로 강빈과 결탁했다. 을유년(인조 23) 겨울에 강빈이 여종 애순에게 새 세자(봉림대군)가 정해졌으니 내 아들(원손)은 목숨을 부지하기 어려울 것이라며 새 세자궁을 저주하고 새 세자에게 왕에게 넣은 것처럼 독약을 넣으라고 했다고 한다. 이러한 자백을 받고 연루된 죄인들을 잡아들여 심문하기 시작했다. 강빈의 어머니를 잡아다가 심문하였다. 강빈의 어머니는 처음 심문을 할 때는 승복하지 않다가 고문을 가하니 종들에게 사람 뼈를 구해서 궁궐에 들여보냈고, 강빈이 편지로 원하는 물건을 적어 보내면 그것을 구해 보냈으며 강빈이 잘 받았다는 답신을 했다고 자백했다. 또 강빈이 편지를 보내오면 강씨 4형제가 모여서 이것을 본 후에 불에 태우거나 찢어버렸다는 자백이 나오자 이미 죽은 2명의 강씨 형제 외에 유배지에 있던 강빈의 남동생 강문두와 강문벽도 잡아들여 형신을 했고 이들도 곤장을 맞다가 죽었다. 친정어머니 신씨도 처형을 당했고, 이미 사망한 친정아버지 강석기에게도 죄를 물어 살아있을 때 받았던 관작官爵조차 빼앗아버렸다.

인조 25년(1647) 4월 저주사건의 옥사가 벌어질 때 소현세자의 세 아들 이석철(12세), 이석린(8세), 이석견(4세)도 역적의 자식이라며 제주도로 귀양 보냈다. 부모와 떨어져 아기 때부터 할아버지 인조의 손에 키워졌던 원손 이석철은 할아버지 손에 의해 사지로 보내졌다. 이석철은 꽃도 피어 보지 못한 채 인조 26년 9월 18일 제주도 귀양지에서 13세의 어린 나이에 병들어 죽었다.[193] 두 달이 좀 지난 인조 26년 11월 26일에 둘째 이석린도 유배지에서 죽자 인조는 귀양지에 함께 갔던 나인과 하인들을 잡아다 그들이 보양(保養)을 잘못한 탓으로 돌리며 형신(고문을 하며 심문하는 형벌)을 가했다. 나인 옥진은 두 아이가 죽은 것은 토질 탓이지 자신들이 보양을 잘못한 탓이 아니라며 항변을 했으나 결국 고문을 받다가 죽었다.[194]

결과적으로 인조 23년 궁중저주사건이나 인조 24년 수라상에 올라온 독이든 전복구이사건 그리고 인조 25년 궁중저주사건 재조사에서 밝혀진 내용의 진위는 알 수 없다. 혹독한 고문을 받고 견뎌낼 사람은 별로 없다. 고문에 의해 없는 죄도 자백하고, 하지도 않은 저주사건을 만들어 자백했을 수도 있다. 소현세자의 죽음 이후에 발생한 인조 23년의 궁중저주사건은 인조가 원손元孫이 아닌 차남 봉림대군을 후계자로 세우면서 동시에 전개되었다. 당시 인조는 지속적으로 건강상에 문제가 있었기 때문에 남은 시간이 별로 많지 않다는 것을 직감했을 수 있다. 소현세자가 죽자 인조는 병약한 어린 원손이 보위를 이어서는 안 된다고 이미 결심했다.

『인조실록』에서는 세자빈 강씨의 성격이 거셌고 인조의 뜻을 거슬러오다가 마침내 사사되었다고 적고 있다.[195] 강빈이 소현세자와 일시 귀국했을 때 인조가 친정 방문을 허락하지 않자 불순한 뜻이 있었고, 심양에서 영구 귀국한 뒤에 태도가 달라졌다고 한다. 심양에서 영구 귀국한 후에 득의양양한 기세가 더했다고도 한다. 궁중저주사건으로 여종들이 죄를 입어 내쫓기자 왕의 거처 가까이 와서 큰 소리로 발악하고 심지어 통곡까지 했으며, 그날 밤부터 직접 문안도 하지 않았고 사람을 시켜 하는 문안조차 하지 않았다며 강씨가 왕을 왕으로 보지 않고 업신여겼다고 했다.[196]

어린 자녀들과 생이별하고 인질이 되어 타국에서 긴 세월을 보내면서 임신과 출산을 반복하며 모진 세월을 감내해야만 했던 세자빈 강씨는 강해질 수밖에 없었을 것이다. 그리고 소현세자의 죽음 이후 인조가 원손을 제치고 봉림대군을 새 세자로 세우자 강씨는 자신과 자녀들에 덮쳐올 재앙에서 벗어나기 위해 몸부림쳤다. 강빈은 소현세자의 죽음이 북경서 구입해온 수를 놓은 비단이 빌미가 되었기 때문이라는 무당의 말을 믿고 곧바로 비단을 없애려고까지 했다. 강빈은 주술적이고 미신적인 행위를 통해서라도 닥쳐올 재앙을 물리치고 싶었을 것이다. 그러나 오히려 강빈의 이런 행동이 왕을 저주했다는 무서운 사건으로 비화되어 목숨까지 위협했다. 이후 자신은 물론 어린 아들들에게 닥칠 재앙을 막을 수 없었다.

『심양일기』를 보면 세자가 부재중인 동안 관소에서는 세자빈이 문안을 받고 관소의 일상사를 보고받았다.[197] 세자빈 강씨는 이미 정치적 수장으로서 역할을 담당했음을 알 수 있다. 강빈은 소현세자가 심양관에서 사냥을 나갔을 때 시강원에서 장계를 올리면 반드시 확인하고 가필을 하거나 삭제하기도 했다는 전언도 있다.[198] 『심양일기』에는 세자빈 강씨의 인간적인 면모도 보인다. 심양관에서 신하들에게 자주 음식을 내려준 기록이 있다. 왕실에서 윗사람이 아랫사람에게 음식물을 하사하는 것은 특별한 은전이지만 세자빈은 떡과 고기 등 먹거리를 신하들에게 자주 보냈다. 아주 소소한 것들 예를 들어 청 황제가 앵두를 따서 심양관에 보내자 이웃 간에 정을 나누듯 신하들에게도 앵두 한 그릇을 보냈다.[199] 소현세자의 상례기간에 제사를 지내고 제사음식도 신하들에게 여러 차례 하사했다.[200] 고난과 고통 속에서도 아랫사람에게 음식물을 나누어주던 세자빈 강씨의 사려 깊고 따뜻한 마음이 돋보인다.

〈표 10〉 소현세자 자녀의 생몰연대

1녀	(1629~1631)
2녀	(1631~1640)
1남	경선군(1636~1648) 이백(아명 이석철)
3녀	경숙군주(1637~1655)
2남	경완군(1640~1648) 이석린
4녀	경녕군주(1642~1682)
5녀	경순군주(1643~1654)
3남	경안군(1644~1665) 이회(아명 이석견)

소현세자 부부는 3남 5녀를 두었는데 그중에 5명의 자녀가 심양에 있던 기간에 태어났다. 8명의 자녀 중에 세자빈 강씨 사후에 3남 3녀가 생존했다. 8명의 생몰 년대를 차례대로 보면 〈표 10〉과 같다.

인조 25년(1647) 궁중저주사건을 재조사 한 후 소현세자의 세 아들은 제주도로 유배 보내졌다가 1남 이석철과 2남 이석린은 유배지인 제주도에서 죽었다. 인조는 소현세자의 세 딸에게는 내려주던 요미料米(하급벼슬아치에게 급료로 지급하던 쌀)조차 거둬들였다가 인조 25년 6월에 호조에 적당량의 요미를 다시 주고 향교동에 거처하게 했다. 향교동은 인조가 왕이 되기 전에 살았던 잠저 어의궁을 말하는 것으로 보인다. 관작을 삭탈당했던 소현세자의 자녀들이 복권되고 봉작을 받은 것은 효종 10년(1659)이다. 이때 이미 사망한 1남 이석철은 경선군으로 추증하였고, 3녀를 경숙군주에 추증하였다. 3남 이석견은 경안군, 5녀는 경순군주에 봉해졌다.201) 2남 이석린은 고종 9년(1872)에 이르러서 비로소 경완군에 추증되었다.202)

세자빈 강씨가 복권된 것은 죽은 지 70여 년이 지난 숙종 44년(1719)이다. 숙종은 강씨의 위호位號를 회복시키며 대신들과 의논하여 시호를 '민회'愍懷라고 정하면서 "백성들로 하여금 슬퍼하게 하고 그 지위를 잃고 죽었다는 것을 취한 뜻(取使民悲傷, 失位而死之文)"이라고 했다. 숙종은 민회빈의 신주를 소현세자의 사당에 함께 봉안하도록 했다. 이때 산 속에 있는 강빈의 무덤을 소현세자 묘로 이장하여 부장하도록 했는데 대신들이 무덤이 너무 오래되었고 거리가 멀어서 이장하기 어렵다고 하자 이장하라는 명을 거두었다.203) 강빈은 이로서 왕을 독살하려했다는 억울한 누명을 벗고 세자빈의 지위를 되찾았다. 숙종은 강빈을 위해 친히 제문을 지어 강빈의 혼을 위로하고 제사지냈다. 제문에 보면 강빈이 인목대비를 잘 모셔서 큰 사랑을 받았고 인목대비가 친히 강빈에게 『소학』을 가르쳤다고 한다. 또 강빈은 민첩하고 총명했으며 현명했다고 한다.[204]

소현세자의 신주는 원래 명종의 아들 순회세자의 사당 순회묘順懷廟에 안치했었다.[205] 숙종 4년(1678)에 이르러 순회세자의 신주는 무덤에 묻고 소현세자만 제사를 지내면서 소현묘昭顯廟라고 칭했다.[206] 소현묘昭顯廟의 정확한 위치는 잘 알 수 없지만 지금의 종로구 청운동 일대로 추정한다. 소현세자의 무덤 소현묘昭顯墓는 고종 때 소경원昭慶園으로 승격되었고, 민회빈의 무덤 민회묘愍懷墓는 영회원永懷園으로 승격되었다.[207] 소경원은 사적 200호로 경기도 고양시 서삼릉 내에 있다. 서삼릉 묘역에는 3개의 왕과 왕비의 능, 3개의 원園 이외에도 연산군의 생모 폐비 윤씨와 여러 후궁들의 합동묘역이 있다. 소현세자의 장남 경선군과 차남 경완군의 묘소도 이곳에 있다.[208]

아쉽게도 소현세자빈 강씨는 쓸쓸하고 외롭게 외딴 곳에 홀로 묻혀있다. 사적 357호인 영회원永懷園은 광명시 노온사동에 있는데 사적지 원형 보존과 훼손을 방지하기 위해 비공개로 관리중이라고 한다.[209] 일반인들이 접근할 수 없게 철제 펜스가 설치되어 있어 삭막함이 감돈다. 영회원은 속칭 아왕릉兒王陵이라고 하는데[210] 그곳 동네에서는 애기능이라고 불린다고 한다.[211] 왕과 왕비의 무덤일 때 비로소 능陵이라 칭할 수 있다. 강빈의 무덤이 민간에서 능이라고 불렸다는 것은 후대 백성들이 마음속으로 그녀를 왕비로 추숭했던 것은 아니었을까?

7장
두 번째 왕비 장렬왕후-그 영욕의 세월

7장
두 번째 왕비 장렬왕후-그 영욕의 세월

장렬왕후 조씨

　　　　　인조는 첫 번째 왕비 인열왕후가 인조 13년 (1635) 12월에 해산을 하고 나흘 만에 산후병으로 죽자 인조 16년(1638)에 인천부사 조창원의 딸을 두 번째 왕비(계비)로 맞았으니 바로 장렬왕후이다. 장렬왕후는 아버지 조창원과 어머니 최씨(황해도 관찰사를 역임한 최철견의 딸) 사이에서 셋째 딸로 태어났다. 인조와 장렬왕후의 혼인은 병자호란으로 피폐된 왕실의 중흥中興이라는 나름 막중한 중책을 띠고 이루어졌다. 장렬왕후는 15세에 인조와 혼인하여 왕비로 11년을 살았다. 왕비로 산 11년 중에 인조 16년부터 인조 23년 약 8년간 왕비의 행적에 관한 특별한 기록은 보이지 않는다. 그런데 인조 23년 돌연 왕비가 전염병에 걸려서 왕의 건강에 위협이 된다는 이유로 장렬왕후는 별궁인 경덕궁으로 쫓겨나 인조가 죽을 때까지 창덕궁 내전內殿으로 돌아오지 못했다. 그 이유가 무엇일까?

반면 인조 사후에 장렬왕후는 왕대비로서 이전과는 전혀 다른 권위와 위상을 갖게 되면서 지난날의 굴욕을 씻어낸다. 효종이 즉위하자 왕대비로 15년, 그리고 현종과 숙종 대에는 대왕대비로 24년 도합 50년간 왕실의 중요한 위치에 있었다. 50년이란 긴 세월을 중요한 자리에 있었지만 아쉽게도 장렬왕후의 구체적인 삶이나 역할에 대한 연구가 별로 없다. 장렬왕후와 관련된 주요 역사적 기억은 왕대비로서 입어야 할 상복喪服 논쟁인 두 차례의 예송禮訟이다. 하나는 효종이 죽자 왕대비 조씨가 효종에게 어떤 상복喪服을 입을 것인가를 논쟁한 기해예송己亥禮訟이고, 또 하나는 효종의 왕비 인선왕후가 죽자 다시 어떤 상복을 입어야 하는지 논쟁한 갑인예송甲寅禮訟이다. 이 두 예송은 17세기 최대 정치적 쟁점이었고 정국 변동의 중요한 변수로 작용했던 사건이지만 아쉽게도 장렬왕후의 구체적인 역할과는 별로 상관이 없다.

이 장에서는 먼저 인조의 두 번째 왕비가 된 장렬왕후의 정치적 역할을 밝히고자 한다. 그런 다음 인조가 장렬왕후를 경덕궁으로 쫓아낸 정치적 목적을 분석하고자 한다. 끝으로 효종 조에 이르러 왕대비로서 장렬왕후가 궁중저주사건을 통해 연적이자 정적이었던 후궁 조씨를 어떻게 제거하고 굴욕적인 왕비시절을 보상받았는지까지 만 조명하는 것으로 한정짓고자 한다.

'중흥지본'中興之本의
중책

장렬왕후 조씨는 인조 2년(1624) 11월 7일 부친 조창원이 직산현감일 때 그곳 관아에서 태어났다. 기록에 의하면 그녀의 탄생과 성장과정에 남다른 상서로운 징조와 비범함이 보였다고 한다. 어머니 최씨가 임신했을 때 달이 품안으로 들어오는 태몽을 꾸었다. 해산하던 날에는 상서로운 무지개가 방안에 가득 찼고 하늘에서 옥녀玉女가 내려와 '귀인'貴人을 하늘에서 내렸으니 장차 옥책을 열 것(玉册將啓)이라는 전갈을 받는 꿈을 꾸었다. 조씨가 왕비로 간택되었던 무인년(1638) 여름에도 타락동 본집에 상서로운 무지개가 떴다고 한다.[1] 옥책은 왕·왕비·대비에게 존호를 올리는 문서이다. 옥책이 열릴 것이라는 것은 왕비가 될 운명이었다는 의미이다. 왕비로 간택되었을 때 조씨의 본집에 상서로운 무지개가 떴다고 하는데 과연 왕비로서의 삶이 무지갯빛처럼 찬란하였을까?

조씨가 계비로 간택된 것은 15세인 인조 16년(1638)이다. 왕의 계비 간택은 인조 15년 3월에 논의가 시작되었다. 대신들은 인렬왕후의 상기喪期도 이미 지났으니, 막중한 종묘에 주부主婦가 없어서는 안 되고, 백성들에게 국모國母가 없어서는 안 된다며 대례를 행할 것을 왕에게 청한다. 인조 15년이 어떤 해인가? 병자호란에 패배하고 인조 15년 1월 마지막 날 인조는 피난처였던 남한산성에서 내려와 삼전도에 진을 치고 있던 청나라 황제 태종에게 머리를 조아리는 치욕스러운 항복 의식을 치렀다. 그리고 왕세자(소현세자)와 봉림대군 두 아들을 인질로 청나라에 떠나보내야만 했던 처참한 해가 아니었던가! 인조는 이러한 상황에서 왕비를 다시 취할 생각이 없었던지 "국가에 있어서 계비는 예로부터 해독은 있으나 유익함은 없었다. 나는 이러한 해독이 있는 일을 하여 자손과 신민들에게 폐를 끼치고 싶지 않다."며 재취하지 않겠다고 한다.[2]

인조의 이러한 태도가 변한 것은 인조 15년 12월 22일이다. 이날 신료들이 대궐에 입시하여 여러 가지 당면한 국사國事를 논의하였는데 그중에 하나가 왕의 재혼문제였다. 신료들은 국모의 자리는 하루라도 비워져 있어서는 안되는데 오랫동안 국모의 자리가 비어있었으니 신민(臣民)들이 국모를 간절히 바라는 것이 그 무엇보다 크다고 했다. 그러한 바람을 저버려서는 안 된다고 하며 예조판서 신경진과 신료들이 오늘 반드시 전교가 있으셔야만 퇴청하겠다고 강하게 청했다. 그러자 인조는 국가가 위난한 때에 진실로 계비를 취하지 않으려고 했지만 여러 대신들의 청이 이와 같이 간곡하니 해당 부처(예조)에 말하겠다고 허락했다.[3]

이듬해 인조 16년 1월에 이미 왕비의 간택이 기정사실화되어 그 절차에 대해 논의가 이루어진다. 1월 16일 주강(晝講)에서 우부승지 김광욱이 왕비를 간택할 때 성대하게 치장하지 말고 검소하게 치르시라고 왕에게 간언을 하자, 인조는 난리를 치른 후이니 무명옷을 입더라도 괜찮다며 해당 부처에 비단을 입지 못하게 하는 일을 내외에 알리도록 한다. 그런데 인조는 관례를 무시하고 왕비를 직접 간택하고자 했다. 예조판서 한여직이 이전 관례로는 왕비를 간택할 때에 왕대비가 처녀를 간택하였는데, 지금 주상께서 직접 간택하시고자 하니 온당치 못한 듯하다며 일을 아는 궁인으로 하여금 대신 시행하게 하는 것이 옳다고 진언하였다. 왕비간택은 중대한 일이라며 인조는 자신의 뜻을 굽히지 않았다.[4]

왕의 혼인이 결정되면 왕의 배우자가 될 만한 처녀들의 혼인을 금하는 금혼령(禁婚令)을 내린다. 금혼령과 함께 처녀를 둔 가문에서는 처녀의 사주단자와 함께 부·조·증조·외조의 이력을 기록한 신고서인 처녀단자(또는 처자단자)를 나라에 올려야만 했다. 예조에서는 구체적인 혼인을 허락할 범위와 처녀단자를 받아들이는 기한을 정하여 한성부 및 각 도에 공포한다. 처녀단자의 마감이 끝나면 한성부와 각 도에서는 거두어들인 처녀단자를 봉해서 도장을 찍어 예조에 올렸다. 처녀단자를 받아들인 후

에는 금혼령이 해제되었다.[5]

그런데 인조의 계비간택은 처음부터 순조롭게 진행되지 않았다. 병자호란 패배 후에 청나라의 통제와 감시 하에서 인조는 지속적인 압박을 받으며 대내외적으로 정치적 위기에 처했다. 전후戰後 조정신료들 사이에 휴가를 신청하고 갖가지 구실을 만들어 조정에 출사出仕를 기피하는 풍조가 퍼져나갔다. 지방에서는 대북파의 잔여 인물들이 인조가 청에 항복했다는 소식에 소를 잡아 잔치를 벌이는 등 쾌재를 부르기까지 했다[6]는 사실로 미루어 보아 왕권의 실추는 물론 왕권이 불안했던 것을 짐작할 수 있다.

이와 같은 상황에서 과연 어떤 사대부가에서 딸을 인조의 계비로 흔쾌히 보내고자 했을까? 우선 왕비의 간택을 위해 각지에서 올려 보내야 할 처녀단자가 제대로 올라오지 않았다. 처녀단자 제출기간은 인조 16년(1638) 1월 20일까지로 정하였다. 가장 가까운 한성부의 처녀단자가 먼저 도착하면서 문제가 드러나기 시작했다. 당시 한성 오부五部에서 올린 처녀단자가 모두 7장밖에 안 되었다. 북부와 호적 숫자가 가장 많은 서부에서도 겨우 한 장씩밖에 올라오지 않았다. 이와 같은 사실에 대해 1월 21일 우부승지 김광욱은 어린아이 장난도 아니고 매우 경악할 일이라고 하였다. 그는 아무리 전란으로 서울의 사대부가 외지로 피난을 갔다고 할지라도 어떻게 서울에 처녀가 있는 집이 6~7집 뿐이겠느냐며 처녀단자를 한 장만 바친 서부와 북부의 해당 관원의 죄를 엄히 다스리고 제대로 감독하지 못한 한성부 낭청郎廳의 죄를 따져 물을 것과 사대부가에서 처자를 숨기거나 이를 비호하는 관원도 처벌할 것을 청했다. 왕은 김광욱 말대로 하라고 명을 내렸다.[7]

1월 20일이 되었는데도 강원도에서는 단 한 장의 처녀단자도 올리지 않았으니 예조에서는 해당 부서에 명하여 감사의 죄를 묻고 빨리 단자를 올려 보내도록 독촉하기를 청한다. 충청감사가 보내온 공문에 의하면 병사나 하급 관리들까지 동원하여 사대부가의 처녀를 조사하였으나 한 사람도 없다고 하는데, 이 또한 이치에 맞지 않는 것으로 다시 샅샅이 조사하여 1월 말까지 처녀단자를 올려 보내도록 하였다. 만약 그중에 처녀의 나이를 속이거나 끝가지 처녀를 숨기는 가장家長을 적발하면 중한 벌로 다스린다는 공문을 보내기를 청하자 왕이 윤허했다.[8]

간택일이 임박한 인조 16년 3월이 되어서도 이미 장성한 여식들은 혼인시켰다며 사대부가에서 여전히 선발에 응하는 사람이 없었다. 이에 대해 왕은 당상관의 딸 중에 혼인 적령기의 처녀가 많이 있을 텐데 한 명도 올리지 않고 올라온 단자도 어린 나이이거나 갑자기 병이 났다는 핑계를 대며 책임을 회피하고자 하니 해괴하기 그지없다고 한다.[9] 좌의정 최명길도 사대부가에서 한 명도 단자가 나오지 않은 것은 해괴한 일로 우선 각 도 감사의 죄를 따져 물을 것과 한성부와 예조의 당상을 파직한 뒤에 역시 죄를 심문해야 한다고 했다. 그리고 간택되어 대궐에 나왔던 처녀들은 잠시 혼인을 금하여 다시 간택하기를 기다리게 해야 한다고 하지만 왕은 혼인을 금하는 일은 윤허하지 않았다.[10]

간택은 초간택, 재간택, 삼간택 3차례의 심사를 거치는데 최종적으로 1명을 선발한다. 이때 간택에서 탈락한 처녀들에게도 일정 기간 금혼령이 내려졌다. 인조는 이러한 금혼령까지 해제하면서 사대부가에서 처녀단자를 내도록 했다. 그런데도 처녀단자가 제대로 들어오지 않자 처녀단자를 내지 않고 고의적으로 딸을 숨긴 자나 관할 부처의 감독 소홀에 대해 엄중한 문책을 했다. 심지어 인조는 처녀단자를 다 받고 난 후에는 해당 관원의 성적에 따라서 상벌을 주라는 명까지 내린다. 그러자 연령이

나 거주지 등이 맞지 않는 잘못된 단자까지 마구잡이로 올라왔다.[11]

이와 같은 일련의 상황은 당시 사대부가에서 왕실과의 혼인을 극히 꺼렸던 사회적 분위기를 대변해 주고 있다. 우여곡절 끝에 인조 16년(1638) 5월 초순 일부 지방의 처녀들이 미처 한성에 올라오지 못한 상황에서 초간택이 부분적으로 이루어졌다. 그리고 한성에서는 초간택이 된 지방의 처녀들이 재간택을 위해 기다리고 있었다. 이에 인조 16년 5월 11일에 동부승지 최유연이 계를 올려 아뢴 사정을 보면 다음과 같다.

한성에 아직 올라오지 못한 지방 처녀들이 있어 재간택 일정을 정하지 못했는데, 함경도와 경상도 수령 3명이 직접 처녀를 데리고 한성에 체류하고 있다. 먼 지방에서 따라온 하인들도 있어 이들이 농사철에 한성에 장기 체류하고 있는 것은 폐단이 많다. 한성에 이미 와 있는 처녀들을 먼저 간택하고 탈락한 처녀들은 모두 즉시 보내도록 허락하면 폐단을 줄일 듯하고, 대신들의 뜻도 이와 같다고 했다. 이에 대해 인조는 "한성에 머무르고 있는 처녀들을 먼저 재간택하는 것은 어려울 것 같다."는 전교를 내린다.[12]

이처럼 인조는 지방에서 처녀들을 데리고 온 수령과 따라온 하인들이 장기간 한성에 체류하는 폐단에 대한 신료들의 염려에도 불구하고 굳이 간택된 처녀들을 모두 모아놓고 왕비 후보를 선택하고자 했다. 왕비를 신중하게 선택하고자 한 의도로 보인다.

재간택은 인조 16년 5월 29일로 정했으나 비가 내려서 6월 1일에 이루어졌고,[13] 10월에 최종 삼간택이 이루어졌으며 가례도감이 설치되었다.[14] 10월 26일 마침내 인천부사 조창원의 셋째 딸을 왕비로 간택하였다. 조창원은 양주 조씨이다. 양주 조씨는 일찍이 왕실과 혼맥을 맺고 있었다. 조창원의 고조부인 조무강이 성종의 부마(숙혜옹주와 혼인)였다.[15]

간택된 왕비의 아버지 조창원은 영돈녕부사 한원부원군漢原府院君에 봉해졌고, 어머니 최씨는 완산부부인完山府夫人에 봉해졌다.[16] 혼인은 길일을 택하여 가례를 정하고 여섯 가지 의식인 육례六禮의 절차에 따라서 진행되었다. 인조 16년 11월 4일 신부 집에 청혼을 하는 납채納采, 11월 16일에 신부 집에 예물을 보내는 납징納徵, 11월 30일 혼인 날짜를 알리는 고기告期를 거쳐, 12월 2일 책비冊妃, 12월 3일 신부를 친히 맞이하고(親迎), 신랑 신부가 절을 하고 술잔을 나누는 동뢰연同牢宴을 행했다.[17]

가례의 진행 또한 순조롭지 못했다. 가례에 임박하여 인조의 지친인 정혜옹주가 죽었다. 선조와 인빈 김씨 사이에 태어난 정혜옹주는 인조의 친고모이다. 상중에 가계를 치르는 것이 정례情禮로 볼 때 몹시 미안하다며 인조는 예관에게 논의하도록 한다. 그러자 예조에서는 올해 안에 다른 길일이 없고 내년에는 길한 해가 아니니 속히 정한 날짜에 대례를 거행하시라고 청한다. 인조는 여전히 마음이 미안하다며 가례를 내년에 거행하도록 명한다. 예조에서 길흉을 가리는 일관日官에게 물어보니 내년은 매우 불길하다고 했다. 정혜옹주가 비록 왕실의 지친이기는 하지만 왕에게는 상복喪服이 없는 상사喪事이므로 복이 없는 상사로 인하여 왕의 혼사인 가례를 물려서 행할 수는 없으니 대신들과 의논하시라고 한다. 이에 삼정승이 조정의 공론이므로 예정대로 가례를 시행해야한다고 하자 왕이 이 의견을 수락했다.[18]

인조의 계비 간택은 전술한 바와 같이 처음부터 순조롭게 진행되지 못했다. 병자호란 이후 이반된 민심과 사대부가들의 비협조로 난항을 거듭하였다. 전쟁에 참패하여 대내적으로 실추된 왕권과 청나라의 지속적인 압박에 불안한 왕권을 유지하고 있던 인조에게 당시 사대부가에서는 결코 자신의 딸을 왕비로 보내고 싶지 않았을 것이다. 인천부사 조창원도 심정이 별반 다르지는 않았을 것이라고 생각된다. 그렇다면 전후의 피폐한 재정과 대내외적으로 어려운 여건 속에서도 왜 가례를 감행했던 것일까?

가례가 결정이 난 인조 16년(1638) 10월 주강書講에서 이조참판 이경석이 한 말에 어려운 여건에도 왕의 가례를 감행해야만할 이유가 분명하게 나타난다. 이경석은 국모國母를 세우지 않아 오랫동안 중궁전이 비어있어 신하와 백성의 실망이 컸는데 다행히 가례를 행하시겠다는 성상의 명령이 내려져 모두가 기뻐한다고 했다. 그리고 가례를 행하는 것은 가히 '중흥지본'中興之本이 될 것이니 위로는 천심天心에 답하는 것이요 아래로는 백성들의 고통을 덜 수 있는 일이 될 것이라고 했다. 그러면서 지난날 선조께서 임진왜란 후에 물품을 절감하셨는데 그와 같은 간소함을 따라서 궁중에서 근검절약의 덕을 보이신다면 나라 전체에 감화를 주어 영도력을 발휘할 수 있을 것이라고 하였다.[19]

전란으로 당시 피폐된 재정 상태와 자연재해로 인해 민심이 흉흉한 때였으므로 조정에서는 사치스러운 물품을 줄여서 가례를 검소하게 치러야 한다는 의견이 대세였다. 가례에 쓰이는 금은 그릇을 대폭 줄이고 일부 줄일 수 없는 물건은 놋쇠로 대신하였다.[20] 왕비의 구슬 귀걸이와 대례복大禮服의 하나인 전의展衣까지 생략하였다.[21] 영의정 최명길은 새로 책봉하는 왕비의 춘추가 매우 어리니 초기에 잘 인도해야한다고 하면서 궁중에서 사용하는 물건은 마땅히 검소해야한다고 아뢰자 왕이 최명길의 말이 옳다고 했다.[22] 그 어느 때보다도 검소와 절약이 강조되었고, 왕비에게는 몸소 모범을 보여야만 한다는 명제가 우선했다.

가례를 치르는 목적은 새 국모를 맞이하여 왕실을 바로 세우고, 검소하게 의례를 치름으로써 백성에게 모범을 보여 민심을 수습하고자 하는 데 있었다. 한걸음 더 나아가서 가례를 통해서 전쟁의 패배로 실추된 왕권을 회복하고, 왕실의 정체성을 새롭게 하여 국가의 중흥을 도모하고자 하는 정치적 의미를 부여했다. 그러므로 장렬왕후 조씨의 탄생고사에 왕조 창건 인물에게서나 볼 수 있는 상서고사祥瑞故事를 접목시킨 것도 전란의 참패로 실추된 인조 왕권의 '중흥'中興이라는 상징적 의미를 담고 있다. 그러나 상서고사처럼 무지갯빛이나 휘황찬란한 달빛처럼 장렬왕후의 앞날이 환한 것은 아니었다. 그녀 앞에는 냉혹한 현실이 기다리고 있었다.

왕비의 갑작스런 와병과
피접

왕비로 간택될 때 장렬왕후의 나이 15세였고 인조는 43세였다. 중전이 된 어린 왕비의 구체적인 역할에 대해서 알 수 있는 기사는 별로 없다. 다만 왕비를 간택할 때 인조가 직접 고르고자 했다는 점으로 볼 때 상당히 적극적으로 계비간택에 개입했고 마음에 드는 인물을 골랐다고 추측할 수 있다. 인조 17년(1639)부터 인조 20년(1642)까지 『승정원일기』 기록에 신료들이 대전大殿과 중전中殿에 동시에 문안한 기록이 보인다. 또 인조 19년 5월 옥당에서 올린 차자의 내용 중에 왕이 몸조리를 이유로 오랫동안 내전內殿에만 거처하면서 신하들을 거의 접하지 않아서 염려스럽다고 한 내용이 있다.[23] 내전內殿은 중궁전中宮殿을 지칭한다. 이런 기록을 볼 때 혼인 초기 몇 년간 왕은 새로 맞이한 왕비를 가까이 했을 것으로 보인다.

그런데 인조 23년(1645) 10월에 인조가 갑자기 중전을 별궁인 경덕궁慶德宮으로 옮기기 위해 해당 부처로 하여금 날짜를 잡으라는 명을 한다.

승지 이래와 정치화가 갑작스러운 왕의 조치에 대해 모두가 의혹을 갖게 될 것이라며 중대한 사안인 만큼 대신들과 의논하기를 청했다. 다음날 인조는 불쾌해하며 이곳이나 그곳이 모두 궁궐인데 무엇이 나쁘냐며 중전과 별거할 뜻을 확고히 하였다. 중전이 본래 풍질風疾을 앓아 왔고, 또 왕의 총애를 받던 후궁 조씨(당시 昭儀)의 이간질로 해서 왕과 왕비가 별거하고 있었다는 소문이 있었다. 인조는 이보다 앞서 8월에 어의 최득룡과 의녀 연생을 불러다가 "중전이 지난해부터 병을 얻어서 오랫동안 낫지 않고 있으니 약 처방을 의논하여 아뢰라."고 하였고, 이어서 의녀로 하여금 중전을 진맥하게 하고 약 처방을 하도록 하였다. 이때 인조가 승정원 모르게 내관을 시켜서 경덕궁 단명전端明殿을 수리하도록 했으므로, 이미 중전을 별궁으로 내보낼 생각이 있었다는 것을 사람들이 알았다.24)

인조의 이러한 조치에 대해 조정의 신료들은 납득하기 어렵다는 분위기였다. 중전이 별궁으로 옮기는 일은 중대한 일인데 갑작스럽게 조치가 내려졌고, 날씨가 추운 때에 병세가 위중하신 몸으로 옮기게 되면 병이 더 심해질 우려가 있다며 이런 조치는 의혹을 살 수가 있다고 하였다. 이에 인조는 "질병으로 인해서 환자의 거처를 옮겨 병을 다스리는 피접避接은 별 일이 아닌 듯하여 경들과 상의하지 않은 것이다."라고 하였다.25)

조정의 대신들이 며칠 동안 계속해서 중전을 별궁으로 옮기라는 명을 중지하도록 계를 올리자 분노한 인조는 중전의 증세가 불결하고 또 전염병이기 때문에 옮기라는 것인데 왕의 몸을 생각하지 않고 작은 것을 문제 삼아 반대하니 의도가 의심스럽다고 했다. 중전의 병은 갑자기 발생한 것이 아니라 어려서부터 앓던 것으로 작년에 재발하여 최근에 더욱 심해졌다며 의관과 의녀가 (약방)제조에게 분명히 말해주지 않았으니 의관 최득룡과 의녀 연생을 모두 잡아다가 심문하라고 했다. 왕이 이런 명을 내리자 모두가 당혹스러워했다.

의관 최득룡은 죄를 심문하는 옥관獄官에게 다음과 같이 진술했다. (인조 23년) 8월 12일 중전의 약 처방을 의논하라는 왕의 하교가 있어 바로 의관들과 의논하고 의녀로 하여금 진맥하도록 하였고, 그 결과를 약방제조에게 말해주었으며 여러 의원과 상의한 결과 병명은 풍간風癇이었고 이 병에 상응하는 약 처방과 치료를 했다고 하였다. 의녀 연생도 의관과 같은 말을 하였다. 의금부에는 의관과 의녀에게 형틀을 사용해 심문하여 사실을 밝히도록 청하지만 인조는 오히려 풀어주라고 한다. 당시 사람들은 인조가 의관과 의녀를 심문한 것은 이들의 죄를 다스리려는데 있었던 것이 아니라 왕비의 증상을 밖에 알리려는 의도였다고 생각했다. 사람들은 의관이나 의녀가 말한 왕비의 증상을 믿을 수 없다고 의심하였다. 인조는 중전이 별궁으로 옮기는 것에 이의를 제기한 대관들을 경질시켜버리는 강경책을 썼다.[26) 결국 인조의 의도대로 장렬왕후는 인조 23년 11월 초순에 경덕궁으로 옮겨가야만 했다.[27)

과연 왕비의 병은 당시 소문에 떠돌던 풍질風疾인가? 아니면 어의들이 진단했던 풍간風癇인가? 풍질風疾은 풍병風病이라고도 하는데 한의학에서는 신경에 탈이 생기는 모든 병을 말한다.[28) 그러나 어의들이 진단했던 풍간風癇은 소위 간질병의 하나이다.

왕비의 병세에 관한 언급은 인조 23년(1645) 8월 이전까지 거의 보이지 않는다. 『승정원일기』를 보면 인조 23년 8월 12일부터 중전의 병증에 대해 비로소 상세히 언급되고 있다. 약방제조 김육과 부제조 김광욱이 중전께서 지난해부터 편찮으시다는 소리를 듣고 놀랍고 염려가 된다며 의녀로 하여금 진맥하고 병세를 살피게 한 후 약 처방하기를 청한다. 그리고 당일 의녀로 하여금 진맥을 한 후에 어의들은 왕비의 병세를 진단하

고 처방을 했다. 먼저 청심온담탕淸心溫膽湯을 복용하고, 증세를 관찰한
후에 환약을 복용하거나 침과 뜸을 병행하면 효과가 있을 것이라고 했
다. 왕비는 8월 21일 뜸을 뜨기 시작해 8월 28일까지 계속해서 뜬다. 9
월에도 12회[29]나 집중적으로 뜸을 뜬다. 이후 왕비는 인조가 죽기 바로
전인 인조 27년(1649) 4월까지 약방으로부터 탕약과 환약을 처방받고 복
용을 한다. 주로 사용된 약방을 보면 초기[30]에는 청심온담탕에다 용뇌
안신환龍腦安神丸[31]을 병행해서 쓴다.

『동의보감』에 보면 풍간風癎은 전간癲癎 즉 간질병의 한 종류이다. 증상
을 보면 "풍사風邪가 밖으로부터 침범하여 생기는 것인데 처음에는 물건
을 세는 것처럼 손가락을 꼬다가 발작한다." 그리고 그 증세가 "처음 발
작할 때에 몸에 열이 있고 경련이 일어나면서 소리를 지르는 것은 양간陽
癎으로 치료가 쉽고 이때는 용뇌안신환과 청심곤담환淸心滾痰丸을 쓰는 것
이 좋다."[32]고 했다. 용뇌안신환은 "5가지 전간癲癎을 치료하는데 쓰이는데
막 발병했을 때나 오래된 경우를 막론하고 모두 쓰인다."[33] 청심온담탕은
"여러 가지 간질을 치료하는데 간肝의 기운을 고르게 하고 우울증을 풀
어 주며 화기火氣를 내리고 담을 삭이며 심혈을 보해주는 약이다."[34] 이
처럼 청심온담탕과 용뇌안신환은 간질을 치료하는데 쓰는 일반적인 약
처방이었다. 그러므로 왕비의 발병 초기에 어의들은 병명을 간질로 진단
하고 치료를 한 것이다.

그런데 인조 24년 이후부터 인조가 죽기 바로 전인 인조 27년 4월까
지는 왕비에게 회춘이진탕回春二陳湯에다 가미영신환加味寧神丸을 같이 처
방하거나, 귀비탕歸脾湯 · 사물안신탕四物安神湯 · 양혈안신탕養血安神湯 등을
주로 처방하여 복용케 한다. 이상과 같은 왕비의 발병과 치료과정을 면
밀하게 살펴보면서 다음 몇 가지 의문이 생긴다.

첫째, 왕비의 병이 인조의 말처럼 어릴 때부터 있던 병이고 어의들의 진단처럼 간질병이었다고 한다면, 조창원은 어떻게 감히 딸의 병을 숨기고 왕비간택에 처녀단자를 올릴 수 있었단 말인가? 만약 조씨에게 간질이 있었다면 초간택에서 삼간택까지 거의 1년이란 긴 시간동안 어떻게 발각이 되지 않고 왕비로 간택될 수 있었을까?

둘째, 발병 초기 간질로 진단하고 2~3개월간 집중적인 치료를 하다가 왜 처방전이 바뀐 것일까?

셋째, 인조 사후에도 비록 장렬왕후가 질병 치료를 받기도 했지만 상술한 처방전과 같은 약은 거의 복용하지 않았다[35)]는 것을 어떻게 해석해야 하는가?

이 의문점의 답을 왕비가 발병한 시점인 인조 23년 궁중에서 발생한 일련의 정치적 사건에서 찾고자 한다.

별궁에서 보낸 불안했던 나날

인조가 왕비를 별궁으로 내친 사건의 전말을 이해하기 위해서는 인조 23년(1645) 궁중에서 일어난 다른 사건을 주목해야만 한다. 잘 알려진 대로 그해 청나라에 인질로 잡혀가 있던 소현세자가 인조 23년 2월 영구 귀환한 후에 4월 26일 병으로 갑자기 죽었다. 소현세자가 죽은 뒤에 인조는 윤6월에 원손이 아닌 봉림대군을 세자로 정한다. 봉림대군을 세자로 정한 뒤 바로 7월에 궁중에서 저주사건이 발생한다. 이 저주사건에 대해서는 6장에서 이미 상세히 논했다. 이 장에서는 저주사건과 연루되어 친정이 멸문지화를 당하고 마침내 자신도 죽임을 당한 소현세자빈 강씨(강빈)와 장렬왕후와의 관계성을 밝히고자 한다.

인조가 소현세자 사후에 소현세자의 아들인 원손元孫이 아닌 차남 봉림대군을 세자로 책봉한 후에 걸림돌이 될 인물들을 제거하기 시작했다. 소현세자빈 강씨와 그녀의 친정세력 그리고 손자들을 차례대로 제거해 나아가기 시작했다. 소위 '강빈옥사'로 마무리되는 이 사건과 장렬왕후와 어떤 관련이 있을까? 먼저 장렬왕후와 강빈의 관계를 보자. 두 사람은 고부간이지만 며느리인 강빈이 왕비보다 13살이나 더 많다. 이 두 사람의 관계에 대해 알 수 있는 기록은 별로 없다. 하지만 『연려실기술』에서 그 관계성을 시사하는 중요한 단서를 찾을 수 있다. 『연려실기술』 '강빈의 옥사'를 보면 "을유년(인조 23년) 12월에 (장렬)왕후 조씨가 병환이 있어 별궁으로 옮겼다."[36]라는 기록이다. 전술한 바와 같이 인조가 중전의 거처를 별궁으로 옮기도록 하면서 구실로 내세운 것은 중전의 지병이 악화되었고 그 병이 왕의 건강을 위협하는 전염병이기 때문이라고 했다. 그런데 전혀 무관할 것 같은 '강빈의 옥사'에 이긍익은 왜 장렬왕후가 별궁으로 옮긴 일을 거론했을까? 그것은 바로 강빈과 장렬왕후 사이에 깊은 연결고리가 있었기 때문이다.

장렬왕후의 숙부 조계원은 인조 19년(1641) 3월에 볼모로 심양에 가있던 소현세자의 시강원보덕에 제수되었고,[37] 그해 청나라의 요구로 소현세자와 함께 명나라 금주錦州 공격에 참가하였다. 이 전투에서 명·청군 간에 치열한 교전으로 청나라 장수가 2명이나 전사했다.[38] 이처럼 치열한 전투에서 생사고락을 같이 했던 소현세자와 조계원은 사적으로도 매우 가까운 관계였다. 따라서 소현세자가 귀국한 후 왕실에서 장렬왕후와 강빈의 관계 또한 좋았을 것이라고 추측할 수 있다. 왕비의 아버지 조창원은 강빈의 형제들이 국문을 받다가 맞아죽은 바로 다음날인 인조 24년(1646) 2월 30일에 죽었다.[39] 우연치고는 이상한 우연이다. 송시열은 조계원에게 보낸 편지에서 "한원대감(장렬왕후 아버지 한원부원군 조창원)은 (내가) 젊었을 때에 다른 사람을 따라서 가서 모습을 뵌 적이 있습니다. 불행히도 갑자기 세상을 떠나시어 (한원대감께) 배우고 싶은 소원을 이루지 못하게 되었습니다."[40]라고 하며 왕비의 아버지 조창원의 갑작스런 죽음을 애석해 하였다.

장렬왕후의 양주 조씨와 강빈의 금천 강씨 양쪽 집안은 모두 평산 신씨 신흠의 집안과 혼맥으로 깊은 연결고리를 맺고 있다. 신흠은 선조宣祖로부터 영창대군의 보필을 부탁받은 '유교칠신'遺敎七臣의 한사람으로 인조 즉위와 함께 중용되었다. 정묘호란 때 좌의정으로 소현세자를 수행하여 전주에 피란하였고 후일 영의정까지 올랐던 인물이다. 신흠에게는 2남 5녀가 있었는데 그중에 신흠의 둘째 아들 신익전이 왕비 조씨의 언니와 혼인을 했고, 신흠의 둘째 딸은 왕비의 작은아버지 조계원에게 출가했으며, 신흠의 넷째 딸은 강빈의 오빠인 강문성에게 출가했다. 신흠 자녀의 혼맥을 보면 〈표 11〉[41]과 같다.

〈표 11〉 신흠과 이씨(이제신의 딸)의 자녀 혼인관계

1남 신익성 + 정숙옹주(선조의 3녀)
2남 신익전 + 조창원의 딸 (장렬왕후의 언니)
1녀 + 박호
2녀 + 조계원(장렬왕후의 작은 아버지)
3녀 + 박의
4녀 + 강문성(강빈의 오빠)
5녀 + 이욱

위의 혼맥으로 보면 왕비의 언니는 강빈의 오빠 강문성에게 처남댁이다. 또 왕비의 작은아버지 조계원과 강빈의 오빠 강문성은 동서지간이다. 이러한 혼맥으로 보나 소현세자와의 친분으로 볼 때 왕비는 강빈과 가까웠을 것이고 소현세자와 강빈의 아들인 원손이 왕위계승자가 되는 것이 순리라고 생각했을지도 모른다. 장렬왕후가 왕세자책봉에 어떤 영향력을 행사하려고 하였는지는 알 수 없다.

왕비 조씨와 강빈 집안의 밀접한 관계로 미루어 볼 때 인조는 봉림대군을 왕세자로 책봉하는데 왕비 역시 장애물이 될 것이라고 생각했다. 더욱이 왕의 유고시에 왕비는 왕대비로서 왕위계승권에 중요한 역할을 하게 된다. 반정反正이란 명분으로 광해군을 폐위시키고 왕위를 오른 인조가 왕위에 오를 때 교서敎書를 내려서 인조의 왕통을 승인한 왕실의 수장은 바로 인목대비이다. 통치 전반기 10년간 인조는 인목대비에게 지극한 효성을 보이며 반정의 명분을 극대화하고 자신의 왕권을 공고히 하였다.[42] 그러므로 인조는 자신의 유고시에 왕비가 왕대비로서 왕위계승에 결정적인 영향력을 미칠 수 있다는 것도 염두에 두었을 것이다.

이보다 앞서 인조 22년(1644)에 발생한 주목할 만한 정치적 사건에서 왕비의 역할을 시사하는 중요한 단서가 나온다. 인조 22년에 발생한 심기원의 역모사건에 연루되어 잡혀온 광주부윤廣州府尹 권억이 형신을 받고 다음과 같은 진술을 했다. 어려서부터 자신과 긴밀하게 지낸 심기원이 병자호란 이후 나랏일이 제대로 굴러가는 것이 없자 다음과 같은 말을 했다고 한다. 만일에 임금이 불행한 일을 당할 경우 우선 중전에게 수렴청정을 하도록 청하고, 사신을 한 사람 청나라에 보내 세자를 귀국하게 하면 명분이 올바를 것이다. 하지만 만약 왕래하는 사이에 흉악한 무리가 기회를 틈타 난리를 일으키면 위태로울 것이니 차라리 봉림대군이

나 인평대군 중에 한 사람으로 왕위를 계승하게 하자.[43) 권억의 이 진술 내용 중에 왕이 불행한 일을 당할 경우 우선적으로 중전의 수렴청정을 청한다는 내용은 중전이 곧 대비로서 왕권을 대행할 수 있다는 의미이다. 자신의 생각과는 무관하게 역모사건에 중전의 중요한 역할이 언급되어졌다.

인조의 왕권은 통치기간 내내 빈번하게 발생한 모반사건으로 인해 거센 도전을 받았다. 그러므로 소현세자의 장자인 원손이 있음에도 불구하고 변칙적인 방법으로 봉림대군을 세자로 책봉한 후에 세자의 위치를 공고히 하고 자신의 사후에 세자가 왕위를 계승하는데 걸림돌이 되거나 그럴 가능성을 미연에 제거하고자 했다. 인조에게 중전 역시 장애물로 인식되었을지도 모르겠다. 그런 이유로 인조는 중전의 병이 불결하고 전염성이 있는 것이라며 왕의 안위에 영향을 미친다고 과장되게 포장하여 중전을 별궁으로 내치는 명분을 찾고자 했다.

효종이 즉위하자 선왕先王(인조)과 자전慈殿(장렬왕후)의 병을 잘못 다스린 어의들을 처벌해야한다는 전 좌랑 이회보의 다음과 같은 상소가 올라왔다.

자전께서 다른 궁에서 별도로 거처하신 후 이전의 증세가 다시 일어났다는 설이 매양 조보朝報에 나왔습니다. 그런데 환어하신 이래 이제 네 달이 되었으나 한번 감기가 드신 것 외에는 전의 증세가 재발했다는 말을 듣지 못하였습니다. 신하가 되어 감히 이런 말을 질병이 없는 국모에게 가하고 약방을 왕래하면서 함부로 무함했으니 대역무도가 아니고 무엇입니까?[44)

이 상소를 보면 장렬왕후에게 있지도 않은 병을 어의들이 만들었다며 처벌하라고 했음을 알 수 있다. 인조 사후 왕대비와 대왕대비로서 39년간 궁중생활을 더한 장렬왕후는 때로 건강상의 문제로 약 처방을 받았지만 왕비시절 처방 받았던 약들을 대부분 더 이상 복용하지 않았다. 그러므로 어의들이 초기 왕비의 병이 풍간이라고 진단했던 것도 오진이거나 아니면 왕이 왕비를 별궁으로 내치려는 의도로 병자로 만들었을 가능성이 있다.

인조 24년(1646) 이후에 왕비는 초기 진단과는 다른 병증으로 치료를 받는다. 이 치료를 근거로 당시 왕비의 심리상태나 건강상태를 읽을 수 있는 단서가 있다. 인조 23년 소현세자의 죽음과 그 후에 벌어진 궁중저주사건을 빌미로 강빈을 죽이고자 하는 인조의 비수가 자신에게도 꽂힐 줄 몰라 장렬왕후는 경덕궁에서 불안하고 긴장된 나날을 보냈다. 『승정원일기』를 보면 인조 24년 1월 중순 장렬왕후는 3일 계속 피를 토했다. 토혈 후에 장렬왕후가 어지럼증을 호소했다는 의녀의 보고를 받은 약방에서는 어의 유후성·최득룡·박군과 상의하여 사물안신탕에 우담, 천남성 등을 가미해서 30첩을 지어 올렸다.[45)

인조 24년 5월 중순에 다시 장렬왕후가 일주일 동안 토혈을 심하게 하자 약방에서

이는 전에 앓으시던 증세가 요사이 비통한 일로 원기가 소진되어 기력이 허약해져 발병한 것이니, 제 때 구급책을 쓰지 않으면 큰 병을 앓으시는 중에 중환이 이루 말할 수 없이 더 심해질 것입니다. 어제 경덕궁에서 상선常膳을 진어하지 않으셨다고 들은 터라 신들이 너무나 우려스러운 마음을 금할 수 없어서 여러 어의와 거듭 상의하니, 모두 구급책을 써야 한다고 하므로 감히 이렇게 우러러 여쭙니다. 그리고 토혈하는 증세가 있은 지 어제로 7일째인데 심해지기만 하고 차도가 없습니다. (약방) 제조 한 명이 입직해야 하니 어의 1명과 의녀 등을 숙직시켜 대기하도록 하겠다는 뜻

을 감히 아룁니다.[46)

라고 했다. 약방에서 장렬왕후가 "요사이 비통한 일로 원기가 소진되어 허약해져 발병한 것"이라고 한 비통한 일은 '강빈 옥사'를 말한다. 강빈이 사약을 받은 것이 바로 인조 24년 3월 15일이다. 강빈이 사약을 받자 장렬왕후는 피를 토할 만큼 엄청난 정신적 충격을 받았다. 장렬왕후는 5월 중순 내내 토혈 후에 심한 두통을 호소했다. 가슴에서 가래 끓는 소리가 나고 코피도 흘려 생 연근즙에 포항蒲黃 분말을 타서 마셨다. 불면증에도 시달리며 점점 수척해졌다. 식사를 잘 못해서 기혈을 보강하기 위해 부추죽과 타락죽을 올렸고, 동변童便(어린 사내아이 소변)에 우황을 타서 올렸다.[47) 다행히 5월 하순 경에 토혈도 멈추고 장렬왕후의 병증이 어느 정도 진정되었다.[48)

전술한 바와 같이 인조 24년 이후부터 인조가 죽기 바로 전인 인조 27년 4월 까지 왕비에게 주로 처방한 약은 회춘이진탕回春二陳湯 · 가미영신환加味寧神丸 · 귀비탕歸脾湯 · 사물안신탕四物安神湯 · 양혈안신탕養血安神湯 등이다. 회춘이진탕의 정확한 효능을 알 수 없지만 일반적으로 이진탕二陳湯은 담痰을 제거하는 거담제로 쓰이는 약이다. 『동의보감』에 보면 이진탕에 다른 약재를 가미하거나 가감한 가미이진탕加味二陳湯과 가감이진탕加減二陳湯이 있는데 모두 담을 제거하는데 사용하는 약이다. 특히 가미이진탕은 "기담氣痰이 목구멍에 막혀서 매핵기梅核氣가 된 것을 치료"[49) 하고, 가감이진탕은 "노담老痰, 조담燥痰, 열담熱痰을 치료"[50) 한다. 회춘이진탕은 가미하거나 가감한 이진탕의 한 종류로 보인다.

귀비탕은 근심과 생각을 지나치게 하여 심장과 비장이 상하여 건망증과 정충증怔忡症이 생긴 것을 치료하는 약이다.[51) 사물안신탕은 "고기가 물이 없으면 뛰는 것과 같이 심장에 피(血)가 적어서 정충증으로 가슴이 뛰고 울렁거리는 것을 치료하는 약"이다.[52] 양혈안신탕은 "놀라면서 가슴이 두근거리는 것을 치료하는 약"이다.[53] 가미영신환은 "심혈의 부족으로 오는 경계증驚悸症·정충증·건망증·정신이 얼떨떨한 증세 그리고 일체의 기담(痰火)으로 생긴 병을 치료"[54] 하는 약이다.

장렬왕후는 인조 23년 발병 당시 잠시 간질병 치료를 위한 약 처방을 받았을 뿐이다. 그 후 인조가 죽기 바로 전인 인조 27년 4월까지 받은 귀비탕·사물안신탕·양혈안신탕 등 장렬왕후의 처방전을 검토해 보면 대부분 지나친 근심과 걱정을 할 때 발병하는 **정충증·경계증·건망증**을 치료하는 약이다. 『동의보감』에 보면 이 병들의 특징은 다음과 같다. **경계증**은 갑자기 놀라서 안정이 안 되고 심장이 두근거리며 무서워하는 병증이다. 또 지나치게 생각을 하거나 몹시 놀라서 무서워하는 데서 생기는 병증으로 심하면 가슴이 뛰고 정신을 잃고 쓰러지기도 한다.[55] **정충증**이란 가슴이 두근거리며 불안해하고 무서워하면서 사람이 당장 잡으러 오는 것 같이 생각되거나 이런 증상으로 인하여 때로 발작하는 병이다. 경계증이 오래되면 정충증이 된다.[56] 또 정충증이 오래되면 **건망증**이 되는데 건망증은 심장과 비장에 혈血이 적어지고 정신이 약해지기 때문에 오는 증세이다.[57]

경계증이나 정충증의 공통적인 증세는 기담氣痰이다. 근심 걱정에 놀라고 두려워서 심장이 울렁거리면 기담이 생기는데 기담은 가래가 목구멍에 엉켜 붙어 뱉어 내려고 해도 나오지 않으면서 가슴이 답답해지는 증상으로 마치 매실씨(梅核)가 목에 걸린 것 같다고 해서 매핵기梅核氣라고 한다. 이진탕은 왕비의 기담을 제거하기 위해서 처방했다. 장렬왕후는 약 4년간 두려움이나 불안 증세를 치료하는 이런 약 처방을 받았다.

인조 23년 소현세자의 급작스러운 죽음 후에 봉림대군을 세자로 책봉하는데 장애물인 강빈과 그의 친정 세력, 그리고 그쪽에 동정적인 인물들을 용의주도하게 제거해나가는 인조의 움직임을 왕비도 잘 알고 있었다. 왕비는 미구에 자신에게도 어떤 화가 닥쳐올지 몰라 불안하고 두려웠다. 왕비는 왕위계승권을 둘러싼 세자책봉이란 큰 정쟁의 소용돌이에 풍전등화와 같이 위태로운 강빈의 운명을 보며 동병상련을 느꼈을 것이다. 그리고 전염병이란 오명을 뒤집어쓰고 별궁으로 내쫓긴 채 냉대를 받으며 얼마나 울분의 세월을 보내야만 했을까? 별궁으로 쫓겨난 왕비가 과연 제대로 대접을 받을 수 있었을까?

인조가 중전을 경덕궁으로 내친 일에 대해서 당시 조정에서는 물론 항간에는 이러저러한 소문들이 떠돌았다. 중전이 별궁으로 옮긴 후에 인조는 여러 가지 이유를 들어 박절한 대우를 한다. 우선 세자의 건강을 이유로 세자가 직접 문안하는 것을 못하게 한다거나 세자 대신 내관과 시강원의 관원으로 문안을 대신하게 하였다. 또 문안할 때 역마를 공급하는 폐단을 이유로 그 횟수조차 줄이게 하였다.[58] 별궁의 의장儀仗과 시위侍衛가 초라하고 소략했을 뿐만 아니라 그곳에서 일하는 궁인들이 게으르고 함부로 하여 그것을 목격한 사람들은 상심하고 탄식하지 않은 사람이 없었다고 한다.[59] 경비가 얼마나 허술했는지 새벽에 경덕궁 담장을 넘어 들어오는 자가 있었고[60] 도둑까지 들었다.[61] 장렬왕후는 인조 23년부터 인조가 죽을 때까지 약 4년간을 별궁으로 쫓겨나 대접도 제대로 못 받고 쓸쓸한 세월을 보내야만 했다.

경덕궁은 원래 정원군의 사저가 있던 곳으로 그곳에 왕기가 서려있다는 말에 왕기를 누르기 위해 광해군이 사저를 빼앗아 지은 궁궐이다. 이괄의 난으로 거처하던 창경궁이 불타자 인조는 인조 10년(1632)까지 경덕궁을 사용하다가 인조 11년에 창경궁을 수리하여 그곳으로 옮겼다. 말년에는 창덕궁을 수리하여 거처를 옮긴 뒤 창덕궁 대조전에서 운명하였다.[62] 인조 11년 이후 인조는 경덕궁으로 거의 거동을 하지 않았다. 인조 10년 인목대비가 죽자 인목대비의 빈전殯殿과 혼전魂殿이 경덕궁에 차려졌었다. 흥미로운 점은 인목대비 상장례를 치르면서 발발한 궁중저주사건을 빌미로 인조는 창경궁으로 거처를 옮겼고 이후 경덕궁에 발걸음을 하지 않았다. 그런 경덕궁에 왕비를 내쫓고 새롭게 단장한 창덕궁으로 옮기면서도 왕은 왕비를 계속 경덕궁에 거주하게 했다.

왕비가 창덕궁으로 들어 갈 수 있었던 것은 인조가 운명하기 바로 직전이었다. 왕의 상태가 심상치 않자 세자가 중전을 모셔오도록 명하였기 때문이다. 왕비가 황급히 경덕궁에서 창덕궁 돈화문을 거쳐 대조전大造殿에 들어섰을 때 왕이 막 숨을 거둔 뒤였다.[63] 장렬왕후는 인조 23년 10월 경덕궁으로 쫓겨 간지 4년 만에 왕의 곁으로 올 수 있었다. 대조전은 바로 창덕궁의 내전內殿으로 당연히 왕비인 자신의 거처였다. 왕이 죽음으로써 비로소 자신의 거처에 들어올 수 있었던 장렬왕후는 경덕궁으로 내몰렸던 통한의 세월에 복받치는 눈물을 흘렸을 것이다. 그러나 별궁으로 쫓겨났던 왕비는 인조 사후에 왕대비(조대비)로서의 새로운 삶이 시작되었다. 더 이상 두려움과 불안에 떨 필요도 그러한 증세로 약을 복용할 필요도 없었다.

장렬왕후의 복수

6장에서 언급한 대로 인조 23년(1645)의 궁중저주사건의 발단과 전개과정을 보면 장렬왕후가 경덕궁으로 쫓겨나고 강빈을 제거하는데 인조의 후궁 조씨가 중요한 역할을 했다. 후궁 조씨는 인조의 총애를 받고 승승장구하여 인조 말년에 종1품 귀인貴人에 올랐다. 이런 후궁 조씨(이후 조귀인)가 효종 2년(1651)에 이르러 궁중저주사건과 역모에 연루되어 결국 사사되고 말았다.

이 사건은 『효종실록』 효종 2년 11월 23일자 기록을 보면 매우 급박하게 전개된다. 왕(효종)이 대신과 비변사의 여러 신하, 의금부당상, 양사장관을 빈청에 모이게 한 후에 봉서封書를 내려서 보도록 하였는데 그것은 선왕(인조)의 후궁 조귀인이 저주를 한 일이었다. 대신들이 연루된 조귀인의 종들을 국문鞫問하기를 청했고 의금부에 국청鞫廳을 설치했다. 국청은 모반·역모 등 국가적 중죄인을 심문하고, 재판하기 위해 왕명으로 특별히 설치되는 것으로 이 사건의 중대성을 알 수 있다. 이때 의금부 수장인 판의금부사 홍두표가 외지에 나가있었다. 국청이 판의금부사 없이 국문하지 못하는 것이 전례라고 하였으나 왕은 당장 국문을 하도록 명하였다.

이날 국문에서 밝혀진 저주사건의 전말은 조귀인의 딸 효명옹주의 여종 영이가 자백하면서 밝혀졌다. 그 내용을 보면 조귀인이 아침저녁으로 우물물을 길어 놓고는 사람들 몰래 기도했고 심복인 시녀 몇 명과 모의했는데 앵무鸚鵡라는 여자 무당과 서로 오가며 괴이하고 비밀스럽게 행동했다고 하였다. 왕이 영이를 내옥에 가두고 내관으로 하여금 국문하여 실상을 알아내고 의금부에 넘겨 죄를 다스리게 하였다. 연루된 죄인들의 자백에 의하면 조귀인은 믿을 만한 사람을 시켜서 저주물을 구해오게 하고 불상을 주조해 부도不道한 기도를 했다고 한다.[64]

이 궁중저주사건에 연루된 자들의 추국 결과 조귀인과 효명옹주의 저주행각이 자세하게 밝혀졌다. 효종 2년 11월 27일 홍문관과 양사가 합계하여 죄인인 조귀인의 품계를 빼앗고 내명부에서 그 이름을 지우시기를 청했다. 저주에 연루자들이 자백을 하고 국법에 따라 이미 처벌받았는데 주모자인 조귀인과 효명옹주는 아직 편안히 있는 것에 세상 사람들이 모두 공분하니 법에 따라 처벌하시라고 양사에서 연일 청하였지만 효종은 이를 허락하지 않았다. 그 이유로 이런 변고가 지친至親으로부터 나왔으니 곧 자신의 죄이기도 하고, 조귀인 모녀는 선왕이 총애하였던 후궁이고 골육이니 차마 처벌할 수 없다고 주저하였다. 그러자 삼사는 물론 모든 신료들이 조귀인과 효명옹주 모녀를 법에 따라서 처벌하시라는 왕의 결단을 연일 촉구하는 합계가 12월 13일까지 하루에도 몇 차례씩 올라왔지만 왕은 이를 윤허하지 않았다.[65]

하지만 효종 2년 12월 14일 효종은 마침내 조귀인을 사형에 처했다. 다만 선왕이 총애했던 후궁으로 예우를 갖춰 사약을 내려 자진自盡하도록 하고 특별히 예를 갖추어 장례를 치르도록 명하였다. 역적을 예우할 수 없다는 신하들의 반대에도 불구하고 자진과 예장이란 예우를 갖춰 형이 집행되었다.[66]

선왕의 후궁인 조귀인을 이처럼 신속하게 처형하게 된 까닭은 무엇일까? 그 이유는 궁중저주사건이 김자점의 역모사건으로 비화되었기 때문이다. 저주사건을 심문하던 중인 효종 2년 12월 3일 조인필의 두 사위인 종실 해원부령海原副令 이영李暎(성종과 숙의 홍씨 사이에서 태어난 楊原君 이희의 증손자로 사후에 海原君으로 추증)[67]과 진사 신호가 장인 조인필의 역모를 고변하면서 새로운 국면으로 전환되었기 때문이다. 조인필은 조귀인의 사촌오빠로 궁중저주사건에 연루되어 체포령이 발동되자 조인필의 사위 두 사람이 장차 화가 자신들에게 미칠 것이 두려워 장인의 역모를 고변하였다고 한다. 이들의 고변에 의하면 조인필이 오래전부터 김자점과 친밀하게 교류하면서 저주의 흉물을 조귀인의 처소에 들여보냈고 김자점 일당과 역모를 도모했다고 한다. 사건의 중대성을 인지한 왕은 효종 2년 12월 11일 압송된 죄인들을 직접 심문하겠다는 전교를 내렸다.[68]

12월 12일과 13일에 창덕궁 인정전에서 효종이 직접 심문을 했다. 늦은 밤까지 왕이 직접 죄인들을 심문하면서 놀라운 사실이 밝혀졌다. 죄인들이 진술한 내용을 보면 김자점의 아들 김식이 전 절도사 안철, 수원 방어사 변사기 등과 군사를 동원하여 역모를 도모하고 조귀인의 아들 숭선군 이징을 추대하려고 했다고 한다. 이 사실을 김식은 아비인 김자점과 형 김련도 알고 있었고 며느리인 효명옹주도 공모하였다고 했다. 조대비와 왕의 처소 그리고 세자궁에 모두 흉측한 저주물을 묻은 사람이 효명옹주라고 자백하였다. 김식의 아들이자 효명옹주의 남편인 김세룡도 아내 효명옹주가 여종들과 모의하여 궁중에서 저주를 했다고 자백하였다.[69] 이러한 자백을 들은 다음날인 효종 2년 12월 14일 조귀인에게 전격적으로 사형이 내려졌다. 조정의 모든 관리와 종실까지 법에 따라서 효명옹주도 처형해야한다고 강력하게 청했으나 효명옹주는 유배형으로 그쳤다.[70]

조귀인의 저주사건은 김자점의 옥사로 이어져서 김자점 일족이 멸문지화를 당하게 되었는데 그 정치적 의미에 대해서 일찍이 김세봉이 「효종초 김자점 옥사에 대한 일연구」에서 상론하였으므로[71] 여기서는 췌언을 하지 않겠다. 다만 나는 이 장에서 조귀인의 궁중저주사건을 다른 시각에서 분석하고자 한다. 조귀인 몰락의 배후에는 장렬왕후 곧 조대비가 있었다. 먼저 인조시대로 돌아가서 조귀인과 장렬왕후의 처지를 상기해 보도록 하자. 왕의 총애를 한 몸에 받던 조귀인의 출신배경부터 먼저 살펴보겠다.

조귀인은 경상우도 병마절도사였던 순창 조씨 조기의 서녀이다. 그녀가 궁궐에 들어온 것은 인조 8년(1630)경으로 보인다. 이 당시 항간에 조기와 김두남 두 사람의 첩이 낳은 딸들을 궁중에 들여보냈는데 조기의 딸이 왕에게 제일 총애를 받는다는 소문이 돌았다. 조기의 딸은 대사간 정백창(인열왕후의 형부)이 바쳤다고 한다. 이 소문을 듣고 인조 8년 7월 2일 행부호군行副護軍 이명준이 다음과 같이 상소를 올렸다. 궁궐의 새 시녀 중에 제도적인 절차와 엄선을 거치지 않고 사사로이 부정한 방법으로 들어온 자들이 있다며 조기와 김두남 두 사람의 서녀를 지목하였다. 이처럼 부정한 길이 한번 열리면 이는 국가가 망할 조짐이라고 깊은 우려를 표했다. 이명준은 제왕가帝王家에서 빈어嬪御 즉 후궁을 들일 때는 의식과 절차가 있는데 이를 무시하고 부정한 방법으로 후궁을 들이는 것은 임금의 마음을 미혹시키고 국정을 해치는 일이라며 가까운 실례로 광해군 때의 일을 경계로 삼아야할 것이라고 했다. 그리고 두 사람의 딸들을 궁에서 내보내라고 명하시고 대궐에 들이는 것을 중개한 사람도 죄를 주시라고 청했다. 이명준의 상소에 대해 왕은 얼자孽子나 천인賤人이 복역僕役하는 일은 조정의 신하가 관여할 일이 아닌데 쓸데없이 말을 만들어 조야가 시끄러우니 괴이한 일이라고 하며 분노했다. 또 시녀를 후궁으로 대한 적이 없는데 간흉이 선동하려고 말을 날조하고 있다며 이러한 말이 나온 출처를 찾아서 엄벌에 처하라고까지 명한다.[72]

과연 왕은 조기의 딸을 후궁으로 대하지 않았을까?

조선의 내명부의 제도는 1품에서 9품으로 나뉘는데 각 품마다 정품과 종품이 있으니 모두 18품으로 구성되었다. 내명부는 크게 종4품을 기준으로 내관內官과 궁관宮官으로 나뉜다. 정1품 빈嬪부터 종4품 숙원淑媛까지는 내관內官이고, 정5품 상궁尚宮부터 종9품 주변궁奏變宮까지는 궁관宮

官이다. 일반적으로 내관 곧 종4품 숙원 이상을 왕의 후궁이라고 하였다. 후궁이 되는 경로는 크게 둘로 나눌 수 있다. 합법적인 절차에 따라 간택된 후궁과 간택의 절차 없이 후궁이 된 경우이다. 왕의 승은을 받았을 때 간택 절차 없이 후궁이 되었다. 이런 후궁을 '승은 후궁' 또는 '비간택 후궁'이라고 분류하기도 한다. 그러므로 정5품 상궁 이하의 궁관이나 내명부에 들지 못했던 한미한 신분의 궁녀 중에도 왕의 승은을 입고 후궁이된 경우가 있다. 또 권력자가 사적인 방법으로 진헌한 여성도 있고 왕실여성이 측근의 궁녀나 친척을 왕의 후궁으로 추천한 경우도 있다.[73]

후궁 조씨는 바로 왕의 인척이자 측근인 정백창이 진상한 경우이다. 인조는 조기의 딸 조씨가 허드렛일을 하는 시녀라고 강변했지만 이명준이 후궁을 가리키는 빈어嬪御라는 용어를 쓴 것을 보면 조씨가 단순한 궁녀가 아니었음을 알 수 있다. 따라서 조씨는 내명부 품계를 받기 이전에이미 후궁의 반열에 있었다. 또 이명준이 부정한 방법으로 후궁을 들이는 것은 임금의 마음을 미혹시키고 국정을 해치는 일이라고 비판한 것으로 볼 때 조씨가 빼어난 미모를 지녔던 것으로 보인다.

후궁 조씨는 왕의 총애를 받으면서 인조 15년(1637) 첫딸 효명옹주를 낳았다. 효명옹주는 인조 15년 12월 말에 태어난 것으로 보인다. 『승정원일기』에 의하면 이때 인조가 후궁 조씨를 마치 왕비가 출산한 것처럼 매우 각별하게 예우해주고자 했다. 당시 후궁 조씨는 이미 종4품 숙원의 품계를 받았다. 인조 16년 1월 7일 숙원 조씨가 옹주를 생산하고 산실청에서 보내온 공문을 본 호조에서

산실청에서 보낸 공문에 의해 진배進排한 여러 물품이 중전 산실청에 소용된 수량과 조금도 차이가 없습니다. 은銀 한 가지만 가지고 보아도 중전

산실청에도 100냥을 썼고 이번 숙원淑媛 산실청에도 100냥을 썼으니, 차등을 두어 구별함이 없는 듯하여 사리와 체통 상 온당치 않습니다. 등급의 구분을 하지 않아서는 안 됩니다. 신들이 감히 그 물건을 아까워해서가 아니라 법도에 어긋난다는 혐의가 있지 않을까 염려되어 감히 이렇게 우러러 여쭙니다. 산실청으로 하여금 참작하게 하는 것이 어떻겠습니까?[74]

라며 이의를 제기하는 글을 올렸고 왕은 호조의 의견대로 하라는 명을 내렸다.

산실청은 왕비나 세자빈의 출산과 관련된 일을 담당했던 내의원에 부설된 임시기구였다. 왕비와는 차등을 두어 후궁의 출산을 관장했던 기구는 호산청이다. 산실청과 호산청을 설치하는 시기나 조직과 구성원의 품계와 숫자 등은 확실한 차이가 있다. 그 구체적인 내용은 고종의 비 명성왕후 민씨의 출산 사례를 기초로 작성된 출산 지침서인 『산실청총규』와 영조의 생모 숙빈 최씨의 출산 기록인 『호산청일기』에서 확인할 수 있다. 또 조선 말기에 편찬된 행정법령 사례집인 『육전조례』 「예전」 내의원 산실청조에서도 확인할 수 있다. 산실청 설치와 관련된 규정을 세부적으로 정비하고 제도화하기 시작한 것은 선조 때인 17세기 초로 보인다. 왕비와는 차등을 두어 후궁의 출산을 관장했던 호산청에 관한 기록은 17세기 말 숙종 때에 비로소 보인다.[75]

그러므로 인조의 후궁 조씨가 출산할 당시 후궁의 출산에 차등을 둔 규정이나 제도가 아직 정비되지는 못한 것 같다. 인조는 호조의 의견대로 후궁 조씨의 출산을 위한 경비와 물품을 왕비와는 차등을 두라고 명을 내리면서도 명주와 쌀은 줄이지 말라고 하였다.[76] 내의원에서 참고할 만한 기록이 없다고 했지만 신분제사회에서 후궁의 출산은 왕비와 분명히 차등을 두었을 것이다. 그럼에도 불구하고 내의원에서 후궁 조씨의 출산에 소용되는 물품이나 비용을 왕비의 것과 똑같이 올렸다는 것은 무엇을 의미할까? 인조의 조씨에 대한 총애를 보고 미리 알아서 왕비와 같은 극진한 예우를 한 것이라고 볼 수밖에 없다. 인조는 왕비와는 차등을 두라고 명했지만 여전히 쌀과 명주는 줄이지 말라고 하여 후궁 조씨에 대한 총애를 드러냈다.

이에 비해 장렬왕후는 출발부터 응분의 예우를 받지 못했다. 인조 16년 1월 10일에 인조가 새 왕비를 간택하기로 정하고 절차가 논의되던 때 후궁 조씨가 처음 임신을 했고 이듬해 효명옹주를 낳았다. 인조에게 첫 딸이자 유일한 딸인 효명옹주는 인조에게 넘치는 사랑을 받았다. 새 왕비와의 가례는 근검절약을 표방했다. 전란(병자호란) 후이니 검소하게 치러야 한다는 신하들의 간언이 있었고 왕은 무명옷을 입어도 괜찮다고까지 했다. 인조 16년 12월 장렬왕후는 전란으로 피폐된 재정 상태에서 가례를 검소하게 치르고 인조의 두 번째 왕비가 되었다. 후궁 조씨는 인조 15년 효명옹주를 낳았고, 인조 17년 숭선군을 출산하고 이듬해인 인조 18년 8월에는 정3품 소용昭容에 봉해졌으며, 인조 19년에 낙선군을 낳았다. 인조 13년 첫 번째 왕비 인열왕후 한씨의 사후에 후궁 조씨가 연이어 2남 1녀를 생산했다.

후궁 조씨를 포함하여 현재까지 파악된 인조의 후궁은 모두 6명이다. 신원을 파악할 수 있는 인물로 후궁 이씨(참판 이성길 첩의 딸)가 있다. 그녀는 인열왕후의 미움을 받아 일찍이 궁에서 쫓겨나 다른 사람의 첩이 되어 사람들의 비웃음거리가 되었다.[77] 생원 장류張留 딸 귀인 장씨가 있다. 장씨는 간택후궁으로 인조 13년 8월 16일 숙의淑儀에 임명되었고, 인조 16년 소의昭儀를 거쳐 인조 18년 종1품 귀인에 올랐다.[78] 그리고 출신을 확인할 수 없는 3명의 후궁이 있는데 한 명은 인조 21년 저주사건에 희생된 상궁 이씨이다. 나머지 2명은 묘표墓表로 확인 된 숙의 나씨와 숙원 장씨인데 서삼능(경기도 고양시) 후궁묘역에 안장되어 있다.[79]

그런데 인열왕후 사후에 후궁 조씨를 제외하면 어린 왕비(장렬왕후)는 물론 어느 후궁에게서도 후사가 없다. 인조가 후궁 조씨에게 빠져서 새로운 왕비와 다른 후궁들을 멀리한 것 같다. 인조는 강빈의 형제들을 유배 보낸 후인 인조 23년 9월에 둘째 아들 봉림대군을 왕세자로 책봉했다. 왕세자 책봉을 축하하며 왕은 인조 23년 10월 2일에 후궁 조씨에게 정3품 소용에서 정2품 소의에 봉하는 특전을 베풀었고 일주일 뒤인 10월 9일 돌연 장렬왕후를 별궁인 경덕궁으로 옮기라는 명을 내린다. 이후 장렬왕후는 별궁에서 냉대를 받으며 강빈 옥사가 진행되는 중에 언제 화가 자신에게 미칠지 몰라 공포와 두려움에 떨어야만 했다. 왕이 왕비를 경덕궁으로 내몰기 이전에 이미 왕비와 별거했다. 이유가 왕비에게 지병이 있고 그 병이 왕의 건강을 위협하는 전염병이라고 했다. 당시 이러한 일이 벌어지게 된 것은 모두 후궁 조씨의 이간질 때문이라는 소문이 돌았다.[80] 후궁 조씨가 홀로 왕의 총애를 받고 승승장구할 때 별궁으로 쫓겨나 비참하고 암울한 삶을 감내해야만 했던 장렬왕후에게 인조의 죽음은 새 삶의 기회를 가져다 주었다.

효종이 즉위하면서 장렬왕후 조씨는 이제 왕대비(조대비, 자의대비)로서 이전과는 전혀 다른 위상과 위엄을 지니게 되었다. 반면 인조의 총애를 받으며 승승장구하던 조귀인은 끈 떨어진 연이 되고 말았다. 조대비와 끈이 떨어진 후궁 조씨(조귀인)의 처지는 완전히 역전되었다. 조귀인의 몰락은 우연한 사건에서 비화되었다. 사건은 조대비의 친정 조카딸 신씨가 첩 때문에 남편에게 냉대를 받자 이모인 조대비에게 하소연을 하면서 발단이 되었다. 조대비의 친정 언니와 신익전 사이에서 태어난 조카 신씨는 인조 26년에 후궁 조씨의 아들 숭선군 이징의 부인으로 간택되었고 그해 혼인을 했다.

그런데 시어머니인 조귀인이 어리고 예쁘며 자수刺繡에 능한 효명옹주의 여종 영이를 아들 숭선군에게 첩으로 삼게 했다. 숭선군은 부인 신씨를 매우 싫어하고 영이를 총애했다. 첩 영이에게 남편 숭선군의 사랑을 빼앗긴 신씨는 조대비에게 이런 사실을 하소연했다. 조대비는 숭선군이 영이를 총애하고 조카인 신씨를 박대한다는 사실을 알고 몹시 노하여 영이를 불러 야단을 쳤다. 조대비로부터 야단을 맞던 영이는 뜻밖에도 조귀인이 몰래 대비를 저주한 일을 고하였다. 조귀인이 "대비가 나를 구박하기를 어찌 이리도 심하게 하는가!"라고 말하면서 조대비를 저주했다[81]고 발설하면서 사건이 확대되었다.

마침내 조대비에게 후궁 조씨로 인해 받았던 왕비시절의 치욕을 설욕할 기회가 왔다. 조대비는 숭선군의 첩 영이의 자백내용을 효종에게 봉서封書로 알렸다. 효종은 이 저주사건을 처리하는 데 무엇보다도 조대비의 의중이 중요하다고 생각했다. 효종은 대신과 비변사의 여러 신하, 의금부당상, 양사 장관을 빈청에 모이게 한 후에 조대비의 봉서封書를 보이고, 이 저주사건이 (조)대비와 관련된 일이므로 감히 숨길 수가 없다고 하며 옥사를 시작했다.[82] 저주사건이 역모사건으로 비화되자 조정에서 연루된 조귀인 소생의 자녀 효명옹주, 숭선군 이징, 낙선군 이숙을 모두 처단할 것을 청했지만 두 사람의 관작을 삭탈하고 효명옹주는 서인庶人으로 폐한 후에 유배형을 내리는 것으로 그쳤다. 반면 효종은 이 일이 (조)대비와 관련된 일이므로 조귀인에게는 사형을 내린다고 하였다.[83] 조귀인이 저주했다는 봉서를 조대비가 효종에게 보냈고 왕과 신료들은 조대비와 관련된 일이기 때문에 신속하게 처리하면서 연루자 중에서도 특별

히 조귀인에게 사약을 내린 것을 보면 장렬왕후의 뜻이 반영된 것으로
보인다.

효종 2년의 저주의 옥사에서 조대비의 결정적 역할을 알 수 있는 사건
이 후일 유배 중이던 숭선군의 입에서 나온다. 숭선군은 효종 3년 1월 유
배형을 받고 강화도 교동에 위리안치圍籬安置되었다. 효종은 특별히 숭선
군의 부인 신씨가 유배지에 따라갈 수 있도록 허락했다.[84] 하지만 숭선
군은 이 모든 일이 부인 신씨 때문에 일어났다며 부인을 원수처럼 여기
며 온갖 모욕을 주었고 침식도 자유롭지 못하게 하여 신씨의 안위가 위
협받을 정도였다. 이에 효종은 조대비의 조카인 신씨가 이와 같은 대우
를 받는 것을 매우 놀랍고 염려된다며 두 사람이 같은 처소에 있으면 상
황이 더욱 악화될 것이라 하고 신씨를 유배지에서 벗어나 상경하도록 명
을 내렸다.[85]

그런데 당시 유배지인 강화도 교동에는 소현세자의 셋째 아들 이석
견[86]도 함께 있었다. 소현세자의 세 아들이 강빈옥사에 연루되어 인조
25년(1647) 모두 제주도에 유배되었다가 첫째 이석철과 둘째 이석린은 그
해에 제주도에서 병사하였고 살아남은 셋째 이석견은 효종이 즉위하고
얼마 안지나 함양군으로 옮겨졌다가[87] 효종 1년(1650) 2월 다시 강화도
로 옮겨졌다.[88] 효종 3년에 왕은 숭선군과 낙선군 그리고 이석견을 교동
유배지의 같은 울타리(圍籬) 안에서 함께 살게 하였다.[89] 원래 위리안치圍
籬安置는 중죄에 연루된 관료나 왕족이 유배지 거처 주변에 가시나무 등
울타리를 둘러 그곳을 벗어나지 못하게 한 형벌이다. 열악한 거주 환경
에 외부인의 출입을 엄격하게 제한했다.[90] 그러므로 숭선군과 낙선군의
여종들에다 이석견의 유모와 여종까지 좁은 공간에 너무 많은 사람들이
거주하면서 이들 간에 갈등과 반목이 생겼고 불온한 말들이 흘러나왔다.

효종 4년(1653) 6월부터 왕이 연루된 죄인들을 압송하여 궁궐 내사(內司) 에서 심문하였으나 연루자들이 너무 많아 의금부에서 추국하도록 했다. 연루자들을 심문하는 과정에서 숭선군의 여종 이숙이 다음과 같은 내용 을 보거나 들었다고 진술했다. 숭선군이 부인 신씨에게 "네가 서울에 있 을 때에는 조대비의 세력을 믿고 나를 업신여기더니 어찌하여 나를 따라 왔느냐."고 하고, 부인과 정을 끊고 함께 말도 섞지 않았다. 또 소현세자 의 3남 이석견의 유모가 사람들에게 숭선군의 여종들이 낙선군과 한자 리에 앉아서 무당에게 점을 쳤다. 무당이 낙선군의 운이 좋아서 장차 왕 이 될 것이라고 하자 낙선군이 조대비는 적모(嫡母)이니 원수를 갚기가 어 려울 것 같고, 조대비의 오빠 조윤석 등 조씨(趙氏)와 신씨(申氏) 두 족속은 반드시 죄다 없앨 것이라는 둥 그 밖에도 불측한 말이 매우 많았다고 했 다.[91] 이 사건은 후일 낙선군을 왕으로 추대하려는 역모 사건으로 비화 되어 옥사가 벌어진다.

조귀인의 두 아들과 소현세자의 아들은 사가로 치면 삼촌과 조카사이 지만 원수지간이기도 하다. 이석견의 어머니 강빈의 죽음과 외가가 멸문 지화를 당하게 되는 과정에 조귀인이 결정적 역할을 했다. 그러나 숭선 군의 입장에서 보면 어머니 조귀인이 사사 당하고 자신과 동생이 유배당 하게 된 배경은 처가인 신씨와 신씨의 이모인 장렬왕후 때문이다. 전술 한 바와 같이 양주 조씨 장렬왕후의 집안과 평산 신씨 그리고 소현세자 빈의 금천 강씨 집안은 서로 밀접한 혼맥을 맺고 있다. 강빈의 오빠 강문 성이 바로 숭선군 부인 신씨의 고모부이다. 따라서 소현세자의 3남 이석 견과 숭선군에게 부속되어 좁은 유배지에서 만난 두 집안의 종들 간에도 서로 갈등과 반목이 생기면서 이간질과 고자질로 번졌다. 이 사건을 처 리하는 과정에 좌의정 김육이 다음과 같은 차자(箚子)를 올렸다.

이 옥사는 역모를 고변한 것이 아니라 불측한 말을 함께 듣고서 서로 고하고 끌어대게 된 것일 뿐이며, 또 무당에게 점을 친 일은 역적 조씨(조귀인)가 살아 있을 때에 한 것인데 그 뒤에 비첩婢妾들이 함부로 말하고 함부로 전한 것이므로 다시 심문하여 승복 받을 일이 없을 듯합니다. 그 죄에 따라서 법을 적용하여 경중을 헤아려 처형하거나 방면하시는 것이 마땅하시겠습니다.[92]

라고 했다. 결국 이 사건에 연루된 여종들과 유모가 처형 받는 것으로 마무리되었다.

조귀인은 인조 23년(1645) 궁중저주사건에서 결정적 역할을 하여 소현세자빈 강씨를 죽음에 이르게 하고 장렬왕후를 별궁으로 내몰고 왕의 총애를 독차지했다. 조귀인은 이보다 2년 앞선 인조 21년에 저주사건을 조작하여 연적인 상궁 이씨를 제거했다. 인조 21년 4월에 궁중에서 저주한 사건이 발각되어 옥사가 벌어졌는데 상궁 이씨의 여종 애향 등 궁녀들이 벌인 일로 밝혀졌다. 조귀인이 인조의 사랑을 독차지하자 상궁 이씨가 원한을 품고 애향 등을 시켜 조귀인을 해치려고 저주했다고 한다. 이 일로 이씨와 연루된 궁녀들이 유배되었다가 결국 사사되자 사람들이 놀라고 탄식했다. 왜냐하면 이 저주사건은 조귀인이 이씨를 음해하기 위해 꾸민 일이라는 설이 당시에 이미 떠돌았다.[93]

이처럼 저주사건을 통해 정적과 연적을 제거하고 왕의 총애를 받으며 승승장구하던 조귀인은 인조가 죽고 효종이 즉위하면서 끈 떨어진 연처럼 추락하였다. 효종 2년(1651)의 궁중저주옥사로 조귀인이 죽음에 이르고 그 자녀들의 몰락에 장렬왕후 곧 조대비가 결정적 영향력을 행사했다. 장렬왕후는 효종이 즉위하면서 왕대비로서 위엄과 힘을 갖게 되면서 조귀인이 심한 구박이라고 느낄 만큼의 해묵은 원한을 풀었을 것이다.

조귀인은 조대비의 구박을 받게 되자 저주라는 비상수단을 통해 복수하고자 했는지도 모른다.

친생자를 낳지 못한 장렬왕후는 왕실에 시집 온 친정조카 숭선군 부인 신씨를 각별하게 사랑했다. 첩에게 사랑을 빼앗기고 남편 숭선군의 냉대를 받는 신씨가 자신의 처지와 유사하게 느껴져 더욱 연민을 느끼며 이들 부부문제에 적극 개입한 것 같다. 그런 와중에 조귀인의 저주사건을 우연히 알게 되었는지도 모른다. 어쩌면 왕대비로서 막강한 힘을 가진 장렬왕후에게 수시로 조귀인과 그 자녀들의 언행이 보고되었을 가능성이 있다. 왕이 어떻게 유배지에서 숭선군이 부인 신씨를 학대한 것까지 알고 두 사람을 떼어놓는 조치를 취했을까? 아마도 이러한 사실이 장렬왕후에게 먼저 전달되었을 가능성이 크다. 장렬왕후가 왕실의 가장 높은 어른인 대비로서 예우를 받으며 왕을 움직일 수 있는 위치에 있었기에 가능한 일이었다.

8장
왕의 질병과 치료 그리고 죽음

8장
왕의 질병과 치료 그리고 죽음

침鍼과 뜸灸 치료

인조의 질병치료에 보이는 특징적인 현상 중에 하나는 침과 뜸을 애호했다는 점이다. 인조의 건강 이상 징후와 치료에 관한 기록이 빈번해지기 시작한 것은 인조 10년(1632) 8월부터이다. 왕은 몸에서 열이 나고 땀을 흘리며 오한 증세가 여러 날 계속되었는데도 외부에 발병 사실을 말하지 않고 치료를 받지 않았다. 인조 10년 8월 16일 약방(내의원)에서 치료를 하셔야만 하니 증세를 상세히 써서 내려주시기를 청했다.[1] 왕이 다음날 의관에게 말한 증세는 다음과 같다.

지난달 보름 이후부터 이따금 밖으로는 한기가 들면서 안으로는 열이 나며 허한虛汗이 그치지 않는다. 한기로 움츠러들 때에는 차갑기가 쇠와 같고 내열內熱이 밖으로 나오면 온몸이 불같다. 이와 같은 증상이 일정하지 않았는데, 지금은 증세가 거의 다 나아서 대단치 않다. 또 두부頭部 오른쪽 머리카락 빠진 곳이 이달부터 허한이 늘 흐르더니 점점 서늘하게 느껴진다. 오른팔이 삼대처럼 뻣뻣해서 굽히고 펴는 데 불편할 때도 있다.[2)]

건강상 이상 징후가 인조 10년 7월 15일부터 시작했음을 알 수 있다. 왕은 왜 한 달이 지나도록 병증을 알리지 않고 치료도 받지 않았을까? 그 이유는 인목대비의 초상 중이었기 때문이었다. 인조

〈그림 1〉 여차도[3)]

10년 6월 28일 인목대비가 죽었다. 대비의 상중喪中이라서 인조는 여차廬次에서 지내야만 했다. 여차는 상주가 상중에 편하게 지낼 수 없다는 지극한 마음을 나타내기 위해 머무는 누추한 짚으로 만든 임시거처이다.

여차에 머무르면서 오른팔에 마비증세가 있자 인조는 쑥뜸을 떴는데 불편하다며 시술을 그만두라고 한다. 약방에서 지어 올린 탕약도 효험이 별로 없다고 하였다. 인조 10년 8월 24일 침의鍼醫 안효남에게 침을 맞았다.[4)] 다음날 대신들과 백관들이 왕의 안색이 몹시 검고 수척해지자 다음과 같이 아뢰었다.

성상께서 춘추가 한창 때이므로 신모神貌가 튼튼하고 윤택하셨는데 하루아침에 수척하고 초췌해졌으니 이는 필시 기운이 계속 손상되어 이 지경에 이른 것으로서 스스로도 깨닫지 못하셨을 것입니다. 더구나 땀이 절로 나고 오한이 드는 증세는 비록 조금 준 것 같지만 한쪽이 허약하여 마비되는 징후가 외부에 나타나고 있으니 이것이 보통 감기와 비교할 바가 아닙

니다. 만약 그 뿌리를 치료하지 않는다면 비록 훌륭한 의원일지라도 의술을 행할 수가 없을 터이니 속히 권도를 따르소서.[5]

상중이라도 형편에 따라서 약을 먹고 섭생을 잘 해야 한다는 신하들의 청을 모두 따르지 않았다. 하지만 오한과 마비증세가 계속되면서 인조는 침과 뜸을 시술하라고 했다. 8월 26일에 쑥뜸을 뜨고 왕이 증세가 좀 호전되었다. 다음날 약방에서 혈자리를 늘려서 우각뜸(또는 우각구)을 뜨겠다고 아뢴다.[6] 우각뜸은 인조가 선호했던 뜸 중에 하나였다. 조선 왕실에서 우각뜸 치료를 받은 구체적인 기록은 선조 때 보인다. 약방에서 선조에게 우각뜸에 대해 말하기를 "**사기**邪氣가 모인 허한虛寒 곳에 뜸을 뜨는데 이 뜸의 심지가 크기 때문에 피부에 손상이 없고 속이 비어있어 열기가 강하게 전달된다."고 했다.[7]

최근 우각뜸이 구체적으로 어떤 뜸인지 이해를 돕는 한의학 논문이 발표되었다. 이 논문에 의하면 우각뜸은 뜸뜨는 쑥덩어리인 뜸봉(애주艾炷라고도 함)을 속이 빈 소뿔 형태로 만들어 직접 환부에 사용하는 뜸이다. 우각뜸 치료는 우리나라에서 나온 경험방을 토대로 한 의서에 기록된 것으로 보아서 조선에서 자생적으로 생겨난 치료법이라고 한다.[8] 뜸봉의 다양한 형태와 그 효능에 대해서는 북송대 의학자인 두재竇材의 『편작심서扁鵲心書』에 이미 보인다.[9] 하지만 이 책에서는 뜸봉의 형태로 우각형을 언급하지 않았다. 우각뜸의 용법에 대해서는 허임의 『침구경험방』에 자세하다.[11] 『침구

〈그림 2〉 애주도[10]

경험방』의 이 내용이 청나라 침구학자 요윤홍廖潤鴻의 『침구집성鍼灸集成』
에 그대로 실렸다.[12] 허임은 선조와 광해군 때 활동한 조선의 침의鍼醫이
고, 요윤홍은 19세기에 활동한 청나라 침구학자鍼灸學者이다. 따라서 조
선의 침구술 중에 청나라에 전파된 것이 있음을 알 수 있다. 인조가 우각
뜸을 선호한 것은 이 뜸이 뜸봉이 커서 강한 화기로 경맥에 자극을 주어
마비증세에 빠른 효과를 보았기 때문인 것 같다.

인조 10년(1632) 9월 6일 약방에서 왕이 침을 맞고 뜸을 뜬 후에 찬바
람을 쐬고 곡읍哭泣(소리 내서 곡을 하며 올리는 제사)을 해서 내상內傷이 염려된
다며 진료와 치료를 받으시라고 했다.[13] 이어서 9월 17일 여차의 위치가
북향이어서 볕이 들지 않고 홑벽이어서 찬바람이 들어오기 쉬우니 따뜻
한 내실로 옮기시라고 여러 차례 청했지만 인조는 약을 복용하고 조섭을
하면 완쾌될 것이니 염려 말라고 신하들의 청을 일축한다.[14] 이 날짜가
양력으로 환산하면 이미 10월 중순을 지나 11월로 들어서고 있을 때여서
상당히 기온이 낮고 추위가 몰려올 때이다.

인조 10년 10월 인목대비의 장례를 치르고 인조의 건강이 상당히 악화
되었다. 인조 10년 10월 왕이 건강상에 문제가 있자 내의원(약방)에서 왕
의 병인病因을 사기邪氣 때문이라고 진단했다. 당시 뛰어난 침구술로 인정
을 받았던 침의 유후성이 사기를 치료한다는 중요한 혈穴 자리에 먼저 일
반인을 대상으로 침과 뜸을 시험적으로 시술해보았는데 효과가 있었다
고 했다. 내의원에서는 유후성과 여러 의관들의 의견이 같다고 하며 왕
에게 사기를 치료하는 침을 맞으시도록 권한다. 하지만 왕은 자신의 병
은 인목대비 초상을 치르면서 발병한 것이니, 사수邪祟로 의심하는 것은
지나치다고 했다.[15]

유후성은 인조 때 침의로 활약한 공로를 인정받고 인조 8년(1630)경에

포천현감에 제수되었다.[16] 선조 이후에 내의원에서 활약한 침의는 대개가 시골 의원 출신이다. 이들은 대부분 침구술鍼灸術이 뛰어나다고 소문이 나서 특별히 채용되었다. 이렇게 채용된 침의의 시술을 받고 왕실에서 큰 효과를 보았을 경우 왕은 상을 내리거나 특명으로 관직을 제수하였다.[17] 인조 10년 6월 인목대비의 병세가 위중하자 유후성은 다시 내의원으로 돌아와 침의로서 활동을 했다.[18] 인목대비 상례를 치르면서 건강에 이상 신호가 나타나자 내의원에서는 유후성의 진단을 토대로 왕에게 **사기**邪氣에 효험이 있는 침과 뜸을 권했고, 인조는 자신의 병증을 **사수**邪祟로 의심하는 것은 지나치다고 했던 것이다. 사기邪氣와 사수邪祟를 같은 의미로 쓴 것을 알 수 있다.

내의원에서 인조 10년 11월에 사기를 다스린다고 소문난 대흥(예산군 대흥면) 사람 침의鍼醫 이형익을 부르기 위해 급료지급을 요청하자 인조는 괴이하고 믿을 수 없는 의술은 필요 없다고 한다.[19] 인조는 처음에 이형익의 침술에 대해 별로 신뢰를 하지 않았고 자신의 병이 사기나 사수와는 관련이 없다고 생각했음을 알 수 있다. 그런데 왕의 이런 태도가 바뀌었다. 이형익의 특채를 불허하고 3개월쯤 지난 인조 11년(1633) 1월에 내의원에서 다시 이형익의 특채를 청했다. 내의원에서 **번침술**로 병을 고친다고 이름이 난 침의 이형익에게 봉록을 주어 서울에 머물러 있게 할 것을 청하자 인조가 허락을 하였고 채용 한 며칠 후에 이형익을 불러 **번침**燔鍼을 맞았다.[20]

인조시대 침의로 거론된 인물로는 허임 · 유달 · 반충익 등이 있지만 이형익의 활동이 단연 두드러지게 나타난다. 허임은 선조와 광해군 말기까지 크게 활약한 후 인조 대에는 보이지 않는다. 반면 이형익은 인조의 신뢰를 받고 왕의 질병치료에 활발하게 활동하였다. 그렇다면 인조가 처음에는 괴이하고 믿을 수 없는 의술이라고 꺼렸던 이형익의 번침을 왜 선호하였고, 번침술이란 어떤 효능을 가진 침술이었을까? 번침으로 다스릴 수 있다는 사기나 사수는 무엇인가? 이에 대한 답을 찾기 전에 먼저 조선왕실의 침의의 활동이 언제부터 활발해졌는지 알아보자.

조선시대 왕실에서 사용하는 약재와 국왕의 질병 치료와 건강을 관장한 중앙의료기구는 내의원이다. 내의원의 직제와 인원수, 그 역할에 관한 기본 틀은 성종 때 반포된 『경국대전』에 구비되었다. 『경국대전』에 규정된 내의원의 직제와 인원수를 보면 도제조 · 제조 · 부제조 각각 1명을 두었는데 이들은 의관이 아닌 당상관인 대신이나 승지가 겸직하였다. 의관의 직제와 인원수는 아래 〈표 12〉[21)]와 같다.

〈표 12〉 의관의 직제와 인원수

정3품	정正 1명	종7품	직장直長 3명
종4품	첨정僉正 1명	종8품	봉사奉事 2명
종5품	판관判官 1명	정9품	부봉사副奉事 2명
종6품	주부主簿 1명	종9품	참봉參奉 1명

이 직제와 인원수에 가감이 있었지만 내의원의 기본 틀에는 큰 변동이 없이 그대로 유지되었다.[22)] 순조 연간에 내의원에 관한 제반 규정을 정리한 『내의원식례內醫院式例』에 의하면 인조 15년(1637)에는 직장(종7품) 3명 중에 2명을 부사정(종7품)으로 교체했다.[23)] 그런데 이 제도로만 보면 구체적인 침의의 활동을 알 수 없다. 조선시대 의료제도는 고려의 제도를 계승하였다. 내의원은 고려시대 상약국尙藥局(공민왕 때 상의국 → 봉의서로 개칭)을 계승했다. 조선 초기 내약방으로 칭했다가 세종 때 내의원으로 개칭되었다. 개칭된 후에도 내의원은 (내)약방藥房 · 내약국內藥局 · 내국內局

이라고도 했다. 고려시대 상약국 안에는 정식 품계는 없지만 의침사醫針史 2명과 약동藥童 2명이 있다.[24] 의침사는 명칭으로 볼 때 직급이 없는 낮은 신분으로 침술을 보조하거나 외과적인 시술을 담당한 것으로 보인다.[25]

조선 초기에 침구술을 가르치고 보급하는 기록이 보인다. 태종 때 서민 질병치료를 관장한 제생원濟生院에서 동녀童女를 뽑아 침구술을 가르쳐서 치료하도록 명한다.[26] 또 태종이 명나라 사신으로 간 오진에게 명나라에 동인銅人을 요청하도록 했고 오진이 황제가 하사한 동인도銅人圖를 가져왔다는 기록이 보인다.[27] 동인도는 침술을 연습하기 위해 침놓는 자리와 선을 표시한 인체 모양을 구리로 만든 동인銅人을 해부도처럼 그려놓은 그림이다. 조선 초기에 중앙의 의료기구에서 전문적인 침의의 역할은 보이지 않고 일반적으로 의관이 침구를 담당했다. 의관 양홍적은 태조 때부터 태종 때까지 국왕의 각별한 신임을 받고 침과 뜸을 놓았다. 태조(당시 태상왕)가 풍질風疾이 오자 태종은 양홍적으로 하여금 태조의 병을 돌보게 하였다.[28] 세종은 오랫동안 침을 맞고 뜸을 뜨면서 침구전문의의 필요성을 느낀 것 같다. 세종은 삼의사(전의감·혜민국·제생원)에서 침구전문의생鍼灸專門醫生을 매년 한 명씩 임용하였고,[29] 침구전문의생을 뽑을 때『침구경鍼灸經』을 시험 보도록 하였다.[30]

침의의 주요 역할 중에 하나는 바로 종기치료였다. 조선의 역대 왕들이 종기를 많이 앓았고 종기치료에 침술이 동원되었으므로 선조 이전부터 침구전문의가 역할을 했을 것이다.[31] 이처럼 조선시대 전기에 침의의 필요성을 느끼고 중앙의료기구에서 제도적으로 침의를 서용하거나 육성하려는 시도가 있었다. 하지만 이 제도가 폐지되었다가 부활하기를 반복한 것으로 보아서 침구전문의제도가 확실하게 정착하지 못했던 것 같다.

성종 때에 이르러 다시 침구전문분야를 따로 설치하였다. 이로써 조선시대 전기에 침구술의 중요성을 인식하고 독립된 분과로 침구전문의를 육성한 것으로 보인다.[32]

조선 말기에 간행된 『육전조례』를 보면 내의원에 내의청內醫廳, 침의청鍼醫廳, 의약동참청醫藥同參廳 3개의 청이 있다. 이 구분으로 볼 때 언제부터인가 내의원의 의관을 내의內醫와 침의鍼醫로 나누었다. 내의는 탕제나 환약 등 약제 처방을 다루고, 침의가 침과 뜸 치료를 담당했다.[33] 조선 왕실에서 침의의 활동을 구체적으로 알 수 있는 기록은 선조 때이다. 선조 19년 중전의 인후증咽喉症이 위중하자 어의들을 모두 대전에 들어오라고 명하였는데 이때 침의 오변도 여기에 함께 들어갔다.[34] 전문의로서 침의가 왕실의 질병치료에 일익을 담당하였음을 알 수 있다.

『선조실록』과 『광해군일기』를 보면 선조와 광해군이 침과 뜸을 애용하고 침의를 가까이 했다. 선조는 말년에 편두통과 몸의 통증으로 고생하면서 침과 뜸을 자주 맞았다. 선조 37년(1604) 9월 왕이 갑작스럽게 병세가 심해지자 마침 입시한 침의 허임에게 침을 맞고자 했다.

> 어의 허준이 여러 차례 침을 맞으시니 미안합니다만 침의들은 항상 말하기를 "반드시 침을 놓아 열기를 해소시킨 다음에야 통증이 감소된다."고 합니다. 소신은 침놓는 법을 알지 못합니다마는 그들의 말이 이러하기 때문에 아뢰는 것입니다. 허임도 평소에 말하기를 "경맥을 이끌어낸 뒤에 아시혈阿是穴에 침을 놓을 수 있다."고 했는데 이 말이 일리가 있는 듯하다고 하였다. 상이 병풍을 치라고 명하였는데 왕세자 및 의관은 방안에 입시하고 제조提調 이하는 모두 방 밖에 있었다. 남영이 혈穴을 정하고 허임이 상에 침을 놓았다.[35]

선조는 침을 맞고 상당한 효과를 보았는지 약방 관원들에게 포상을 했고 침의 허임과 남영에게는 특별히 각각 한 자급資級을 가자加資하여 당상관으로 승진시키는 파격적인 대우를 하자 지나친 논공행상이라는 논란이 일기도 했다.36) 하지만 침을 놓을 때 침의가 임의대로 침을 놓을 수 있었던 것은 아니다. 왕에게 병의 징후가 나타나면 내의원에서는 직접 진찰하는 입진入診을 시행하였는데, 3명의 제조와 의관이 같이 입시入侍했다. 제조가 먼저 증상을 묻고 의관이 들어와 진찰했으며, 3명의 제조와 어의御醫, 의약동참醫藥同參이 함께 의논하여 처방을 결정했다. 약을 짓고 침구鍼灸를 할 때에도 제조와 어의가 감독하였다.37) 선조 39년(1606) 4월 약방에서 문안을 하니 왕이 다음과 같이 말한다.

> 귓속이 크게 울리니 침을 맞을 때 한꺼번에 맞고 싶다. 혈穴을 의논하는 일은 침의가 전담해서 하도록 하라. 우리나라의 일은 의논이 많다. 만약 침의가 간섭을 받아 그 기술을 모두 발휘하지 못하면 효과를 보기가 쉽지 않을 테니 약방은 알아서 하라.38)

이 기사로 보면 여러 의관이 함께 침놓을 혈穴을 의논한 후에 침의가 비로소 침을 놓았다. 선조는 말년에 침을 자주 맞았는데 보통 침을 시술할 때는 왕세자, 약방도제조와 제조·부제조·기사관·어의·침의 등이 함께 입시하였다. 평균적으로 어의가 3명, 침의가 4명 입시를 하였다.39) 침의가 4명이나 입시한 것을 보면 선조 때 왕이 침 치료를 자주 받았고 침의의 역할이 상당히 중요했다는 것을 알 수 있다.

광해군도 침의에게 높은 관직을 제수하거나 후한 상을 내려서 조정에서 논쟁이 일기도 했다. 이는 광해군이 침을 애용하고 효력을 보았기 때문이다. 특히 비천한 출신이었던 침의 허임의 공을 인정하여 마전 군수,

양주 목사, 남양 부사 등에 제수하였다.[40) 허임은 소위 보사법補瀉法이라는 침술로 각종 질병의 치료를 설명했다. 질병을 치료하는데 침으로 기혈을 보補하고 사기邪氣를 사瀉한다고 했다. 허임은 선조와 광해군 때 침의로서 활발하게 활동한 기록이 보인다. 하지만 인조 때 허임의 활동은 인조 6년(1628) 침의로서 활동과 포상을 받은 기록이 보일 뿐이다.[41) 이후 허임은 연로해져 더 이상 침의로서 활동을 못하고 낙향했던 것 같다. 인조 17년(1639) 왕의 치료를 의논하던 중에 약방도제조 최명길이 허임에게 수레를 보내서 궁으로 부르자고 했다. 인조는 허임이 말을 타고 오기 어려울 정도로 노쇠해졌다면 비록 오더라도 침을 놓을 수 없을 것이니 자신의 증세를 써가지고 가서 허임에게 물어보라고 한다. 며칠 후 내의원에서 허임이 왕의 증세를 서신으로 보고 침과 뜸을 놓을 혈 자리에 대해 답신이 올렸고, 왕은 허임의 처방대로 시술을 하라고 했다.[42) 허임의 역작『침구경험방鍼灸經驗方』이 인조 22년(1644)에 간행된 것을 보면 허임은 노년에 후학들에게 자신의 침구술을 전수하기 위해 저술 작업에 몰두한 것으로 보인다.[43)

이에 비해 이형익은 내의원에서 침의로서 활발하게 활동하였고 인조에게 자주 번침을 놓았다. 이형익이 사기邪氣를 다스린다는 소문으로 내의원에 특채되어 왕의 치료를 담당한 것은 인조 11년(1633)부터이다. 이후 번침은 인조의 질병치료에 매우 중요한 부분을 차지한다. 이형익의 번침은 어떤 침이었기에 인조가 그토록 선호했을까?

이형익의 번침술

한국의학사와 질병사 연구에 선구자적인

역할을 한 일본인학자 삼목영三木榮은 인조시대 의학사의 특징의 하나로 침구술鍼灸術의 발달을 들었다. 당시 대표적인 침술로 허임의 보사법補瀉法과 이형익의 번침술燔鍼術을 소개하였다.[44] 그는 『황제내경』에서 화침火鍼 또는 낙침烙針과 같이 침을 불에 검붉게 달구어 시술하는 것을 번침이라고도 했지만 이형익의 번침에 대해서는 기록이 없어서 자세한 시술방법을 현재 알 수 없다고 했다.[45] 김두종은 『한국의학사』에서 번침이 화침과는 다른 이형익만의 독특한 침법이라고 주장했다.[46]

인조가 이형익의 번침을 맞을 초창기에 이 침을 화침이라고 인식했다. 전술한 바와 같이 인조 11년(1633) 1월 초순부터 인조가 이형익에게 번침을 맞았는데 너무 자주 맞자 2월에 대사간 김광현이 이형익에게 침 맞는 것을 반대하는 차자를 다음과 같이 올렸다.

> 근래 옥체가 오랫동안 편치 못하여 침을 너무 많이 맞으셨습니다. 신민의 우려가 한이 있겠습니까. 삼가 듣건대 또 **화침**火鍼을 맞으신다고 하니 이는 보통사람도 맞을 수 없는 것인데 하물며 지존의 옥체이겠습니까. 이 말을 듣고 자신도 모르게 머리털이 서고 마음이 떨렸습니다. 작년에 약방에서 이형익에게 녹을 줄 것을 청하자 전하께서 그가 괴이하다고 물리치시므로 조야가 모두 흠앙하였는데 이 사람의 요괴한 의술이 끝내 전하를 현혹시킬 줄을 어찌 생각이나 하였겠습니까. 삼가 바라건대 전하께서는 마음을 가라앉혀 사리를 살피고 원기를 조화하면서 약성藥性이 화평한 보약으로 치료하고 요괴한 의술에 동요되지 말아 빨리 화침을 중지하고 이 무리를 물리치면 의외에 걸린 병이므로 자연 낫는 기쁨이 있을 것입니다.[47]

김광현이 차자에서 이형익의 침술을 화침이라고 한 것을 보면 처음에 번침과 화침을 동일한 침술로 본 것이다. 이런 인식은 허준의 『동의보감』

에서 기인한다. 허준은 『황제내경』에 번침법燔鍼法이 있는데 바로 화침이라고 했다.[48] 번침이 화침과 같은 것이라면 이형익의 번침술을 왜 괴이하고 믿을 수 없다고 하였을까? 『인조실록』과 『승정원일기』에 보면 김광현의 차자를 제외하면 이형익이 인조에게 시술한 침술은 거의 모두 번침이라고 기록하였다. 이는 분명 이형익의 번침이 기존의 화침과는 달랐기 때문이었다. 조선의 역대 왕들이 화침이나 번침을 맞았다는 기록은 보이지 않는다. 침을 좋아했던 선조나 광해군 역시 화침이나 번침을 맞았다는 기록이 없다. 선조 때에 약방대신이 침구치료법에 대해 다음과 같이 아뢴다.

> 신들이 의관 및 침의와 상의한 결과 성상의 오른쪽 팔꿈치 관절에 시리고 당겨지는 증세가 있는 것은 분명히 차고 습한 기운이 다 사라지지 않고 관절 사이에 스며있어서 그런 것이니 아시혈阿是穴에 침을 맞고 다음날 쑥뜸을 하면 필시 효험을 빨리 볼 수 있다고 하였습니다.[49]

이 내용을 보면 침을 맞고 난 뒤에 뜸을 떠서 침의 효과를 높이고자 했음을 알 수 있다. 의료처방에서 침과 뜸을 동시에 시술하는 것은 금기시했다. 예를 들어 선조 때 침의 홍진이 "침을 놓을 때는 뜸을 뜨지 않고 뜸을 뜰 때는 침을 놓지 않는다고 하였습니다. 이번에 침과 뜸을 함께 실시하는 것은 온당치 못합니다."라고 했다.[50]

이에 비해 이형익의 번침은 침과 뜸이 동시에 시술되는 침구술로 보인다. 『인조실록』 인조 11년(1633) 2월 왕이 이형익에게 번침을 연일 맞자 홍문관에서는 다음과 같이 아뢴다.

> 삼가 듣건대 근일 성상께서 침을 맞으시면서 이형익의 손에 경솔히 괴

이한 방법을 쓴다 하니 매우 놀라움을 금치 못하겠습니다. … 옥체가 미령
하신 지 이미 여러 달이 지나 오랫동안 침약鍼藥을 쓰시고 계시니 원기가
소진되었을 것은 알 만한 일인데 빨리 치료하고자 하여 매일 **침작**鍼灼을
하시니 영위榮衛를 소모할 염려가 없지 않습니다.[51]

　이 기사를 보면 왕이 침과 약물 치료를 여러 달 계속해서 시술하면서
원기가 소진되었는데 빠른 효과를 보기 위해 침작鍼灼을 하니 영위榮衛
가 소모될까 염려하고 있다. 『설문해자』에 의하면 작灼은 뜸 구灸와 같은
뜻[52]이므로 침작을 했다는 것은 침과 뜸을 했다는 의미이다. 같은 날짜
의 『승정원일기』를 보면 왕이 연일 이형익에게 번침을 맞았다고 기록했
다.[53] 침작鍼灼은 바로 이형익의 번침을 말하는 것임을 알 수 있다. 그렇
다면 번침은 과연 어떤 침술이었기에 괴이하다는 비판을 받았을까?
　『황제내경』 영추편에 보면 침술 방법의 하나로 쉬자焠刺가 있다. 쉬자
는 번침으로 마비증을 치료하는데 쓴다고 했다. 당나라 왕빙王冰은 『황제
내경』 주석에서 쉬침焠鍼이 곧 화침이라고 하였다.[54] 왕빙은 번침과 화침
을 같은 침술로 인식했다. 하지만 『황제내경』 소문편에 보면 번침과 쉬침
의 용도를 다르게 쓰고 있다.[55] 명나라 말기의 의학자인 장개빈張介賓의
주석을 보면 번침은 한기寒氣로 인해 근맥筋脈에 경련이 일어나거나 마비
가 된 증상에 침을 놓고 놓은 침에 열을 가해 한기를 제거하는 방법이다.
반면 쉬침은 병이 뼈 속 깊은 곳에 침투했을 때 시술하는데 먼저 침을 뜨
겁게 달군 후에 놓는 것으로 한기는 물론 굳게 뭉친 한독寒毒을 제거할
수 있다고 하였다.[56]
　장개빈보다 조금 이른 시기에 활동한 명나라의 유명한 침구학자 양계
주楊繼洲의 『침구대성鍼灸大成』에 보면 번침과 화침 외에도 온침溫鍼이 있

다. 번침은 체온 정도로 침을 불로 달구는 것(燔)이고, 화침은 기름(麻油)에 침을 담가서 등불로 붉게 태우는 것(燒)이며, 온침은 침과 뜸을 겸용한 것이다. 온침은 민간에서 가난하고 천한 사람들 사이에서 유행했다고 한다.[57] 김두종은 이형익의 번침술이 침과

〈그림 3〉 온침도[59]

뜸을 병행했던 온침일지도 모른다고 추정했지만 단정을 내리지는 않았다. 그리고 이형익의 번침술이 당시 침의들 사이에 행하지 않았던 독특한 새로운 방법이었을 것이라고 하였다.[58]

온침이라는 명칭은 후한 말의 의학자 장중경張仲景의 상한론傷寒論에도 이미 나온다. 온침은 침을 놓은 후에 침의 끝에 쑥뜸을 가하여 따뜻하게 한 후 그 온열溫熱이 혈穴에 침투하도록 하는 것이다. 이 침술은 마비증이나 내한증內寒症으로 인한 통증을 치료하는데 일찍부터 유행했다.[60] 온침은 침과 뜸이 결합된 형태로 온침구溫鍼灸라고도 하는데 이것이 바로 번침의 일종이라는 주장이 있다.[61] 나도 이 주장에 무게를 실어 이형익의 번침이 침과 뜸이 결합된 온침 또는 온침구溫鍼灸였다고 조심스럽게 추정해본다.

『승정원일기』에 보면 인조 10년(1632) 8월에 발병을 하였을 때 쑥뜸(艾灸)을 뜬 기록이 빈번했던 것[62]에 비해 이형익에게 번침을 맞기 시작한 인조 11년부터 뜸을 뜬 기록이 별로 보이지 않는다. 이형익은 경우에 따라서 인조에게 일반 침 즉 평침平鍼을 놓거나 뜸만 뜨기도 했다.[63] 하지만 이형익이 인조에게 증세에 따라서 뜸만 놓거나 평침을 놓은 횟수는

극히 드물고 주로 번침을 시술했다. 인조 17년(1639) 이후부터는 인조에게 침구鍼灸를 동시에 시술했고, 이러한 시술에 대해 논란이 이는 것으로 보아서[64] 번침이 침과 뜸이 결합된 형태였다고 보인다. 그 예증으로『승정원일기』인조 21년(1643) 2월 4일의 기록을 보면 이형익은 침과 뜸을 병행해도 무방하다고 했다. 하지만 일부 의관들이 침과 뜸을 동시에 하면 환부에 열을 더하게 된다고 우려하면서 뜸을 나중에 뜨시라고 청하지만 인조는 연일 맞아도 괜찮다고 했다. 같은 날『인조실록』에는 인조가 번침을 맞았다고 기록했다.

이런 번침술은 이전의 선조나 광해군이 침과 뜸을 따로 따로 시술했던 것과는 분명 차이가 있다. 번침은 강력한 열기로 인해 쉽게 피부를 손상시킬 수 있었다. 따라서 왕실의 의료진에게는 이형익이 검증되지 않은 방법을 경솔하게 옥체에 실험하는 것 같아서 요사스럽고 괴이한 술법이라고 비난했을 것이다. 당시에 침구에 대한 인식을 보면 침과 뜸을 오래 시술하면 오히려 영위榮衛를 소모할 염려가 있다고 보았다. 영위라는 것은 정기正氣, 精氣 또는 진기眞氣라고도 한다. 과도하게 침과 뜸을 시술하면 오히려 정기를 해치게 된다고 생각했다.

그 단서를 볼 수 있는 것은 전술한 바와 같이 이형익의 침을 맞던 초기에 인조는 이형익이 놓은 침이 좌우가 다르다고 문제 삼거나 사헌부에서 이형익이 침놓는 혈을 잘못 잡았다고 문제를 제기했다. 이런 잡음을 피하기 위해서인지 선조나 광해군 때에는 침구를 시술할 때 대개는 약방대신과 어의가 모두 입시하여 침놓을 혈穴의 위치를 정한 후에 비로소 침의가 시술을 했다. 그런데 인조는 이러한 관례를 무시하고 침의만 들어와 침을 놓도록 하여 논란이 되었다. 이에 사헌부에서 다음과 같이 아뢰었다.

약방제조는 반드시 입시해야 하는 종전의 예가 있는데 1년이 넘도록 침을 맞으시면서 끝내 입시를 윤허하지 않으시니 사람들이 미안해 하고 있습니다. 이번에 침의가 혈穴을 잘못 잡았으나 약방 제신들이 멀리 문밖에 있었으므로 미리 알 길이 없었으니 사리로 미루어 볼 때 더욱 미안합니다. 그러니 침을 맞으실 때면 구례에 따라 같이 참석하게 하소서.[65]

그 후에는 침의가 왕에게 침을 놓을 때 약방과 어의가 함께 입시하도록 했지만 인조는 종종 다른 사람을 입시하지 않은 채 침을 맞아 논란이되었다. 인조 17년(1639)에 이르면 왕이 더 적극적으로 침을 맞고자 하지만 침의의 시술은 여전히 제약이 있었다. 인조 17년 8월 왕은 이형익에게전에 맞은 침의 혈수穴數가 적은 것 같다며 더 많이 맞기를 원했다. 이때이형익은 자신이 침술을 소신껏 발휘하지 못하게 되면 침을 놓아도 효험을 보지 못할 것이라고 하며 마음대로 침을 놓지 못했음을 시사한다. 그리고 함께 입시한 침의 반충익도 인조의 안색을 살펴보고 **사수**邪祟의 기운이 있는 듯하다며 이는 이형익이 치료하기에 달려 있다고 거들었다. 인조는 침을 놓게 하면서 침술을 다 발휘하지 못하게 하면 안 된다고 하면서 침의에게 침놓는 것을 일임하도록 했다.[66]

침의에게 침놓을 혈수에 대해 직접 언급한 것을 보면 인조는 침술에대해 잘 알고 있었다. 이형익에게 침을 맞던 초기(인조 11년)에 간혹 한 혈씩 좌우에 조금 차이가 나게 놓으면 인조는 그 시술이 잘못된 것을 깨닫고 지적했다고 한다.[67] 이것은 인조가 침술에 대해 알고 있었다는 증거이기도 하지만 이형익의 침술이 기존의 침술과는 달랐다는 의미이기도하다.

선조 때에 침을 놓았던 혈 중에 종종 아시혈이 거론된다. 아시혈은 천응혈天應穴이라고도 하는데 이 혈은 경락이나 경혈의 위치에 의해 혈을 취하는 것이 아니라 환자가 통증을 느끼거나 이상 징후가 보이는 환부를 근거로 취하여 침구를 시술하는 혈이기 때문에 부정혈不定穴이라고도 한다.[68] 따라서 아시혈에 침을 놓는다는 것은 환자가 통증을 느끼거나 이상이 있는 환부를 근거로 시술하는 것으로 시침에서 환자의 뜻이 직접적으로 반영되거나 침의에 의해 시술부위를 결정할 수 있는 여지가 있었다. 인조가 처음에는 기존의 혈이 아닌 곳에 침을 놓는 이형익을 의심하지만 이형익에 대한 신임과 함께 본인의 환부에 침을 더 맞기를 주동적으로 원했던 것은 이러한 침술의 배경이 있었기 때문이다.

또 이형익이 인조의 요안혈腰眼穴에 시술하여 효험이 있었다는 기록이 있다. 인조 23년(1645) 밤중에 인조가 요안혈에 뜸질을 하였는데 이형익 혼자서 환관 한 사람과 함께 입시하였고 약방 및 승지 사관은 모두 감히 들어가지 못하였다고 한다.[69] 요안혈이란 허리의 들어간 부분과 4번 요추腰椎 사이에 있는 혈명穴名인 경외기혈經外奇穴의 하나이다. 경외기혈이란 초기 의서에는 나타나지 않는 혈을 칭하는 것으로 역대 침구가들이 부단히 발견한 새로운 혈위穴位 즉 신혈新穴의 통칭이다.[70]

인조 26년(1648) 6월 인조가 이형익을 불러서 들어와 진찰하게 하자 계해일癸亥日인 내일 밤에 요안혈에 뜸을 뜨라고 명했다. 인조는 요안혈에 대해서도 이형익에게 들어 잘 알고 있었기 때문이다. 이형익이 6월 계해일癸亥日에 요안혈에 뜸을 뜨면 모든 병이 치료되고 사수邪祟를 다스리는 데는 더 신묘하다고 했다. 이에 약방제조 조경과 도승지 김남중 등이 다음과 같이 아뢴다.

임금이 뜸을 뜨는 것이 얼마나 중대한 일입니까. 이런 무더운 때를 당해서는 여염의 사람들도 침구鍼灸를 금하고 있는데 더구나 옥체를 바야흐로 정섭靜攝하는 중에 있는 데야 말해 뭐하겠습니까. 단지 한 의관의 말만 듣

고 밤중에 뜸을 뜬다는 것에 대해 신들은 우려를 금치 못하겠습니다.[71]

사헌부에서도 반드시 여러 의관들에게 두루 물어 본 다음에 시술해야 되는 것이지 어떻게 다른 의관에게는 묻지 않은 채 경솔하게 한 의관의 말만을 믿고 밤중에 뜸을 뜰 수 있겠느냐고 했다. 하지만 인조는 개의치 않고 다음날 한밤중에 또 요안혈에 뜸을 떴다. 이형익이 요안혈에 뜸을 뜨는 것은 사람들이 모르게 비밀스럽게 해야 한다고 했기 때문에 한밤중이 된 뒤에 인조가 은밀히 이형익을 불러 승정원도 모르게 뜸을 뜨게 했다.[72] 요안혈에 여러 차례 시술하고도 효과가 없자 인조가 어의와 약방제조를 불러 물었다. 어의와 약방제조가 여러 의서醫書를 상고하여 보니 요안혈에 뜸을 뜨는 치료법이 있기는 하지만 주상의 병환에는 합당하지 않다며 이형익을 불경죄로 다스리도록 청했다. 인조는 이를 받아들이지 않았다.[73]

그렇다면 이형익이 왜 남모르게 한밤중에 요안혈에 시술을 해야 한다고 했을까? 그 답은 송나라 장고張杲의 『의설醫說』에 채질瘵疾 치료법에 보인다. 이 치료법을 보면 계해일癸亥日 밤 이경二更(밤 9~11시)에 하의를 벗기고 허리 양쪽의 함몰된 곳에 뜸을 7장 뜬다고 했다.[74] 하의를 벗기고 뜸을 떠야했기 때문에 사람들에게 왕의 옥체를 보이지 않으려고 비밀스럽게 해야 한다고 했을 것이다.

『동의보감』에도 요안혈에 뜸을 뜨는 유사한 방식이 나온다. 다른 점은 환자에게 뜸을 뜰 때 상의를 벗긴다는 것이고 좀 더 야심한 시각인 3경(밤 11~01시)에 시술한다는 점이다. 『동의보감』의 이 내용은 원나라 위역림危亦林의 『세의득효방』을 인용한 것이다.[75] 요안혈 치료법에 대한 허임의 『침구경험방』의 내용은 『동의보감』의 내용과 거의 같다. 위역림의 『세의득효방世醫得效方』은 세종 때 이미 의학의 시험과목에 들어있다.[76] 이에 비해 장고의 『의설』에 대해서는 별로 알려진 것이 없다. 정약용이 장고의 『의설』 내용 일부를 인용했지만 이 역시 이시진의 『본초강목』에서 재인용한 것에 불과하다.[77]

이형익이 이처럼 조선에서 안 알려진 『의설』의 치료법을 알았다는 것이 흥미롭다. 이형익이 조선 관방에서 유통된 경로와 다른 경로로 지방에 유입된 침구술이나 침구서적을 습득했을 가능성이 있다. 인조가 이형익이 시술한 방법에 대해 물어보자 어의와 약방제조가 여러 의서를 보고 난 후에야 요안혈에 뜸을 뜨는 치료법이 있지만 임금의 병에는 합당하지 않다고 했다. 이것은 당시 어의들이 이 침구술을 잘 몰랐거나 왕실에서는 사용하지 않던 침구술을 이형익이 과감하게 왕에게 시술한 것이다.

이형익의 번침술이 인조의 심신에 상당한 효과가 있었기 때문에 인조가 이형익을 전적으로 신뢰하게 되었을 것이다. 인조 이전이나 이후에 어떤 왕도 화침이나 번침을 맞았다는 기록이 안 보이는 이유로는 조선왕실에서 어의들이 화침이나 번침을 감히 옥체에 시술할 수 없었거나 별로 선호하지 않았을 수 있다. 그렇다면 인조가 왜 사기를 다스린다는 이형익의 번침술에 그토록 신뢰를 보였고 애용했던 것일까? 그리고 이형익이 다스릴 수 있었다는 사기 또는 사수의 정체는 과연 무엇이었을까?

사기邪氣와
사수邪祟의 실체

인조의 질병과 치료에 대해 이해하기 위해서는 당시 질병관에 대한 이해가 선행되어야한다. 나는 일찍이 인조의 질병과 번침 애용이 궁중저주사건과 밀접한 관련이 있다는 것을 밝혔다.[78] 하지만 당시 질병관과 저주의 밀접한 연관성에 대해 충분하게 설명하지 못했다는 아쉬움이 있다. 인조 때 3차례 왕을 저주한 궁중저주사건이 발생했고 그로 인해 대대적인 옥사가 벌어졌다. 인조 10년(1632), 인조 17년(1639) 저주사건에서는 인목대비의 딸과 사위인 정명공주와 홍주원이 주모자로 의심받았지만 화를 면했다. 하지만 정명공주 부부의 처형을 주저하는 왕에게 당시 조정에서는 정명공주 부부가 대역무도大逆無道한 역적이라며 지체하지 말고 토벌해서 화근을 제거해야지만 병의 뿌리도 제거될 수 있다고 왕에게 극언으로 청했다.[79] 인조 23년(1645) 저주사건은 소현세자빈 강씨와 그의 일족이 처형되는 참극으로 비화되었다. 이 저주사건 이후 소현세자빈 강씨를 **역강**逆姜 · **악역**惡逆 · **난역**亂逆[80] 등으로 기록하였다. 궁중저주사건이 임금과 나라에 행한 반역죄와 동일시 된 까닭은 무엇일까? 먼저 저주의 뜻을 알아보자.

저주詛呪의 저詛는 귀신에게 재앙을 내려 주도록 청하는 것이고 주呪는 축祝 자와 통용되는데 말로 귀신에게 고하는 기도나 기원이다. 그렇다면 저주는 누구나 할 수 있고 누가해도 효력이 발생하는 것일까? 고대부터 이런 능력을 갖고 권능을 행사한 존재는 신과 교통했던 무당이었다. 무당이 주술로써 이미 발생한 재앙을 없앨 수도 있고 닥쳐올 재앙을 예방할 수도 있다고 생각했다. 또 이런 능력으로 누군가에게 내려진 재앙을 다른 사람에게 전이시킬 수 있는 능력이 있다고 생각했다. 저주에는 기도나 기원 외에도 상징적인 부호나 물건 그리고 의식儀式이 동원되었다. **무고**巫蠱는 곧 무당이 무술巫術로 행하는 저주술의 일종이다. 중국 고대 황실에서 유행한 무고를 보면 인형에 못을 박거나 저주대상자의 이름을 인형에 써서 땅에 묻었다.[81]

조선시대에는 저주와 무고를 구분하지 않고 같은 의미로 사용했다. 장유(1587~1638, 효종 비 인선왕후의 친정아버지)는 중국에서 성행하는 저주술을 소개한 후에 조선에서 유행하는 저주술에 대해 다음과 같이 말했다.

> 이런 저주의 풍습은 우리나라에서 더욱 성행하는데 민간에서 노비 중에 조금이라도 원한을 맺은 일이 있으면 새와 짐승의 썩은 뼈나 인형 등을 담장에 묻거나 굴뚝같은 곳에 숨겨서 사람에게 몹쓸 병이 걸리게 한다. 급히 치료받지 않으면 왕왕 죽음에 이르게 하는데 **시주병**尸疰病같은 경우 다른 사람에게 옮겨 붙기도 한다. 이런 일이 발각되어 함께 처형 받는 자들이 계속 이어지는데 좀처럼 줄어들 줄 모른다. 그런데 저주를 퇴치하는 무당이 저주한 집에 들어가면 흉물(저주물)이 어디에 있는지 금방 찾아내서 제거하기도 하고 또 범인의 이름을 대기도 하는데 맞을 때도 있고 안 맞을 때도 있다고 한다.[82]

장유는 민간에서 노비들이 원한이 있을 때 저주를 한다고 했지만 조선시대 궁중에서도 저주사건이 종종 발생했다. 저주는 대개가 무당이 주술적인 저주나 저주물로 사람에게 재앙이나 불행을 초래하는 것이다. 이런 저주로 인해 사람이 병에 걸리거나 죽음에 이르는 시주병尸疰病에 걸린다고 믿었다. 이런 시주병尸疰病의 발병원인과 치료법에 대해 일찍이 중국 의학서에 상세한 기록이 전해온다.

후한시대 사전『석명釋名』에서 "주병注病은 사람이 죽으면 다른 사람에게 옮겨가는 것으로 기氣가 흘러들어가기 때문이다."[83]라고 했다. 주注와 주疰는 통용되는 글자이다. 동진東晉의 도사 갈홍葛洪이 쓴 의서『주후비급방肘後備急方』에는 다섯 종류의 시(尸)에 걸렸을 때의 증상과 치료법에 대해 설명했다. 오시五尸는 비시飛尸·둔시遁尸·풍시風尸·침시沉尸·시주

尸疰이다. 시주尸疰는 여러 사귀邪鬼가 일으키는 병으로 적게는 36종에서 많게는 99종에 이른다.[84] 시주尸疰나 귀주鬼疰는 사귀邪鬼의 기운이 몸에 흘러 들어온 것으로 죽은 후에 옆 사람에게 쉽게 옮겨가기 때문에 시주尸疰라고 하고 귀주鬼疰라고도 한다.[85]

수당대의 의학자 손사막孫思邈(581~682)이 편찬한 의서『비급천금요방備急千金要方』[86]과 소원방巢元方의 의서『제병원후론諸病源候論』에도 시주병의 증상과 치료 처방전이 상세하다.[87] 이 의서들에서 언급한 병의 증상은 갑자기 한열寒熱이 나고 땀이 흐르며 복통, 복부팽만감, 호흡곤란과 정신이 혼미해지고 요추에 경련이 일어나기도 하는데 이런 증상이 오래되면 죽는다. 죽은 후에 이 병이 주변 사람에게 전염되어 멸문지화에 이른다. 이와 같은 시주병을 치료하는 처방은 북송 왕회은王懷隱(925~997)이 지은 의서『태평성혜방太平聖惠方』에 실려 있다.[88] 명나라 주숙朱橚이 편찬한 『보제방普濟方』의 시주병 처방전은 대부분『비급천금요방』과『태평성혜방』을 토대로 하고 있다.『보제방普濟方』에서도 시주병은 귀신과 통하여 외부의 사기邪氣를 끌어 들여 걸리게 하는 병이라고 했다.[89]

이런 중국의 의서는 우리나라 의서 편찬에 큰 영향을 주었다. 허준은 『동의보감』에서 사수邪祟의 병증인 시주병尸疰病에 대해 "사람이 죽어서 3년이 지나면 혼魂과 신神이 바람에 날리는 티끌이 되는데 이것이 사람에게 붙으면 병이 된다."고 했다. 이어서 시주의 종류인 오시십주五尸十疰의 병증과 치료법 등을 서술했다.[90]『동의보감』의 이 내용의 출처는 손사막의『비급천금요방』과 남송 양사영楊士瀛의『인재직지仁齋直指』이다.[91]

이형익이 야심한 밤에 남몰래 인조의 요안혈에 뜸을 뜬 것은『동의보감』에 보면 노채勞瘵의 치료법이기도 하다. 노채는 오늘날 폐결핵이라고 알려진 병이다. 하지만 당시 사람들은 이 병을 일명 전시병傳尸病이라고도 했는데 사람이 죽은 뒤에 일가친척에게 전염되기 때문에 전시傳尸 또는 전주傳疰라고 했다.[92) 시신으로부터 이 병이 전염된다고 생각했다. 시골 의사인 이형익을 내의원에 불러들인 것은 그가 침술로 사기邪氣를 다스린다는 소문 때문이었다. 의학적 의미로 사기란 정기에 대립되는 말로 각종 병을 일으키는 요인을 말한다.[93)

그렇다면 이형익이 침술로 다스릴 수 있다는 사기의 정체는 인조의 질병의 요인이기도 하다. 우선 인조가 이형익에게 번침을 맞기 시작한 시점을 전후하여 인조의 건강 상태를 진단할 수 있는 기록을 다시 살펴보자. 인목대비의 초상에 연이어 대신들이 왕의 건강을 염려하며 건강 돌보기를 청하지만 듣지 않는다. 물론 이러한 행위는 상중에는 좋은 음식을 삼가야하고 편안함을 구해서도 안 되며 최대한 슬픔을 표해야만 효성스럽다고 여기는 상례喪禮를 지키기 위해서였다.[94) 이처럼 무리하게 상례를 치르면서 건강에 이상이 온 것은 당연한 결과이다. 바로 이때 이형익의 번침을 신뢰하고 애호하게 된 것은 조선시대 질병관의 한 단면을 보여 준다. 인목대비 장례 후에 발생한 저주사건과 왕의 질병을 관련시키고 있다는 점이다.

인조 10년(1632) 10월 인목대비 장례를 치르고 얼마 안 지나서 궁중에서 흉측한 물건이 여기저기서 발견되었다. 이 흉측한 물건의 출처를 철저히 조사할 것을 청하고 국청을 설치하여 국문을 한다. 그 결과 이 물건이 왕을 저주한 것이라고 생각되어졌고 인목대비전의 궁인과 그들과 교류했던 사람들이 연루되어 죽임을 당했다. 인조 10년의 궁중저주사건에 대해서는 5장 「인목대비의 음영」에서 이미 상론했다. 그 내용을 요약하면 인조는 이 사건의 배후로 인목대비의 딸인 정명공주를 의심했다. 궁중저주사건을 빌미로 인조는 정명공주를 제거하려고 했지만 대신들의 반대로 정명공주는 화를 모면할 수 있었다. 이러한 의심의 배경에는 인조와 인목대비의 정치적 역학관계가 숨겨져 있었던 것으로 보인다. 인조반정의 주요 명분이 광해군의 인목대비에 대한 폐륜이었기에 인조는 즉위 초부터 인목대비의 뜻을 받들면서 최선을 다해 효를 행했고 인목대비의 유일한 혈육이었던 정명공주에게도 지나친 예우를 하면서 반정의 명분을 극대화하고 자신의 왕권을 공고히 하고자 했다. 하지만 인조는 계속 이어지는 반란과 모반사건으로 왕권에 심각한 도전을 받았다. 인목대비는 이런 주요 반란과 모반사건에 영향력을 미칠 수 있는 존재였다. 그러므로 인목대비 상례 중에 발견된 백서의 내용으로 볼 때 인조는 인목대비에 대한 의구심을 떨쳐내지 못했을 것이다. 인조의 이런 의심 속에는 정신분석학에서 말하는 죽은 자를 향한 극단적인 애증愛憎과 적의敵意도 내포되었던 것으로 보인다.

인조 10년(1632) 10월 인조의 병이 호전되지 않자 저주사건과 관련이 있다고 생각하고 결국 약방에서는 왕에게 사기邪氣를 퇴치하는 약을 복용할 것을 청했고, 대신들은 처소를 옮길 것을 청하자 이를 받아들여 다음날 궁을 옮긴다. 약방이 또 침을 놓아 사기를 퇴치하는 방법을 시행할 것을 청하여 재차 아뢰니 따랐다.[95] 이러한 일련의 조치는 바로 인조의 병이 호전되지 않는 것이 저주 때문이라고 인식하고 내의원에서는 이형익을 천거했다.

처음에는 이형익의 침술을 신뢰하지 않았던 인조 역시 건강이 호전되지 않자 저주사건과 관련이 있다는 의구심이 생겼고 마음을 바꾸어 이형익을 궁궐로 불러들인다. 이형익을 부른 주요한 이유가 그의 침술이 사기를 퇴치하는데 효과가 있다고 했기 때문이다. 이형익이 다스릴 수 있다는 사기는 바로 저주에 의해 야기된 병의 원인이다. 사기邪氣와 동일한 의미로 인조와 이형익은 사수邪祟라는 용어를 쓰고 있다. 사기邪氣는 정기正氣(또는 精氣)와 대립되는 말[96]이다. 이에 비해 사수邪祟는 귀신이 빌미가 되어 생긴 병이라는 뜻이다. 전술한 바와 같이 『동의보감』에서 사수의 병증인 시주병은 귀신이 빌미가 되어 발병한 병이다.

인조는 자신이 저주에 의해 발병했다는 의심을 떨치지 못했다. 이처럼 저주로 인해 병에 걸리고 죽음에 이를 수 있다는 믿음이 있었기 때문에 궁중저주는 왕과 왕실의 안위에 중대한 영향을 미치는 역모사건과 동일하게 취급되었다. 따라서 왕을 저주한 죄는 모반대역죄謀反大逆罪나 존친尊親을 살인한 것과 동등한 열 개의 대죄(十惡大罪)로 취급하여 사면령에서도 제외되었으며 대개 극형에 처해지는 중죄였다.[97] 궁중저주사건에 연루되었거나 저주를 배후에서 지시한 인물로 지목되었을 경우 대부분 피비린내 나는 옥사와 함께 숙청을 당했다. 이런 저주와 질병관의 배경을 알아야지만 비로소 인조의 질병의 치료와 저주의 옥사의 상관관계를 이해할 수 있다. 왕의 발병 원인이 저주 때문이라고 판단되면 저주한 물건을 깨끗이 제거하기 위해 궁궐을 옮기거나, 대대적으로 궁궐을 수리하기도 했다.[98]

인조 17년(1639) 8월 왕에게 건강상에 우려할만한 증상이 나타났다. 인조 17년 8월 12일 약방도제조 · 제조 · 부제조와 어의와 침의가 모두 입시하였다. 이날 왕이 간사間使 및 13혈에 평침을 맞았다. 침은 이형익이 놓았다. 약방도제조 최명길이 침을 맞고 증상이 어떠신지 물으니 손가락에 푸른 땀(靑汗)이 나서 침의 효과를 잘 모르겠다고 한다. 인조는 땀을 자주 흘렸는데 흘린 땀이 옷을 푸르게 물들였다고 한다. 이형익의 침을 맞고도 효험이 없자 최명길이 시골에 있는 허임을 수레를 보내 부르자고 청했다. 왕은 허임이 말을 타지 못할 정도로 노쇠하여 상경한다고 해도 침을 놓을 수 없으니 서신으로 증세를 전하고 서신으로 처방을 받아오도록 했다. 인조는 매우 마음이 조급했는지 어의들에게 복용할 탕제처방도 속히 내리라고 독촉하여 탕약도 복용하고 침도 맞았다. 왕은 증세가 호전되지 않은 채 계속 땀을 많이 흘렸다.[99]

8월 16일 조정에서는 만약에 경우를 대비해 청나라에 볼모로 잡혀가 있는 소현세자의 귀국을 청하자는 의논까지 나왔다.[100] 이날 약방 도제조 최명길·제조 남이웅·어의 이희헌·침의 이형익과 반충익 등이 입시하였다. 반충익은 왕의 병인을 음사陰邪라고 진단하고 번침을 쓰는 것이 마땅하다고 했다. 하지만 반충익과 이형익이 침놓을 혈과 방식에 대해 서로 의견이 달라 왕 앞에서 의견이 분분하자 인조는 나가서 약방제조와 상의하고 오라고 명한다. 이에 최명길은 이형익에게 침을 놓으라고 하니 오늘은 침을 놓지 않겠다고 하였다.[101]

반충익도 시골(충주)의 침의로 명성이 있었던 인물이다. 인조 16년에 내의원에서 서용하기를 왕에게 청했는데 이때 인조는 나중에 하라고 명한다.[102] 그런데 인조 17년 8월 왕의 건강에 이상이 오자 내의원에서 급히 반충익, 채득기 등을 궁궐로 불러올렸고 8월 16일 관직을 제수하였다. 반충익은 관직을 제수 받은 당일 바로 입시하여 왕을 진찰했다. 이형익은 이제 막 충주에서 올라온 침의 반충익이 왕의 병증을 진단한 것을 상당히 의식한 것 같다. 반충익이 진단한 음사陰邪는 한寒·습濕으로 인한 병증이다. 이것은 화火나 조燥 등으로 인한 양사陽邪와 대비되는 개념이다. 반충익은 처음 입시한 이날 침놓을 혈과 방식을 놓고 이형익과 의견을 달리했다.

그런데 이틀 후인 인조 17년 8월 18일 반충익이 왕을 진찰하고 사수邪祟의 기운이 있는 듯하다며 이 병의 치료 여부는 이형익에게 달려 있다[103]

고 했다. 첫날과 달리 반충익이 두 번째 입시를 해서 왕의 치료에 관해 전적으로 이형익에게 일임하는 것은 이형익의 실력에 눌렸거나 그의 위세에 눌렸기 때문인지도 모르겠다.

인조 17년 8월 인조는 이형익과 반충익에게 간사혈間使穴과 13혈에 주로 번침을 맞았다. 13혈은 당나라 의사 손사막孫思邈이 쓴 의서『비급천금요방備急千金要方』에 나오는 13개의 혈穴 자리로 혈 명칭의 앞 글자가 모두 귀鬼 자로 시작하기 때문에 13귀혈鬼穴이라고도 한다. 이 의서에 의하면 편작扁鵲이 백사百邪 즉 각종 사악한 기운으로 인한 병에 13혈에 침을 놓으면 효과가 있지만, 13혈을 다 놓을 필요 없이 5~6 혈자리에만 놓아도 효과가 있다고 했다고 한다.[104]

조선시대 침구전문가였던 허임의『침구경험방』에 보면 저주로 인한 병증, 귀사鬼邪, 사수邪祟 등에 간사혈과 13혈에 침을 놓아 치료하는 방법이 있다. 허임은『신응경神應經』의 귀사鬼邪 치료법을 인용하였다.[105]『신응경』은 (명)진회陳會가 저술한 침구서로 우리나라 침구학에 큰 영향을 준 서적인데 성종 5년(1474)에 이미 목판본이 간행되었다. 허임은『신응경』을 인용했지만『신응경』에는 없는 간사혈과 13혈에 독창적인 치료법을 적용했다. 인조의 질병치료에 자문을 해주었던 허임은 이형익의 번침술에 대해 알고 있었을 것이고, 따라서 허임이『침구경험방』을 쓸 때 이형익의 번침술에 영향을 받았을 수도 있다는 주장이 있다.[106]

하지만 나의 생각은 좀 다르다.『신응경』과『침구경험방』의 간사혈과 13혈의 치료법에는 뚜렷한 차이가 있다.『신응경』에서는 혈에 따라서 화침 7정鋥을 쓰거나 뜸을 뜨면서 침구鍼灸를 함께 쓰고 있다.[107] 이에 비해『침구경험방』에서는 화침을 놓지만 화침이 아닌 원리침圓利鍼이나 삼릉침三稜鍼을 써도 효과가 좋다고 했고 뜸을 놓는다는 언급은 없다. 다만 화침 7정이 뜸 7장을 뜨는 것과 같은 효과가 있다고 했다. 정鍉은 침을 살 속에 찌르고 피부 바깥으로 나오지 않게 침 끝을 뽑았다가 다시 밀어 넣 는 방법이다.[108] 침과 뜸을 함께 썼던 이형익의 번침술은 허임의 시술법 보다는 오히려 『신응경』의 시술법과 유사하다.

인조 17년(1639) 9월 13일 왕이 계속해서 번침을 맞고 싶어 하자 채득 기는 약제를 쓰시라고 권한다. 채득기는 의학에 밝은 학자 출신으로 반 충익과 같이 특채되어 관직을 제수 받고 이날 왕의 진료를 담당했다. 왕 은 이때 배가 부풀어 오르는 창만증으로 고생했는데 채득기는 왕의 증상 은 습창濕脹(위장에 문제가 있어 식욕부진에 변비가 생기는 증상)이 아닌 기창氣脹 (식욕부진에 얼굴이 창백해지고 가스가 차서 배가 불러 오며 팔다리가 여위는 증상)[109]이 라고 진단하고 목향순기산木香順氣散에 다른 약제를 가미한 처방전을 내 렸다. 이에 인조는 자신의 증세가 기창과 비슷하다고 한다.[110] 하지만 약을 복용하고도 별로 차도가 없었다. 9월 22일 약방에서 안부를 묻자 인조는 밤새 열이 심해서 편히 잠을 못 잤다고 한다. 반충익이 계속해서 번침을 놓으려고 하자 채득기는 평침을 놓아야 한다고 권하지만 왕은 평 침이 효과가 없었다며 번침을 맞겠다고 한다. 이때 면부面部에도 맞은 것 을 보면 안면마비 증세도 있었던 것으로 보인다.[111]

이즈음 궁중저주로 의심되는 사건이 발각되었고 그 저주의 배후인물 로 정명공주와 영안위 홍주원 부부가 또 의심을 받아 위기에 처한다. 인 조 17년의 궁중저주사건에 대해서도 5장 「인목대비의 음영」에서 이미 상 론했다. 이 사건을 간략하게 요약하면 인조가 의심을 한 배경은 건강이 날로 악화된 것과 관련이 있다. 왕의 병이 호전되지 않는 이유가 저주에 의한 사기邪氣 때문이라고 생각하고 이형익에게 다시 빈번하게 번침을 맞 는다. 조정의 신하들도 왕의 병인病因이 저주 때문이라고 여기고 무당과

내통한 정명공주를 대역무도한 죄로 다스리라고 간쟁하였다. 왜냐하면
당시 사람들은 무당의 주술적인 저주나 저주물이 사람에게 재앙이나 불
행을 초래하고, 병에 걸리면 죽음에 이르게 된다고 믿었기 때문이다. 따
라서 궁중저주는 왕과 왕실의 안위에 중대한 영향을 미친다고 생각했고,
저주한 물건을 깨끗이 제거하기 위해 궁궐을 옮기거나, 대대적으로 궁궐
을 수리했다. 인조 17년 저주사건 당시 조정의 신하들은 창경궁 주변의
저주물을 깨끗이 제거하기 전까지 왕의 거처를 옮기시라고 여러 번 청하
였고 결국 인조 17년 9월 13일 마침내 창경궁에서 창덕궁으로 거처를 옮
겼다.[112]

남한산성 그 이후

인조 17년(1639) 왕의 발병과 와병의 원인을
궁중에서 발생한 저주에서 원인을 찾고 있지만 당시의 국내외 정치 상황
을 보면 인조는 지속적으로 청의 압박에 시달리고 있었다. 병자호란 때
맺은 굴욕적인 강화조약의 이행은 조선에 힘겨운 부담이자 고통이었다.
가장 부담이 된 것은 과중한 세폐와 청의 징병 요구였다. 이 문제는 정묘
호란 이후 지속적으로 조선을 괴롭힌 문제였다. 인조 17년 왕의 병이 심
각해지기 전인 6월의 상황을 보자.

인조 17년 6월 청나라가 북경을 공격하기 위해 조선에 징병과 군량 조
달을 요구했고, 이때 조선에서는 청의 사신이 온다고 하여 그들을 영접
하고 그들이 요구한 갖가지 물품을 마련하기 위해 분주했다. 또 하나는
쇄환刷還과 쇄송刷送 문제였다. 쇄환은 전란 중에 포로로 붙잡힌 조선인들
이 본국으로 도망 오면 이들을 붙잡아 다시 청나라로 되돌려 보내는 것이

다. 청나라에서 포로는 노동력을 제공할 뿐만 아니라 중요한 재산이었다. 도망자 중에 이미 죽었거나 천신만고 끝에 고향으로 돌아온 사람들을 다시 잡아서 청나라로 돌려보낸다는 것은 어려운 일이었다. 청나라에서는 도망간 포로의 쇄환을 끊임없이 요구했고 조선 측의 미온적인 대응은 청의 불만을 사게 되었다.[113]

인조 17년 6월 중순 청나라 칙사가 도착하였다. 청의 칙사들은 갖은 횡포와 만행을 일삼았다. 도착한 칙사들에게 기녀를 들여보냈는데 마음에 안 든다고 모두 쫓아버리고 더 예쁜 기녀를 들여보내라고 요구했다. 이에 앞장 선 인물이 바로 사신과 함께 온 조선인 출신 통역관 정명수이다. 그는 청나라의 신임을 배경으로 갖은 횡포를 부렸다. 다양한 경로로 과도한 물품을 요구하는 것은 물론 친인척 인사까지 청탁하였다. 정명수는 들여보낸 기녀가 만족스럽지 못하면 크게 화를 내며 트집을 잡았다.[114] 사신들을 위해 서울에 도착하기까지 머무는 곳마다 풍성한 음식과 수십 명의 기녀를 준비해야만 했다. 그들을 영접하기 위해 멀리까지 간 원접사의 보고에 의하면 일행이 평안도 용만에 머무를 때 기녀 한 명이 자살을 하자 청나라 사신이 감사와 수령이 사주해서 죽은 것이 아니냐며 갖은 공갈과 협박을 했다는 보고도 있다.[115]

인조 17년 7월 1일에 청의 사신이 묵고 있던 모화관으로 내관을 불러 청 황제의 뜻이라며 인조에게 요구사항을 전달했다. 사신은 자신이 청나라로 출발하기 전에 도망자를 쇄환하라는 촉박한 요구를 했다. 비변사에서는 쇄환하는 일은 청이 매번 꺼내는 일로 이행을 하지 못하면 후환이 있겠지만 인정상 차마 못할 바이니 임시변통으로 평안감사에게 몇 사람 잡아서 가두도록 하자고 했고 인조는 그렇게 하라고 했다. 하지만 청 사신이 내관에게 전달한 내용에는 쇄환문제를 가지고 인조를 위협하는 내용이 있다. 바로 **입조론**이었다. 그 내용은 국왕이 청나라에 입조하여 황제를 직접 대면하고 말하면 쇄환문제로 인한 오해가 풀릴 수도 있다는 것이다.[116]

다음 날 사신을 위한 연회를 창덕궁에서 열고 청의 요구에 대해 답변을 해야만 하는 왕은 전전긍긍하며 불안한 밤을 지새우고 명패命牌를 보내 대신과 비변사 그리고 삼사(사헌부·사간원·홍문관)의 장관 등 당상관들을 궁으로 긴급하게 불러 대책회의를 했다. 입조론에 대해 영의정 최명길이 저들에게 불순한 의도가 있을 것이라고 했다. 그러자 인조는 병자호란 당시 삼전도에서도 별일 없었으니 입조한다고 위험한 일이 일어나겠느냐며 최악의 경우 자신이 청나라에 불려 들어가야 할 상황을 언급했다. 병조판서 이시백은 청나라가 쇄환을 빌미로 우리나라를 노리는 것이라며 우려했다. 이시백은 대책회의 며칠 전 출근길에 말에서 떨어지면서 말발굽에 이마와 허리 등을 차여 숨도 제대로 쉬기 어려운 고통스런 상태였다. 이런 상태에서 회의에 참석 하러 온 것을 보면 당시의 긴박한 상황을 알 수 있다. 영중추부사 이성구는 지금 형세로 보면 감당할만한 일이 별로 없다며, 만일 한번 입조해서 별일이 없다고 해도 해마다 입조하라면 어떻게 처리하겠다며 사신을 만나서 임기응변으로 우선 난관을 넘기자고 했다. 행호군 박황은 왕에게 "결코 (입조를) 흔쾌히 허락해서는 안 됩니다. 처음에는 따르기 어렵다는 뜻(意)으로 말하고, 그 다음에 어렵다는 말(辭)로 답을 하면 어떨지 모르겠습니다."라고 하였다. 인조는 박황의 말이 옳다고 했다. 그리고 청나라가 입조론을 내세우는 것은 불순한 의도이거나 쇄한에 성의를 보이라는 의도 같다고 했다. 대책회의에서 뾰족한 묘책도 안 나오고 시간이 흐르자 흐느껴 우는 사람도 여럿 있었다. 최명길이 경거망동하지 말라고 하며 청 칙사가 떠나기 전에 입조 여부를 가까운 가족에게라도 결코 발설해서 안 된다고 다짐했다.[117] 만에 하나 왕이 청나라 조정에 들어가게 될 경우라도 비밀을 유지하라는 다짐이다.

대책회의를 끝내고 인조는 창덕궁 인정전에서 사신을 위한 연회를 베풀어야만 했다. 이날 아침부터 비가 많이 내려 칙사의 영접을 담당한 영접도감에서 연회시간을 좀 늦추기를 청하면서 전달한 내용을 보면 이러하다. 칙사 일행이 전날 한강에서 배를 타고 유람을 했고 이때 잡은 물고기를 왕에게 진상하라고 해서 찬합에 넣어두었다. 그런데 이들이 배 위에서 노래와 춤을 추며 술에 만취하여 하인들을 주먹으로 치고 소란을 피웠다. 칙사들이 술을 강권해서 영접하던 우리 쪽 인사들이 만취하여 그만 물고기를 잃어버려 어쩔 줄 모르고 있어 황송하다는 전갈이었다. 그리고 삼전도비 진척상황을 물어와 칙사가 떠나기 전까지 완성되기 어렵다고 하니 열흘이고 한 달이고 완성될 때까지 머무르면서 지켜보겠다고 하면서 내일 연회에서 인평대군(인조의 3남)을 만나고 싶다고 했다. 이에 영접도감이 인평대군이 아파서 어려울 것 같다고 했다고 보고했다. 인조는 물고기는 바쳤다고 하고 인평대군은 병이 차도가 있기를 기다려 칙사를 만나게 하라고 했다.[118]

인조는 청 사신의 비위를 맞추기 위해 창덕궁에서 연회를 연 다음날인 인조 17년 7월 3일 남별궁에서 칙사들을 위한 연회에도 참석했다. 연회장에서 청 쪽에서 쇄환을 언급하자 인조는 "우리나라가 이 일에 대해 최선을 다하고 있지만 수색해 잡기가 쉽지 않으니 그저 부끄럽고 두려움만 더할 뿐이오."라고 했다. 이날 인조는 청의 사신을 달래기 위해 밤새도록 술을 돌려가며 마셔야만 했다. 7월 6일 인조는 모화관까지 나가서 청나라 사신을 전송했다.[119]

청 사신이 돌아가자 인조 17년 7월 14일 인조는 비변사의 당상관들과 입조론에 대한 대응책을 논의하였다. 당일의 회의 내용은 『인조실록』에 상세하게 기록되어있다. 이날의 기록을 면밀히 검토해 보자. 왕이 어떻게 대응해야 하겠느냐는 질문에 여러 의견이 분분했다. 영중추부사 이성구의 의견은 다음과 같았다.

> 지난번 치욕을 참으면서 원수가 시키는 대로 했던 것은 (소현)세자만이라도 돌아오기를 바라서였습니다. 이제 가망이 없으니 나라라도 보존해야 하지 않겠습니까. 고사古史에 "의논이 정해졌을 때는 오랑캐가 이미 강을 건넜다(議論定時, 虜已渡江)."라고 하였는데 오늘날의 상황이 이와 같습니다. 저들이 만약 일개 사신을 시켜서 뜻밖의 협박이라도 한다면 장차 어떻게 하시겠습니까?[120]

이성구가 인용한 고사古史는 중국 남송의 필기소설 『대송선화유사大宋宣和遺事』에 나오는 내용이다. 이 소설의 배경은 금나라의 침략으로 (북)송의 수도 개봉이 함락되고 휘종과 흠종 두 황제가 포로로 잡아갔던 '정강의 변'부터 고종이 임안(항주)으로 수도를 옮겨 남송을 건립하기까지의 이야기다. 이성구는 북송이 멸망할 때와 같은 위기감과 남으로 천도하여 (남)송나라의 명맥을 유지했던 상황을 언급한 것이다.

익녕부원군 홍서봉이 이성구의 말이 옳다고 하며 고려 충혜왕(말년에 원나라 사신에게 폭행을 당하고 포박 당해 원나라로 끌려가 귀양 보내졌고 귀양 가던 도중에 사망했다)의 일을 경계로 삼아야 한다고 했다. 인조가 박황에게 청의 사정을 물었다. 박황은 소현세자가 인질로 청나라로 갈 때 호종하고 가서 심양에서 2년 가까이 있다가 귀국 후 병조판서를 역임했다. 박황은 심양의 사정은 보안이 철저해서 알기가 어려웠지만 예측할 수 없는 화가 닥칠 것이니 반드시 대비해야한다고 했다. 박황이 심양에 있을 때 어떤 사람이 범문정范文正의 말을 은밀히 전해 주었다고 한다. 범문정이 "(남한산)성에서 내려왔을 때 아들(소현세자)로 (왕을) 바꾸어 세우지 않은 것을 후회한다."고 했다고 한다. 범문정은 청나라의 개국공신이자 청 태조와 태종, 세조, 성조 4명의 황제를 모신 중신이다. 범문정이 이처럼 말한 이유가 조선이 청의 징병 요구를 거절했기 때문이라고 했다.[121)]

임진왜란 때 명나라의 도움으로 조선을 재건하게 해준 은혜인 '재조지은'再造之恩을 지켜야 한다는 의리와 존명사대尊明事大의 명분에 사로잡혀 있던 조선 조정에서 명나라를 치는데 군사를 지원하는 것은 받아들이기 어려운 일이었다. 당연히 징병 요청은 허락해서 안 된다는 의견이 나왔다. 이때 조선의 조정에서는 청나라 군대가 다시 쳐들어 올 경우에 대비하여 대책을 논의하였다. 부제학 김반은 만일에 사태에 대비해 강화도를 권토중래할 수 있는 근거지로 삼자고 했다. 호위대장 김류는 남한산성과 강화도 중에 한 곳을 결정하여 미리 준비하자고 했다가 강화도에 토성土城을 급히 쌓고 병선兵船에 전투용 장비를 갖추자고 청했다. 김류는 병자호란 당시 방어를 총책임진 도체찰사로 남한산성 수호의 임무를 소홀히 하여 탄핵되었던 인물이다. 강화도 수비를 담당했던 그의 아들 김경징은 대비책도 없이 방심하다가 속수무책으로 청나라 군대에게 함락 당했고 그곳에 있던 세자빈과 (봉림, 인평)대군 등 왕족은 물론 많은 전 현직 관료와 부녀자들을 포로가 되거나 죽음으로 내몰리게 한 인물이다. 병자호란의 참혹한 경험이 생생한데 여전히 강화도나 남한산성으로 피신할 대책을 세우자는 김류의 말에 인조는 옳은 말이기는 하나 모두 쉽게 할 수 없는 일이라고 한다. 이날 인조는

나라의 일이 형편없기 그지없으니 죽느니만 못하다. 아무 것도 모르고

죽은 사람이 부러울 뿐이다. 귀화한 사람을 쇄환刷還하는 일은 말할 필요가 없지만 도망해 돌아온 백성을 쇄환하기까지 한다는 것은 죽음을 무릅쓰고 도망해 돌아온 우리의 백성들을 도로 잡아 보내는 것이니, 어찌 백성의 부모 된 도리라고 하겠는가![122)

라고 말하면서 눈물을 떨구었다. 일국의 왕으로서 아무것도 할 수 없는 무기력을 넘어선 절망감의 표출이다.

청 사신이 돌아간 지 2개월이 좀 지난 인조 17년 9월 심양에서 소현세자를 모시고 있던 신하(陪從宰臣)가 소식을 전해왔다. 인조가 아프다는 소식을 듣고 청 황제가 장수將帥 용골대龍骨大 · 마대부馬夫大 · 만월개滿月介를 사신으로 보내 병문안을 하겠다는 연락이 왔고 이들을 맞이하기 위해 원접사로 정태화를 보낸다. 용골대와 마대부는 병자호란 때 군대를 이끌고 온 장수로 남한산성을 포위하여 인조의 항복을 받아내고 조선 조정과 협상을 담당했던 인물들이다. 이들의 방문이 문안이라고 하지만 사실은 인조의 상태가 얼마나 위중한지 탐색하고 조선을 압박하기 위한 것이었다. 그러므로 비변사에서는 의심을 받지 않기 위해서는 아프다고 한 인조가 결코 나가서 이들을 영접해서는 안 된다고 했다. 그래도 한번은 만나지 않을 수 없을 테니 침소에서 평상복을 입고 접대하시라고 했다. 그래야만 상대방이 의심을 하지 않고 아픈 몸으로 성의껏 접대한다고 생각할 것이라고 했다. 또 이들을 각별하게 대접할 필요가 있다며 대신과 승지가 벽제에 나가 맞이하고, 예물로 백금은 물론 황금을 주고, 따라온 통역에게까지 백금 수백 냥을 주자고 했고 인조는 그렇게 하라고 했다.[123)

인조 17년(1639) 9월 26일 청의 사신들이 도착했고 다음날 청의 사신들은 의관 유달을 불러서 왕의 건강상태에 대해 물었다. 유달은 인조 10년

6월 관직을 제수 받고 침의로서 왕의 치료를 담당했던 인물로 인조 15년 12월에 청나라 심양관으로 가서 소현세자의 건강을 돌보았다.[124] 유달은 그곳에서 청나라 사람들에게 침술로 상당히 인정을 받았다. 인조 17년 8월 인조의 건강에 문제가 생기자 유달을 급히 귀국시켰다.[125]

청 사신 만월개에게 성의를 표하기 위해서 왕은 도승지 이기조로 하여금 각종 비단과 종이ㆍ활과 궁ㆍ은 등 온갖 예물단자와 함께 조선에 더 머물러 달라는 왕의 어첩을 가지고 가서 청하게 했다. 만월개는 황제가 지체 말고 돌아오라고 했지만 왕께서 도승지까지 보내 청하시니 거절하지 못하겠다며 하루 더 머물겠다고 한다. 청의 사신이 이날 침의 유달에게 왕의 상태를 물으며 조선 궁중에서 요사스럽고 괴이쩍은 요변妖變이 일어났다는 소문을 심양에서 들었다고 했다. 궁중에서 발생한 저주사건이 사실인지 확인한 것이다. 유달은 주상께서 번침을 맞으시니 그 사실을 숨길 수 없었다고 보고 했다. 만월개가 인조상태를 살피기 위해 침소에 와서 병문안을 했다. 인조가 "큰 병을 얻어 침과 뜸도 효험이 없이 이 지경에 이르렀소." 하니 만월개가 침을 맞고 뜸을 뜬 곳을 직접 보고 황제에게 돌아가 보고할 수 있게 해달라고 했다. 만월개를 가까이 오게 한 다음 인조는 자신의 상처부위를 보여주었다. 만월개가 "병세가 이 지경에 이르렀는데 어찌 거짓말이시겠습니까. 오래 앉아계시면 옥체를 상할까 염려스럽습니다."라고 했다. 차를 마신 뒤에 인조는 만월개에게 환도環刀와 표피豹皮 등을 선물로 안겨주었다.[126]

청나라에서는 인조가 입조하지 않으려고 꾀병을 앓는 것은 아닌지 의심했다. 유달은 청나라 사람들에게 침술로 상당히 신임을 받았던 인물이다. 인조 17년 8월에 급히 유달을 귀국시킨 것은 유달로 하여금 청의 사신을 대응하도록 한 조치로 보인다. 이처럼 인조 17년 여름 왕의 발병은 청나라의 지속적인 압박에 의한 스트레스가 주요 원인이다. 특히 청나라에서 흘린 입조론은 인조에게 위기감을 고조시켰다. 인목대비 상례때 병을 얻은 인조는 병자호란의 굴욕적인 항복 이후에 청나라로부터 계속되는 압박으로 질병에 시달렸다. 이와 같은 객관적인 질병 원인이 있음에도 불구하고 궁중에서 저주한 것으로 의심되는 물건들이 발견되자 저주에 의한 사기邪氣 때문이라고 옥사를 일으켰고 번침을 지속적으로 맞았다. 저주사건 역시 왕의 병이 얼마나 위중한지 청나라에 보이기 위한 또하나의 고육지책은 아니었는지 의심스럽다.

그 증거로 청나라에서 침의 유달을 급히 귀국시킬 때 비변사에서 왕에게 올린 내용을 참고로 보자. 비변사에서는 궁중저주의 변고와 그로 인해 주상께서 병에 걸려 침을 맞고 있다는 것을 청에서 알고 있을 테니 침의 유달을 급히 귀국시키면 도움이 될 것이라고 한다. 그리고 주상의 병환에 차도가 일정하지 않으니 약방에 내리는 비답을 조보朝報에 실어서 전국에 알리되 청나라에서 허실虛實을 알지 못하게 하는 것이 계책이 될 것이라고 했다. 인조는 비변사의 말대로 시행하라고 했다.[127] 유달을 급거 귀국시켜 왕의 병이 얼마나 위중한가를 청나라에 보이는 한편 청나라에서 신임을 받던 유달을 통해 인조의 병세를 알리게 함으로써 의심을 피하고자 했다. 또 왕의 병증에 대해 약방에서 답한 내용을 전국에 알리는 소식지인 조보에 실으면서도 진위 여부가 드러나지 않게 허허실실 계책을 쓴 것이다.

청의 사신이 돌아간 후에도 인조 17년(1639) 10월 인조는 지속적으로 청나라의 압박에 시달렸다. 인조는 심하게 앓기 시작했다. 10월 15일 초저녁부터 왕은 고열과 가래가 심해져 약방에서 열을 내리는 죽력竹瀝을 긴급하가 처방했고, 약방제조와 어의들이 달려와 궁문에서 대기했다. 우승지 구봉서가 표신標信을 보이며 급히 궁문 안으로 들어왔다. 표신은 궁궐에 급한 변고가 있거나 긴급호출 때 궁궐을 드나드는 출입증이다. 궐문 안에 못 들어간 재상들과 백관들은 궐문 밖에 둘러 앉아 궐내 소식을 알지 못해 임금의 병세가 얼마나 위중한지 몰랐고, 도성 안이 흉흉했다고 한다.[128]

이날 인조는 침을 맞고 피를 많이 흘렸다. 같은 날 『승정원일기』을 보면 천토天討 즉 악인惡人을 치는 일을 지체해서는 안 된다고 했다. 화근을 제거해야 병의 뿌리도 제거된다고 하며 사사로운 인정으로 용서하지 말라는 사헌부와 사간원 양사에서 합계合啓를 올린다.[129] 바로 전날인 인조 17년 10월 14일 궁중저주사건을 다스리기 위해 추국청을 설치하고 연루자들을 심문했고, 저주의 주모자로 지목된 정명공주의 죄를 다스리라는 촉구이다. 정명공주가 이 저주사건의 옥사에서 무사했던 것은 5장 「인목대비의 음영」에서 이미 논했으니 생략하기로 한다.

인조의 병세가 날로 위중해지자 인조 18년 1월 청의 사은부사로 간 이경헌이 국왕이 생전에 세자를 보고 싶어 한다며 대군과 교체할 수 있기를 청했다. 용골대가 국왕의 병세가 위중하다는 것은 충분히 알겠지만 돌아가서 사람을 보내 왕의 병세를 보고하면 이곳에서 조치하겠다고 했다.[130] 그리고 마침내 청의 허락을 받고 인조 18년 3월 7일 소현세자가 부왕의 문병을 위해 서울로 돌아왔다. 소현세자가 인조의 앞에 엎드려 눈물을 흘렸고 인조도 눈물을 흐리며 세자를 어루만졌다. 그런데 세자의 호행관으로 온 청장淸將 오목도가 이를 제지했다.[131] 부자간의 자연스런 상봉조차 제지당한 것이다.

하지만 인조와 소현세자 부자간에 점차 메꿀 수 없는 틈이 벌어지기 시작했다. 병자호란 이후 청 태종은 명나라를 정벌하기 위해 파병 요청과 군량미 조달을 요구하였다. 파병에 미온적인 조선의 태도에 문책과 위협이 따랐다. 인조 18년 상장上將으로 군대를 이끌고 참전한 평안도병마평사 임경업이 명나라 군대와 내통하고 소극적으로 전투에 임했으며 고의로 교전을 피했던 전말을 인조 20년(1642) 청나라에서 알게 되었다. 청의 장수 용골대가 소현세자를 불러 이 문제를 추궁했다. 이 문제로 청의 압박이 날로 심해지는 상황에 세자가 적극적으로 대처하지 못한 것이 인조의 큰 불만을 샀고 부자간에 틈이 심화되었다.[132]

이때 영의정 최명길이 임경업을 통해 명나라와 비공식적인 외교관계를 유지한 일도 청에 알려지면서 임경업과 최명길이 심양에 압송되었다. 임경업은 도중에 도주하여 명나라로 갔으나 명나라가 멸망할 때 청군에 포로로 잡혀 본국으로 송환된 후 인조 24년(1646) 처형당했다. 최명길은 자신에게 해당되는 문제는 자신이 모두 감당하겠다고 하고 인조 20년 10월 13일 심양으로 출발했다.[133] 최명길이 비록 자신이 감당하겠다고 하며 청으로 갔지만 심양에서 취조를 받았으면 무슨 말이 나올지 몰라서 인조는 불안한 나날을 보내야만 했다.

이듬해인 인조 21년 이형익에게 번침을 맞는 횟수가 다시 증가한다. 인조 21년 2월에는 번침을 20여 일이나 계속 맞았다.[134] 이렇게 번침을 자주 맞자 대신의 만류가 잇따랐다. 인조는 탕약은 별로 효과가 없으니 올리지 말고 지난날에도 번침이 효과가 있었으니 그만둘 수 없다고 했다.[135] 신료의 만류를 무릅쓰고 인조가 번침을 지속적으로 맞은 것은 효과가 있었기 때문이었다. 인조에게 번침은 육체적인 질병 외에 정신적인 면에도 도움이 되었던 것으로 보인다. 병자호란 이후에 청나라는 조선을 통제하고 압박하는 수단으로 병자호란 때 인질로 심양으로 끌고 간 소현세자를 왕위를 앉히겠다는 왕위교체론을 흘려 인조를 긴장시켰다.[136]

인조 21년(1643) 10월 청에서 소현세자를 돌려보내려고 한다는 말이 통역관 정명수에게서 나왔고 인조의 말(言)을 기다린다고 했다. 즉 인조의 답을 기다리겠다는 의미이다. 인조는 청나라의 의도를 파악하기에 고심했다. 삼정승과 비변사 당상관들을 불러서 어떻게 생각하는지 물었다. 소현세자가 돌아온다는 기쁨보다 청나라에서 세자를 돌려보내겠다는 것이 결코 좋은 의도가 아닐 것이라며 불안해했다. 인조는

전한前汗(청 태종) 때부터 나에게 입조入朝하라고 요구했으나 내가 병이 들었다는 것으로 이해시켰기 때문에 저들이 강요하지 못했다. 그런데 이제 듣건대 구왕(도르곤, 예친왕)은 나이가 젊고 강퍅하다고 하니 그 뜻을 어찌 헤아릴 수 있겠는가. 전에는 세자에 대한 대우가 지나치게 박하다가 이제 오히려 지나치게 후하게 한다 하니, 의심이 없을 수 없다.[137]

고 했다. 또 세자를 돌려보낼 마음이 있으면 보내면 되는데 무엇 때문에 내 말(我言) 즉 인조의 답을 기다리는지 의심스럽다고 했다. 인조는 자신의 두려운 심경을 한번 화살에 맞았던 새는 활 소리만 듣고도 놀라서 떨어진 **활 맞은 새**(傷弓之鳥)에 비유하였다.[138]

'상궁지조'傷弓之鳥는 『전국책戰國策』에 나오는 고사이다. 중국 전국시대 위나라에 뛰어난 궁수弓手인 경리更嬴가 위왕과 함께 머리 위에 나는 새무리를 보면서 화살을 쏘지 않고 활(弓)을 들기만 해서 나는 새를 떨어드릴 수 있다고 했다. 위왕이 어떻게 그런 일이 가능하냐고 하자 경리는 가능하다고 하며 동쪽에서 날아오는 기러기를 향해 화살도 없는 활시위를 당기자 그 소리를 듣고 날아가던 기러기가 공중에서 떨어졌다. 경리는 이상하게 생각하는 위왕에게 다음과 같이 답을 했다. 저 기러기는 아주 느리게 날아가고 있었던 것으로 보아 몸에 아물지 않은 화살을 맞은 상처

가 있었을 것이고, 우는 소리가 슬픈 것으로 보아서 무리를 잃어버렸을 것이다. 그래서 두려움에 활시위 소리만 듣고도 또 화살을 맞을까 놀라서 높이 날아오르려다가 상처가 찢어져 고통을 못 이기고 지상으로 떨어졌다고 했다.[139]

구왕은 청 태종의 이복동생으로 병자호란 때 조선을 침략해 전공을 세우고 소현세자와 세자빈 강씨, 봉림대군과 수많은 관료들을 인질로 끌고 청으로 돌아갔던 인물이다. 인조 21년(1643)에 8월 9일 청 태종이 죽자 구왕은 태종의 아들이자 자신의 어린 조카(6세) 푸린을 황제(세조, 순치제)에 즉위시킨 뒤에 섭정왕으로 실권을 휘둘렀다. 구왕이 소현세자를 돌려보내려고 한다는 뜻을 역관 정명수를 통해 흘리자 인조는 세자 대신에 혹시 자신을 인질로 청에 입조시킬지도 모른다는 불안감에 떨었다.

인조가 심양관의 소현세자에 대해서도 의심하고 경계하면서 부자간의 틈이 벌어지기 시작했다. 그리고 심양관을 주의 깊게 감시했다. 인조 17년(1639)부터 내관이 심양을 오가며 밀서를 전달하였는데 공적인 임무보다 점차 소현세자 내외의 행적을 보고하는 일이 대부분이었다.[140]

인조 21년 12월 청의 허락을 받고 임시 귀국길에 오른 소현세자 부부가 인조는 결코 반갑지 않았다. 인조 21년 12월 내내 왕은 감기 증세와 열이 지속되어 감기약인 인삼패독산과 맥문동·지골피 등을 가미한 소시호탕을 처방받고 복용했지만 차도가 없었다. 약의 효과가 별로 없고 가슴이 답답하고 괴로운 번열煩熱로 잠을 못 이룬다고 했다. 인조 21년 12월 27일 마침내 의관으로 하여금 진찰하라고 하여 약방 제조와 부제조어의 최득룡과 침의 유후성과 이형익이 입시하여 왕을 진찰한다. 약방에서 어의들과 의논하여 열을 내리는 시호사물탕과 우황고를 처방하고 탕약을 달여 올렸다.[141]

인조 22년(1644) 1월 4일부터 인조는 여전히 탕약을 복용했지만 여열이 있다고 하며 약을 더 지어 들이라고 했다. 또 침을 맞겠다고 하자 약방에서 아직 날씨가 매섭게 추운데 침을 맞다가 옥체를 상할까 우려했다. 하지만 인조는 탕약이 뚜렷한 효험이 없다며 더 들이지 말라고 했고, 오한과 신열이 있어 고통으로 신음한지가 30여 일이나 지났다며 침을 맞아 열을 내리겠다고 했다. 연일 침을 맞고 효과가 있어 잠을 좀 잤다고 했다가 다시 편치 않다고 하며 배에 가스가 차는 창증脹症과 가슴이 답답하고 입이 마르는 증세는 여전하다고 했다. 의관들이 의논하여 침과 탕약(생맥산)을 처방했다.[142]

소현세자 부부가 서울에 도착한 인조 22년 1월 20일까지 왕의 증세가 별로 호전되지는 않았다. 왕은 연일 이형익에게 침을 맞았는데 침 맞은 자리에서 출혈이 있자 사간원에서 이형익을 잡아다가 죄를 물어야한다고 했지만 허락하지 않았다. 어의들은 심心과 간肝에 화火가 줄어들지 않았다고 진단하고 약재를 추가해 탕약을 처방했다. 삼정승과 육조판서가 청장淸將에게 국왕이 병을 앓고 계신지가 오래되었으니 세자로 하여금 곁에서 머물며 간병할 수 있도록 시간을 달라고 간곡하게 청해서 허락을 받았다. 소현세자 부부를 호종한 청장들이 인조를 직접 뵙고자 했다. 왕이 힘들게 거동하는 것은 바라지 않고 다만 누워 계신 모습만이라도 뵙고자 한다고 했다. 청장들은 왕의 병세가 진짜 엄중한 상태인지 직접 살피려고 했다.[143]

소현세자와 동반 귀국을 허락받고 세자빈 강씨는 고국 땅에 8년 만에 돌아왔다. 6장에서 이미 언급한대로 인조는 며느리 강씨의 친정 방문을 허락하지 않았다. 그리고 세자가 심양으로 돌아갈 날을 일관으로 하여금 좋은 날을 택일하게 했는데 그중에 좀 더 뒤의 날짜를 청나라에 말하면 어떻겠냐고 예조에서 아뢰었다. 인조는 그렇게 하면 청측에서 노여움을 살 수도 있다고 했다.[144] 세자를 하루라도 더 고국에 머물게 하려는 예조의 고심과 하루라도 빨리 세자가 청으로 돌아가기를 바라는 인조의 내심이 보인다. 인조는 청에서 혹시라도 자신을 부르고 세자로 왕위를 교체할지 몰라서 전전긍긍했다. 인조 22년 2월 19일 소현세자 부부는 부왕의 태도에 깊은 상처를 안고 심양으로 돌아갔다.

소현세자가 심양으로 돌아갔다가 청의 군대를 따라 북경으로 출정을 했던 시기인 인조 22년 5월 조선에서는 청원부원군 심기원이 회은군 이덕인을 왕으로 추대하려 했다는 역모사건이 고발되어 대대적인 옥사가 벌어졌다. 역모 사건에 연루된 자들의 진술 중에 소현세자를 왕으로 추대하려고 했다는 내용이 나왔다. 역모를 고발한 심기원의 부하 황익이 진술한 내용을 보면 병자호란 이후 주상이 잘못하는 일이 많아 세상 일이 제대로 굴러가는 것이 없다고 하며 심기원이 주상을 상왕으로 높인 뒤에 (소현)세자에게 양위하게 하려고 했다는 것이다. 심기원과 역모를 도모한 광주부윤 권억의 진술에는 더 구체적인 내용이 있다. 세자가 다시 심양으로 들어가면 돌아올 날을 기약하기 어려울 테니 이때 수하의 장수를 거느리고 남별궁에 가서 세자를 호행한 청나라 장수의 목을 베어 명나라로 보내고, 명나라와 연합해서 심양을 공격해 인질로 있는 대군들까지 귀국시키려고 했다고 한다. 다만 주상이 청나라의 위력에 겁을 먹고 있어 일이 성사되기 어려울 것 같고 형세가 적당하지 않아서 실행에 옮기지 않았다고 했다.[145]

심기원은 인조반정의 1등 공신이다. 이괄의 난이 일어났을 때 한남도원수로 난을 막았고 병자호란 때는 서울 방어를 책임졌던 유도대장이었다. 병조판서와 우의정을 거쳐 좌의정에 올랐고 남한산성 수어사를 겸임했던 인조정권의 주요 인물이다. 그런 심기원이 역모사건에 연루되었다는 것은 왕에게 충격이었다. 심기원의 역모사건은 반청세력과 친청세력의 갈등으로 빚어진 권력투쟁으로 반청파가 제거 당하고 친청파가 정국을 주도하게 되었다고 보는 견해가 지배적이다. 심기원의 옥사가 급속하게 전개되어 조속하게 처리된 것은 심기원과 임경업과의 관계도 작용했다. 임경업이 명나라를 치기 위해 청이 요구한 조선의 원군이 전투에 소극적으로 대처한 것은 물론 오히려 반청행위까지 행했다는 것이 알려진 후 청의 압박이 가중되고 조선 조정이 더욱 곤경에 처했다. 이런 반청행위의 선봉에 선 임경업이 명나라로 도주하도록 적극적으로 돕고 명과 도모하여 거사를 꾸미고자 했던 심기원을 신속하게 제거해야만 했다. 왜냐하면 심기원의 반청행위는 심기원의 개인적인 일탈이 아닌 청나라를 향한 인조 조정의 집단적인 정서요 정책의 기조였기 때문이다.[146]

심기원의 옥사가 발생하고 7개월이 더 지난 10월에 인조는 (오위)도총부 부총관으로 숙직을 하게 된 황익(당시 황헌으로 개명)을 불러서 심기원의 역모에 대해 다시 물었다. 황헌은 역모를 고발한 공로로 영국공신이 되어 회흥군에 봉해졌고 이후 초고속 승진을 했다. 인조는 황헌에게 심기원이 무슨 일로 나를 원망하여 그런 흉모를 꾸몄는지 물었고, 과연 회은군을 옹립하려했던 것인지 아니면 역성혁명을 하려했던 것이었는지 다시확인을 했다. 황헌은 심기원이 군사들을 모아서 역성혁명을 기도한 것처럼 답변했다.[147]

인조 22년(1644) 명나라를 멸망시키고 북경을 점령한 청이 조선에 대해 어떤 정책을 펼칠지 모르는 상황과 심기원의 역모사건, 이어지는 자연재해 등 탈출구가 보이지 않는 국내외 상황에 인조의 심신은 더욱 지쳐갔다. 복부팽만감·오한과 발열·가슴 답답함과 갈증·흐르는 땀·불면증 등 지속적으로 괴롭히는 만성적인 병증에 무기력함과 피로감을 호소하며 탕약을 복용해도 별 효과가 없다고 했다. 이 시기 첨가된 증상 중에 하나가 족부냉증이다. 약방에서 왕이 족부냉증으로 과도하게 뜸을 뜨자 몸에 해로울 수 있다고 했다.[148]

인조 22년 5월 청나라가 북경을 점령하고 수도를 심양에서 북경으로 옮기기로 결정을 했다. 조선 조정에서는 북경으로 축하사절단을 보내야 하는 문제, 새해인사로 사신에게 보낼 세폐와 예물 조달의 어려움은 물론 앞으로 북경을 왕래하려면 이전과는 비교 안 되게 더 험난해질 여정과 경비부담 등을 고심해야만 했다.[149] 만성질환과 족부냉증으로 고생하던 인조는 넘어져서 멍든 상처도 치료받아야만 했다. 타박상 치료를 위해 당귀수산當歸鬚散을 복용하고 침을 맞았다. 또 단지뜸(丹地灸)도 뜨고 도인(복숭아 씨앗)으로 담근 술 도인주桃仁酒도 마신다.[150] 단지뜸은 유화수은(경면주사라고도 함)을 면포나 비단에 싸서 환부에 뜨는 뜸이다.[151]

잔혹한 옥사와
말년의 고통

인조 23년(1645) 4월 이후부터 왕이 번침을 맞는 기록이 다시 빈번해진다. 빈번한 번침 시술은 바로 아들 소현세자의 죽음과 관련이 있다. 인조는 인조 23년 2월 18일 영구 귀국한 세자가 결코 반갑지만은 않았던 것 같다. 청나라에서 세자에게 왕위를 물려주고 심양으로 들어오라고 할지 모른다는 불안감이 가중되었고 심신이 편치 못했다. 소현세자는 귀국하던 날부터 쌓인 피로와 숙질로 건강상에 문제가 노출되었고 부왕의 의심과 냉대로 괴로워했다. 4월 23일 병이 위중해지기 시작하여 4월 26일 운명했다.

소현세자의 죽음에 대해서는 당시에 의혹을 일으킬만한 종실의 증언이 있었고 후대 학자들이 독살설을 제기했지만 병사했을 가능성이 크다. 이 부분은 6장에서 이미 상론했다. 독살설 주장의 근거로 침의 이형익을 갑자기 불러들여 침을 놓게 한 점을 들고 있지만, 이형익은 인조 11년(1633)부터 이미 인조의 특별한 신임을 받고 인조의 질병치료를 담당했던 인물이다. 소현세자의 상태가 위중해지자 자신을 치료하던 이형익을 보내던 것이고 이형익에게 침을 맞고 소현세자의 통증은 잠시 완화되기도 했다.

소현세자의 사후에 인조는 소현세자의 아들인 원손이 아닌 차남 봉림대군을 세자로 책봉했다. 인조는 세자빈 강씨와 그녀의 친정 세력 그리고 세자빈 소생의 아들들이 봉림대군의 장애물이 될 것이라고 생각했다. 인조는 그들을 차례대로 제거해나갔다. 하지만 잔혹한 옥사를 일으켜 장애물을 제거한 인조는 이들의 망령에 시달렸다. 따라서 심신이 결코 편안하지 못했다. 그리고 건강의 이상이 자신이 거처하고 있는 궁궐 어딘가에 숨겨진 저주물 때문이라고 생각했다. 인조 25년(1647) 6월에 창덕궁을 수리하기 시작했다. 그 이유는 왕이 거처하고 있던 창경궁에서 저주물로 의심되는 다량의 물건들이 발견되자 창덕궁으로 거처를 옮기기 위해서였다.[152]

인조 25년 11월 11일에 이르러서도 왕의 병이 별 차도가 없자 이형익은 거처하고 있는 곳에 묻혀 있는 흉악한 물건을 다 파내기는 어려우므로 왕께서 하루라도 빨리 다른 궁으로 옮기시는 것이 침의 효험을 빠르게 볼 것이라며 다음날 옮기시라고 청한다. 이에 인조는 다음날 창덕궁으로 옮겼다.[153]

인조의 이러한 조치를 이해하기 위해 인조 25년 4월 25일 다시 궁중 저주의 옥사가 벌어질 때 연루자로 잡혀와 심문을 받은 사람들의 진술을 상기해 볼 필요가 있다. 심문을 받던 사람 중에는 강빈의 궁녀 계환의 오빠 최득립도 있었다. 최득립이 잡혀와 심문을 받자 다음과 같은 새로운 자백이 나왔다. 최득립의 진술을 요약하면 다음과 같다.

> 계환이 심양에서 올 때 보따리 속에 가루를 넣어가지고 와서 흉터를 치료할 약이라고 했는데 생각해 보니 사람의 뼛가루였다. 그 후에 계환이 흉터를 치료한다며 사람 뼛가루를 구하기에 사람을 시켜서 서너 개 뼈를 구해서 가루로 만들어 보내주었다. 계환이 심양에 있을 때 편지를 보내 강문성의 집안에서 나온 얘기라며 내년에 세자가 귀국해서 왕이 교체될 테니 자신도 곧 귀국하게 될 것이라고 했다. 또 청나라 칙사가 서울에 올 때 편지와 최상품 비단 2필을 보내며 중국인이 필시 짐독鴆毒 등의 물건을 가지고 갈 텐데 비단 값으로 이 독약을 구입하라고 했다. 짐독은 나중에 대전大殿에 사용하려고 한다고 했다. 이에 최득립이 통역관 이형장에게 우리 누이가 대하증이 있어 짐독으로 치료하려고 한다고 하며 그것을 가지고 온 중국인을 가르쳐 달라고 했다. 이형장이 중국인들은 이 물건을 가지고 오지 않았다고 하여 독성이 강한 비상砒霜 한 냥 가량을 사서 두 차례에 걸쳐 심양에 보냈다.[154]

이 옥사에 연루된 자들은 대부분 사형을 당하거나 곤장을 맞다가 죽었다. 그런데 이때 고발자인 소현세자의 궁녀 신생은 살았다. 신생이 이 사건에 가담한 흔적이 역력하니 엄형으로 끝까지 심문해야만 한다는 국청의 주장에도 인조는 그녀가 흉물을 발굴한 공로가 크다며 국문을 허락하지 않았다.[155]

세자빈 강씨와 강씨 일족을 제거한 궁중저주사건에서 주목해 보아야 할 점은 신생과 그녀의 남편인 통역관 황덕일의 역할이다. 소현세자의 궁녀로 강빈의 심복이었던 신생은 인조 23년(1645) 저주사건을 미리 고변한 공로로 궁밖에 나가서 혼인을 하도록 왕의 허락받았고 통역관 황덕일과 혼인을 했다. 인조는 인조 25년(1647) 저주사건을 재수사 하면서 궁궐에서 다량의 저주물과 그 저주물의 유통에 대해 구체적으로 진술한 신생의 공로가 막중한데 내릴만한 상이 없으니 남편 황덕일을 당상관의 벼슬로 올려주라는 특명을 내린다. 『인조실록』의 기록을 보면 저주사건에 가담한 신생이 죽음을 면한 것도 이미 법 집행이 잘못된 것인데 어떻게 논상論賞할 수 있냐며 여러 날 간원들이 논쟁하자 인조 25년 8월 20일에 이르러 비로소 왕명을 거두었다.[156]

그러나 『승정원일기』를 보면 내용이 좀 차이가 있다. 왕이 인조 25년 8월 19일 황덕일을 당상관으로 승진시키라고 명하자 신료들의 격렬한 반대가 연일 올라왔음에도 불구하고 왕이 끝까지 자신의 뜻을 굽히지 않는다. 여러 날의 논쟁을 요약해 보면 양사의 간원들은 황덕일은 아내 신생이 저주한 죄상을 알고도 고변하지 않은 것은 역적과 똑같은데 그를 당상관에 임명하라는 왕명은 너무 터무니없는 일로 상벌의 공정성을 잃은 조치라고 했다. 조야朝野에서 모두 경악한다며 명을 거두시라고 여러 날 논박하지만 왕이 뜻을 굽히지 않았다. 왕은 신생이 사실대로 고변을 한 것은 혼인을 한 후의 일이고, 나라를 위해 흉물을 찾아내도록 한 것은 남편이 지시한 일일 것이니 황덕일의 공이 매우 크다고 했다.[157]

조정 신하들은 신생도 역모 가담자로 죽을죄를 용서받기 어렵고 황덕일 역시 처의 죄상을 알고 고변하지 않았으니 똑같은 역적이라고 했다. 격렬한 반대에도 왕은 뜻을 관철시키기 위해 왕명을 적어 문서(비망기)를 승정원에 내린다. 이에 양사의 간원들은 조정의 의논이 모두 반대하는데도 임금께서 마음을 돌리지 않는다면 사관으로 하여금 "통역관 황덕일에게 궁녀 신생을 시집가도록 허락해 주어 그가 신생을 아내로 삼았고, 사람들은 꿈에도 생각할 수 없는 왕의 특명으로 당상관에 올렸다. 은상(恩賞)을 남발한 것이 이런 지경에 이르렀다."라고 기록하게 하겠다고 했다. 후세에 비난과 비웃음을 받을 이 명을 거두실 때까지 결코 물러가지 않겠다고 한다. 이에 대해 왕은 "사관은 황덕일이 그의 처를 설득하여 흉물을 파내게 하였다. 이런 공로로 당상에 올랐다."라고 기록할 것이라고 답을 했다. 그러자 간원들은 왕이 이 명을 거두지 않는다면 궁궐 섬돌에 머리가 깨지는 한이 있어도 결코 물러나지 않을 것이라고 했다. 인조 25년 8월 29일까지 계속해서 간쟁을 했지만 왕은 번거롭게 하지 말라는 답을 하였을 뿐이지 이 명의 철회여부는 확인할 수 없다.[158]

궁중저주사건을 고발한 신생의 처벌과 관련된 논쟁은 이후에도 9개월 간 지속되었다. 인조 26년(1648) 3월 창덕궁 저승전을 수리하던 중에 또 여러 곳에서 썩은 뼈, 마른 까치, 옷을 태운 재 등이 나왔다. 저승전은 동궁 바로 세자궁이다. 인조는 다시 신생을 불러서 이 물건들에 대해 물으니 역적 강(강빈)이 저주한 물건이라고 했다. 대부분의 뼈는 심양에서 가져왔으며 강빈 생전에 곧 세자궁을 떠나야 할테니 다음에 그곳에 들어와 거처할 사람 바로 새 세자에게 해를 입히고자 했다고 한다. 신생의 진술에는 의심스러운 점들이 많았다. 사헌부에서 강(빈)의 심복으로 저주를 도왔던 신생을 용서해서는 안 된다며 속히 국청을 열어 심문해야한다고 했다. 인조는 신생에게 자수하면 죽이지 않겠다고 약속했다며 신의를 저버릴 수 없다고 했다. 이에 사헌부에서 전하께서 여론을 따르지 않고 흉악한 자를 비호하신다며 국청을 열어 신생을 심문하여 반드시 진상을 밝

혀내야한다고 하자 인조는 더 이상 논쟁을 피할 수 없음을 알고 마침내 신생에게 유배형을 내린다.[159]

인조가 신생에게 유배형을 내렸음에도 불구하고 사헌부와 사간원 양사에 이어 홍문관까지 합계하여 신생을 처형하시라고 연일 왕을 압박했지만 죽이는 것은 불가하다고 하였다. 신생을 철저하게 심문하여 사형에 처해야만 한다는 간원의 간쟁이 이후에도 7개월간 지속적으로 이어졌다.[160] 그런데 이듬해인 인조 27년(1649) 3월 22일 왕은 돌연 유배 중이던 신생을 석방하라는 명을 내렸다.[161] 이에 대해 사헌부와 사간원에서 신생을 석방시키라는 명을 거두시라고 다시 간쟁하지만 왕이 이를 받아들이지 않은 것[162]으로 보아 신생은 석방된 것 같다. 이처럼 격렬한 신하들의 반대에도 불구하고 인조는 신생과 통역관 황덕일에게 왜 그렇게 후한 보상을 해주려고 한 것일까? 또 신생에게 사형을 내리라는 지속적인 신료들의 간쟁을 물리치고 왜 끝까지 신생을 보호해 주었을까? 이 의문에 해답을 찾아보자.

우선은 인조가 강조한 신생의 공로이다. 강빈의 저주를 고변하고 그 저주물을 발굴하는데 세운 공로이다. 이 공로를 높이 평가 한 것은 왕의 질병과 깊은 관련이 있다. 또 하나는 신생과 남편 황덕일이 제공했을 모종의 중요한 정보이다. 신생은 인조 23년 궁중저주사건에 연루되고도 미리 고변을 한 공로를 인정받아 궁 밖으로 나가서 혼인할 수 있는 특전을 받고 황덕일과 혼인을 했다. 황덕일이 신생의 남편이었다는 것 말고는 출신배경에 대해 알 수 있는 기록은 없다. 다만 그의 신분이 통역관이었다는 점을 주목해 볼 필요가 있다.

인조 때 청과의 교섭이 중요해지면서 만주어에 능숙하고 실무를 잘 처리할 수 있는 통역관이 절실하게 필요한 상황이었다. 그러므로 중인가문

출신 역과譯科 합격자 외에도 실질적으로 언어능력이 되면 신분이 낮은 서리胥吏나 노비 등으로 충원하기도 했기 때문에 통역관을 천시하는 의식이 심했다. 하지만 이들은 사신을 접대하는 통역과정이나 국가의 기밀을 취급하는 과정에서 입수한 중요한 정보를 이용해 국내 정세에 영향을 미칠 수 있었다. 또 통역관들은 혼인관계를 통해 정보를 얻고 정치권과 연결하여 정치 세력화하는 기회를 잡고자 했다.163)

『인조실록』 인조 25년(1647) 4월 25일자에 저주사건전말을 다시 상기해 보면 강빈의 궁녀 계환이 심양에 있을 때 오빠 최득립에게 청나라 칙사 편에 편지를 보내서 맹독인 짐독鴆毒을 중국인에게 구하라고 하였고, 최득립은 이런 짐독을 가져온 중국인이 있는지 통역관 이형장에게 문의를 했다는 기록이 있다. 짐독은 계환이 향후 귀국하여 대전大殿 곧 왕에게 쓰려고 하였다는 것이다. 이 얘기의 진실여부를 떠나서 계환의 오빠 최득립이 통역관 이형장과 서로 친분이 있었을 가능성이 있다. 이형장은 군관으로 일찍부터 후금을 오가며 그곳 사정에 밝았고 조선과 청나라 관계에 중요한 역할을 하여 정3품 통정대부(인조 18년)에서 종2품 동지중추부사(인조 20년)에 제수되었다. 조선 조정에서는 청나라 장수 용골대와 통역관 정명수 모두와 가까웠던 이형장을 이용하여 그들의 의중을 탐색하려고 노력했다. 이형장이 소현세자가 심양에 머물러 있던 8년 동안 심양관에서 활동한 조선 통역관의 명단에 줄곧 등장(1638~1644)하는 것으로 보아서 그곳에서 가장 활발하게 활동한 인물임을 알 수 있다.164)

인조는 강빈과 가까웠던 통역관들이 강빈에게 협조했을 것으로 보았고 저주사건에도 연루되었다고 생각했다. 창덕궁 저승전을 수리할 때 발견된 저주물 가운데 통역관이 구해준 것이 있다고 의심했고, 국문을 받던 통역관 서상현은 곤장을 맞고 죽었다.165) 아쉽게도 황덕일의 구체적인 활동기록은 찾을 수 없지만 그 역시 심양에서 활동했던 통역관이었을 것으로 보인다. 소현세자의 궁녀였던 신생과 통역관 황덕일은 소현세자와 세자빈 강씨에 관한 모종의 정보이든 아니면 청나라의 동향에 대한 중요한 정보를 인조에게 전달했을 개연성이 크다. 이러한 맥락으로 볼 때 조정의 극심한 반대에도 불구하고 왕이 신생과 황덕일을 후하게 포상해주려고 하고 끝까지 신생의 목숨을 구해준 것은 신생이 강빈을 제거하는데 결정적인 공로가 있었기 때문이라고 생각된다. 그래서 인조는 궁녀 신생과 그의 남편 황덕일의 공로가 지대했으며 그들에게 내린 논공행상이 후대의 역사평가에서도 정당하게 기록될 것이라는 주장까지 했을 것이다.

강빈이 실제로 저주나 수라상에 독이 든 전복구이를 내놓도록 사주했다면 십악대죄十惡大罪에 해당하는 중죄이다. 십악은 사면대상에서도 제외되는 매우 중대한 10가지 범죄로 모반謀反·모대역謀大逆·모반謀叛·악역惡逆·부도不道·대불경大不敬·불효不孝·불목不睦·불의不義·내란內亂이다. 이 법률은 『당률소의唐律疏議』에 명기되어있다. 모반謀反 죄는 군신간의 위계질서에 도전하여 황제권을 위협하는 행위이다. 황제의 몸에 직접적인 위해를 가하거나 황제의 국가통치권에 도전하는 모든 행위를 포함한다. 심지어 마음을 품는 것만으로도 모반謀反 죄가 된다. 『당률소의』에서는 모반죄에 대해 『춘추공양전』에 나오는 "군친무장君親無將 장이필주(有)將而必誅"를 인용하여 역심逆心을 갖고 군부君父를 위해하려는 자는 반드시 주살해야한다고 했다.[166] 모대역謀大逆 죄는 황가皇家의 종묘·궁궐·능침을 훼손했거나 훼손하고자 도모한 죄를 등을 말한다. 악역惡逆은 존친을 때리거나 모살하려고 한 죄이다.[167]

부도不道는 무도無道와 같은 의미로 무고한 가족을 죽이거나 사지를 절단하는 행위와 고독蠱毒 · 염매厭魅 등에 의한 모살謀殺 죄이다. 고독과 염매는 무고巫蠱라고도 한다. 무당의 술법이나 비방으로 저주를 가하는 행위이다. 이것은 특수모살죄 즉 계획적인 특수살인죄에 해당되었다. 실제 고독이나 염매 등으로 사람을 중병에 걸리게 하고 죽음에 이르게 할 수 있다고 믿었기 때문이다. 수당시대 의서醫書에 보면 고독이나 염매가 일으키는 질병의 증상이나 치료법에 대해 구체적인 기록이 실려 있다. 그러므로 이런 행위들이 사회에 혼란을 야기하는 위험성이 큰 중죄로 다스렸다.[168]

십악대죄는 명률明律[169]은 물론 조선 법률에도 계승되었다.[170] 조선시대 저주는 무고巫蠱와 동일시했고[171] 궁중저주는 십악대죄의 하나로 사면령에서도 제외되었으며 부대시율不待時律에 따라 사형집행이 이루어지는 중죄였다.[172] 부대시不待時란 만물이 생장하는 입춘에서 추분사이에는 사형을 집행하지 않았는데 죄질이 나쁜 경우 때를 기다리지 않고(不待時) 즉시 형이 집행되었다.

강빈은 부대시로 사사되었다. 만약 강빈의 행위가 사실이라면 그 죄는 십악대죄에 거의 다 해당되는 대역무도大逆無道한 죄인이다. 인조가 강빈에게 내린 죄목은 **유장**有將이라고 했다. 인조가 강빈 사사를 명하자 대사헌 조경이 구원하는 상소를 올렸다. 조경은 상소의 서두에 신하가 반란을 일으키려는 마음을 가져서는 안 되고, 만약 마음을 품었다면 주살해야한다는 『춘추공양전』의 말을 인용했다. 강씨가 적의를 만들고 내전이라 참칭한 것은 단순히 역심을 품은 것만이 아니라고 했다. 비록 강씨의 죄가 용서받기 어렵게 크나 은혜를 베푸시어 섬으로 유배를 보내시라고 청했다. 강씨의 반역의 행적을 드러내고 사형을 면해주기를 청한 조경의 상소는 앞뒤가 안 맞는 말이라며 당시 사론이 그를 비웃었다.[173]

인조가 강빈의 죄목을 유장有將이라고 한 것은 조경의 상소에서 따온 것이라고 한다. 유장有將 즉 임금을 장차 어떻게 하겠다는 반역反逆의 마음이 있었다는 것이다. 인조는 강빈과 그녀를 지지하는 세력에 대한 두려움이 있었다. 그래서 강빈 사사를 격렬하게 반대하는 조정 신하들을 갈아 치우거나 심지어 유배까지 보냈다. 자신의 의중을 헤아려 강빈을 제거하는데 적극적으로 나설 김자점을 좌의정에 앉히고 당시 왕의 거처로 사용하던 창경궁 양화당으로 따로 불렀다. 이날 김자점과 나눈 대화 속에 강빈을 죽여야만 했던 이유가 분명하게 드러난다. 강빈 사사에 대해 거센 반대 여론이 일어나자 이를 의식한 인조는 김자점에게 사대부들의 동향에 대해 물었다. 그 내용을 요약하면 다음과 같다.

최명길이 강빈의 일로 올린 차자에 "나라의 일이 우려되는 점이 많다."고 했는데 이런 차자를 올린 것은 그가 다른 사람에게 위협을 받고서 이런 말을 한 것인지 아니면 왕을 위협하고자 한 말인지 물었다. 김자점이 에둘러 답을 하자 인조는 반드시 다른 사람에게 위협을 받았을 것이라고 했다. 인조는 대신들이 미쳐 날뛰고 허둥대며 평심을 잃고 강씨 사사를 반대하는데 이는 강씨의 막강한 기세 때문이다. 강씨가 청에서 가져온 금과 비단 등 많은 재화로 사람들을 꾀어내니 그녀를 떠받들며 비호하는 것은 특별히 **강당**姜黨만 아닐 것이다. 강씨가 재력과 친화력을 갖고 사람들을 끌어 모으는 힘으로 무슨 일을 꾸밀지도 모르니 강씨를 제거하여 후환을 없애려고 한다. 그래서 강씨에게 바로 사약을 내려 궁중 안에서 처결하고자 한다고 했다. 김자점이 옳지 않은 것 같다고 하며 친정으로 내쫓은 후에 처리하시는 것이 좋을 것이라고 했다. 인조는 중국 한 무제가 구익(부인)을 궁중에서 죽인 예를 들었고 강씨 사사를 늦추다가 큰 화를 당할까 염려했다. 중국 전국시대 조나라 무령왕이 자식을 폐출하고 굶어 죽었으니 이 점을 또한 염려한다고 했다.[174]

강빈 처형이 반대 여론으로 지연되자 인조는 매우 초조했고 궁중 안에서 속결로 형을 집행하려고까지 했다. 한 무제는 총애했던 후궁 구익 부인이 낳은 어린 아들 유불릉劉弗陵(한 소제)을 태자로 세우고 갑자기 구익 부인을 궁중의 감옥에 하옥시킨 후에 사약을 내려 죽였다. 유불릉은 8세에 즉위하여 어머니를 황태후로 추숭하였다. 구익 부인을 사사하고 얼마 지난 후에 한 무제는 측근에게 여론이 어떠한지 묻자 사람들이 아들을 태자로 세우고 왜 그 어미를 죽였는지 궁금해 한다고 했다. 이에 무제는 "예로부터 국가가 혼란해지는 것은 군주가 어린데 그 어미가 젊었기 때문이다. **여주**女主가 권력을 농단하고 마음대로 휘둘러도 능히 막을 수가 없다."고 했다.[175]

여주女主는 군주의 모후母后나 후궁 또는 딸로 직간접적으로 정치에 참여하여 영향력을 행사했던 여성을 가리킨다. 중국에서는 일찍부터 여주는 정치를 문란하게 한 간신, 탐관오리와 함께 **삼란**三亂의 하나라고 했다. 대표적인 여주의 정치참여는 황제의 모후인 황태후의 수렴청정이다. 황태후는 실제 조정에 나아가 정사에 임하며 황제와 같이 조령詔令을 반포하고 직접적인 통치행위를 했다.[176] 우리나라에서도 어린 왕을 대리해 부득이하게 왕대비가 수렴청정을 한 경우가 있지만 이에 대한 경계와 비판이 컸다. 대표적인 예가 명종의 모후인 문정왕후의 전횡이다. 인조는 한 무제가 어린 태자 유불릉의 생모 구익 부인을 사사한 것같이 여주女主의 전횡을 미연에 방지하고 후환을 없앤다는 명분으로 강빈에게 사약을 내리고자 했다.

하지만 이런 조치 뒤에 혹 정치 판세가 뒤집어지면 인조는 자신에게 불행한 사태가 올지도 모른다는 두려움도 있었다. 중국 전국시대 조나라 무령왕은 태자인 장자 조장趙章을 폐위하고 총애한 여인의 아들 조하趙

何(혜문왕)를 태자로 삼은 후에 왕위를 물려주고 태상왕이 되었다. 왕위를 둘러싸고 자식들 간에 벌어진 골육상잔의 전쟁 중에 궁궐에 유폐되어 무령왕은 굶어죽었다. 인조는 자신의 말로가 무령왕처럼 전락할지도 모른다는 두려움도 있었다.

또 강빈 사후에도 소현세자의 아들들이 여전히 화근이 될지 모른다는 불안감이 지속되었다. 청나라에서는 소현세자의 세 아들들의 행방에 대해 물었다. 인조 26년(1648) 3월 청나라에서 온 사신이 소현세자의 세 아들의 행방을 묻자 원접사 오준이 사신에게 소현세자의 차남 이석린과 삼남 이석견이 천연두를 앓다가 죽었다고 거짓 보고를 하자 청측에서 이전에 한 말과 다르다고 추궁했다.[177]

청의 사신 중에 통역관 정명수가 포함되었다. 조선 사정에 대해 꿰뚫고 있던 정명수는 인조가 사신을 접견할 때 조정 중신들을 모두 부르기를 청해서 소현세자의 세 아이가 어디에 있는지 물었고, 속담에 아버지의 죄 때문에 연좌된다는 말은 들었어도 어머니의 죄로 연좌된다는 말은 못 들었다고 추궁했다. 영의정 김자점과 좌의정 이행원이 세 아이의 유모도 강적姜賊의 역모에 참여했기에 조정에서 세 아이에게도 죄 주기를 청했지만 주상이 차마 죽이지 못하고 섬으로 유배 보냈는데 두 아이가 천연두를 앓다가 죽었다고 했다. 정명수가 왜 청나라에 보고를 하지 않았느냐고 하자 인조가 미처 생각하지 못했다고 답을 했다.[178]

더 큰 문제는 살아있다고 한 큰 아이(소현세자의 장남)를 청의 사신이 데리고 가고 싶다고 한 것이다. 인조는 이 일을 어떻게 처리해야 할지 중신들과 논의하며 이런 일이 벌어지게 된 것은 흉도들이 사주한 것이라고 하며 큰 애도 죽었다고 말하지 않을 수 없다고 했다. 김자점은 사신들이 기필코 데리고 가려고 한다면 처치해야지 데려가게 해서는 안 된다고 했다. 인조는 이런 문제가 발생한 것은 역적 강이 생전에 재물로 흉도들과 결탁해 서찰을 청에 보내서 발생했고 그 잔당이 아직도 남아있다고 생각했다.[179] 이런 일이 있고 몇 개월 안 지난 인조 26년(1648) 9월 소현세자의 장남 이석철이 죽고, 11월 차남 이석린마저 죽었다는 것은 어떻게 해석해야 할까?

인조는 왜 그토록 잔인하게 강빈과 손자들을 제거하려고 했을까? 강빈 사사 명령을 내릴 때 다음과 같은 말로 명분을 내세웠다.

> 오늘날의 일은 윤리를 밝혀 근심을 막는 데에 있다. 혹 죄가 의심스럽기만 한 것이라면 어찌 차마 단연히 법을 행하여 아이들이 날마다 울며 의지할 데가 없게 하겠는가! 옛말에 **"작은 것을 참지 못하면 큰 계획**(또는 큰일)**을 어지럽히게 되고**(少不忍, 則亂大謀) **법이 한번 흔들리면 나라가 나라답지 못하게 된다."**고 하였으니, 이것은 참으로 어쩔 수 없는 데에서 나온 것이고 참소를 믿고 죽이기를 좋아서 그런 것이 아니다.[180]

강빈 사사가 대의를 위한 고육지책이었다고 말하고 있다. 인조가 인용한 옛말은 『논어』 위공편에 나온다. 며느리에게 사약을 내리며 인仁을 강조한 공자의 말을 인용했다는 것이 역설적이다. 인조가 생각한 큰 계획(또는 큰 일)이란 무엇을 말하는 것일까? 『심양일기』를 보면 세자가 부재중인 동안 세자빈은 관소에서 문안을 하고 관소의 일상사를 보고받았다.[181] 세자빈 강씨는 이미 정치적 수장으로서 역할을 담당했음을 알 수 있다. 강빈은 소현세자가 심양관에서 사냥을 나갔을 때 시강원에서 장계를 올리면 반드시 확인하고 가필을 하거나 삭제하기도 했다고도 한다.[182] 강빈을 사사한 후에 인조는 강씨에게 동정적이거나 그가 억울한 죽음을 당했다고 누구라도 신원할 조짐이 보일 것을 의심하며 김자점에게 다음과 같이 말을 했다.

> 반정한 뒤부터 언제나 **붕당**의 화가 반드시 나라를 망하게 할 것이라고 염려하였기 때문에 내가 타파하려고 하였지만 할 수가 없었다. **파당을 짓는 폐단**(樹黨之弊)이 요즈음 더욱 심하여 나랏일이 이미 구제하기 어려운 지경에 이르렀다. 어떻게 해야 하겠는가?[183]

강빈 사사에 반대하거나 그를 신원하려는 사람들을 **강당**姜黨이라고 칭하고 파당을 지어 나라를 구렁텅이로 이끈다고 역설했다. 인조는 강빈을 구원하려는 집단세력, 바로 서인집단의 결집을 경계했다. 광해군의 몰락은 대북파의 독주와 전횡으로 초래되었다는 것을 누구보다도 잘 알았던 인조는 일체의 붕당이나 당론을 배격하고자 했고 서인의 독주를 경계했다. 소현세자가 죽자 인조는 자신의 후계구도를 염려했다. 만약 병약한 어린 원손이 왕위에 오른다면 어떻게 될까? 원손은 1636년생으로 아버지 소현세자가 죽었을 때 10살이었다. 당시 인조는 지속적으로 건강상에 문제가 있었다. 자신의 사후 병약한 어린 원손이 즉위할 경우 서인집단의 전폭적인 지지를 받고 있는 강빈이 왕대비로서 수렴첨정을 하게 될 것과 이어질 외척의 발호와 서인집단의 전횡을 우려했을 것이다.

인조는 며느리 강빈을 죽이고 손자들까지 죽음으로 내몰며 잔혹한 옥사를 치른 뒤에 편치 못한 심신이 어딘가에 남겨진 강빈의 저주에 의한 것이라고 믿었던 것 같다. 일각에서는 반대로 강빈의 억울한 옥사로 인해서 기상이변이 일고 왕의 심신이 편치 못한 것이라고 하며, 강빈의 옥사와 연루되어 옥에 가둔 신하들과 강빈의 세 아들을 석방하라는 건의를 했다.[184]

인조 26년(1648) 인조의 건강에 이상이 생기며 번침을 자주 맞는데 역시 저주와 관련을 짓고 있다 내의원도제조로 입시했던 김자점이 풍속의 금기禁忌에 저주를 한 곳에는 절대로 왕래해서는 안 된다며 창경궁에는 거동하지 마시라고 아뢰자 인조가 그 말을 따랐다.[185] 이처럼 인조 자신은 물론 인조의 질병을 치료했던 의료진이나 신료들은 인조의 질병이 저주에 의한 사기邪氣 때문이라고 믿었다. 따라서 인조는 사기를 퇴치하는 데 효과가 있다는 번침을 애용했고, 왕의 의료진이나 신료들은 사기를 피해서 궁궐을 옮기도록 왕에게 권했다. 무엇보다도 인조 자신이 번침을 시술 받고 상당한 효과를 보았기 때문에 애용하였다 『인조실록』에서는 이러한 사실에 대해 다음과 같이 기록하였다.

> 상이 오랫동안 질병을 앓던 중 대궐 안에 마침 저주의 변고가 있자 이형익이 사악한 빌미를 다스릴 수 있다는 이유로 번침을 놓아드렸는데 이것이 약간 효과가 있어 마침내 총애를 받아서 상사賞賜한 것을 이루 다 기록할 수도 없었다.[186]

왕의 병을 담당했던 의료진이나 일부 신료가 질병 치료의 목적으로 번침을 권하였지만 인조가 번침을 애용하자 이러한 치료법에 대한 비판적인 견해 또한 많았다. 번침에 대한 비판적인 견해는 바로 인조의 질병에 대한 인식과 치유방법에 대한 이견異見이기도 하다.

인조 10년(1632) 왕의 병이 궁중저주로 인한 사술邪術 때문이라고 의심하자 예조 참의 이준이 비판적인 상소를 올렸다. 이준은 상소에서 의심이 많으면 병이 깊숙한 안방까지 들어온다고 하며 임금의 병이 저주 때문이라고 여기는 것은 지나친 생각이라며 시 한수를 지어 올렸다.[187] 따라서 이형익과 반충익같이 번침을 놓아 병을 치료한다는 침의에 대해 매

우 비판적이었다. 내의원에서 침술로 유명한 반충익을 불러들였을 때 사론을 보면

　　반충익은 음성陰城의 촌의村醫이다. 이형익과 서로 수작하여 날마다 요사스러운 말을 올려 주상의 의혹을 초래하였으니, 이것이 누구의 허물인가. 대체로 제왕帝王이 병에 걸리는 것은 기욕嗜欲을 절제하지 못한 데에서 연유하는데, 오직 약을 가까이하며 심성心性을 수양하여 원기를 점차 완전해지게 하고 영위榮衛를 충실하게 한다면, 저절로 치료가 되는 경사가 있게 될 것이다. 그런데 어찌하여 사질邪疾이라고 하면서 요괴妖怪한 무리들을 널리 불러와 망령되이 번침燔鍼을 놓게 한단 말인가. 가령 만일 사수가 있다 하더라도 그것을 다스리는 방도는 마땅히 정도正道로 해야 할 것이지, 어찌 사술邪術로 사수를 다스리게 하면서 능히 그 효험을 바랄 수 있겠는가? 일반 신하들이 마음속으로 은근히 걱정하지 않는 이가 없었는데, 대신과 대간도 감히 한 마디도 말을 하여 구제하지 못했으니, 어찌 진실로 안타까운 일이 아니겠는가!188)

라고 비판했다. 인조 25년(1647) 창경궁에서 저주의 변고가 발생하여 창덕궁으로 옮기려고 수리를 명했는데 이에 대해 사관史官의 사평史評에서도

　　흉물을 묻은 그날의 일이 참 이상도 하다. 현재 임금이 계시는 창경궁의 대내뿐만 아니라 인경궁과 경덕궁에까지 모두 흉물이 묻혔다고 했는데 이번에는 또 세자의 궁에서 파낸 흉악하고 더러운 물건이 더욱 많아서 이런 영선營繕(궁궐을 수리함)하는 일이 있게 되었다. 만약 귀신이 파묻지 않았다면 어찌 네 궁안에다 여기저기 흉물을 묻을 수 있겠는가.189)

라고 하여 궁궐에 저주한 물건이 그렇게 여러 곳에서 많이 발견되었다는

것에 의구심을 보이고 있다.

내의원 제조 조경은 왕에게 병이란 모두 마음에서부터 일어나는 것이기 때문에 평온한 마음과 안정된 생각을 하고 올바른 것으로 사특함을 제어한다면 의약을 쓰지 않아도 효험을 볼 수가 있다고 했다. 또 의심을 버리고 마음을 편안하게 한다면 비록 병중에 있다 하더라도 실로 걱정할 것이 없다고 아뢴다.[190] 조경의 말은 왕이 자신의 질병을 저주 때문이라고 의심하고 있고 이러한 의심을 풀지 못하는 마음의 병이 오히려 병인病因이 되고 있다는 지적이다.

인조의 질병을 진단하고 치료하는 과정에서 이와 같이 서로 다른 주장이 나타나는 것은 조선시대 전통적 질병관과 주자학을 근간으로 하는 사상이 충돌하는데서 기인한다. 17세기 이후 대두한 사림士林 세력은 주자학의 이기심성론理氣心性論과 수양론修養論을 궁구하면서 수기修己를 강조했고 이러한 사상을 관료는 물론 군주君主에게도 강요하였다.[191] 주자학적 소양을 바탕으로 했던 의관이나 신료들은 기존의 침술과는 다른 이형익의 번침술을 괴이한 침술로 배척하며 질병을 다스리는 것도 마음의 수양에 달려있다고 강조했다.

하지만 인조가 번침에 의존했던 것은 이 침을 맞고 상당한 효과를 보았기 때문이다. 침과 뜸이 결합된 이형익의 번침술이 인조의 내한증內寒症과 마비증세를 다스리는데 실제 효과가 있었다.[192] 또 전쟁의 굴욕적인 패배와 청나라로부터 계속되는 압박으로 인해 지속적인 스트레스를 받아 경직된 인조의 몸에 번침이 기혈氣血의 순환을 도와 스트레스를 완화시켰을 수도 있다. 잦은 번침의 시술을 염려하여 드물게 인조가 평침平鍼을 맞기도 했지만 평침이 별로 효과가 없다며 인조는 바로 다시 번침 시술을 받았다. 인조는 이형익이 팔이 아프다든가 하는 특별한 경우를 제외하고는 대부분 이형익에게 번침을 맞았다.

인조 23년(1645) 소현세자가 영구 귀국한 후 병세가 위중해질 때 이형익이 투입되었다. 이미 언급한대로 이때 인조도 연일 이형익에게 침을 맞았다. 소현세자에게 이형익을 보낸 것은 소현세자의 치료를 위한 최대의 배려였을지도 모른다. 그런데 소현세자 사후에 이형익을 잡아다가 국문鞠問 해야 한다는 논의가 계속되었다. 국문에서는 피의자나 죄인에게 자백을 받기 위해 견디기 어려운 고문이 가해진다. 국문을 받는 동안 사람들은 고문을 견디지 못하고 종종 죽음에 이른다. 이형익을 절대적으로 신임하고 그의 치료에 의존하는 인조로서는 이형익에게 국문을 하라는 신하들의 청을 받아들일 수 없었다.

특히 대사헌 김광현이 이형익의 죄를 강력하게 논하자 인조는 세자빈 강씨 집안의 사주를 받아서 그런다고 생각해서 매우 분노했다. 강빈의 남동생 강문명이 김광현의 사위였기 때문에 그를 극도로 미워했다고 한다.[193] 인조는 김광현이 강빈을 비호하고 훗날을 도모할 기반으로 삼지 않을까 의심했다.[194] 김광현은 김상용의 아들이다. 김상용과 그의 형 김상헌은 모두 서인을 대표하는 인물로 인조반정 후에 요직을 두루 거쳤다.

죽음 앞에 선 왕

인조는 죽음이 목전에 이르렀을 때까지 이형익에게 번침을 맞으며 희망을 걸었다. 인조 27년(1649) 5월 1일 약방이 문안하자 왕은 한질寒疾에 걸렸지만 별 것 아니라고 가볍게 생각했다. 하지만 열이 나고 땀을 흘리며 몸에 은진癮疹(두드러기) 증상이 있자 약방에서는 가볍게 여기지 않고 이형익과 박군 등 여러 어의에게 왕의 증상을 논의하게 했다. 이형익은 증세를 듣고 이전에 앓던 병이거나 학질 또는 풍사風邪에 감염될 수 있다며 직접 진찰해야 정확히 진단을 할 수 있다고 했다. 진찰 후에 감기증세라고 진단하고 열을 내리기 위해 건갈乾葛과 황금黃芩을 가미한 인삼강활탕을 처방했다. 하지만 약방에서는 이날 다시 학질일지도 모른다며 찬 것을 드시지 마시라고 했다. 5월 2일 약방에서는 풍사에 감염된 열학熱瘧이라고 진단했다. 열학은 더위가 성하여 열이 많이 나 학질이 된 것이라고 해서 서학暑瘧이라고도 한다.[195]

인조는 이날 구미청심원을 3알 먹었다. 이형익이 학질은 침을 놓아서 속히 치료해야한다고 하여 다음 날 침을 놓겠다고 했다. 5월 3일 왕은 번열로 밤새 잠을 제대로 못 잤다고 했다. 이날 이형익에게 침을 맞고 생맥산을 달여 올렸다. 5월 4일 왕은 증세가 여전하고 두드러기가 성하다며 두드러기를 치료하는 약을 어의들에게 의논하게 했다. 약방에서는 이형익과 상세하게 의논한 뒤에 다음날 침을 맞고 열이 심할 때 우황청심원과 구미청심원을 드시라고 했다. 5월 5일 해가 뜨기 전에 이형익에게 침을 맞았다. 5월 6일에는 어의들이 처방한 탕약을 모두 복용했고 침을 맞았는데도 증세는 호전이 되지 않았고 고열이 계속되었다. 이날 약방에서 왕의 소변 색이 붉고 탁한 것은 열이 내리는 징조라며 기쁘고 다행스럽다고 하였다.[196]

5월 7일 오후 2시 즈음 왕의 몸에 한기가 좀 있더니, 오후 4시경에 몸에 두드러기가 다시 성해졌다. 오후 6시 전후해서 왕의 몸에서 한기가 좀 가시자 의관들은 학질 증세가 곧 그칠 것이라고 했다. 하지만 왕의 증세가 심상치 않자 온 조정 신하들이 걱정며 시약청을 설치하시라고 청했다. 시약청은 왕의 병세가 위중할 때 임시로 특설했던 부서로 내의원의 의관 외에 의약에 능통한 중신까지 참여시켜 증세에 맞는 투약과 치료

등을 담당했다. 그런데 신하들의 걱정과는 달리 인조는 폐단이 있으니 설치하지 말라고 했다.[197]

얼마 안지나 왕의 상태는 위독해졌고 약방의 도제조 이하 관원이 모두 창경궁 희정당 동쪽 뜰에 입시하였다. 구급약인 청심원·구미청심원·소합원·죽력竹瀝·생강즙·동변童便·계란 등을 희정당 뒤뜰에 놓고 복용하기를 기다렸다. 밤 8시 즈음 의관 박태원이 나와 주상이 열이 매우 높고 숨이 가쁘며 목구멍에서 가래 끓는 소리가 들리고 눈동자가 위를 향하고 양손에 맥이 매우 미약하다고 했다. 즉시 생강즙을 탄 죽력으로 구미청심원을 복용시키고 월경수月經水를 붉은 색 잔으로 복용하게 했다. 잠시 인조가 정신이 들자 세자(효종)가 가까이 다가가 "소신이 누구입니까?" 물으니 "내가 비록 병이 들었으나 어찌 너를 모르겠느냐. 너는 세자다."라고 했다. 인평대군이 다시 똑같이 묻자 "너는 인평이다."라고 답을 했다. 자정을 넘겨서 왕이 코를 골고 안정적으로 잠이 들자 세자가 늙고 병든 대신들이 밤을 새우면 몸이 상할까 염려된다며 물러가 쉬도록 했다.[198]

5월 8일 인조는 밤새 가쁜 숨을 몰아쉬며 괴로워했지만 새벽에 두 번 소변을 보았다. 약방에서는 열이 내린 징후라며 조금 안도하는 분위기였다. 약방에서 다시 증세가 심상치 않으니 그때그때 즉각적으로 대처할 수 있게 시약청을 설치하시라고 인조에게 청했으나 폐단이 있다며 설치하지 말라고 했다. 하지만 오후 3시경 왕의 증세가 위독해지자 죽력·청심원·동변 등을 연이어 들었다. 대변을 보지 못한 왕의 복부가 부풀어 오르자 세자가 조자정皂子錠을 쓰도록 했고 조자정을 쓰니 바로 대변이 나왔다. 이어서 세자는 야건수野乾水도 써보고 싶다고 하자 약방제조와 어의들이 모두 안 된다고 했다. 이 약이 지금 처음 쓰는 것이 아니라

전에도 편찮으실 때 이미 사용했고 후회가 없도록 하겠다며 세자가 쓸 것을 명했다. 약방제조가 한 그릇을 들였다. 의관들이 조협皂莢과 반하半夏를 콧속으로 불어넣었더니 재채기를 하려다가 성공하지 못했다. 입시한 의관이 황망히 나와서 이미 맥박이 미약하고 출입하는 의관을 알아보지 못하시니 약을 드시더라도 도움이 되지 않는다고 했다.[199]

인조는 이날 저녁에 운명했다. 초저녁 왕이 위독해지자 경덕궁에서 왕비를 모셔오도록 했다. 장렬왕후가 경덕궁에서 창덕궁의 돈화문을 거쳐 대조전大造殿으로 황급히 들어갔을 때는 울부짖는 곡성이 들렸다. 왕비가 도착해서 목도한 것은 배와 수족이 뚱뚱 부은 채 막 운명한 왕의 주검과 그 곁에서 통곡하는 세자였다. 단지斷指를 한 세자의 손가락 사이로 피가 뚝뚝 흘러내렸다.[200]

인조의 임종 순간을 보면 놀랍게도 현대사회에서 죽음을 맞이하는 방식과 매우 흡사하다는 사실을 알 수 있다. 죽음 앞에서 당당할 수 있는 사람이 얼마나 될까? 죽음이 목전에 와도 우리는 죽음을 필사적으로 거부한다. 돌연사나 사고사가 아닌 경우 대개는 요양병원이나 병원 중환자실로 가서 의료시술을 하고 연명장치를 몸에 주렁주렁 한 채 꺼져가는 생명을 붙잡는다. 조선 왕실에서 왕의 죽음이 임박할 때 갖가지 구급약과 구급처방이 동원된다. 일반적으로 많이 사용된 구급약 청심원과 소합원 외에 위독한 인조에게 처방한 구급약재를 통해 의관들이 진단한 왕의 병증과 왕의 마지막 모습을 살펴보자.

먼저 죽력과 생강즙의 사용이다. 중환자의 경우 가래를 뱉어내지 못해서 음식물이나 약을 삼키기가 어렵다. 열을 내리고 가래를 제거하기 위해 약을 죽력과 생강즙에 타서 마시게 하거나 약 가루를 죽력으로 반죽

해서 환으로 지어 복용케 했다.[201]

다음은 계란이다. 계란을 어떤 약재로 사용했을까? 계란의 몇 가지 의학적 효용과 처방을 보자. 심통心痛에 계란을 식초와 섞은 후에 데워서 복용했다. 심통은 각각 통증을 느끼는 부위에 따라서 비脾·위胃·신腎·적積·궐厥·진眞 6가지가 있는데 그중에 위심통은 배가 부풀어 오르며 가슴통증을 느끼는 증상이다.[202] 진심鎭心 즉 심을 진정시킬 때도 계란을 사용했다. 계란 흰자를 복용하면 가슴 한가운데인 명치에 잠복한 열을 없앨 수 있다고 한다.[203] 전후풍纏喉風으로 갑자기 목구멍이 막히는 급후폐急喉閉를 치료하는데도 계란을 썼다. 전후풍은 처음에는 오한과 발열이 있고, 목젖이 붓고 아프며 가래가 끓어올라 호흡이 곤란한 병이다. 증세가 심해지면 목 주변은 몰론 귀 옆에서 턱 아래까지 부어올라 숨이 가빠지다가 갑자기 목구멍이 부어올라 기도가 막히면 질식사 할 수 있는 위험한 병이다. 백반가루에 오골계 알의 흰자를 고루 섞어 목구멍에 넣어주면 즉시 효과가 있다고 한다.[204]

동변童便은 어린 사내아이의 소변이다. 동변은 한의학에서 다양한 병증을 치료하는데 사용했다. 그중에서 오래된 기침으로 목소리가 나오지 않을 때 썼다. 동변은 또 화기를 내리는데 효과가 있어 따듯하게 데워 마시는 것이 효과가 좋다고 한다.[205]

월경수月經水는 여성의 생리혈이다. 월경수는 허로虛勞로 살이 마르고 거의 죽게 된 사람을 치료할 때 썼다. 허로는 심신이 허약해지고 피로한 상태나 장부와 기혈이 허약해진 증후들을 말한다.[206] 그중에도 처녀의 첫 번째 월경수인 홍연紅鉛은 기혈이 쇠약해져 담화痰火가 상승해 생기는 허로증, 중풍으로 반신불수가 되거나 목소리가 나오지 않을 때 처방했다.[207] 은진(두드러기)에는 청심원을 월경수에 개어 먹이면 효력이 아주

좋다고 한다.[208]

야건수野乾水는 야인건수野人乾水라고도 한다. 들판에 사람이 눈 마른 똥(野人乾)을 약성이 남게 태워 따뜻한 물에 담가 생긴 즙이나 그것을 밀가루처럼 곱게 갈아서 바로 떠온 맑은 물에 타서 복용한다. 상한열병傷寒熱病으로 말을 횡설수설하거나 인사불성이 된 경우 또는 발열과 발광할 때에 처방했다.[209] 야건수는 열병에도 효과가 탁월하다고 했다.[210] 야건수는 그야말로 사람의 마른 똥을 불에 태운 후에 물에 갠 똥즙이나 가루를 내서 물에 탄 똥가루 주스다.

인조는 죽기 일주일 전에 단순한 한기를 느꼈고 몸에 발진이 생기자 한기로 인한 단순 감기라고 생각했다. 다시 학질이라고 진단하고 침을 맞고 열을 내리는 약을 복용하기 시작했다. 시간이 경과하자 인후염으로 목이 붓고 가래가 끓어 기도가 막혔고, 변비로 복부가 부풀러 올랐으며 온 몸에 두드러기가 성해지고 의식을 잃었다가 잠시 의식이 돌아오기도 했다. 임종 때 동원된 구급약재는 대부분 고열을 다스리는 것들이다. 마지막 순간 세자가 야건수를 쓰려고 하자 약방과 의관들이 반대했다. 야건수는 민간에서나 썼지 왕실에서는 꺼리고 쓰지 않았던 처방으로 보인다.

훗날 정약용은 월경수와 야건수에 대해 이렇게 얘기했다. 우리 풍속에 "월경수가 열을 내리는데 효과가 있다고 사람들이 많이 사용하는데 병이 없는 여인의 월경을 구하기도 어렵고 찌는 여름에는 상하기 쉽고 냄새도 역겨우니 결코 사용해서는 안 된다. 옛날부터 내려오는 처방이 효과가 있다는 증거도 없다."고 했다.[211] 또 우매한 풍속에 병이 나면 똥 먹기를 좋아하는데 똥에 대해 잘 모르니 탄식할만하다고 했다.[212]

의관들도 왕에게 야건수 쓰는 것을 반대했는데 세자가 전에도 쓴 적이 있고 후회 없이 써보겠다며 야건수를 쓰도록 명한 것을 보면 인조가 야건수를 이전에도 복용했음을 알 수 있다. 세자가 야건수를 쓰겠다고 고집하자 의관들은 왕의 코에다 조협皂莢과 반하半夏 가루를 불어넣었다. 조협皂莢은 조각皂角 또는 조자皂子라고도 하는데 주엽나무(또는 조각자나무라고 함)의 열매로 변비치료제로 쓴 조자정이 바로 이 열매로 제조한 것이다.

『의림촬요』에 보면 중풍으로 어금니가 꽉 물려있어 열리지 않을 때 반하半夏와 조각皂角 가루를 갈대 줄기를 이용해 콧속에 불어 넣은 구급처방이 있다.213) 『동의보감』에는 조협가루의 사용에 대해 좀 더 구체적으로 나온다. 중풍이나 상한傷寒으로 인사불성에 입을 꼭 다물고 있는 사람의 코에 조협가루를 불어넣거나, 가루를 종이에 싸고 심지를 만들어 종이에 넣은 다음 심지를 태우면 나는 연기를 코로 들어가게 한다. 이렇게 해서 재채기가 나오게 하고 의식이 돌아오게 하는 약재이다. 재채기가 나오지 않으면 더 이상 치료할 수 없는데 이미 호흡이 끊어진 것이라고 한다.214) 세자는 이미 의식이 없는 부왕에게 야건수를 써서라도 꺼져가는 목숨을 붙잡으려고 했다. 인조는 마지막 순간 의식을 잃은 채 어금니를 악물고 있어 야건수를 삼킬 수 없는 지경에 이르렀다. 그런 부왕의 입을 벌려 야건수를 마시게 하자 의관들은 조협과 반하가루를 코에 불어넣었고 잠시 재채기를 하다가 숨을 거두었다.

세자는 최후의 수단으로 단지斷指를 했다. 조선시대 민간에서 부모님의 병을 낫게 하기 위해 넓적다리 살을 베어 드리거나 손가락을 끊어 피를 드시게 하는 할고割股와 단지斷指 행위가 효행으로 칭송받았다.215) 하지만 왕실에서 실제 이런 행위를 한 왕족은 거의 찾을 수 없다. 그러므로 세자가 후일 왕으로서 효종孝宗이란 묘호廟號를 받게 된 것은 당연한 귀결일 것이다.

_ 창덕궁 돈화문을 나서며

　인조는 인조 27년(1649) 5월 8일 저녁 창덕궁 대조전에서 운명하였다. 조선시대 왕의 병이 위중해지면 특별히 임시 의료기관인 시약청을 설치했다. 내의원은 인조가 운명하기 하루 전날과 숨을 거둔 날에도 시약청을 설치하시라고 청했지만 인조는 폐단이 있다며 두 번 다 거절했다. 죽음이 목전에 왔는데도 왕은 자신의 병이 시약청을 설치할 만큼 중병도 아니고 죽을병도 아니라고 생각한 것 같다. 마지막 순간까지 왕은 죽음을 외면한 채 이미 부서져 날 수 없는 양 날개를 퍼덕이며 다시 비상할 수 있을 것이란 헛된 욕망을 품은 것은 아니었을까?

　인조는 집권 중반기인 인조 10년부터 죽기 바로 전인 인조 27년 5월까지 질병에 시달릴 때마다 번침술이란 침술을 선호했다. 번침술은 사기邪氣를 퇴치하는데 효능이 있다고 한다. 번침술의 애용은 왕을 저주한 사건으로 의심받은 인조대의 3차례 궁중저주사건과 불가분의 관계가 있다. 사기란 귀신이 빌미가 되서 생긴 병이라는 사수邪祟와 같은 의미로도 쓰인다. 사기 즉 사수의 발원이 바로 궁중에서 발생한 왕을 저주한 사건 때문이라고 믿었다. 저주에 의해 병이 발생했다고 믿는 질병관에 대해 인조 당시에도 비판적인 견해가 있었다. 하지만 인조 자신이 번침 시술받고 실제 심신에 상당한 효과를 보았기 때문에 번침술을 애용하였다. 우선 인목대비의 상장례를 치르면서 몸의 마비 증세나 냉증으로 고생한 인조에게 번침술은 효과가 있었다. 병자호란의 굴욕적인 패배와 청나라로부터 계속되는 압박을 받았던 인조에게 번침은 스트레스를 완화시키는 데도 상당한 효과가 있었던 것 같다.

이러한 심신의 효과 외에 나는 인조의 번침술 애용이 **칭병술**稱病術과도 상관이 있다고 생각한다. 병자호란 이후 청나라는 조선을 통제하고 압박하는 수단으로 사신을 보내 무리한 요구를 하거나 인조에게 청나라 조정에 들어오라는 입조론入朝論을 내세웠다. 인조는 이럴 때 청의 사신에게 자신이 질병에 시달리고 있어 거동이 어렵다는 것을 내세워 청나라의 요구를 회피하려고 했다. 청나라에서는 인조의 병이 꾀병이 아닌지 의심했다. 큰 병이 있어 침을 맞고 뜸을 계속 뜬다고 하자 청의 사신은 직접 그 상처를 보여 달라는 무례하기 짝이 없는 요구까지 한다. 번침이나 뜸은 몸에 열을 가하는 침구술로 지속적으로 시술을 받은 인조의 피부에는 상처가 뚜렷하게 남았다. 인조는 일국의 왕으로서 청의 사신에게 옷을 벗어 환부를 보여주면서까지 꾀병이 아니라는 것을 증명해야만 했다.

이처럼 굴욕을 참으면서 유지한 보위를 소현세자 사후에 원손이 아닌 둘째아들 봉림대군에게 계승시키고자 했다. 이런 후계구도를 위해 소현세자빈 강씨(강빈)를 제거했다. 며느리 강빈에게 사약을 내리고 손자들까지 사지로 유배 보내서 죽음을 맞게 하는 '강빈 옥사'라는 비상수단을 동원했다. 이 잔혹한 옥사를 단지 국왕 인조의 개인적 권력욕이나 잔인함으로 치부할 수 있을까? 조선시대 정치의 큰 특징인 붕당정치사의 관점에서 보면 인조가 붕당정치의 폐해를 최대한 막고자 했다는 점을 간과해서는 안 된다.

광해군의 몰락은 대북파의 독주와 전횡으로 초래되었다는 것을 누구보다도 잘 알았던 인조는 일체의 붕당이나 당론을 배격하고자 했고 서인의 독주를 경계했다. 그러므로 집권 초기부터 정치세력 간의 균형을 위해 당색을 고려하여 인물을 등용하고 붕당으로 인한 폐단을 없애고자 했으며 남인도 중용했다. 이러한 정책이 순탄하게 진행된 것은 아니다. 당초 인조는 남인 윤의립의 딸을 세자빈으로 삼고자 했으나 서인 공신집단의 강력한 반대에 부딪혀 서인이 지지한 강석기의 딸을 세자빈으로 맞이해야만 했다.

소현세자가 죽자 인조는 자신의 후계구도를 염려했다. 만약 병약한 10살의 어린 원손이 왕위에 오를 경우 서인집단의 전폭적인 지지를 받고 있는 강빈이 왕대비로서 수렴첨정을 하게 되고 이어질 외척의 발호와 서인집단의 전횡을 우려했다. 따라서 인조가 궁중저주사건을 빌미로 잔인하게 강빈과 어린 손자까지 제거한 것은 소현세자 사후에 차남인 봉림대군을 세자로 세우면서 후계자 구도를 공고히 하기 위한 비상조치였다고 생각한다. 이는 태종이 아들 세종에게 양위한 후에 세종의 비 소헌왕후의 친정아버지 심온과 숙부 심정 등 심씨 일족을 제거하여 외척의 전횡을 미연에 방지하고자 했던 조치와 같은 맥락으로 생각해 볼 수도 있다.

강빈은 숙종 때 이르러 신원되었다. 그렇다면 왜 숙종 때에 이르러 강빈이 신원되었을까? 강빈의 신원을 통해서 조선시대 붕당정치의 한 단면을 적나라하게 확인할 수 있다. 효종 때 이미 강빈의 억울함을 신원하고자 하는 움직임이 있었다. 효종 3년(임진년, 1652) 홍문관 부교리 민정중이 재해문제로 상소하면서 강빈의 원통함을 호소했다. 그는 형제의 인륜은 하늘에 근본 한 것이니 속히 원한을 풀고 구천에 있는 영령을 위로하여 재앙과 악한 기운을 이완시키시라고 청했다. 당시 심각했던 자연재해를 억울하게 죽어 구천을 떠도는 강빈과 그 자녀들의 원혼과 연관 짓고 있다. 이들의 한 맺힌 원한을 풀어주고 부끄러운 일을 씻어내어 영혼을 위로한다면 재해와 악한 기운이 완화될 것이라고 했다. 효종은 이날 민정중을 불러서 강빈이 심양에 있을 때 매우 흉악하고 음험한 행위를 많이 했다고 했다. 한 예로 심양에서 다락에 둔 탁자를 받쳐 놓은 나무 조각에서 싹이 돋았다는 데 그 나무를 강빈이 조선으로 가져왔다. 소현세자 상을 당했을 때 강빈은 곡을 하면서 그 나무가 신기한 상서祥瑞라고 가져왔는데 도리어 재앙이 되었다고 했다는 것이다. 효종은 세자빈의 자리에 있으며 상서를 바란다는 것이 과연 무슨 마음이란 말인가?라고 반문했다.[1]

바로 강빈이 심양에서부터 반역을 꾀하려는 역심이 있었다는 의미이다. 효종은 역적 강姜의 죄는 의심할 여지가 없다고 했다. 역적 강의 일을 조정에 다시 아뢰는 자는 **역당**逆黨으로 논하고 **부도**不道의 죄로 논할 것이라며 금령禁令을 내렸다.[2] 부도不道란 십악대죄十惡大罪에 해당하는 중죄이다. 다시 강빈의 신원을 논할 겨우 부도不道 죄로 다스리겠다고 엄중한 경고를 했다.

이와 같은 왕의 엄중한 경고에도 불구하고 효종 5년(1654) 7월 7일 황해감사 김홍욱이 강빈 옥사에 의심스러운 점이 많고 강빈이 폐위된 것은 억울한 일이라고 상소문을 올렸다. 효종은 이 상소문을 보고 모골이 송연해진다고 하며 임진년(효종 3년, 1652)에 내린 금령에 따라 금부도사를 보내 김홍욱을 체포해오도록 했다. 효종은 끌려온 김홍욱을 창덕궁 인정문에 나가 직접 심문했다. 금부에서 심문을 받던 김홍욱은 효종 5년 7월 17일 곤장을 맞다가 죽었다. 효종은 김홍욱의 관직을 삭탈하고 그의 자식과 가까운 친속은 대대로 조정의 반열에 서지 못하게 하였다. 송시열이 효종과 독대할 때 조용히 강빈의 일을 아뢰니 효종이 "이는 우리 집안일이므로 내가 상세히 알고 있으니, 경은 모름지기 내 말을 믿으라."

고 하자 송시열이 더 이상 언급하지 못했다[3]고 한다.

숙종 44년(1719)에 이르러 강빈의 명예가 회복된다. 잘 알려진 대로 숙종은 3차례의 환국換局으로 집권세력을 갈아치우고 정국을 급변시켰다. 숙종 6년(1680) 경신환국으로 남인 세력이 붕괴되고 서인 세력이 정권을 장악했다. 숙종 15년(1689) 기사환국으로 서인을 실각시키고 남인을 중용하였다. 숙종 20년(1694) 갑술환국으로 남인은 다시 실각했다. 이때 남인의 지지를 받고 왕비의 자리에 올랐던 경종의 생모 희빈 장씨가 다시 희빈으로 강등되었다가 숙종 27년(1701) 사사된다. 갑술환국으로 서인이 다시 실권을 잡는다. 비록 서인이 자체 분열되어 분파가 생기지만 갑술환국 이후 서인 천하가 된다. 강빈이 신원된 시점이 갑술환국 이후라는 점이 시사하는 바가 크다.

숙종이 강빈에게 '민회'라는 시호를 내릴 때 시책문을 보면 구천九天의 원한을 풀어 주기 위함이라고 했다.[4] 서인의 딸인 강빈의 원혼을 풀어주기 전에 남인의 딸인 장희빈이 구천을 떠도는 원혼이 되었다는 것을 어떻게 해석해야 할까? 또 강빈을 신원했던 서인 민정중의 조카딸(민정중의 형 민유중의 딸)이 숙종의 계비 인현왕후가 되었고, 곤장을 맞고 죽은 서인 김홍욱의 현손녀가 영조의 계비 정순왕후가 되었다는 것을 또 어떻게 해석해야 할까?

이제 나는 조선의 16대왕 인조의 죽음을 뒤로 하고 창덕궁 돈화문을 나서려고 한다. 인조가 오늘날 우리 심중에서 대왕의 반열에 올릴만한 조선의 왕은 아니다. 하지만 인조의 종통을 이은 후대 왕들은 인조를 창업군주에 버금가는 **중흥조**中興祖로서 자리매김하고 있다. 인조의 출생에 관한 기록을 보면, '붉은 용', '한 고조의 상相과 같다.'는 등 창업군주의 탄생을 신비화하는 상서祥瑞 고사가 나온다. 이러한 상서고사는 바로 **중흥**中興이라는 상징성을 내포한 것으로 인조정권의 정체성과 관련이 있다. 효종은 창업한 군왕이나 공적이 큰 왕에게 붙이는 조祖를 고집하며 신하들의 반대를 무릅쓰고 부왕의 묘호를 '**인조**'仁祖로 관철시켰다. 영조는 인조가 즉위한 경운궁의 건물에 특별한 의미를 부여한 **즉조당**卽阼堂이란 당호를 남겼다. 즉조당이 다시 역사의 무대가 된 것은 조선의 마지막 왕 고종 때이다. 고종은 대한제국을 선포하고 즉조당(당시 태극전)에서 황제 즉위조서를 반포하였다. 고종 또한 경운궁 즉조당에서 조선의 중흥이란 꿈을 꾸지 않았을까?

주석

덕수궁 돌담길을 걸으며

1) 『春秋左傳』成公13年, "國之大事, 在祀與戎.", 『國語』(四部叢刊初編本) 魯語上, "夫祀 國之大節, 而節, 政之所成也. 故愼制祀以爲國典."

2) 「인조비 인열왕후의 내조와 실패한 육아」, 『한국인물사연구』18호, 2012년, 225~257쪽.

3) 「인조의 계비 장렬왕후 별궁 유폐고」, 『한국인물사연구』5호, 2006년, 129~158쪽.

4) 「인조 경운궁 즉위의 정치적 의미」, 『한국인물사연구』15호, 2011년, 185~207쪽.

5) 대동철학회 14차 학술대회 「중국 전통시대 여주의 역사」의 발표문을 수정하고 보완해서 같은 제목을 『동아시아의 지역과 인간』, 지식산업사, 2005, 311~334쪽에 게재했다.

6) 발표문 「조선시대 궁중저주와 무녀−인조 효종대의 저주사건을 중심으로」.

1장 인조는 왜 경운궁에서 즉위했을까?

1) 『광해군일기(중촌본)』46권, 광해군 3년 10월 4일·10월 11일.

2) 이긍익, 『연려실기술』(한국고전번역원 고전번역서) 20권, 폐주광해군고사본말−

모비를 폐하고 서궁에 있게 하다.

3) 『인조실록』 1권, 인조 1년 3월 13일, "上擧義兵, 奉王大妃, 復位, 以大妃命, 卽位于慶運宮."

4) 이 부분의 기사는 『광해군일기』 187권, 광해군 15년 3월 12일·3월 13일; 『인조실록』 1권, 인조 1년 3월 13일; 『승정원일기』 1책, 인조 1년 3월 12일·3월 13일 기사를 비교 참조하여 기사를 재구성했다.

5) 『광해군일기』 187권, 광해군 15년 3월 12일.

6) 『승정원일기』 1책, 인조 1년 3월 12일.

7) 『연려실기술』 23권, 인조고사본말-계해정사 "人或有請擊鞫廳者而以先入闕內速定反正之擧爲急故前軍直入仁政殿."

8) 『광해군일기』 187권, 광해군 15년 3월 12일.

9) 신익성, 『대동야승』(한국고전번역원 고전번역서) 수록 『연평일기』, 임술년(1622).

10) 민현구 등, 『朝鮮時代卽位儀禮와 朝賀儀禮의 연구』, 문화재관리국, 1996년, 58~59쪽 참조.

11) 『인조실록』 1권, 인조 1년 3월 13일; 『승정원일기』 1책, 인조 1년 3월 12일·3월 13일; 『대동야승』 수록 『계해정사록』 광해군 15년 3월 12일; 『연평일기』 임술년(1622) 등 참조.

12) 안방준, 『대동야승』 수록 『묵재일기』 1, 反正時事.

13) 이정구, 『월사집』(한국고전번역원 고전번역서) 부록 2권, 행장.

14) 『계해정사록』, 광해군 15년 3월 12일.

15) 『인조실록』 1권, 인조 1년 3월 13일.

16) 『광해군일기』 187권, 광해군 15년 3월 12일; 『승정원일기』 1책, 인조 1년 3월 12일.

17) 『계해정사록』, 광해군 15년 3월 12일.

18) 『묵재일기』 1, 反正時事.

19) 『연려실기술』 23권, 인조조고사본말-계해정사.

20) 『광해군일기』 163권, 광해군 13년 3월 10일.

21) 『연려실기술』 23권, 인조고사본말-계해정사.

22) 김용흠, 『조선후기정치사연구Ⅰ-인조대 정치론의 분화와 통변론』, 혜안, 2006년, 105쪽.

23) 『광해군일기』 187권, 광해군 15년 3월 13일.

24) 이상 『연려실기술』 23권, 인조조고사본말-계해정사.

25) 『세종실록』 59권, 세종 15년 3월 2일; 『세종실록』 102권, 세종 25년 10월 2일.

26) 『계해정사록』, 광해군 15년 3월 12일.

27) 1623년 3월 13일은 양력 4월 12일로 일몰시간은 19시 3분이다.
천문우주지식포털 http://astro.kasi.re.kr/Life/SunriseSunsetForm.
aspx?MenuID=109

28) 『인조실록』 1권, 인조 1년 3월 13일; 『승정원일기』 1책, 인조 1년 3월 13일.

29) 『연려실기술』 23권, 인조조고사본말-계해정사.

30) 『인조실록』 1권, 인조 1년 3월 13일.

31) 현종 전까지는 즉위 의례 절차에서 국보를 전수받으면 '전하' 또는 '상(上)'이라
호칭하였다. 민현구 등, 『朝鮮時代卽位儀禮와 朝賀儀禮의 연구』, 41쪽.

32) 『인조실록』 1권, 인조 1년 3월 13일; 『연려실기술』 23권, 인조조고사본말-계해
정사.

33) 〈표 1〉은 『朝鮮時代卽位儀禮와 朝賀儀禮의 연구』의 「역대 국왕의 즉위 의례」 표
와 『조선왕조실록』, 『연려실기술』을 참조하여 작성했다.

34) 창업군주인 태조의 거론할 필요가 없지만, 정종에게서 선위를 받은 태종의 경우
수창궁에서 즉위한 것은 예외적인 경우라고 할 수 있다.

35) 『문종실록』 1권, 문종 즉위년 2월 19일.

36) 『예종실록』 1권, 예종 즉위년 9월 7일.

37) 『인조실록』 1권, 인조 1년 3월 14일.

38) 『영조실록』 113권, 영조 45년 11월 2일.

39) 『연려실기술』 권23, 인조조고사본말-계해정사.

40) 『광해군일기』 187권, 광해군 15년 3월 13일.

41) 인조즉위에 주도적 역할을 한 공신 세력의 성격을 분석한 이기순에 의하면 공신
의 20.8%가 인조의 친인척이다. 이기순, 『인조·효종대정치사연구』, 국학자료
원, 1998년, 36~54쪽 참조.

42) 나의 논문, 「인조의 원종추숭」, 『호서사학』 36집, 호서사학회, 2003년, 165~
166쪽.

43) 『인조실록』 50권 부록, 인조대왕행장.

44) 『숙종실록』 19권, 숙종 14년 9월 11일, 대행대왕대비행록기.

45) 나의 논문, 「인조의 계비 장렬왕후 별궁 유폐고」, 『한국인물사연구』 5호, 한국인물사연구소, 2006년, 132~138쪽 참조.

46) 『효종실록』 1권, 효종 즉위년 5월 23일.

47) 『효종실록』 1권, 효종 즉위년 7월 2일.

48) 『효종실록』 1권, 효종 즉위년 5월 23일.

49) 조선왕조실록에 의하면 인조 대에 궁호가 바뀌었다가 숙종 대에는 명례궁과 경운궁이란 궁호가 같이 쓰였고 고종 대에 이르러 다시 경운궁이라 칭해졌다.

50) 『영조실록』 113권, 영조 45년 11월 2일.

51) 문화재청 덕수궁, 덕수궁의 역사, http://www.deoksugung.go.kr 참조.

2장 왕의 초석이 된 친할머니 인빈 김씨

1) 『연려실기술』 22권, 원종고사본말-인빈.

2) 신흠, 『상촌집』(한국고전번역원 고전번역서) 24권, 숙의이씨묘지명.

3) 『상촌집』 24권, 숙의이씨묘지명.

4) 『상촌집』 24권, 숙의이씨묘지명.

5) 성산이씨대종회 참조 http://www.seongsan.or.kr/

6) 申用溉, 『二樂亭集』(한국고전번역원 한국문집총간) 卷15, 吏曹參議李公墓碣銘.

7) 숙의 이씨 할머니 나씨의 부친 나세적과 나세찬은 형제이다.
고려대학교 한국사연구소 중세연구소 인적정보열람 http://khistory.korea.ac.kr/korea/genealogy.php 참조.

8) 장유, 『계곡집』(한국고전번역원 고전번역서) 13권, 인빈김씨신도비명.

9) 尹新之, 『玄洲集』(한국고전번역원 한국문집총간) 卷9, 司憲府監察 贈領議政金公墓碣奉 敎撰.

10) 『연려실기술』 제22권, 원종고사본말-인빈, "忠義衛孝性之女"; 尹新之, 『玄洲集』 卷9, 貞敬夫人李氏墓碣奉敎撰, "忠義衛孝性之女".

11) 『상촌집』 제28권, 인빈김씨신도비명, "忠義衛孝誠之女"; 尹新之, 『玄洲集』 卷9, 仁嬪金氏墓誌銘, "忠義衛孝誠之女"; 『璿源錄』, 한국중앙연구원 장서각 한국학자료센터, 왕실족보, 태종대왕종친록.

12) 이미선, 「조선시대 후궁 연구」, 한국학중앙연구원 한국학대학원 박사학위논문,

2012년, 296~297쪽.

13) 『선조실록』 64권, 선조 28년 6월 29일.

14) 『상촌집』 24권, 숙의이씨묘지명.

15) 『선조실록』 40권, 선조 26년 7월 11일.

16) 『선조실록』 189권, 선조 38년 7월 26일.

17) 『영조실록』 85권, 영조 31년 6월 14일.

18) 『계곡집』 13권, 인빈김씨신도비명, "表姊淑儀李氏. 明廟後宮也, 取嬪養于宮中. 仁順王后見而 '異'之. 屬宣祖大王備後庭. 時年十四歲."; 『상촌집』 28권, 인빈김씨신도비명, "表姊李氏爲明廟後宮. 取養于宮中. 時年十四. 仁順王后一見輒異之. 屬宣祖大王備後庭.."

19) 尹新之, 『玄洲集』卷9, 仁嬪金氏墓誌銘, "年十四, 表姊明廟後宮李氏 取養于宮中 仁順王后見而異之 '命'備宣廟後庭.."

20) 『선원록』, 태종자손록 참조; 김일환 외, 장서각 소장 왕실보첩류 목록 및 해제 민속원, 2010년, 300~352쪽 참조; 왕실 족보인 『선원록』은 수정 보완을 거쳐 1681(숙종 7)에 완성되었는데 최종본에는 종성은 9대손까지, 외파는 6대손까지 수록하였다. 이 『선원록』에 의하면 李孝誠은 3남 3녀를 두었다. 그런데 성주 이씨 이첨정과 수원 김씨 김한우와 혼인한 딸의 기록은 보이지 않는다. 왜 누락이 되었는지는 알 수 없지만 상관 인물의 묘지명이나 신도비명을 통해 이효성의 두 딸이 이첨정과 김한우와 혼인했음을 확인했다.

21) 金宇基, 「16세기 중엽 인순왕후의 정치참여와 수렴청정」, 『역사교육』 88, 2003년, 161~177쪽 참조; 임혜련, 「19세기 수렴청정 연구」, 숙명여대 박사학위논문, 2008년, 85~91쪽 참조.

22) 『선조실록』 3권, 선조 2년 7월 18일.

23) 이미선, 「조선시대 후궁 연구」, 165~166쪽.

24) 『光海君私親誌石改修都監儀軌』, 서울대학교 한국규장각연구원 제공 원문자료 DB.

25) 『璿源系譜紀略』(서울대학교 한국규장각연구원) 卷12, 宣祖大王內外子孫錄.

26) 최립, 『간이집』(한국고전번역원 고전번역서) 2권, 귀인 정씨의 묘지명.

27) 이미선은 「조선시대 후궁 연구」에서 당시 후궁은 김씨뿐이라고 했다(140쪽). 하지만 입궁경로를 정확히 알 수 없는 순빈이 순화군을 선조 13년(1580)에 낳은 것으로 볼 때 선조 13년 이전에 순빈이 이미 후궁이었을 것으로 보인다.

28) 『선조실록』 14권, 선조 13년 4월 28일.

29) 정정남, 「壬辰倭亂 이후 南別宮의 공해적 역할과 그 공간 활용」, 『건축역사연구』 18권 4호(통권65호), 2009년 8월, 49~50쪽.

30) 『선조실록』 60권, 선조 28년 2월 11일.

31) 『선조실록』 22권, 선조 21년 2월 24일.

32) 『연려실기술』 14권, 선조조고사본말-신묘년(1591년)의 시사; 鄭澈, 『松江集』 (한국고전번역원 한국문집총간) 別集 卷3, 附錄 -年譜下.

33) 정만조, 「조선시대 붕당론의 전개와 그 성격」, 『조선후기 당쟁의 종합적 검토』, 한국정신문화연구원, 1992년.

34) 『연려실기술』 15권, 선조조고사본말-임진왜란; 『선조실록』 26권, 선조 25년 4월과 5월 해당일 기사 참조; 윤두수, 『후광세첩』(한국고전번역원 고전번역서) 부록, 『후광세첩』과 관련된 인물.

35) 이산해, 『아계유고』(한국고전번역원 고전번역서), 아계 이상국 연보-이공 묘지명.

36) 『연려실기술』 15권, 선조조고사본말-임진왜란 임금이 행차가 서도로 파천가다.

37) 신경, 『재조번방지』(한국고전번역원 고전번역서), 재조번방지 1.

38) 남도영, 「임진왜란시 광해군의 활동 연구」, 『국사관논총』 9집, 1989, 57~62쪽.

39) 『선조실록』 26권, 선조 25년 4월 30일·5월 1일·5월 3일; 박동량, 『기재사초』 (한국고전번역원 고전번역서) 하-임진일록 1.

40) 『선조실록』 26권, 선조 25년 7월 1일.

41) 김장생, 『사계전서』(한국고전번역원 고전번역서) 9권, 송강 정문청공철행록.

42) 『기재사초』, 기재사초 하-임진일록 1.

43) 윤두수, 『오음유고』(한국고전번역원 고전번역서) 부록, 문정공윤공신도비명.

44) 『후광세첩』 3권, 문정공사실-용사호종록.

45) 『후광세첩』 2권, 문정공사적-동서당화록.

46) 『연려실기술』 22권, 원종고사본말-인빈.

47) 『광해군일기(중초본)』 187권, 광해군 15년 3월 14일; 김상헌, 『청음집』(한국고전번역원 고전번역서) 9집 14권, 인열왕후애책문.

48) 이능화 지음·김상억 옮김, 『조선여속고』, 동문선, 1990년, 112쪽.

49) 『계곡집』 11권, 인열왕후장릉지문.

50) 『후광세첩』 2권, 문정공사적-서당화록.

51) 司馬遷, 『史記』 卷55, 留侯世家.

52) 『광해군일기』 17권, 광해군 1년 6월 14일.

53) 『연려실기술』 19권, 폐주광해군고사본말－임해군의 옥사; 차인배, 「朝鮮時代 捕盜廳 研究」, 동국대학교 박사학위논문, 2008년, 53~56쪽 참조.

54) 『광해군일기』 71권, 광해군 5년 10월 29일에는 정사공신(定社功臣)이라고 표기하였다.

55) 『광해군일기』 30권, 광해군 2년 4월 16일.

56) 『광해군일기』 30권, 광해군 2년 6월 11일.

57) 『광해조일기』(한국고전번역원 고전번역서), 광해조일기1, 신해년(1611, 광해군 3).

58) 『연려실기술』 19권, 폐주광해군고사본말－김직재의 옥사; 『계곡집』 11권, 금계군박공묘지명; 『광해군일기』 50권, 광해군 4년 2월 23일 · 2월 28일.

59) 『광해군일기』 52권, 광해군 4년 4월 10일.

60) 『연려실기술』 19권, 폐주광해군고사본말－김직재의 옥사.

61) 『광해군일기』 54권, 광해군 4년 6월 25일.

62) 『광해군일기』 50권, 광해군 4년 2월 13일; 『연려실기술』 19권, 폐주광해군고사본말－김직재의 옥사.

63) 『광해군일기』 71권, 광해군 5년 10월 29일.

64) 『광해군일기』 66권, 광해군 5년 5월 22일.

65) 『광해군일기』 71권, 광해군 5년 10월 30일.

66) 『광해군일기』 94권, 광해군 7년 윤8월 14일.

67) 『연려실기술』 21권, 폐주광해군고사본말－신경희의 옥사와 능창군; 『연려실기술』 22권, 원종고사본말－원종; 이식, 『택당집』(한국고전번역원 고전번역서) 별집 8권, 행장상－정원대원군의 행장.

68) 『연려실기술』 24권, 인조조고사본말－유효립의 옥사.

69) 『광해군일기』 107권, 광해군 8년 9월20일.

70) 『광해군일기』 132권, 광해군 10년 9월 24일; 『연려실기술』 21권, 폐주광해군고사본말－허균이 사형받다.

71) 『연려실기술』 22권, 원종고사본말－원종; 『택당집』 별집 8권, 행장상－정원대원군의 행장.

72) 『광해군일기』 71권, 광해군 5년 10월 29일.

73) 『광해군일기』 71권, 광해군 5년 10월 29일.

74) 『인조실록』1권, 인조 1년 3월 13일.

75) 『인조실록』50권, 인조대왕행장; 『광해군일기』187권, 광해군 15년 3월 14일.

76) 『선조실록』212권, 선조 40년 6월 10일.

77) 『인조실록』7권, 인조 2년 10월 26일.

78) 『인조실록』26권, 인조 10년 3월 10일.

79) 『인조실록』27권, 인조 10년 12월 11일.

80) 『숙종실록』19권, 숙종 14년 12월 24일.

81) 이순자, 『조선의 숨겨진 왕가이야기』, 평단, 2013년, 161~162쪽.

82) 『영조실록』58권, 영조 19년 6월 13일.

83) 『영조실록』58권, 영조 24년 5월 23일.

84) 『영조실록』77권, 영조 28년 6월 17일.

85) 『영조실록』85권, 영조 31년 6월 2일.

86) 『영조실록』85권, 영조 31년 6월 3일 · 6월 21일 · 6월 22일 · 6월 23일.

87) 장을연, 「조선시대 책문 연구」, 한국학중앙연구원 한국학대학원 박사학위논문, 2016년, 40쪽.

88) 이유원, 『임하필기』(한국고전번역원 고전변역서) 14권, 문헌지장편-저경궁.

89) 『영조실록』8권, 영조 1년 12월 23일.

90) 『국조보감』(한국고전번역원 고전변역서) 64권, 영조조 8, 영조 29년.

91) 『영조실록』114권, 영조 46년 2월 23일.

92) 『영조실록』107권, 영조 42년 8월 19일.

93) 『영조실록』108권, 영조 43년 5월 25일.

94) 『영조실록』122권, 영조 50년 2월 29일.

95) 『정조실록』1권, 정조 즉위년 4월 12일.

96) 김동욱, 『종묘와 사직』, 대원사, 1990년, 15쪽과 77쪽 참조.

97) 김일환, 「조선후기 왕실 팔고조도의 성립과정」, 『장서각』17집, 2007년, 6~15쪽.

98) 『승정원일기』3122책, 고종 37년 6월 19일.

99) 이순자, 『조선의 숨겨진 왕가이야기』, 170쪽.

3장 부모님을 왕과 왕후로 높이다

1) 3장은 나의 논문, 「인조의 원종추숭」, 『호서사학』 36집, 호서사학회, 2003년을 저본으로 내용의 상당 부분을 보완했다.

2) 이영춘, 「사계예학가 국가잔례」와 이문주, 「사계예설의 특징」, 『사계사상연구』, 사계·신독재양선생기념사업회, 1991년; 오수창, 「인조대 정치세력의 동향」, 『한국사론』 13, 1985년 8월, 77쪽.

3) 이성무, 「17세기의 예론과 당쟁」, 『조선후기 당쟁의 종합적 검토』, 한국정신문화원, 1994년 재판, 32쪽; 이성무, 『조선시대당쟁사』, 동방미디어, 2000년, 221~222쪽.

4) 이영춘, 『조선후기왕위계승연구』, 집문당, 1998년, 172쪽.

5) 『임하필기』(한국고전번역원 고전번역서) 14권, 문헌지장편-대원군묘.

6) 이성무, 『조선시대당쟁사1』, 동방미디어, 2002년, 209~213쪽.

7) 『인조실록』 권2, 인조 1년 5월 3일 임진; 김장생, 『사계전서』(한국고전번역원 고전번역서) 1권, 사묘(私廟)에서 몸소 제사지낼 때 축문(祝文)에 쓰는 호칭에 대해 논하는 소(疏)-계해 5월.

8) 『인조실록』 권2, 인조 1년 5월 3일.

9) 이영춘, 「潛冶 朴知誠의 禮學과 元宗追崇論」, 『淸溪史學』 7, 1990년.

10) 『인조실록』 권7, 인조 2년 9월 13일.

11) 『인조실록』 권7, 인조 2년 10월 23일.

12) 『임하필기』 14권, 문헌지장편(文獻指掌編), 원종(元宗)의 부묘(祔廟).

13) 『인조실록』 권7, 인조 2년 9월 25일(병자); 이정구, 『月沙集』 61卷, 南宮錄中 大妃殿進豐呈時儀註啓辭 甲子九月.

14) 『인조실록』 권8, 인조 3년 1월 16일 을축.

15) 『孟子』 萬章上, 咸丘蒙問曰, 語云盛德之士, 君不得而臣, 父不得而子. 舜南面而立, 堯帥諸侯北面而朝之, 瞽瞍亦北面而朝之, 舜見瞽瞍, 其容有蹙. 孔子曰於斯時也. 天下殆哉岌岌乎. 不識此語誠然乎哉.

16) 『승정원일기』 10책, 인조 3년 11월 26일부터 29일.

17) 『인조실록』 권10, 인조 3년 12월 4일.

18) 『인조실록』 권10, 인조 3년 12월 12일.

19) 『연려실기술』 22권, 원종고사본말-원종.

20) 『연산군일기』 59권, 연산군 11년 9월 4일.

21) 이행, 『용재집』(한국고전번역원 고전번역서) 10권, 길안현주 이씨 묘지명 참조.

22) 구용, 『죽창유고』(한국고전번역원 고전번역서) 해제; 『택당집』 10권, 좌찬성증영의정 능안부원군 구공의 신도비명.

23) 『선원계보기략』 태종대왕내외손록.

24) 1장 〈표 1〉을 참조.

25) 『敦寧譜牒』 王后編, 인헌왕후.

26) 『인조실록』 12권, 인조 4년 3월 21일.

27) 『인조실록』 11권, 인조 4년 1월 14일.

28) 『인조실록』 11권, 인조 4년 1월 15일.

29) 『인조실록』 11권, 인조 4년 1월 19일.

30) 『인조실록』 11권, 인조 4년 1월 24일.

31) 『인조실록』 11권, 인조 4년 1월 25일; 『사계전서』 21권, 전례문답─답최자겸시 장지국·정자용서.

32) 『인조실록』 11권, 인조 4년 1월 27일.

33) 『인조실록』 11권, 인조 4년 1월 24일; 『인조실록』 11권, 인조 4년 1월 27일.

34) 『인조실록』 11권, 인조 4년 1월 23일.

35) 『인조실록』 11권, 인조 4년 2월 2일.

36) 『인조실록』 11권, 인조 4년 2월 3일.

37) 『인조실록』 12권, 인조 4년 3월 5일; 『인조실록』 12권, 인조 4년 3월 7일.

38) 『인조실록』 12권, 인조 4년 5월 14일·5월 17일.

39) 『인조실록』 11권, 인조 4년 2월 7일.

40) 『인조실록』 11권, 인조 4년 2월 8일.

41) 『인조실록』 11권, 인조 4년 2월 12일.

42) 『인조실록』 15권, 인조 5년 1월 2일; 안준방, 『묵재일기』 2, 추숭론변.

43) 『인조실록』 14권, 인조 4년 9월 4일.

44) 『인조실록』 12권, 인조 4년 4월 1일.

45) 『인조실록』 14권, 인조 4년 8월 5일.

46) 『상촌집』 부록 1, 행장; 『승정원일기』 1책, 인조 4년 3월 20일.

47) 『인조실록』 11권, 인조 4년 4월 3일.

48) 『인조실록』 16권, 인조 5년 6월 4일.

49) 『인조실록』 16권, 인조 5년 6월 12일.

50) 『선조실록』 175권, 선조 37년 6월 25일.

51) 『인조실록』 17권, 인조 5년 7월 10일.

52) 『인조실록』 17권, 인조 5년 8월 25일.

53) 『인조실록』 17권, 인조 5년 12월 14일.

54) 『인조실록』 17권, 인조 5년 12월 25일.

55) 『승정원일기』 20책, 인조 6년 3월 11일 · 3월 12일; 『인조실록』 18권, 인조 6년 3월 12일.

56) 『인조실록』 18권, 인조 6년 3월 8일.

57) 『인조실록』 18권, 인조 6년 3월 10일.

58) 『인조실록』 18권, 인조 6년 3월 15일 · 3월 25일.

59) 『인조실록』 19권, 인조 6년 11월 11일.

60) 『인조실록』 18권, 인조 6년 3월 15일.

61) 『인조실록』 21권, 인조 7년 6월 19일.

62) 『인조실록』 20권, 인조 7년 6월 19일.

63) 『인조실록』 21권, 인조 7년 8월 6일 · 8월 9일.

64) 『인조실록』 23권, 인조 8년 8월 2일.

65) 『인조실록』 23권, 인조 8년 8월 19일.

66) 『인조실록』 23권, 인조 8년 8월 24일.

67) 『승정원일기』 8책, 인조 3년 9월 26일.

68) 『승정원일기』 8책, 인조 3년 10월 6일; 『승정원일기』 17책, 인조 5년 1월 6일.

69) 『승정원일기』 24책, 인조 7년 2월 13일.

70) 『승정원일기』 24책, 인조 7년 7월 25일.

71) 『인조실록』 21권, 인조 7년 9월 6일.

72) 『승정원일기』 30책, 인조 8년 4월 11일 · 5월 22일 · 5월 27일 · 8월 10일.

73) 『인조실록』 23권, 인조 8년 9월 12일.

74) 『승정원일기』 31책, 인조 8년 11월 28일.

75) 『인조실록』 23권, 인조 8년 12월 4일.

76) 이기순, 『인조·효종대정치사연구』, 국학자료원, 1988년, 40쪽.

77) 이의현, 『국조인물고』 속고7 거의, 세종대왕기념사업회, 1999년.

78) 안방준, 『대동야승』 수록 『묵재일기』 2, 추숭론변.

79) 『인조실록』 23권, 인조 8년 12월 8일.

80) 『인조실록』 23권, 인조 8년 12월 11일.

81) 이영춘, 「사계예학과 국가전례」, 『사계사상사연구』, 1991년, 200쪽; 이성무, 『조선시대당쟁사1』, 동방미디어, 2002년, 221쪽.

82) 『明史』 卷72, 職官志.

83) 『인조실록』 23권, 인조 8년 12월 13일.

84) 『인조실록』 24권, 인조 9년 4월 20일.

85) 『인조실록』 24권, 인조 9년 4월 25일.

86) 『묵재일기』 2, 추숭론변.

87) 『인조실록』 25권, 인조 9년 8월 9일.

88) 『인조실록』 24권, 인조 9년 5월 7일.

89) 『인조실록』 24권, 인조 9년 5월 19일.

90) 『인조실록』 24권, 인조 9년 12월 17일·12월 18일.

91) 『승정원일기』 32책, 인조 9년 1월과 『승정원일기』 35책, 인조 10년 2월 기사 참조.

92) 『인조실록』 26권, 인조 10년 1월 16일.

93) 『인조실록』 26권, 인조 10년 2월 14일.

94) 『인조실록』 26권, 인조 10년 2월 24일·2월 29일·3월 9일.

95) 『인조실록』 26권, 인조 10년 3월 9일·3월 11일·5월 3일.

96) 『인조실록』 26권, 인조 10년 5월 11일·5월 14일·5월 19일.

97) 『인조실록』 26권, 인조 10년 5월 20일.

98) 『인조실록』 26권, 인조 10년 5월 26일·5월 27일.

99) 『인조실록』 26권, 인조 10년 6월 16일.

100) 『인조실록』 29권, 인조 12년 5월 18일.

101) 『인조실록』 29권, 인조 12년 7월 22일.

102) 『인조실록』 28권, 인조 11년 4월 12일.

103) 『인조실록』 29권, 인조 12년 7월 27일·7월 28일·7월 29일.

104) 이상은 『인조실록』 30권, 인조 12년 8월 한 달간의 기사를 참조하였다.

105) 『인조실록』 30권, 인조 12년 윤8월 13일 · 윤8월 14일 · 윤8월 22일 · 윤8월 23일.

106) 『인조실록』 31권, 인조 13년 1월 26일.

107) 『인조실록』 31권, 인조 13년 3월 10일 · 3월 15일 · 3월 18일.

108) 『인조실록』 31권, 인조 13년 3월 19일.

109) 『인조실록』 31권, 인조 13년 3월 23일.

110) 『인조실록』 31권, 인조 13년 3월 26일.

111) 부록은 나의 논문, 「청유 모기령의 가정대례의 비판 검토」, 『동서문화연구』 10집, 한남대 인문과학연구소, 2005년에 내용을 상당 부분 첨삭했음을 밝힌다.

112) 『春秋左傳』 文公2年, "大事于大廟, 躋僖公, 逆祀也."

113) 李學勤 主編, 『論語注疏』 卷3 八佾, 五南圖書出版, 2001년, 37쪽.

114) 『인조실록』 2권, 인조 1년 5월 3일.

115) 『자치통감강목』 5(전통문화연구회 동양고전종합DB), 思政殿訓義 資治通鑑綱目 5권하, 한 선제 원강원년(기원전 65년) 5월.

116) 程顥 · 程頤, 『二程集』 卷5, 代彭思永上英宗皇帝論濮王典禮疏, 臺灣 里仁書局, 1982년, 158~159쪽.

117) 黎靖德偏, 『朱子語類』 8, 卷127 英宗朝, 臺灣 華世, 出版社, 1987년, 3045쪽.

118) 『인조실록』 2권, 인조 1년 5월 3일.

119) 『사계전서』 22권, 전례문답.

120) 『明史』 卷190, 楊廷和傳.

121) 『明史』 卷48, 禮志, 吉禮二.

122) 『明史』 卷17, 世宗本紀一.

123) 『明史』 卷190, 楊廷和傳; 『明史』 卷91, 毛澄傳.

124) 『春秋公羊傳』(13經注疏本), 臺灣 藝文印書館, 宣公 8年疏, 194쪽.

125) 『사계전서』 22권, 전례문답.

126) 『사계전서』 21권, 전례문답.

127) 이영춘, 『조선후기왕위계승연구』, 집문당, 1998년, 158쪽.

128) 『사계전서』 22권, 전례문답.

129) 모기령의 가정대례의 비판은 張壽安, 『18世紀禮學考證的思想活力』, 臺灣 中央

研究院近代史研究所, 2001년, 241~255쪽 참조.

130) 『淸史稿』 卷481, 儒林二, 毛奇齡嘉傳 참조.

131) 『西河文集』(四庫全書本), 第1320冊.

132) 『漢書』 卷11, 哀帝紀.

133) 『後漢書』 卷9, 祭祀下-宗廟.

134) 『승정원일기』 1148책, 영조 33년 9월 24일에 좌부승지 成天柱가 모기령의 문집을 보았다는 기록이 있다.

135) 모기령의 경학이 조선학자에 끼친 영향에 대해서는 심경호, 「정약용의 시경론과 청조 학술: 특히 모기령설의 비판 및 극복과 관련하여」, 『다산학』 3호(2002년); 심경호, 「조선후기의 경학연구법 분화와 모기령 비판」, 『동양학』 29집 (1999년); 김문식, 「조선후기 경학관의 변화」, 『조선시대사학보』 29집 (2004년) 등이 있다.

136) 김문식, 「조선후기 경학관의 변화」, 『조선시대사학보』 29집, 2004년 6월, 200~201쪽.

137) 심경호, 「조선후기의 경학연구법 분화와 모기령 비판」, 『동양학』 29집, 1999년 6월, 11~20쪽 참조.

138) 김문식, 「조선후기 경학관의 변화」, 202쪽.

139) 조선 전기 국가의례의 정비와 주자학의 확립의 관계에 관해서는 지두환, 『조선전기 의례연구』, 서울대출판부, 1996년 참조.

140) 이성무, 「17세기의 예론과 당쟁」, 『조선후기 당쟁의 종합적 검토』, 한정신문화연구원, 1994년재판, 32쪽.

141) 鄭景姬, 「正祖의 禮學」, 『韓國史論』 50, 2004년, 215~261쪽 참조.

142) 김세은, 「고종초기(1863~1873) 국가의례 시행의 의미」, 『조선시대사학보』 31집, 조선시대사학회, 2004년, 175~218쪽.

4장 조선 왕실 최고의 내조자 인열왕후

1) 인열왕후에 관해 언급한 논저로 일찌기 윤정란, 1999, 『조선의 왕비』, 차림, 131~136쪽이 있다. 윤정란은 후일 『조선의 왕비』에서 언급한 인열왕후를 토대로 『조선왕비 오백년사』(이가출판사, 2008년)에서 인조의 뜻대로 간택하지 못한 소현세자비 문제와 인열왕후 사후인 병자호란 때 청나라에 볼모로 잡혀간 세

자와 대군 그리고 그 가족(205~213쪽)에 관해 주로 서술했다. 그 외 지두환이 『인조대왕과 친인척』(도서출판 역사문화, 2000년)에서 언급한 인열왕후에 관한 서술(130~139쪽)은 사료를 연대별로 모은 자료집의 성격이 강하다. 변원림, 『조선의 왕후』(일지사, 2006년)에서는 단 한 줄로 인열왕후의 상에 인조가 상복을 입었던 기간(158쪽)을 언급했을 뿐이다.

2) 이능화 지음 · 김상억 옮김, 『조선여속고』, 동문선, 1990년, 112~113쪽.

3) 『연려실기술』 별집, 12권, 정교전교-혼례.

4) 『광해군일기(중초본)』 187권, 광해군 15년 3월 14일; 김상헌, 『청음집』(한국고전번역원 고전번역서) 14권, 인열왕후애책문.

5) 장유, 『계곡집』 11권, 인열왕후장릉지문.

6) 『선조실록』 권192, 선조 39년 9월 3일 · 9월 14일 · 9월 16일 · 9월 18일 · 9월 20일.

7) 홍만선, 『산림경제』(한국고전번역원 고전번역서) 3권, 「救急」 瘑疾.

8) 지두환, 『인조대왕과 친인척』, 도서출판 역사문화, 2000년, 133쪽.

9) 허준, 『동의보감』(한국한의학연구원 제공 한의학고전DB) 잡병편 8권, 제창(諸瘡).

10) 『계곡집』 11권, 인열왕후장릉지문.

11) 『광해군일기』 66권, 광해군 5년 5월 22일.

12) 정경세, 『우복집』(한국고전번역원 고전번역서) 20권, 서평부원군 한공 준겸의 행장.

13) 『광해군일기』 34권, 광해군 2년 10월 10일.

14) 이식, 『택당집』(한국고전번역원 고전번역서) 별집 8권, 행장상-정원대원군의 행장; 『계곡집』 11권, 인열왕후장릉지문.

15) 『광해군일기』 107권, 광해군 8년 9월 20일.

16) 『연려실기술』 22권, 원종고사본말; 『택당집』 별집 8권, 행장상-정원대원군의 행장.

17) 이의현, 『국조인물고』 속고7 거의.

18) 『우복집』 20권, 서평부원군 한공 준겸의 행장.

19) 『광해군일기』 권169, 광해군 13년 9월 13일.

20) 윤정란, 『조선왕비 오백년사』, 이가출판사, 2008년, 200~201쪽.

21) 丁若鏞, 『與猶堂全書』(한국고전번역원 한국문집총간), 第1集 雜纂集 第25卷,

小學珠串 十亂.

22) 李承召, 『三灘集』(한국고전번역원 한국문집총간) 卷5, 昭憲王后遷陵挽章, "十亂
還應數邑姜, 自是椒闈多積慶, 能敎瓜瓞遠流."

23) 金宗直, 『佔畢齋集』(한국고전번역원 한국문집총간) 卷1, 貞熹王后哀册文, "功存
十亂, 位正中闈."; 『佔畢齋集』卷17, 大行大妃挽章, "世祖家爲國, 功存十亂".

24) 張維, 『谿谷集』(한국고전번역원 한국문집총간) 卷31, 仁烈王后挽詞.

25) 金尙憲, 『淸陰集』(한국고전번역원 한국문집총간) 卷4, 仁烈王后挽詞.

26) 『淸陰集』卷14, 仁烈王后哀册文.

27) 趙翼, 『浦渚集』(한국고전번역원 한국문집총간) 卷1, 仁烈王后挽詞.

28) 趙文命, 『鶴巖集』(한국고전번역원 한국문집총간) 册4, 長陵遷葬誌文.

29) 趙復陽, 『松谷集』(한국고전번역원 한국문집총간) 卷7, 仁烈王后諡册文. "才實難
於十亂"; 魚有鳳, 『杞園集』(한국고전번역원 한국문집총간) 卷6, "仁烈王后遷葬
挽, 德同周十亂, 謨贊漢中興."; 金益熙, 『滄洲遺稿』(한국고전번역원 한국문집총
간) 卷6. 仁烈王后輓章, "十亂新周命, 徽音有足傳, 恭惟大行后, 何止邑姜賢.";
李縡, 『陶菴集』(한국고전번역원 한국문집총간) 卷2, 仁烈王后遷葬挽. "十亂婦猶
一, 三才坤與參. 於皇我聖后. 匹美古周南."

30) 洪敬謨, 『冠巖全書』(한국고전번역원 한국문집총간) 册22, 仁烈聖后誕降遺址記.

31) 『인조실록』31권, 인조 13년 12월 9일; 『谿谷集』卷11, 仁烈王后長陵誌, "癸亥
靖社之擧 實預密謀 幽贊弘多."

32) 『청음집』14권, 인열왕후애책문.

33) 『태종실록』1권, 태종 1년 1월 10일.

34) 『인조실록』32권, 인조 14년 2월 3일.

35) 『荀子』哀公編, "君者, 舟也. 庶人者, 水也. 水則載舟, 水則覆舟, 君以此思危,
則危將焉而不至矣."

36) 『谿谷集』卷11, 仁烈王后長陵誌, 上或特遞言官. 后諫曰. 言雖不中. 官以諫名,
處置之際. 不循公議. 恐累君德而妨言路也.

37) 『연려실기술』23권, 인조조고사본말-인열왕후.

38) 『연려실기술』23권, 인조조고사본말-인열왕후.

39) 『인조실록』32권, 인조 14년 2월 3일.

40) 成海應, 『研經齋全集』(한국고전번역원 한국문집총간) 卷55, 草榭談獻二-韓
保香.

41) 『三國志』魏書 9, 曹爽傳, 裴松之注 인용 皇甫謐.의『列女傳』, "聞仁者不以盛衰改節, 義者不以存亡易心."

42) 金鑢, 『薄庭遺藁』(한국고전번역원 한국문집총간) 卷9, 丹良稗史-韓淑媛傳.

43) 지두환, 『광해군과 친인척-광해군 후궁』, 역사문화출판, 2002년.

44) 정재윤, 『東平尉公私見聞錄』(한국학중앙연구원 장서각 디지털 아카이브)v1, 18a ~18b.

45) 『谿谷集』卷11, 仁烈王后長陵誌. "有司議諡法, 施仁服義有曰仁, 功安民曰烈, 遂上尊諡曰仁烈."

46) 한국역대인물종합정보시스템 http://people.aks.ac.kr/index.aks 참조.

47) 『택당집』10권, 구사맹신도비; 『우복집』20권, 서평부원군 한공 준겸의 행장.

48) 나의 논문, 「인조의 원종추숭」, 『호서사학』36집, 2003년, 138~141쪽 참조.

49) 『인조실록』50권, 부록 인조대왕행장; 『계곡집』11권, 인열왕후장릉지문.

50) 나의 논문, 「인조 경운궁 즉위의 정치적 의미」, 『한국인물사연구』15호, 2011년, 185~204쪽 참조.

51) 나의 논문, 「인조대의 궁중저주사건과 그 정치적 의미」, 『조선시대사학보』31집, 2004년, 96~100쪽 참조.

52) 『우복집』20권, 서평부원군 한공 준겸의 행장.

53) 『연려실기술』21권, 폐주광해군고사본말-광해조의 상신.

54) 지두환, 『광해군과 친인척-광해군 후궁』, 부록 「인조대왕의 친인척 연보」, 도서출판 역사문화, 2002년, 417쪽.

55) 『연려실기술』24권, 인조조고사본말-이괄의 변.

56) 『인조실록』권4, 인조 2년 2월 9일.

57) 『연려실기술』24권, 인조조고사본말-이괄의 변.

58) 『인조실록』4권, 인조 2년 2월 12일·2월 13일·2월 18일·2월 22일.

59) 『승정원일기』7책, 인조 3년 7월 15일; 『승정원일기』10책, 인조 3년 11월 19일·11월 26일.

60) 『승정원일기』10책, 인조 3년 11월 10일.

61) 李景奭, 『白軒集』(한국고전번역원 한국문집총간) 卷43, 麟坪大君神道碑銘.

62) 『승정원일기』10책, 인조 3년 12월 2일.

63) 『승정원일기』11책, 인조 4년 1월 18일.

64) 『승정원일기』 11책, 인조 4년 1월 20일.

65) 『승정원일기』 14책, 인조 4년 윤6월 7일·윤6월 10일.

66) 『승정원일기』 14책, 인조 4년 7월 15일.

67) 『승정원일기』 15책, 인조 4년 9월 18일·9월 22일.

68) 『동의보감』 외형편 권1, 두(頭).

69) 『인조실록』 권15, 인조 5년 1월 9일.

70) 『승정원일기』 17책, 인조 5년 1월 21일; 『연려실기술』 25권, 인조고사본말-정
    묘년의 노란.

71) 『인조실록』 16권, 인조 5년 5월 5일.

72) 『승정원일기』 18책, 인조 5년 5월 17일.

73) 『우복집』 20권, 서평부원군 한공 준겸의 행장.

74) 『승정원일기』 21책, 인조 6년 5월 20일.

75) 『승정원일기』 23책, 인조 6년 12월 17일.

76) 『승정원일기』 27책, 인조 7년 8월 28일.

77) 『인조실록』 21권, 인조 7년 8월 29일.

78) 『儀禮』 卷31, 喪服, "不滿八歲以下皆爲無服之殤. 無服之殤, 以日易月. 以日易月
    之殤, 殤而無服."

79) 국사편찬위원회, 『인조실록』 번역본; 지두환은 『인조실록』 번역본을 근거로 『인
    조대왕과 친인척』, 인조대왕선원록(10쪽)에서 5남(1629년 8월에 한 달이 못 되
    서 졸함)이라고 했다.

80) 李景奭, 『白軒集』 卷43, 麟坪大君神道碑銘.

81) 『승정원일기』 27책, 인조 7년 8월 29일.

82) 『인조실록』 21권, 인조 7년 11월 8일.

83) 『세조실록』 31권, 세조 9년 11월 5일.

84) 나의 논문, 「인조의 원종추숭」, 155~157쪽 참조.

85) 『승정원일기』 27책, 인조 7년 7월 기사 참조.

86) 『승정원일기』 34책, 인조 9년 11월 7일.

87) 『승정원일기』 34책, 인조 9년 10월 8일.

88) 『승정원일기』 29책, 인조 8년 3월 20일.

89) 『승정원일기』 32책, 인조 9년 1월 19일.

90) 나의 논문, 인조의 질병과 번침술」, 『의사학』 13권 2호, 2004년, 207~209쪽 참조.

91) 『인조실록』 32권, 인조 14년 2월 3일.

92) 『인조실록』 31권, 인조 13년 12월 9일.

93) 윤정란, 『조선왕비 오백년사』, 201쪽.

94) 지두환, 『인조대왕과 친인척』, 130쪽.

95) 『승정원일기』 50책, 인조 13년 9월 20일.

96) 『인조실록』 31권, 인조 13년 3월 11일.

97) 『승정원일기』 49책, 인조 13년 7월 21일.

98) 『인조실록』 31권, 인조 13년 8월 16일.

99) 조선시대 후궁 간택과 후궁 현황에 대해서는 이미선, 「조선시대 후궁 연구」, 61~74쪽 참조.

100) 『세종실록』 25권, 세종 6년 9월 21일.

101) 『계곡집』 11권, 인열왕후장릉지.

102) 『인조실록』 47권, 인조 24년 11월 15일.

103) 이상은 지두환, 『인조대왕과 친인척』 부록, 「인조대왕의 친인척 연보」와 『인조실록』 참조.

5장 인목대비의 음영

1) 『인조실록』 27권, 인조 10년 10월 23일.

2) 『대동야승』(한국고전번역원 고전번역서) 수록 『응천일록』에는 오라비(娚)라고 되어있다. 『응천일록』 6, 인조 임신년(인조 10년) 11월 10일.

3) 『응천일록』 6, 인조 임신년 11월 10일.

4) 『인조실록』 27권, 인조 10년 10월 16일.

5) 『인조실록』 27권, 인조 10년 10월 23일.

6) 김장생, 『사계전서』(한국고전번역원 고전번역서) 1권, 집의를 사직하고 인하여 13가지의 일을 진달한 소(경자년, 6월).

7) 『승정원일기』 2책, 인조 1년 9월 24일.

8) 『인조실록』5권, 인조 2년 3월 23일.

9) 『인조실록』3권, 인조 1년 9월 27일.

10) 『광해군일기』95권, 광해군 7년 9월 19일.

11) 『광해군일기』162권, 광해군 13년 윤2월 13일.

12) 이정구, 『월사집』(한국고전번역원 고전번역서) 2권, 부록 행장과 『선조실록』·『광해군일기』·『인조실록』참조.

13) 『월사집』35권 서독상과 36권 서독하; 『월사집』부록 1권, 만장·부록 2권, 행장 참조.

14) 송준호, 「한국에 있어서의 가계기록의 역사와 그 해석」, 『조선사회사연구』, 일조각, 1992년, 21~28쪽 참조.

15) 『인조실록』3권, 인조 1년 12월 7일.

16) 『인조실록』6권, 인조 2년 5월 29일·6월 6일·6월 24일.

17) 『인조실록』8권, 인조 3년 3월 2일.

18) 『인조실록』8권, 인조 3년 2월 12일; 『승정원일기』7책, 인조 3년 7월 2일; 『인조실록』9권, 인조 3년 8월 4일.

19) 『인조실록』13권, 인조 4년 7월 8일.

20) 『인조실록』13권, 인조 4년 7월 10일.

21) 『인조실록』13권, 인조 4년 7월 11일.

22) 『인조실록』8권, 인조 3년 2월 26일.

23) 『인조실록』50권, 부록 인조대왕행장.

24) 『백호전서』33권, 잡저-신사년 초겨울에 쓰다.

25) 『연려실기술』24권, 인조조고사본말-이괄의 변.

26) 『인조실록』4권, 인조 2년 2월 9일.

27) 『연려실기술』24권, 인조조고사본말-이괄의 변.

28) 『인조실록』4권, 인조 2년 2월 10일·2월 11일.

29) 『인조실록』18권, 인조 6년 1월 3일.

30) 『광해군일기』123권, 광해 10년 1월 5일.

31) 『인조실록』18권, 인조 6년 2월 21일.

32) 『응천일록』3, 병인년(인조 4년, 1626) 11월 3일.

33) 『인조실록』18권, 인조 6년 2월 20일.

34) 『인조실록』18권, 인조 6년 1월 20일.

35) 『인조실록』3권, 인조 1년 윤10월 16일; 『광해조일기』3, 무오년(광해군 10년, 1618).

36) 이성무, 『조선시대당쟁사1』, 동방미디어, 2000년, 198~199쪽.

37) 『인조실록』27권, 인조 10년 8월 3일.

38) 『인조실록』27권, 인조 10년 8월 25일.

39) 『인조실록』27권, 인조 10년 8월 무진; 『인조실록』50권, 부록 인조대왕행장.

40) 余英時(Ying-Shih Yu)는 남송(南宋)의 황제 효종(孝宗)이 고종(高宗)의 죽음에 보였던 지나친 애도의 행위에는 정신분석학자 프로이드가 1915년에 발표한 논문 "Mourning and Melancholia"을 근거로 'ambivalence'에서 기인했다고 설명하였다. 余英時, 『朱熹的歷史世界-宋代士大夫政治文化的硏究(下篇)』, 臺灣:允晨文化, 2003년, 384~410쪽 참조.

41) 『인조실록』27권, 인조 10년 11월 2일.

42) 『인조실록』39권, 인조 17년 8월 16일 · 8월 29일.

43) 『인조실록』39권, 인조 17년 9월 2일.

44) 『인조실록』39권, 인조 17년 9월 2일.

45) 『승정원일기』71책, 인조 17년 9월부터 10월 11일까지 기사 참조.

46) 『승정원일기』71책, 인조 17년 10월 12일 · 10월 13일.

47) 『인조실록』39권, 인조 17년 10월 14일.

48) 『승정원일기』71책, 인조 17년 10월 15일.

49) 『연려실기술』27권, 인조조고사본말-정명공주.

50) 『인조실록』39권, 인조 17년 11월 25일.

51) 『연려실기술』27권, 인조조고사본말-정명공주.

52) 『연려실기술』27권, 인조조고사본말-정명공주.

53) 장유는 이정구의 문집인 『월사집』의 序를 썼다.

54) 『현종개수실록』26권, 현종 13년 11월 1일.

55) 『현종개수실록』26권, 현종 13년 9월 14일.

56) 『현종개수실록』26권, 현종 13년 11월 1일.

57) 『인조실록』50권, 부록 인조대왕행장.

6장 비운의 소현세자빈 강씨

1) 『인조실록』 1권, 인조 1년 3월 22일.

2) 『인조실록』 6권, 인조 2년 8월 12일.

3) 『인조실록』 8권, 인조 3년 1월 21일, 1월 27일.

4) 남미혜, 『조선 중기 예학 사상과 일상문화』, 이화여자대학출판부, 2008년, 105~106쪽.

5) 『인조실록』 1권, 인조 1년 4월 1일.

6) 임민혁, 「왕비의 간택과 책봉」, 『조선의 왕비로 살아가기』, 돌베개, 2012년, 63~71쪽.

7) 『승정원일기』 7책, 인조 3년 7월 10일, 7월 17일.

8) 『승정원일기』 8책, 인조 3년 8월 6일, 8월 13일.

9) 『인조실록』 9권, 인조 3년 7월 28일; 『승정원일기』 7책, 인조 3년 7월 28일.

10) 『인조실록』 9권, 인조 3년 7월 28일.

11) 『인조실록』 9권, 인조 3년 8월 27일.

12) 안준방, 『대동야승』 수록 『묵재일기』 2, 편당론편.

13) 이건창 지음, 이덕일·이준영 해역, 『당의통략』, 자유문고, 1998년, 89쪽.

14) 윤선거, 『대동야승』 수록 『혼정편록』 8.

15) 이민구, 『국조인물고』 16권, 경재(卿宰) 윤의립.

16) 『한국사』 12, 「양반사회의 모순과 대외항쟁」, 국사편찬위원회, 1984년, 239쪽.

17) 『연려실기술』 17권, 선조조고사본말-성혼의 관작을 삭탈하고 정인홍이 권력을 잡다.

18) 『인조실록』 9권, 인조 3년 8월 27일.

19) 『인조실록』 9권, 인조 3년 8월 23일.

20) 『인조실록』 9권, 인조 3년 8월 27일.

21) 오수창, 「인조대 정치세력의 동향」, (서울대) 『한국사론』 13, 1985년, 71~72쪽.

22) 이건창 지음, 이덕일·이준영 해역, 『당의통략』, 자유문고, 1998년, 78~79쪽.

23) 『인조실록』 17권, 인조 5년 9월 29일.

24) 『인조실록』 17권, 인조 5년 12월 4일.

25) 『인조실록』15권, 인조 5년 2월 18일·2월 28일·2월 29일.

26) 『인조실록』15권, 인조 5년 3월 13일; 『인조실록』16권, 인조 5년 4월 25일·7월 11일.

27) 『승정원일기』32책, 인조 9년 4월 13일; 『승정원일기』33책, 인조 9년 7월 16일.

28) 『승정원일기』34책, 인조 9년 10월 4일.

29) 『인조실록』26권, 인조 10년 2월 21일.

30) 『인조실록』30권, 인조 12년 윤8월 13일·윤8월 28일.

31) 『승정원일기』44책, 인조 12년 7월 10일.

32) 『인조실록』31권, 인조 13년 6월 9일.

33) 『인조실록』32권, 인조 14년 3월 25일.

34) 『인조실록』32권, 인조 14년 3월 25일·5월 2일.

35) 『인조실록』32권, 인조 14년 2월 24일.

36) 『인조실록』32권, 인조 14년 5월 26일.

37) 『인조실록』32권, 인조 14년 4월 8일·4월 9일.

38) 『연려실기술』26권, 인조조고사본말－강화도가 함락되다.

39) 『인조실록』34권, 인조 15년 1월 26일·1월 30일·2월 1일.

40) 김종수 등, 『역주소현심양일기』1, 민속원, 2008년, 정축년(1637) 1월 30일 ~2월 8일 기사 참조.

41) 『인조실록』34권, 인조 15년 2월 8일.

42) 『역주소현심양일기』1, 『소현심양일기』해제, 9~15쪽 참조.

43) 『역주소현심양일기』1, 정축년(1637) 3월 6일·3월 7일.

44) 『동의보감』잡병편 권5, 해수(咳嗽).

45) 『역주소현심양일기』1, 무인년(1638) 10월 2일·10월 3일.

46) 『역주소현심양일기』1, 기묘년(1639) 1월 30일.

47) 『역주소현심양일기』1, 기묘년(1639) 2월 1일.

48) 김종덕, 「소현세자 병증과 치료에 대한 연구」, 『규장각』31, 2007년, 32~33쪽.

49) 『승정원일기』64책, 인조 16년 5월 2일.

50) 『역주소현심양일기』1, 정축년(1637) 윤4월 3일.

51) 『역주소현심양일기』 1, 기묘년(1639) 9월 3일 · 9월 4일 · 9월 6일.

52) 『역주소현심양일기』 1, 기묘년(1639) 9월 15일 · 9월 20일 · 9월 22일 · 9월 20일.

53) 『역주소현심양일기』 1, 기묘년(1639) 10월 11일 · 10월 12일 · 10월 28일 · 10월 30 · 11월 1일.

54) 『역주소현심양일기』 1, 기묘년(1639) 10월 28일 · 10월 30일 · 11월 1일.

55) 성당제 등, 『역주소현심양일기』 2(민속원, 2008년), 경진년(1640) 1월 7일 · 1월 10일 · 1월 11일.

56) 『승정원일기』 73책, 인조 18년 1월 5일.

57) 『역주소현심양일기』 2, 경진년(1640) 1월 25일.

58) 『인조실록』 40권, 인조 18년 윤1월 9일 · 윤1월 27일 · 2월 12일.

59) 『역주소현심양일기』 2, 경진년(1640) 2월 13일 · 2월 28일 · 2월 29일.

60) 『인조실록』 40권, 인조 18년 3월 7일 · 5월 17일.

61) 『역주소현심양일기』 2, 경진년(1640) 4월 13일 · 7월 3일.

62) 『인조실록』 41권, 인조 18년 8월 4일.

63) 『역주소현심양일기』 2, 경진년(1640) 7월 1일 貳師 이하의 封書.

64) 『역주소현심양일기』 2, 경진년(1640) 9월 11일.

65) 『역주소현심양일기』 2, 경진년(1640) 9월 12일 · 9월 19일 · 9월 24일 · 9월 26.

66) 『역주소현심양일기』 2, 신사년(1641) 1월 24일 · 2월 3일 · 2월 6일 · 2월 9일 · 2월 18일.

67) 『역주소현심양일기』 2, 신사년(1641) 2월 26일 · 2월 27일.

68) 『역주소현심양일기』 2, 신사년(1641) 3월 7일 · 3월 10일 · 3월 12일 · 3월 14일 · 3월 15일 · 3월 16일 · 3월 18일 · 3월 19일 · 3월 20일.

69) 『역주소현심양일기』 2, 신사년(1641) 2월 29일.

70) 나종면 등, 『역주소현심양일기』 3, 임오년(1642) 1월 1일 · 1월 29일 · 2월 7일 · 2월 9일 · 2월 15일.

71) 『역주소현심양일기』 3, 임오년(1642) 2월 7일 · 2월 9일.

72) 『세종실록』 91권, 세종 22년 11월 22일; 『동의보감』 내경편 권1, 기(氣).

73) 『역주소현심양일기』 3, 임오년(1642) 2월 19일 · 2월 22일.

74) 『역주소현심양일기』 3, 임오년(1642) 3월 13일 · 3월 14일 · 3월 17일 · 3월 18일 · 3월 19일.

75) 『동의보감』 내경편 권4, 내상(內傷).

76) 『역주소현심양일기』 3, 임오년(1642) 4월 8일 · 4월 9일 · 4월 11일 · 5월 16일 · 5월 23일 · 5월 25일.

77) (宋) 楊倓, 『楊氏家藏方』 卷15, 婦人方上36道 艾附丸.

78) 『역주소현심양일기』 3, 임오년(1642) 6월 16일 · 6월 21일 · 7월 16일 · 8월 5일 · 8월 7일 · 8월 11일 · 8월 16일 · 8월 21일 등.

79) 『역주소현심양일기』 3, 임오년(1642) 9월 3일 · 9월 7일.

80) 『동의보감』 잡병편 권6, 적취(積聚).

81) 『역주소현심양일기』 3, 임오년(1642) 9월 24일.

82) 『역주소현심양일기』 3, 임오년(1642) 9월 30일 · 10월 4일 · 10월 6일

83) 『역주소현심양일기』 3, 『봉황성일기』, 138~149쪽 참조.

84) 『인조실록』 43권, 인조 20년 10월 12일.

85) 『역주소현심양일기』 3, 임오년(1642) 10월 18일 · 11월 5일 · 11월 15일 · 11월 22일 · 윤11월 10일.

86) 『역주소현심양일기』 3, 『엽행일기』, 133~137쪽 참조.

87) 『역주소현심양일기』 3, 계미년(1643) 2월 12일.

88) 『역주소현심양일기』 3, 계미년(1643) 5월 8일부터 6월 7일까지 기사 참조.

89) 『동의보감』 내경편 권2, 혈(血); 『동의보감』 내경편 권3, 포(胞).

90) 『동의보감』 내경편 권4, 내상(內傷).

91) 『동의보감』 잡병편 권3, 서(暑).

92) 『동의보감』 잡병편 권4, 허로(虛勞).

93) 『동의보감』 내경편 권4, 대변(大便).

94) 『동의보감』 잡병편 권5, 곽란(霍亂).

95) 『동의보감』 내경편 권4, 소변.

96) 『동의보감』 내경편 권3, 포(胞).

97) 『역주소현심양일기』 3, 계미년(1643) 6월 8일.

98) 『역주소현심양일기』 3, 계미년(1643) 6월 22일 · 6월 25일.

99) 『인조실록』 44권, 인조 21년 6월 13일.

100) 『역주소현심양일기』 3, 계미년(1643) 8월 6일 · 8월 7일 · 8월 9일 · 8월 11
    일 · 8월 12일.

101) 『동의보감』 내경편 권3, 포(胞).

102) 『동의보감』 내경편 권3, 위부(胃腑).

103) 『동의보감』 잡병편 권7, 옹저상(癰疽上).

104) 『동의보감』 내경편 권3, 포(胞); 『동의보감』 내경편 권4, 대변(大便); 『동의보감』
    외형편 권1, 頭 등.

105) 『역주소현심양일기』 3, 계미년(1643) 8월 8일부터 8월 19일까지 기사 참조.

106) 『역주소현심양일기』 3, 계미년(1643) 10월 22일 · 11월 1일 · 11월 17일.

107) 『동의보감』 외형편 권1, 두(頭).

108) 『역주소현심양일기』 3, 『엽행일기』 계미년 11월 3일 · 11월 14일 · 11월 18일
    · 11월 19일 · 11월 25일.

109) 『역주소현심양일기』 3, 계미년(1643) 11월 27일.

110) 『인조실록』 44권, 인조 21년 12월 3일.

111) 『인조실록』 44권, 인조 21년 12월 7일.

112) 『역주소현심양일기』 3, 계미년(1643) 12월 15일 · 12월 22일.

113) 김동준 등, 『역주소현심양일기』 4(민속원, 2008), 갑신년(1644) 1월 1일 · 1
    월 3일; 『인조실록』 45권, 인조 22년 1월 6일.

114) 『승정원일기』 87책, 인조 22년 1월 20일.

115) 『인조실록』 45권, 인조 22년 1월 22일.

116) 『역주소현심양일기』 4, 갑신년(1644) 1월 30일.

117) 『인조실록』 45권, 인조 22년 2월 9일.

118) 『역주소현심양일기』 4, 갑신년(1644) 2월 17일.

119) 『역주소현심양일기』 4, 갑신년(1644) 2월 18일.

120) 『인조실록』 45권, 인조 22년 2월 19일.

121) 『역주소현심양일기』 4, 갑신년(1644) 2월 20일.

122) 『역주소현심양일기』 4, 갑신년(1644) 2월 21일 · 2월 22일.

123) 『동의보감』 내경편 권2, 痰飮; 『동의보감』 외형편 권2, 인후(咽喉).

124) 『역주소현심양일기』 4, 갑신년(1644) 4월 9일.

125) 『역주소현심양일기』 4, 갑신년(1644) 4월 10일 · 4월 11일 · 4월 12일 · 4월 19

일 · 4월 21일.

126) 『동의보감』 잡병편 권4, 내상(內傷).

127) 『역주소현심양일기』 4, 갑신년(1644) 4월 29일.

128) 『역주소현심양일기』 4, 갑신년(1644) 5월 2일 · 5월 7일.

129) 『동의보감』 잡병편 권3, 습(濕).

130) 『역주소현심양일기』 4, 갑신년(1644) 5월 17일 · 6월 7일.

131) 제목이 붙지 않은 이 기록은 북경행 일기이므로 『역주소현심양일기』 4에서 역주자가 임의로 『북행일기』라고 명명했다. 89~117쪽.

132) 『역주소현심양일기』 4 수록 『북행일기』, 갑신년(1644) 4월 12일 · 4월 21일 · 4월 22일 · 5월 2일.

133) 『인조실록』 45권, 인조 22년 5월 7일.

134) 『인조실록』 45권, 인조 22년 5월 7일.

135) 『인조실록』 45권, 인조 22년 6월 2일.

136) 『역주소현심양일기』 4, 갑신년(1644) 6월 18일 · 6월 24일 · 7월 3일.

137) 『역주소현심양일기』 4, 갑신년(1644) 7월 16일 · 7월 17일 · 7월 18일 · 7월 20일 · 7월 21일.

138) 『역주소현심양일기』 4, 갑신년(1644) 7월 28일 · 7월 29일.

139) 『역주소현심양일기』 4, 갑신년(1644) 7월 26일 · 8월 2일.

140) 『인조실록』 45권, 인조 22년 6월 27일 · 7월 16일.

141) 『역주소현심양일기』 4, 갑신년(1644) 7월 30일 · 8월 2일 · 8월 3일 · 8월 12일 · 8월 14일 · 8월 15일 · 8월 16일.

142) 『동의보감』 잡병편 권10, 부인(婦人).

143) 『동의보감』 내경편 권2, 혈(血).

144) 『인조실록』 45권, 인조 22년 9월 6일 · 11월 3일; 『승정원일기』 89책, 인조 22년 12월 6일.

145) 『인조실록』 46권, 인조 23년 2월 18일 · 4월 26일 · 6월 27일.

146) 『인조실록』 46권, 인조 23년 4월 23일.

147) 『인조실록』 46권, 인조 23년 4월 기사 참조. 4월 26일 · 4월 27일.

148) 소현세자 독살설은 金龍德, 「昭顯世子硏究」, 『史學硏究』 18, 한국사학회, 1964년, 459~468쪽과 이영춘 『조선후기왕위계승연구』, 집문당, 1998년,

186~190쪽 참조.

149) 『인조실록』 46권, 인조 23년 6월 27일.

150) 김종덕, 「소현세자 병증과 치료에 대한 연구」, 『규장각』 31, 2007년, 29~52쪽.

151) 신명호, 「『승정원일기』를 통해본 소현세자의 疾病과 死因」, 한국사학회 『사학연구』 100호, 2010년 12월, 109~137쪽.

152) 지도출처: 『역주소현심양일기』 4.

153) 『승정원일기』 90책, 인조 23년 1월 10일.

154) 『승정원일기』 90책, 인조 23년 2월 9일.

155) 김동준 등, 『역주소현을유동일기』, 민속원, 2008년, 199~259쪽.

156) 『역주소현을유동궁일기』 을유년(1645) 2월 17일 · 2월 18일.

157) 『역주소현을유동궁일기』 을유년(1645) 2월 19일.

158) 『인조실록』 46권, 인조 23년 2월 20일.

159) 『승정원일기』 90책, 인조 23년 2월 20일.

160) 『동의보감』 잡병편 권5, 咳嗽.

161) 『승정원일기』 90책, 인조 23년 2월 22일 · 2월 24일.

162) 『승정원일기』 90책, 인조 23년 2월 26일.

163) 『역주소현을유동궁일기』 을유년(1645) 2월 30일 · 3월 4일.

164) 『승정원일기』 90책, 인조 23년 3월 5일.

165) 『동의보감』 잡병편 권3, 한(寒) 하(下).

166) 『역주소현을유동궁일기』 을유년(1645) 3월 6일 · 3월 8일 · 3월 10일 · 3월 12일 · 3월 14일.

167) 김종덕, 「소현세자 병증과 치료에 대한 연구」, 63쪽.

168) 『역주소현을유동궁일기』 을유년(1645) 3월 18일.

169) 『동의보감』 내경편 권2, 血.

170) 김종덕, 「소현세자 병증과 치료에 대한 연구」에서 『역주소현을유동궁일기』를 근거로 세자의 말기 증세를 상세하게 정리하였다. 65~69쪽 참조.

171) 『역주소현을유동궁일기』 을유년(1645) 4월 18일부터 4월 26일 기사와 『승정원일기』 90책, 인조 23년 4월 23일부터 4월 26일 기사 참조.

172) 김종덕, 「소현세자 병증과 치료에 대한 연구」, 60~62쪽 참조.

173) 『역주소현을유동궁일기』 을유년(1645) 4월 27일·4월 28일 등

174) 『역주소현을유동궁일기』 을유년(1645) 6월 27일.

175) 金龍德, 「昭顯世子研究」, 『史學研究』 18, 1964년, 468~478쪽; 李迎春, 『朝鮮後期王位繼承研究』, 集文堂, 1998년, 201~205쪽 등.

176) 『인조실록』 46권, 인조 23년 7월 21일.

177) 『인조실록』 46권, 인조 23년 7월 22일.

178) 『인조실록』 46권, 인조 23년 9월 10일.

179) 『인조실록』 46권, 인조 23년 윤6월 2일.

180) 『인조실록』 46권, 인조 23년 5월 14일.

181) 『인조실록』 46권, 인조 23년 윤6월 4일.

182) 『인조실록』 46권, 인조 23년 8월 20일.

183) 『인조실록』 46권, 인조 23년 8월 25일·8월 26일.

184) 『인조실록』 46권, 인조 23년 9월 27일.

185) 『인조실록』 46권, 인조 23년 10월 2일. 이 기사에서 장씨와 조씨의 품계를 각각 淑儀와 淑媛이라고 하지만 인조 18년에 이미 장씨와 조씨는 각각 한 품계 높은 貴人과 昭容에 봉해졌다.

186) 『인조실록』 47권, 인조 24년 1월 3일.

187) 『인조실록』 47권, 인조 24년 2월 3일·2월 4일.

188) 『인조실록』 47권, 인조 24년 2월 5일·2월 6일·2월 15일·2월 29일.

189) 『연려실기술』 27권, 인조조고사본말-강빈의 옥사.

190) 『인조실록』 47권, 인조 24년 3월 15일; 『연려실기술』 제27권, 인조조고사본말-강빈옥사.

191) 『인조실록』 47권, 인조 24년 4월 23일.

192) 이 사건의 개요는 『인조실록』 48권, 인조 25년 4월 25일 기사를 정리하였다.

193) 『인조실록』 49권, 인조 26년 9월 18일.

194) 『인조실록』 49권, 인조 26년 12월 23일.

195) 『인조실록』 47권, 인조 24년 3월 15일.

196) 『연려실기술』 27권, 인조조고사본말-강빈의 옥사.

197) 『역주소현심양일기』 1, 『소현심양일기』 해제, 9~15쪽 참조.

198) 『연려실기술』 27권, 인조조고사본말-강빈의 옥사; 『인조실록』 47권, 인조 24

년 2월 21일.

199) 『역주소현심양일기』 4, 갑신년(1644) 5월 26일 · 5월 27일 등.

200) 『역주소현을유동일기』 을유년(1645) 6월 1일 · 6월 4일 등.

201) 『효종실록』 21권, 효종 10년 윤3월 4일.

202) 『승정원일기』 2783책, 고종 9년 12월 4일.

203) 『숙종실록』 61권, 숙종 44년 4월 8일 · 4월 17일 · 4월 27일; 『연려실기술』 27권, 인조조고사본말-강빈의 옥사.

204) 『숙종실록』 62권, 숙종 44년 윤8월 7일.

205) 『인조실록』 48권, 인조 25년 2월 10일.

206) 『신증동국여지승람』 2권, 비고편-동국여지비고 1권, 경도.

207) 『고종실록』 7권, 고종 7년 12월 10일.

208) 문화재청 조선왕릉 고양 서삼릉 참조.

209) 문화재청 국가문화유산포털 문화재검색 광명 영회원 참조.

210) 한국민족문화대백과사전, 광명 영회원.

211) 조준래, 광명지역신문, 2005년 6월 29일, 교육면
http://www.joygm.com/news/articleView.html?idxno=216

7장 두 번째 왕비 장렬왕후-그 영욕의 세월

1) 『숙종실록』 19권, 숙종 14년 9월 11일, 대행대왕대비행록기.

2) 『인조실록』 34권, 인조 15년 3월 27일.

3) 『승정원일기』 62책, 인조 15년 12월 22일.

4) 『인조실록』 36권, 인조 16년 1월 10일.

5) 신명호, 『조선왕실의 의례와 생활』, 돌베개, 2002년, 93~94쪽.

6) 한명기, 「병자호란 패전의 정치적 파장 -청의 조선 압박과 인조의 대응을 중심으로-」, 『동방학지』 119, 2003년, 66~70쪽 참조.

7) 『승정원일기』 63책, 인조 16년 1월 21일.

8) 조경남, 『대동야승』 수록 『속잡록』 4, 무인년(인조 16년, 1638) 1월 29일.

9) 『승정원일기』 64책, 인조 16년 3월 4일.

10) 『인조실록』 36권, 인조 16년 3월 16일.

11) 『승정원일기』 64책, 인조 16년 5월 26일; 『속잡록』, 속잡록4, 무인년(인조 16년, 1638) 5월.

12) 『승정원일기』 64책, 인조 16년 5월 11일.

13) 『승정원일기』 65책, 인조 16년 5월 28일.

14) 『인조실록』 37권, 인조 16년 10월 5일.

15) 남구만, 『약천집』(한국고전번역원 고전번역서) 15권, 한원부원군혜목조공묘지명.

16) 『인조실록』 37권, 인조 16년 11월 1일.

17) 서울대 규장각소장 『仁祖莊烈后 嘉禮都監儀軌』 해제 참조.

18) 『인조실록』 37권, 인조 16년 11월 18일.

19) 『승정원일기』 67책, 인조 16년 10월 16일.

20) 『인조실록』 37권, 인조 16년 10월 18일.

21) 『인조실록』 37권, 인조 16년 12월 4일.

22) 『인조실록』 37권, 인조 16년 11월 22일.

23) 『인조실록』 42권, 인조 19년 5월 3일.

24) 『인조실록』 46권, 인조 23년 10월 9일.

25) 『인조실록』 46권, 인조 23년 10월 10일.

26) 『인조실록』 46권, 인조 23년 10월 18일.

27) 『인조실록』 46권, 인조 23년 11월 2일.

28) 풍질에 대해 현대 의학적 해석으로 김정선은 「조선시대 왕들의 질병치료를 통해 본 의학의 변천」, 서울대 박사학위논문(醫史學, 2005년)에서 조선시대 태종이 앓았던 '풍질'이 '류마티즘성 관절염'이었을 것이라고 추정하였다.

29) 『승정원일기』 92책, 인조 23년 9월 2일·9월 4일·9월 5일·9월 6일·9월 7일·9월 17일·9월 18일·9월 20일·9월 21일·9월 22일·9월 24일·9월 25일.

30) 『인조실록』 46권, 인조 23년 8월·9월·10월과 『승정원일기』 92책, 인조 23년 8월·9월·10월 기사 참조.

31) 『인조실록』 46권, 인조 23년 10월 18일 기사 龍脛安神丸은 龍腦安神丸의 誤記이다.

32) 『동의보감』 잡병편 권11, 소아(小兒).

33) 『동의보감』 내경편 권1, 신(神).

34) 『동의보감』 내경편 권1, 신(神).

35) 『승정원일기』에 의하면 장렬왕후는 두통으로 현종조에 養血安神湯 두 번(현종 3년 1월 16일과 17일) 처방받았다.

36) 『연려실기술』 27권, 인조조고사본말-강빈옥사. 실제 왕비가 별궁으로 옮긴 것은 12월이 아닌 11월이다.

37) 『인조실록』 42권, 인조 19년 3월 21일.

38) 『인조실록』 42권, 인조 19년 9월 7일.

39) 『인조실록』 47권, 인조 24년 2월 30일.

40) 송시열, 『송자대전』(한국고전번역원, 고전번역서) 42권, 趙尙書에게 답함.

41) 『상촌집』 부록1, 행장 참조.

42) 나의 논문, 「인조대의 궁중저주사건과 그 정치적 의미」, 『조선시대사학보』 31집, 2004년, 79~107쪽.

43) 『인조실록』 45권, 인조 22년 3월 21일.

44) 『효종실록』 2권, 효종 즉위년 9월 1일.

45) 『승정원일기』 93책, 인조 24년 1월 23일.

46) 『승정원일기』 94책, 인조 24년 5월 18일.

47) 『승정원일기』 94책, 인조 24년 5월 19일 · 5월 21일.

48) 『승정원일기』 94책, 인조 24년 5월 25일.

49) 『동의보감』 내경편 권2, 담음(痰飮).

50) 『동의보감』 내경편 권2, 담음(痰飮).

51) 『동의보감』 내경편 권1, 신(神).

52) 『동의보감』 내경편 권1, 신(神).

53) 『동의보감』 내경편 권1, 신(神).

54) 『동의보감』 내경편 권1, 신(神).

55) 『동의보감』 내경편 권1, 신(神).

56) 『동의보감』 내경편 권1, 신(神).

57) 『동의보감』 내경편 권1, 신(神).

58) 『인조실록』 46권, 인조 23년 11월 2일 · 11월 8일 · 11월 22일.

59) 『인조실록』 48권, 인조 25년 7월 25일.

60) 『인조실록』49권, 인조 26년 2월 2일.

61) 『승정원일기』101책, 인조 26년 4월 24일.

62) 김동욱, 「仁祖朝 의 창경궁 창덕궁 조영」, 『문화재』19호, 서울문화재관리국, 1985년, 10~36쪽 참조.

63) 『인조실록』50권, 인조 27년 5월 8일; 『승정원일기』105책, 인조 27년 5월 8일.

64) 『효종실록』7권, 효종 2년 11월 23일.

65) 『승정원일기』122책, 효종 2년 11월 27일부터 12월 13일까지 기사 참조.

66) 『승정원일기』122책, 효종 2년 12월 14일.

67) 『璿源系譜紀略』(한국학중앙연구원 장서각 한국학자료센터), 李暎.

68) 『승정원일기』122책, 효종 2년 12월 11일.

69) 『효종실록』7권, 효종 2년 12월 13일; 『승정원일기』122책, 효종 2년 12월 11일·12월 12일·12월 13일; 『국조보감』37권, 효종 2년.

70) 『효종실록』7권, 효종 2년 2월 21일.

71) 김세봉, 「효종초 김자점 옥사에 대한 일연구」, 『사학지』34집, 단국사학회, 2011년 12월, 113~145쪽.

72) 『인조실록』23권, 인조 8년 7월 2일(기묘).

73) 이미선, 「조선시대 후궁 연구」, 32~35쪽.

74) 『승정원일기』63책, 인조 16년 1월 7일.

75) 신명호, 「조선시대 궁중의 출산풍소과 궁중의학」, 『古文書硏究』21집, 2002년 8월, 한국고문서학회, 202~201쪽; 김지영, 「조선왕실의 출산문화연구」, 한국학중앙연구원 박사학위논문, 2010년, 121~134쪽 참조.

76) 『승정원일기』63책, 인조 16년 1월 9일.

77) 『인조실록』47권, 인조 24년 11월 15일.

78) 지두환, 『인조대왕과 친인척』, 도서출판 역사문화, 2000년, 368쪽.

79) 문화재청 조선왕릉 고양 서삼릉 묘이야기-후궁묘 http://royaltombs.cha.go.kr/html/HtmlPage.do?pg=/new/html/portal_01_11_01.jsp&mn=RT_01_11.

80) 『인조실록』46권, 인조 23년 10월 9일.

81) 『효종실록』7권, 효종 2년 11월 23일.

82) 『승정원일기』122책, 효종 2년 11월 23일, "傳曰, 今此兇獄, 係于母后, 不敢掩置, 封下推案矣."

83) 『연려실기술』 30권, 효종고사본말-김자점의 옥사, "上以事係慈懿大妃, 只賜其母趙死."

84) 『효종실록』 8권, 효종 3년 1월 4일 · 1월 6일.

85) 『승정원일기』 127책, 효종 4년 6일 4일.

86) 이석견은 후일 이회(李檜)로 개명했다. 효종 7년 유배에서 풀려났고 효종 10년 경안군(慶安君)에 봉해졌다.

87) 『효종실록』 1권, 효종 즉위년 6월 22일.

88) 『효종실록』 1권, 효종 1년 2월 6일.

89) 『효종실록』 9권, 효종 3년 9월 17일.

90) 심재우, 「조선전기 유배형과 유배생활」, 『국사관논총』 92, 2000년, 209쪽.

91) 『효종실록』 11권, 효종 4년 7월 17일; 『승정원일기』 128책, 효종 4년 윤7월 17일.

92) 『효종실록』 11권, 효종 4년 7월 17일.

93) 『인조실록』 44권, 인조 21년 4월 17일 · 인조 21년 7월 16일.

8장 왕의 질병과 치료 그리고 죽음

1) 『승정원일기』 38책, 인조 10년 8월 16일.

2) 『승정원일기』 38책, 인조 10년 8월 17일.

3) 사진 출처 : 한국컨텐츠진흥원

4) 『승정원일기』 38책, 인조 10년 8월 18일 · 8월 19일 · 8월 24일

5) 『인조실록』 27권, 인조 10년 8월 24일 · 8월 25일.

6) 『승정원일기』 38책, 인조 10년 8월 26일 · 8월 27일.

7) 『선조실록』 135권, 선조 34년 3월 24일 · 4월 9일 · 4월 10일.

8) 오준호 등, 「조선 왕실의료문헌과 문집에 나타난 우각구법 연구」, 『대한한의학회지』 31권 4호, 2010년 7월, 39쪽.

9) 竇材, 『扁鵲心書』(莊兆祥敎授知足書室藏書本) 卷上, 凡灸大人, 艾炷須如蓮子, 底闊三分, 灸二十壯後卻減一分, 務要緊實. 若灸四肢及小兒, 艾炷如蒼耳子大. 灸頭面, 艾炷如麥粒子大. 其灰以鵝毛掃去, 不可口吹.

10) 楊甲三 主編, 『鍼灸學(下)』, 台北知音出版社, 1990年, 491쪽.

11) 허임, 『침구경험방』(한국한의학연구원 한의학고전DB), 소아(小兒).

12) 廖潤鴻, 『鍼灸集成』卷2, 小兒, "小兒初産七日內, 臍中胞系自枯自落, 其日, 卽以熟艾, 形如牛角內空, 灸臍中七壯, 其艾炷每火至半卽去, 永無腹痛."

13) 『인조실록』27권, 인조 10년 9월 6일.

14) 『옹천일록』6, 인조 임신년(인조 10년, 1632) 9월 16일; 『인조실록』27권, 인조 10년 9월 17일.

15) 『승정원일기』38책, 인조 10년 10월 25일.

16) 『승정원일기』30책, 인조 8년 8월 7일.

17) 李圭根, 「朝鮮時代醫療機構와 醫官」, 『東方學志』104, 1999년, 116쪽; 金良洙, 「조선시대 의원실태와 지방관진출」, 『東方學志』104, 1999년, 210~215쪽 참조.

18) 『승정원일기』37책, 인조 10년 6월 25일.

19) 『인조실록』27권, 인조 10년 11월 2일.

20) 『인조실록』28권, 인조 11년 1월 17일 · 1월 22일.

21) 윤국일 역주, 『經國大典』1권 吏典, 京官職 內醫院. 여강, 2000년, 38쪽.

22) 김두정, 『한국의학사』, 탐구당, 1993년, 408~409쪽; 김성수, 「내의원과 왕실 의료」, 『조선왕실의 생로병사』, 한독의약박물관, 2014년, 181쪽.

23) 內醫院編, 『內醫院式例』(필사본)(서울대 규장각학학연구원)官制. "直長3員(仁祖朝乙酉, 二員換作副司正)", 3쪽.

24) 김두정, 『한국의학사』, 173쪽.

25) 신동원, 『조선의약생활사』, 들녘, 2014년, 137쪽.

26) 『태종실록』11권, 태종 6년 3월 16일.

27) 『태종실록』30권, 태종 15년 10월 23일.

28) 『태종실록』15권, 태종 8년 1월 19일.

29) 『세종실록』37권, 세종 9년 9월 15일; 『세종실록』80권, 세종 20년 3월 16일.

30) 『세종실록』95권, 세종 24년 2월 15일.

31) 신동원, 『조선의약생활사』, 271~273쪽 참조.

32) 김두종, 『한국의학사』, 238쪽; 孫弘烈, 『韓國中世의 醫療制度硏究』, 修書院, 1988년, 218~220쪽.

33) 신동원,『조선의약생활사』, 들녘, 2014년, 811쪽.

34) 『선조실록』20권, 선조 19년 10월 1일

35) 『선조실록』178권, 선조 37년 9월 23일.

36) 『선조실록』180권, 선조 37년 10월 23일, 10월 28일.

37) 이규근,「조선시대 의료 기구와 의관」,『동방학지』104, 1999년, 116쪽.

38) 『선조실록』198권, 선조 39년 4월 25일.

39) 『선조실록』198권, 선조 39년 4월 26일 · 4월 29일;『선조실록』199권, 선조 39년 5월 2일 · 5월 4일;『선조실록』203권, 선조 39년 9월 14일 · 9월 18일 등.

40) 金良洙,「조선후기 醫官의 顯官實職진출」,『淸大史林』6권, 청주대사학회, 1994년, 38쪽.

41) 『승정원일기』21책, 인조 6년 4월 14일;『승정원일기』22책, 인조 6년 9월 2일;『승정원일기』23책, 인조 6년 10월 22일.

42) 『승정원일기』70책, 인조 17년 8월 12일 · 8월 18일.

43) 박문현,「허인의『침구경험방』연구」, 경희대 한의학과 박사학위논문, 2002년, 2~5쪽.

44) 三木榮,『朝鮮醫學史朝鮮醫學史及疾病史』, 자비출판, 1962년, 204쪽. 三木榮의 역할과 공헌에 대해서는 김호,『허준의 동의보감 연구』, 일지사, 2000년, 18쪽.

45) 三木榮,『朝鮮醫學史朝鮮醫學史及疾病史』, 205쪽.

46) 김두종,『한국의학사』, 330~331쪽.

47) 『인조실록』28권, 인조 11년 2월 22일.

48) 허준,『동의보감』, 침구편.

49) 『선조실록』141권, 선조 34년 9월 11일.

50) 『선조실록』87권, 선조 30년 4월 14일.

51) 『인조실록』28권, 인조 11년 2월 23일.

52) 『說文解字』卷11 火部, "灸, 灼也."

53) 『승정원일기』39책, 인조 11년 2월 23일 · 2월 24일.

54) 郭靄春編著,『黃帝內經靈樞校注語譯』, 第1 九鍼12原, 天津科學技術出版社, 1989년, 74쪽.

55) 山東醫學院 · 河北醫學院校釋,『黃帝內經素問校釋』(下冊) 卷17 調經論篇, "燔鍼劫刺其下, 及與急者, 病在骨, 焠鍼藥熨." 北京 人民衛生出版社, 1991년, 793

쪽 주석 참조.

56) 張介賓, 『類經』(欽定四庫全書本) 卷14 疾病類, 註 20, "燔針劫刺其下及与急者. 此調筋病法也, 筋寒則急, 故以燔针劫刺之. 燔针義, 又見本類后六十九. 燔音煩. 病在骨, 針藥熨. 病在骨者其气深, 故必 針刺之, 及用辛熱之藥熨而散之. 按 : 上 節言燔針者, 盖納針之后, 以火燔之使暖也, 此言 針者, 用火先赤其針而后刺之, 不但暖也, 寒毒固結, 非此不可."

57) 楊繼洲, 『鍼灸大成』 卷4, 素問 九鍼論, "溫鍼, 王節齋曰, 近有爲溫針者, 乃楚人 之法. 其法針穴上, 以香白芷作圓餅, 套針上, 以艾灸之, 多以取效. 然古者針則 不灸, 灸則不針. 夫針而加灸, 灸而且針, 此後人俗法. 此法行於山野貧賤之人, 經絡受風寒致病者, 或有效."

58) 김두종, 『한국의학사』, 331쪽.

59) 『鍼灸學(下)』, 494쪽.

60) 劉渡舟·傅士垣, 『傷寒論詮解』, 天津科學技術出版社, 1983년, 18쪽.

61) 郭靄春編著, 『黃帝內經靈樞校注語譯』, 74쪽.

62) 『승정원일기』 38책, 인조 10년 8월 18일·8월 24일·8월 26일·8월 30일.

63) 『승정원일기』 70책, 인조 17년 8월 6일과 12일.

64) 『승정원일기』 70책, 인조 17년부터 27년 사이 鍼灸 기사 참조.

65) 『인조실록』 28권, 인조 11년 10월 7일.

66) 『인조실록』 39권, 인조 17년 8월 18일.

67) 『인조실록』 28권, 인조 11년 10월 7일

68) 柳道坤, 『東醫生理學講義』, 원광대학교출판국, 1996년, 466쪽.

69) 『인조실록』 46권, 인조 23년 6월 12일.

70) 柳道坤, 『東醫生理學講義』, 467쪽.

71) 『인조실록』 49권, 인조 26년 6월 29일

72) 『인조실록』 49권, 인조 26년 6월 30일.

73) 『인조실록』 49권, 인조 26년 7월 28일.

74) 張杲, 『醫說(欽定四庫全書本)』 卷2, 鍼灸, "當以癸亥夜二更六神皆聚之時解去下 體衣服於腰上兩傍微陷處針灸家謂之腰眼直身平立用筆點定然後上床合面而臥每 灼小艾炷七壯勞蟲或吐出或瀉下實時平安斷根不發更不傳染敬如其教因此獲全生 類編."

75) 『동의보감』 내경편 권3, 충(蟲).

76) 『세종실록』 47권, 세종 12년 3월.

77) 정약용, 『다산시문집』(한국고전번역원 고전번역서) 11권, 열부론.

78) 나의 논문, 「인조의 질병과 번침술」, 『의사학(醫史學)』 13권 2호, 2004년.

79) 『승정원일기』 71책, 인조 17년 10월 15일.

80) 『인조실록』 49권, 인조 26년 3월 7일; 『효종실록』 6권, 효종 2년 3월 21일.

81) 林富士, 『漢代的巫者』, 臺灣 稻鄉出版社, 1999년, 73~76쪽.

82) 장유, 『계곡집』 1권, 계곡만필-詛呪之事.

83) 劉熙, 『釋名』 釋疾病, "注病, 一人死, 一人復得, 気相灌注也."

84) 葛洪, 『肘後備急方』(淸 道光瓶花書屋叢書本), 卷1 治卒中五尸方6.

85) 葛洪, 『肘後備急方』 卷1 治尸注鬼注方 7, "尸注,鬼注病者, 葛云, 卽是五尸之中
尸注, 又挾諸鬼邪爲害也. 其病變動, 乃有三十六种至九十九种, 大略使人寒熱,
淋瀝, 恍恍, 默默, 不的知其所苦, 而无處不惡, 累年積月, 漸就頓滯, 以至于死,
死后復傳之旁人, 乃至滅門."

86) 『備急千金要方』 卷12 膽府 68方, 卷14 小腸府 85方, 卷17 肺臟 128方에 상세
하다.

87) 丁光迪 主編, 『諸病源候論校注』(上) 卷23, 尸注候, 人民衛生出版社, 1991년,
685쪽.

88) (北宋)王懷隱, 『太平聖惠方』 卷56, 治諸尸諸方. 与鬼灵相通.常接引外邪.爲此患
或攣尸也.

89) (明) 朱橚, 『普濟方』 卷237~238 尸疰門, "夫人身自有三尸諸蟲,. 與人俱生, 而
其來能與鬼神相通, 嘗接引外邪, 與人爲患, 謂之尸病."

90) 『동의보감』 잡병편 권7, 사수(邪祟); 『동의보감』 잡병편 권6, 적취(積聚).

91) 楊士瀛, 『仁齋直指』(欽定四庫全書本) 卷9, 虛勞方論.

92) 『동의보감』 내경편 3권, 충(蟲).

93) 張顯成, 『先秦兩漢醫學用語硏究』, 成都 巴蜀書社, 2000년, 103쪽.

94) 상례에 대해서는 『禮記』 3권, 曲禮上에 상세하다.

95) 『인조실록』 27권, 인조 10년 10월 23일.

96) 蔡璧名, 『身體與自然』, 國立臺灣大學文史叢刊, 1997년, 225쪽.

97) 『태조실록』 권14, 태조 7년 윤5월 무인 기사를 보면 저주한 사람 김견 등 4명이
참형을 당했다. 『세종실록』 권1, 세종 즉위년 8월 무자에 반포한 즉위 교서를 시
작으로 조선의 역대 왕들은 사면령에서 저주한 죄인을 제외시켰다. 조선 후기까

지 저주사건에 대한 사회적 인식과 논죄에 대해서는 李瀷의 『星湖僿說』16卷, 人事門-十惡大罪 참조.

98) 金澔, 「효종대 조귀인 저주 사건과 東闕 改修」, 『仁荷史學』10, 2003년, 561~596쪽.

99) 『승정원일기』 70책, 인조 17년 8월 12일 · 8월 13일 · 8월 14일 · 8월 15일.

100) 『인조실록』 39권, 인조 17년 8월 16일.

101) 『승정원일기』 70책, 인조 17년 8월 16일.

102) 『승정원일기』 64책, 인조 16년 5월 1일.

103) 『인조실록』 39권, 인조 17년 8월 18일.

104) 孫思邈, 『備急千金要方』 卷44, 風癲 5.

105) 허임, 『침구경험방』(한의학고전DB), 小兒, "咀呪之症亦須用鬼邪之法, 先鍼間使, 後十三穴火鍉, 一依其法行之."; 『鍼灸經驗方』, 癲癎, "鬼邪, 間使仍鍼後十三穴 … 風癲及發狂欲走, 稱神自高, 悲泣呻吟謂邪祟也. 先鍼間使, 後十三穴".

106) 오준호 등, 「이형익 번침의 계통과 성격」, 『대한한의학회지』 30권 2호, 2009년 3월, 49~53쪽.

107) 陳會, 『神應經』, 心邪癲狂部, "間使 支溝鬼邪 : 間使仍針後十三穴. … 第五鬼路卽申脈穴, 火針七, 二三下 … 第十一鬼藏陰下縫, 灸三壯 … 根據次而行, 針灸並備主之."

108) 許任, 『鍼灸經驗方』(한의학고전DB), 小兒, "鍉謂該若灸七壯之說也, 火鍼亦依其法而鍼刺, 入肉不出皮外, 以鍼鋒, 稍拔還納, 依其七數是也."

109) 『사암도인침구요결』 19장, 종창문(腫脹門).

110) 『승정원일기』 71책, 인조 17년 9월 13일.

111) 『승정원일기』 71책, 인조 17년 9월 22일.

112) 『승정원일기』 71책, 인조 17년 9월 2일; 『인조실록』 39권, 인조 17년 9월 13일.

113) 이장희, 『신편한국사』 29권, Ⅱ 정묘 · 병자호란, 국사편찬위원회, 2002년, 211~300쪽 참조.

114) 『승정원일기』 69책, 인조 17년 6월 27일.

115) 『인조실록』 38권, 인조 17년 6월 20일.

116) 『인조실록』 38권, 인조 17년 7월 1일.

117) 『인조실록』 38권, 인조 17년 7월 2일.

118) 『승정원일기』 70책, 인조 17년 7월 1일 · 7월 2일.

119) 『인조실록』 38권, 인조 17년 7월 3일 · 7월 6일.

120) 『인조실록』 39권, 인조 17년 7월 14일.

121) 『인조실록』 39권, 인조 17년 7월 14일.

122) 『인조실록』 39권, 인조 17년 7월 14일.

123) 『인조실록』 39권, 인조 17년 9월 21일 · 9월 22일 · 9월 25일.

124) 『승정원일기』 37책, 인조 10년 6월 9일; 『승정원일기』 62책, 인조 15년 12월 18일.

125) 『인조실록』 39권, 인조 17년 8월 16일.

126) 『승정원일기』 71책, 인조 17년 9월 27일; 『인조실록』 39권, 인조 17년 9월 27일.

127) 『인조실록』 39권, 인조 17년 8월 16일.

128) 『인조실록』 39권, 인조 17년 10월 15일.

129) 『승정원일기』 71책, 인조 17년 10월 15일.

130) 『인조실록』 40권, 인조 18년 1월 17일.

131) 『인조실록』 40권, 인조 18년 3월 7일.

132) 김용덕, 「소현세자연구」, 450~451쪽.

133) 『인조실록』 43권, 인조 20년 10월 13일.

134) 『인조실록』 44권, 인조 21년 2월 25일.

135) 『인조실록』 44권, 인조 21년 8월 8일 · 8월 9일.

136) 병자호란 후에 청나라의 조선에 대한 강압정책에 대해서는 한명기, 「병자호란 패전의 정치적 파장 −청의 조선 압박과 인조의 대응을 중심으로−」, 『東方學志』 119, 2003년, 55~66쪽; 한명기, 「朝淸關係의 추이」, 『조선중기 정치와 정책(인조−현종시기)』, 아카넷, 2003년, 278쪽 참조.

137) 『인조실록』 44권, 인조 21년 10월 11일.

138) 『인조실록』 44권, 인조 21년 10월 11일.

139) 『戰國策(畿輔叢書本)』 楚策 楚4, 天下合從.

140) 김용덕, 「소현세자연구」, 440~450쪽.

141) 『승정원일기』 86책, 인조 21년 12월 11일 · 12월 13일 · 12월 14일 · 12월 27일 · 12월 29일.

142) 『승정원일기』 87책, 인조 22년 1월 4일·1월 5일·1월 6일·1월 7일·1월 8일·1월 10일·1월 11일·1월 12일

143) 『승정원일기』 87책, 인조 22년 1월 22일·1월 24일·1월 25일·1월 26일·1월 30일.

144) 『승정원일기』 87책, 인조 22년 2월 10일.

145) 『인조실록』 45권, 인조 22년 5월 23일.

146) 寺內威太朗, 「沈器遠の反亂と朝中關係」, 『駿台史學』 133号, 2008년 3월, 6~16쪽.

147) 『인조실록』 45권, 10월 27일.

148) 『승정원일기』 88책, 인조 22년 5월 18일·5월 19일·5월 20일·5월 21일·6월 16일.

149) 『승정원일기』 88책, 인조 22년 7월 25일과 『승정원일기』 89책, 인조 22년 9월 3일; 『인조실록』 45권, 인조 22년 9월 6일.

150) 『승정원일기』 88책, 인조 22년 7월 16일·7월 17일·7월 18일·7월 22일·7월 24일·7월 25일.

151) 김호, 『조선의 명의들』, 살림, 2007년, 21쪽; 정재영 등, 「『승정원일기』 기록을 바탕으로 한 조선중기 요통 치료의 『동의보감』과의 연관성」, 『의사학』 20권 1호, 2011년 6월, 13~14쪽.

152) 『인조실록』 39권, 인조 22년 6월 15일.

153) 『인조실록』 48권, 인조 25년 11월 11일·11월 12일.

154) 『인조실록』 48권, 인조 25년 4월 25일.

155) 『인조실록』 48권, 인조 25년 4월 25일.

156) 『인조실록』 48권, 인조 25년 8월 20일.

157) 『승정원일기』 98책, 인조 25년 8월 19일·8월 20일.

158) 『승정원일기』 98책, 인조 25년 8월 23일·8월 24일·8월 25일·8월 26일·8월 27일·8월 29일.

159) 『인조실록』 49권, 인조 26년 3월 25일·3월 28일.

160) 『승정원일기』 100책, 인조 26년 윤3월 1일부터 『승정원일기』 103책, 인조 26년 10월 11일까지 지속적으로 신생의 국문을 청하는 계가 올라온다.

161) 『인조실록』 50권, 인조 27년 3월 22일.

162) 『승정원일기』 105책, 인조 27년 3월 25일부터 4월 8일까지 기사 참조.

163) 백옥경,「조선후기 통역관의 정치적 동향연구 -명청교체기를 중심으로-」,『國史館論叢』72집, 1996년, 133~135쪽.

164) 김남윤,「병자호란 직후(1637~1644) 朝淸 관계에서 '淸譯'의 존재」,『韓國文化』40, 2007년, 262~270쪽.

165)『인조실록』49권, 인조 26년 윤3월 23일.

166) 長孫無忌,『唐律疏議』(欽定四庫全書本) 卷1 謀反, "公羊傳云 君親無將 將而必誅 謂將有逆心, 而害於君父者, 則必誅之."

167) 陳登武·高明士,『從人間世到幽冥界-唐代的法制, 社會與國家』, 臺灣五南圖書出版, 2015년, 99~103쪽 참조.

168) 陳登武,「論唐代的론特殊謀殺罪」,『興大歷史學報』14期, 2003년, 13~34쪽 참조.

169)『大明律集解』卷1, 名例律 十惡.

170)『經國大典註解後集』(국사편찬위원회 한국사데이터베이스 조선시대법령자료), 吏典-天官 冢宰 考課條.

171) 이능화 지음·서영대 역주,『조선무속고』, 창비, 2008년, 240쪽.

172)『태조실록』권14, 태조 7년 윤5월 무인 기사를 보면 저주한 사람 김견 등 4명이 참형을 당했다.『세종실록』권1, 세종 즉위년 8월 무자에 반포한 즉위 교서를 시작으로 조선의 역대 왕들은 사면령에서 저주한 죄인을 제외시켰다. 조선 후기까지 저주사건에 대한 사회적 인식과 논죄에 대해서는 李瀷의『성호사설』16권, 인사문(人事門)-십악대죄(十惡大罪) 참조.

173)『인조실록』47권, 인조 24년 2월 25일.

174)『연려실기술』27권, 인조조고사본말-강빈의 옥사 ;『인조실록』47권, 인조 24년 2월 21일.

175) (宋)司馬光『資治通鑑』(摛藻堂四庫全書薈要本) 卷22, 世宗孝武皇帝下之下后元元年紀元前 88年 7月, "往古國家所以亂, 由主少, 母壯也. 女主獨居驕蹇, 淫亂自恣, 莫能禁也."

176) 나의 글,「중국 전통시대 여주(女主)의 역사」,『동아시아의 지역과 인간』, 지식산업사, 2005년, 326쪽.

177)『승정원일기』100책, 인조 26년 3월 1일.

178)『인조실록』49권, 인조 26년 3월 4일.

179)『인조실록』49권, 인조 26년 3월 7일.

180)『인조실록』50권, 인조대왕 행장.

181) 『역주소현심양일기』 1, 『소현심양일기』 해제, 9~15쪽 참조.

182) 『연려실기술』 27권, 인조조고사본말-강빈의 옥사; 『인조실록』 47권, 인조 24년 2월 21일.

183) 『인조실록』 47권, 인조 24년 10월 3일.

184) 『인조실록』 48권, 인조 25년 12월 1일.

185) 『인조실록』 49권, 인조 26년 4월 25일.

186) 『인조실록』 46권, 인조 23년 6월 12일.

187) 『인조실록』 27권, 인조 10년 11월 2일.

188) 『인조실록』 48권, 인조 17년 8월 18일.

189) 『인조실록』 48권, 인조 25년 8월 16일.

190) 『인조실록』 49권, 인조 26년 4월 26일 · 4월 30일.

191) 이성무, 「士林과 士林政治」, 『淸溪史學』 8, 1991년, 279~289쪽.

192) 『인조실록』 49권, 인조 26년 4월 26일 · 4월 30일.

193) 『인조실록』 46권, 인조 23년 윤6월 1일.

194) 『인조실록』 48권, 인조 25년 7월 17일.

195) 『승정원일기』 105책, 인조 27년 5월 1일 · 5월 2일; 『동의보감』 잡병편 권7, 해학(痎瘧).

196) 『승정원일기』 105책, 인조 27년 5월 3일 · 5월 4일 · 5월 5일 · 5월 6일.

197) 『인조실록』 50권, 인조 27년 5월 7일.

198) 『승정원일기』 105책, 인조 27년 5월 7일.

199) 『승정원일기』 105책, 인조 27년 5월 8일.

200) 『인조실록』 50권, 인조 27년 5월 8일.

201) 『동의보감』 내경편 권2, 담음(痰飮).

202) 『동의보감』 외형편 권3, 흉(胸).

203) 『동의보감』 내경편 권3, 심장(心臟).

204) 『동의보감』 외형편 권2, 인후(咽喉).

205) 『동의보감』 내경편 권2, 성음(聲音).

206) 『동의보감』 내경편 권2, 성음(聲音).

207) 『동의보감』 탕액편 권1, 인부(人部).

208) 『산림경제』(한국고전번역원 고전번역서) 3권, 구급(救急).

209) 『동의보감』 잡병편 권3, 한하(寒下).

210) 『동의보감』 잡병편 권7, 온역(溫疫).

211) 丁若鏞, 『與猶堂全書』(한국고전번역원 한국문집총간) 7集, 醫學集 3卷 麻科會通 3 我俗篇 糞治 7.

212) 丁若鏞, 『與猶堂全書』 7集, 醫學集 4卷 麻科會通 4 吾見篇 雜論第 10.

213) 『의림촬요』(한국고전번역원 고전번역서) 1권, 중풍문(中風門).

214) 『동의보감』 잡병편 권2, 풍(風); 『동의보감』 잡병편 권3, 한하(寒下).

215) 『성호사설』(한국고전번역원 고전번역서) 15권, 인사문 규과; 李墍, 『대동야승』 수록 『송와잡설』.

창덕궁 돈화문을 나서며

1) 『효종실록』 8권, 효종 3년 4월 26일.

2) 『연려실기술』 27권, 인조조고사본말-강빈의 옥사; 『효종실록』 8권, 효종 3년 6월 3일.

3) 『효종실록』 13권, 효종 5년 7월 7일·7월 17일; 『연려실기술』 30권, 효종조고사본말-김홍욱이 곤장에 맞아 죽다.

4) 송상기, 『옥오재집』(한국고전번역원, 고전번역서) 12권, 민회빈의 시책문.

참고문헌

1. 한국 기본 자료

『승정원일기』, 『세종실록』, 『문종실록』, 『예종실록』, 『연산군일기』, 『선조실록』, 『광해군일기』

『인조실록』, 『효종실록』, 『현종개수실록』, 『숙종실록』, 『영조실록』, 『고종실록』

이상 국사편찬위원회

『璿源系譜紀略』, 『璿源錄』, 『敦寧譜牒』.

이상 한국학중앙연구원 장서각 한국학자료센터 왕실족보

『光海君私親誌石改修都監儀軌』, 『內醫院式例』, 『仁祖莊烈后 嘉禮都監儀軌』.

이상 서울대학교 규장각한국학연구원

『국조보감』, 『계곡집』, 『계해정사록』, 『기재사초』, 『다산시문집』, 『신증동국여지승람』, 『묵재일기』, 『사계전서』, 『산림경제』, 『상촌집』, 『성호사설』, 『송와잡설』, 『아계유고』, 『약천집』, 『연려실기술』, 『연평일기』, 『옥오재집』, 『용재집』, 『우복집』, 『응천일록』, 『월사집』, 『의림촬요』, 『오음유고』, 『임하필기』, 『재조번방지』, 『죽창유고』, 『택당집』, 『혼정편록』, 『후광세첩』

이상 한국고전번역원 고전번역서

『冠巖全書』, 『谿谷集』, 『陶菴集』, 『白軒集』, 『三灘集』, 『研經齋全集』, 『藫庭遺藁』, 『二樂亭集』, 『松江集』, 『松谷集』, 『與猶堂全書』, 『佔畢齋集』, 『清陰集』, 『滄洲遺稿』, 『浦渚集』, 『鶴巖集』, 『玄洲集』

이상 한국고전번역원 한국문집총간

『동의보감』, 『침구경험방』

이상 한의학연구원 한의학고전DB

윤국일 역주, 『經國大典』, 여강, 2000년.
이건창 지음 · 이덕일 이준영 해역, 『당의통략』, 자유문고, 1998년.
김종수 등, 『역주 소현심양일기』 1, 민속원, 2008년.
성당제 등, 『역주 소현심양일기』 2, 민속원, 2008년.
나종면 등, 『역주 소현심양일기』 3, 민속원, 2008년.
김동준 등, 『역주 소현심양일기』 4, 민속원, 2008년.
김동준 등, 『역주소현을유동일기』, 민속원, 2008년.

2. 중국 기본 자료

『春秋左傳』, 『春秋公羊傳』, 『孟子』, 『荀子』, 『儀禮』, 『戰國策』, 『史記』, 『漢書』, 『後漢書』, 『三國志』, 『備急千金要方』, 『唐律疏議』, 『資治通鑑』, 『類經』, 『西河文集』, 『普濟方』, 『扁鵲心書』, 『醫說』, 『鍼灸大成』, 『楊氏家藏方』, 『大明律集解』, 『鍼灸集成』, 『神應經』, 『明史』, 『清史稿』, 『說文解字』

이상 中國哲學書電子化計劃(Chinese Text Project)

『春秋公羊傳』(13經注疏本), 臺灣 藝文印書館.
丁光迪 主編, 『諸病源候論校注』(上), 北京 人民衛生出版社, 1991년.
程顥 · 程頤, 『二程集』 臺灣 里仁書局, 1982년.
『자치통감강목』 전통문화연구회 동양고전종합DB.
黎靖德 偏, 『朱子語類』 8, 臺灣 華世出版社, 1987년.

郭靄春 編著, 『黃帝內經靈樞校注語譯』, 天津 科學技術出版社, 1989년.

李學勤 主編, 『論語注疏』, 臺灣 五南圖書出版, 2001년.

3. 국내 연구논저

1) 저서

孫弘烈, 『韓國中世의 醫療制度研究』, 修書院, 1988년.

김동욱, 『종묘와 사직』, 대원사, 1990년.

이능화 지음·김상억 옮김, 『조선여속고』, 동문선, 1990년.

김두정, 『한국의학사』, 탐구당, 1993년.

柳道坤, 『東醫生理學講義』, 원광대학교출판국, 1996년.

이기순, 『인조·효종대정치사연구』, 국학자료원, 1998년.

민현구 등, 『朝鮮時代卽位儀禮와 朝賀儀禮의 연구』, 문화재관리국, 1996년.

지두환, 『조선전기 의례연구』, 서울대출판부, 1996년.

이영춘, 『조선후기왕위계승연구』, 집문당, 1998년.

지두환, 『인조대왕과 친인척』, 도서출판 역사문화, 2000년.

이성무, 『조선시대당쟁사』, 동방미디어, 2000년,

김호, 『허준의 동의보감 연구』, 일지사, 2000년,

지두환, 『광해군과 친인척─광해군 후궁』, 도서출판 역사문화, 2002년.

김용흠, 『조선후기정치사연구Ⅰ─인조대 정치론의 분화와 통변론』, 혜안, 2006년.

김호, 『조선의 명의들』, 살림, 2007년.

남미혜, 『조선 중기 예학 사상과 일상문화』, 이화여자대학출판부, 2008년.

윤정란, 『조선왕비 오백년사』, 이가출판사, 2008년.

이순자, 『조선의 숨겨진 왕가이야기』, 평단, 2013년.

신동원, 『조선의약생활사』, 들녘, 2014년.

2) 논문

金龍德, 「昭顯世子研究」, 『史學研究』 18, 한국사학회, 1964년.

오수창, 「인조대 정치세력의 동향」, 『한국사론』 13, 1985년 8월.

김동욱, 「仁祖朝의 창경궁 창덕궁 조영」, 『문화재』 19호, 서울문화재관리국, 1985년.

이영춘, 「潛冶 朴知誠의 禮學과 元宗追崇論」, 『淸溪史學』 7, 1990년.

이영춘, 「사계예학가 국가잔례」, 『사계사상연구』, 사계·신독재양선생기념사업회, 1991년.

이성무, 「士林과 士林政治」, 『淸溪史學』 8, 1991년.

이문주, 「사계예설의 특징」, 『사계사상연구』, 사계·신독재양선생기념사업회, 1991년.

송준호, 「한국에 있어서의 가계기록의 역사와 그 해석」, 『조선사회사연구』, 일조각, 1992년.

정만조, 「조선시대 붕당론의 전개와 그 성격」, 『조선후기 당쟁의 종합적 검토』, 한국정신문화연구원, 1992년.

이성무, 「17세기의 예론과 당쟁」, 『조선후기 당쟁의 종합적 검토』, 한정신문화연구원, 1994년 재판.

金良洙, 「조선후기 醫官의 顯官實職진출」, 『淸大史林』 6권, 청주대사학회, 1994년.

백옥경, 「조선후기 통역관의 정치적 동향연구 -명청교체기를 중심으로-」, 『國史館論叢』 72집, 1996년.

심경호, 「조선후기의 경학연구법 분화와 모기령 비판」, 『동양학』 29집, 1999년.

金良洙, 「조선시대 의원실태와 지방관진출」, 『東方學志』 104, 1999년.

李圭根, 「朝鮮時代醫療機構와 醫官」, 『東方學志』 104, 1999년.

심재우, 「조선전기 유배형과 유배생활」, 『국사관논총』 92, 2000년.

김세봉, 「효종초 김자점 옥사에 대한 일연구」, 『사학지』 34집, 단국사학회, 2001년.

박문현, 「허인의 『침구경험방』연구」, 경희대 한의학과 박사학위논문, 2002년.

심경호, 「정약용의 시경론과 청조 학술:특히 모기령설의 비판 및 극복과 관련하여」, 『다산학』 3호, 2002년.

신명호, 「조선시대 궁중의 출산풍소과 궁중의학」, 『古文書研究』 21집, 2002년 8월.

한명기, 「병자호란 패전의 정치적 파장 -청의 조선 압박과 인조의 대응을 중심으로-」, 『東方學志』 119, 2003년.

한명기, 「朝淸關係의 추이」, 『조선중기 정치와 정책(인조-현종시기)』, 아카넷, 2003년.

金宇基, 「16세기 중엽 인순왕후의 정치참여와 수렴청정」, 『역사교육』 88, 2003년.

金澔, 「효종대 조귀인 저주 사건과 東闕 改修」, 『仁荷史學』 10, 2003년.

김인숙, 「인조의 원종추숭」, 『호서사학』 36집, 호서사학회, 2003년.

김문식, 「조선후기 경학관의 변화」, 『조선시대사학보』 29집, 조선시대사학회, 2004년.

鄭景姫, 「正祖의 禮學」, 『韓國史論』 50, 2004년.

김세은, 「고종초기(1863-1873) 국가의례 시행의 의미」, 『조선시대사학보』 31집, 조선시대사학회, 2004년.

김정선, 「조선시대 왕들의 질병치료를 통해 본 의학의 변천」, 서울대학교 의학과 박사학위논문, 2005년.

김인숙, 「중국 전통시대 여주(女主)의 역사」, 『동아시아의 지역과 인간』, 지식산업사, 2005년.

김인숙, 「인조의 계비 장렬왕후 별궁 유폐고」, 『한국인물사연구』 5호, 2006년.

김남윤, 「병자호란 직후(1637~1644) 朝淸 관계에서 '淸譯'의 존재」, 『韓國文化』 40, 2007년.

김일환, 「조선후기 왕실 팔고조도의 성립과정」, 『장서각』 17집, 2007년.

김종덕, 「소현세자 병증과 치료에 대한 연구」, 『규장각』 31, 2007년.

차인배, 「朝鮮時代 捕盜廳 硏究」, 동국대학교 사학과 박사학위논문, 2008년.

임혜련, 「19세기 수렴청정 연구」, 숙명여자대학교 박사학위논문, 2008년.

정정남, 「壬辰倭亂 이후 南別宮의 공해적 역할과 그 공간 활용」, 『건축역사연구』 18권 4호, 2009년.

오준호 등, 「이형익 번침의 계통과 성격」, 『대한한의학회지』 30권 2호, 2009년 3월.

신명호, 「『승정원일기』를 통해본 소현세자의 疾病과 死因」, 『사학연구』 100호, 한국사학회, 2010년.

오준호 등, 「조선 왕실의료문헌과 문집에 나타난 우각구법 연구」, 『대한한의학회지』 31권 4호, 2010년.

김지영, 「조선왕실의 출산문화연구」, 한국학중앙연구원 한국학대학원 박사학위논문, 2010년.

김인숙, 「인조 경운궁 즉위의 정치적 의미」, 『한국인물사연구』 15호, 2011년 3월.

정재영 등, 「『승정원일기』기록을 바탕으로 한 조선중기 요통 치료의 『동의보감』과의 연관성」, 『의사학』 20권 1호, 2011년 6월.

김인숙, 「인조비 인열왕후의 내조와 실패한 육아」, 『한국인물사연구』 18호, 2012년.

임민혁, 「왕비의 간택과 책봉」, 『조선의 왕비로 살아가기』, 돌베개, 2012년.

이미선, 「조선시대 후궁 연구」, 한국학중앙연구원 한국학대학원 박사학위논문, 2012년.

김성수, 「내의원과 왕실의료」, 『조선왕실의 생로병사』, 한독의약박물관, 2014년.

장을연, 「조선시대 책문 연구」, 한국학중앙연구원 한국학대학원 박사학위논문, 2016년.

4. 외국 연구논저

三木榮, 『朝鮮醫學史朝鮮醫學史及疾病史』, 자비출판, 1962년.

劉渡舟 · 傅士垣, 『傷寒論詮解』, 天津 科學技術出版社, 1983년.

楊甲三 主編, 『鍼灸學(下)』, 台北知音出版社, 1990년.

蔡璧名, 『身體與自然』, 國立臺灣大學文史叢刊, 1997년.

林富士, 『漢代的巫者』, 臺灣 稻鄉出版社, 1999년.

張顯成, 『先秦兩漢醫學用語研究』, 成都 巴蜀書社, 2000년.

張壽安, 『18世紀禮學考證的思想活力』, 臺灣 中央研究院近代史研究所, 2001년.

余英時, 『朱熹的歷史世界－宋代士大夫政治文化的研究』, 臺灣 允晨文化, 2003년.

陳登武 · 高明士, 『從人間世到幽冥界－唐代的法制,社會與國家』, 臺灣 五南圖書出版, 2015년.

寺內威太朗, 「沈器遠の反亂と朝中關係」, 『駿台史學』 133号, 2008년.

5. 기타 자료

천문우주지식포털

http://astro.kasi.re.kr/Life/SunriseSunsetForm.aspx?MenuID=109

문화재청 덕수궁 http://www.deoksugung.go.kr
성산이씨대종회 참조 http://www.seongsan.or.kr/
문화재청 조선왕릉−고양 서삼릉
한국민족문화대백과사전−광명 영회원
문화재청 국가문화유산포털
고려대학교 한국사연구소 중세연구소 인적정보열람
       http://khistory.korea.ac.kr/korea/genealogy.php
한국역대인물종합정보시스템 http://people.aks.ac.kr/index.aks
광명지역신문 http://www.joygm.com/news/articleView.html?idxno=216